昏睡的帝國

楊英杰、喻大華、張晶◎合著

忠奸的對決與當權者的白色恐怖

有的是魯莽，有的是發瘋……而命運大概很悲慘，不是凌遲，滅族，便是立刻殺頭！——魯迅〈隔膜〉

魂兮歸來

千古奇悲——忠君體國有罪。萬代傳頌——「罪徒」的哀怨乃民族之魂。

赤縣神州古俗：

五月初五日，滔滔湘江，浩浩洞庭，千帆競渡，百舸爭流，萬眾呼喚：

「魂兮，歸來，三閭大夫——」

「魂兮，歸來，三閭大夫——」

時光回到二千多年前，那是秦、楚、齊、燕、趙、魏、韓七雄混戰，爭奪天下的戰國時代。

楚懷王十一年（西元前三一八年），楚國年僅二十二歲的蘭台宮文學侍臣屈原，被楚懷王擢升為左徒。楚國的宰相稱為令尹，左徒是僅次於令尹的副相。屈原與楚王同姓。他的祖先屈瑕是楚武王之子，因封於「屈」地，所以以屈為氏。在楚國的貴族中，屈氏受封最早，族人最盛，綿世最久，從春秋至戰國，屈氏子孫，或為將，或為相，都是顯要人物。屈氏與景氏、昭氏同為楚國的「著封」。

貴族的家世，使屈原自幼受到良好教育。他天資聰穎，勤奮好學，廣泛地涉獵了諸子之學，而受儒家、法家思想影響尤深。他把儒家所提倡的忠君報國、愛人重民、修身正己視為自己做人的行為準則；把法家的明法度、重耕戰、以法治國視為理民興邦的途徑。在儒家、法家的積極入世、奮發有為的思想熏陶下，培養了他堅貞不屈、百折不撓的性格。

屈原驟升要職，年少得志，意氣風發。他準備像伊尹、呂望輔佐商湯、周文王那樣去輔佐懷王，做出一番大事業，以不負國家的重托、黎民的期望、君王的信重。

屈原對列國的形勢、楚國的狀況與處境十分清楚，並且深明其中的縱橫之術及治亂興衰之道。七國之中以秦最強。秦本是僻居西陲的弱國，一向被諸侯所輕蔑。秦孝公恥於被諸侯所輕，重用商鞅實行變法：廢井田開阡陌，承認土地私有，獎勵耕織；廢除世卿世祿，以軍功大小賜爵賞田宅；厲行法治，有法必依。變法成功，秦遂國富兵強，依恃其優於別國的實力，連年攻伐各國，欲統一天下，成為山東六國的嚴重威脅。齊國一直是東方大國，齊威王任鄒忌為相，改革舊制，重視農桑，擅漁鹽之利，經濟繁榮，國力雄厚，為七國之首富。

七國之中，雖然秦最強，齊最富，但楚國的領土最大。楚國雄踞長江中下游，地廣人眾，物產豐富，且有雄兵百萬，甲堅如金石，矛銳如蜂蠆；士卒悍勇如飆風，為山東六國之冠，足可以與強秦抗衡。但屈原也清楚地看到，楚國這個立國已達七、八百年之久的古國，舊制因循，積弊冗深。特別是受封食祿的世家大族太多，權勢太大。他們不但侵吞大量的國家財富，而且還壟斷國政，利用權勢，對上威脅國君，對下壓制賢能、欺凌百姓，致使國政日益腐敗，造成賢才棄楚外流，百姓操戈反叛，外敵不斷入侵。龐大的楚國正在日益衰落下去，面臨著嚴重的危機，屈原為此感到痛心疾首。

審時度勢，屈原認為楚國的當務之急是迅速調整與各國的關係，改革國內的弊政，謀圖振興，與秦國爭奪天下。他要向懷王進陳富國強兵之策。

滾滾長江，激流迴盪。風捲著巨浪，呼嘯著撲向阻遏洪流的崖石，彷彿要把它擊碎、撕裂，發出一聲聲雷鳴般的轟響……。

江畔郢都的王宮內，刀拔弩張，唇槍舌劍。楚國的權臣顯貴們正在進行一場事關楚國前途命運的大辯論。剛剛上任的左徒屈原，頭上戴著巍巍高聳的切雲冠，身穿玄衣裳，腰繫佩玉革帶，英俊瀟灑，正在向懷王慷慨進言：「當今天下，七雄並立。嬴秦虎視於西，韓、趙、魏、燕窺我以北，齊雄踞以東，皆有亡我之心。

楚不強則不存。楚欲富國強兵，必須內施變法革新，外行聯齊而抗秦，捨此而別無它路。」

「臣、臣以為不然……。」老態龍鍾的司馬子椒喘息著起來反對屈原。「變其故而易有常乃是逆天之道，逆天道而行必不祥。所以聖人不易民而教，智者不變法而治。祖宗之法不可變易！」子椒是王族中的前輩，朝廷中的元老，官居司馬，執掌軍事大權，他的話在朝中常常是一言九鼎。

大臣們紛紛交頭耳語，隨聲附和。

「司馬所言甚是！」懷王的愛子子蘭支持子椒的意見。他接著說道：「另外，兒臣認為左徒的『聯齊抗秦』之策也是萬萬不可取的。秦是天下第一強國，又主動與楚交好。齊不如秦強，今背盟棄強而交弱，豈不是自招禍患嗎？」

懷王點了點頭。

屈原針鋒相對地駁斥子椒、子蘭，他又向懷王進言道：

「司馬與王子之論不可取。臣以為先王之法雖然善美，但已實行數百年。時異則事異。時代不同了，事情變化了，處理事情的章法也就要隨之改變。試看當今列國，魏用李悝變法，魏先稱雄於諸侯；齊用鄒忌變法，齊富甲天下；趙用魯仲連變法、韓用申不害變法，趙、韓振興；至於秦用商鞅變法，國富兵強更為天下人所知。司馬所謂『不易民而教，不變法而治』，實非聖人之言，智者之為！至於子蘭王子的憂慮，是只見其表而未知其裡。秦乃虎狼之國，意在吞併諸侯，一統天下。它與楚國交好，目的是聯楚而滅齊、魏、韓、趙、燕諸國，一旦諸國破滅，豈能容楚一國獨存？今若楚、齊聯盟，魏、韓、趙、燕必從，六國聯合伐秦，何愁秦國不滅？秦滅則楚強，那時，一統天下者，捨楚而誰？」

屈原早就以能言善辯而聞名於楚國，他的侃侃精論，駁得子椒、子蘭啞口無言。其他大臣面面相覷，不敢置辭。

大臣中有個上官大夫叫作靳尚。他三十餘歲，身姿挺拔，風度翩翩，極富有男人的魅力。只可惜金玉其外，敗絮其中，為人奸險狡詐，心黑手毒，貪婪成性。他不懂什麼治國之術，只因為善於討取懷王寵姬鄭袖的歡心而爬上了大夫的高位，也深得懷王的寵信。屈原才華橫溢，品性清高，平日最鄙視靳尚，從不與他交往。因此，對屈原的高升，他充滿了仇恨與嫉妒。但他知道屈原是一顆正在躍起的新星，他不敢輕易得罪。在屈原與子椒、子蘭激烈爭辯的時候，他站在懷王座前謙恭地傾聽著。子椒、子蘭發言，他不時地微微點頭，好像是在表示支持；屈原發言時，他面帶笑容，好像是讚許。他游刃左右，看風使舵，等待時機，擲出最後的賭注。如果說子椒、子蘭反對屈原是出於不同的政見，那麼靳尚則是一個心懷叵測的奸邪小人。這類人最容易得到昏君的信重，禍國殃民。

懷王熊槐是一個頭腦簡單、目光短淺、毫無主見的人。他看不清列國形勢，自以為楚國處於「天下第一大國」的地位，不知道秦國是楚國的主要敵人。即位之後，先後與魏國、齊國開戰，並與秦國結盟於嚙桑（今江蘇沛縣西南），中了秦國分化瓦解諸國、各個擊破的「連橫」之計。經屈原指明，才知道上了大當。對屈原提出的改革，他有點猶豫，但聽說將來能夠一統天下，卻正中他好大喜功的心懷。懷王採納了屈原的建議，命屈原負責起草國家的憲令，接待各國的賓客，處理國家的內政、外交事務。

屈原主政，改變了親秦的對外政策，頻頻派出使者，與齊、趙、魏、韓、燕等國通好。這時的山東各國，都看清了秦國「連橫」外交政策的真實目的，於是驅逐了為秦國推行連橫政策的張儀，採納公孫衍的「合縱」策略，即六國聯合起來，共同打擊秦國。由於楚國是一個舉足輕重的大國，自然成了抗秦諸國之首。西元前三一八年，韓、趙、魏、燕、楚五國會盟，共推楚懷王為縱長，聯兵伐秦。這次伐秦雖然沒有取得勝利，但卻大大地提高了楚國的地位。此後，楚國又與齊國結成聯盟，互相支援，更加強了和秦國爭雄的力量。

屈原對外政策的成功，使懷王大為高興，加深了對屈原的信任。屈原全力進行內政改革。他促使懷王取消了貴族、勳戚的部分特權，舉賢授能，明法申令，推行德政，富國強兵。

改革實際上是以和平的方式對財產和權力的一次再分配，是對傳統觀念的更新，它直接關係到各個階級、各個集團的切身利益，因而改革是艱難的。楚國是一個舊貴族勢力強大而又根深蒂固的國家，改革尤其艱難。吳起變法的悲劇，屈原知道得清清楚楚。

七十年前，列國變法初興。魏用李悝實行變法，首先成為七國中最強大的國家，屢次興兵犯楚。楚悼王以客卿吳起為令尹，效法李悝，也在楚國變法。吳起明法申令，宣布封君（世襲貴族）凡是已傳三代的，一律取消爵祿，子孫不再繼承。公族（楚王家族）傳五代的也同樣取消特權和俸祿，遷到邊遠的貧瘠地區，自食其力；整頓吏治。凡是無能無用和多餘的官員，一律裁減，把省下來的財富用於養兵，獎勵軍功；嚴禁私門托請，以私害公；軍事上建立一支由國君直接指揮的軍隊，以時爭於天下。吳起變法使楚國迅速強大起來，打敗魏國，奪回失地。但變法卻遭到了舊貴族們的瘋狂反對，他們公開咒罵吳起是「禍人」，變法違背「天道」。楚悼王一死，舊貴族們便發動叛亂，將吳起亂箭射死。變法僅一年便徹底失敗。其後，各國出現變法高潮，紛紛改革舊制，國勢日益強盛，唯獨楚國還在舊的軌道上徘徊。龐大的楚國千瘡百孔，正一天天衰落。

吳起變法失敗的悲劇，非但沒有使屈原退縮，相反卻使他更加堅信，楚國必須變法革新。求生存、圖富強、統一天下，在此一舉。苟利社稷，生死以之。屈原大刀闊斧地推行改革。幾年之間，古老的楚國出現了勃勃生機。數十年後，屈原仍然念念不忘昔日那令人振奮的歲月：

昔往日之曾信兮，受詔命以昭時。
奉先功以照下兮，明法度之嫌疑。
國富強而法立兮，屬貞臣而日娭。

他受到君王的信重，奉王命以整飭時政。繼承發揚先王艱苦創業的精神，以先王的功德教育民眾。法令嚴明無疑可存，國家富強而綱紀締定。忠賢在位，民心思定，君王其樂融融。

振興起來的楚國，成為與秦國爭奪統一天下的對手。「橫則秦帝，縱則楚王」，變法初見成效，激勵著屈原更加深化地推進改革。他審時度勢，發出一道道政令，派出一隊隊使者。楚國在富國強兵的道路上奔跑。

屈原主持的改革，觸犯了舊貴族們的既得利益。一顆顆陰險的心在盤算，一雙雙邪惡的眼睛在窺視，一張張歹毒的嘴在詛咒。老朽昏庸的司馬子椒之流，怨恨屈原擅改祖宗之法，使王族、貴戚們失去了世襲的爵祿；驕縱專橫的鄭袖、子蘭，怨恨屈原秉公執法，不分貴賤，使他們不能肆意妄為；貪鄙齷齪的上官大夫靳尚，雖然官職與屈原同列，卻被排斥於權力中樞之外，他妒火中燒，誓要取屈原而代之。

失去昔日殊榮的勳戚與無比貪婪權勢的新貴勾結起來，組成了一個反對屈原的小集團。他們策劃於密室：已經不能走路，行動要由侍女攙扶的司馬子椒，大概由於過度的氣憤，青筋暴露，喘息得更加厲害，待侍女為他擦去嘴角上淌出的口水後艱難地說道：「如今陰陽顛倒，貴賤易位，國將不國了。老身為王室貴胄，官居司馬，執掌軍國，再不能容許屈原胡鬧。明日我定要再諫大王，廢止新政，復祖宗之法。」

子蘭挪動了一下肥胖的身軀，極力表示贊成。他只是一個沉湎於酒色的王子，本無任何主見。

靳尚眨了眨眼睛，慢慢地搖了搖頭，說：「不妥！屈原變法是得到大王支持的，反對變法弄不好反倒要背個違逆君王的罪名，以拙見釜底抽薪才是上策。」

子椒、子蘭迷惑不解，一齊瞪大眼睛問道：「何謂釜底抽薪？」

靳尚詭祕地說道：「設法離間大王與屈原的關係。大王疏遠屈原之日，就是新法廢止之時。新法一旦廢止，治屈原之罪何患無辭！」

子椒、子蘭點頭讚許。

靳尚接著說：「在下已想好一計，可如此如此……。」

子椒、子蘭連連稱妙。

靳尚又說：「不過，這事還需王子及鄭夫人在宮內相助。」

子蘭拍著胸脯說：「這事包在我身上！罷免屈原之後，一定保舉大夫執掌國柄。」

楚懷王十五年（西元前三一四年）的一天，屈原奉懷王之命正在祕密起草一份重要法令。靳尚躬身湊到屈原身邊，低聲媚氣地說：「左徒，可否讓在下先飽飽眼福啊？」說罷，不待屈原應允，便伸手去拿。他知道，王命在頒布之前是不得洩露的。他一旦知道了內容，便誣告是屈原為了顯示自己而故意透露的。有司馬子椒、王子子蘭作證，不怕大王不信。

不料屈原一把奪回，聲色俱厲地說：「不行，我奉王命制定憲令，在沒有公布之前，除非大王，其他任何人都不得閱視！」屈原正氣凜然，使靳尚生畏。

靳尚一計未成，眼睛賊賊地一轉，又生出一計：「既然屈原說只有大王才能過問憲令的制定，何不把它變動一二，再做做文章呢？」

過了幾天，靳尚找了一個懷王正為屈原直諫而氣惱的機會，向懷王進讒：「大王，現在楚國民富國強，西令悍秦生畏，北使諸國俯首，天下無不稱頌大王的英明，敬服大王的德威。」

懷王是最喜歡別人奉承的，他的臉上露出了得意的笑容。

靳尚停了停又接著說道：「可是左徒屈原卻貪天功為己有，竟然說楚國的政令、法規、國事大計，都出於他一人之手。聲言楚國除了他，沒有人能做這些事。他的眼中還有大王嗎？」

類似的話，懷王從鄭袖、子蘭、子椒那裡也聽說過。他最容不得的就是臣子們的不恭。對屈原的屢次諫言，他早已反感。現在聽靳尚這麼一說，頓時大怒。下令免去屈原左徒的職務，另任為三閭大夫，讓他去負責王族子弟的教育，不得再參與國家大政。

朝無昏君則無佞臣。君主昏庸，是非不辨，才使得耿介忠直之臣受害，邪佞奸險之徒肆虐橫行。楚國自吳起變法失敗之後，在各國紛紛改革的大潮中已被拋在後面。楚懷王罷免屈原，拋棄了歷史賦予楚國的最後一次富強求存的機會。

一心為國家的富強而鞠躬盡瘁的屈原，被剝奪了執政的權力，不得不放棄正在蓬勃進行的改革事業。他的心情極為沈重。但是屈原並沒有放棄自己的政治理想，他發誓：「即使歷盡艱險，九死一生也決不後退，決不後悔。」他盡心教誨那些王族子弟，要把他們培養成為繼承改革事業、振興楚國的人才。

屈原離開中樞，新法被廢，舊制恢復。大貴族、大官僚們欣喜若狂。

秦國得知屈原被罷黜，君臣彈冠相慶，拆散齊、楚聯盟的時機到來了。秦惠文王立即派大良造張儀攜帶珍寶財貨出使楚國。張儀曾經在楚國令尹昭陽門下當過門客，因被懷疑偷了和氏之璧慘遭毒打。張儀發誓要報挨打受辱之仇，帶傷逃到了秦國，向秦惠文王獻「連橫」之策，深得信重，被任命為主持軍國大政的大良造。

張儀對楚國大貴族、大官僚們的權勢、政見、為人、嗜好瞭如指掌。入楚之後，張儀首先攜著重金去拜訪了新近得寵的上官大夫靳尚。

靳尚一向嗜財如命，見到張儀陳列在案上的奇珍異寶，頓時眼花繚亂，愛不釋手，還沒等張儀求他，便先把楚國的內情全都透露給了張儀，還滿口許諾一定要說服楚王與秦交好。

一個國家，外部敵人的強大並不可怕，最怕的是國賊的蛀空、內奸的叛賣。在重金的收買下，靳尚、子蘭、鄭袖等人變成了秦在楚國的代理人，形成了勢力強大的親秦派。經過靳尚等人的活動，懷王熱情地接見了張儀。

張儀向懷王奉獻了秦惠文王贈送的厚禮。懷王問道：「先生辱臨敝邑，有何見教？」

張儀說：「臣此番特為秦、楚友好而來。秦國最恨的是齊國，最崇敬的人莫過於大王您。如果大王能與齊國絕交而與秦國友好，寡君願將昔日商君（商鞅）所取楚之商於之地六百里還楚。」

聽說秦肯歸還商於六百里之地，懷王大喜，連忙說道：「秦果能如此，寡人又何愛於齊呢！」

靳尚怕懷王再有反悔，立即率群臣上前道喜，祝賀楚秦交好。

被排斥在朝政之外的屈原，看出了這是張儀的騙局，他極力上疏諫阻。但被奸臣所蒙蔽的懷王哪裡還會理睬他的意見呢？

屈原心急如焚，寢食俱廢。周圍的親朋父老勸他不要再管朝廷的事，免得招來更大的禍患。屈原回答：「那些結黨營私的讒佞小人，只知貪財受賄，苟且偷安，他們正把楚國引向一條黑暗險隘之路，我怎能懼怕自身遭禍而不言？我知道忠直諍諫會招來禍患，但我寧受苦難也不能視而不見！我對君王的赤膽忠心，蒼天可以作證！」

昏君在位，權奸當道，屈原無法力挽狂瀾。利令智昏的懷王，宣告與齊國絕交，派出使者隨張儀去秦國接受贈地。

三個月後，使者狼狽不堪地歸來。正如屈原所料，張儀玩弄了一個小小的騙局。他戲弄楚使說：「秦國怎麼會把土地白白送人呢？我只是說把自己的封地獻出六里給楚王，哪裡是什麼六百里啊！哈哈！」

懷王惱羞成怒，於楚懷王十五年（西元前三一四年）不顧一切地出兵攻秦。早有準備的秦軍在丹陽（今河南丹水北岸）大敗楚軍。消滅楚軍八萬，主將屈匄等七十餘人被俘，秦占領了楚國的漢中郡。懷王不甘心失敗，再次發兵攻秦，又慘敗於藍田（今湖北鍾祥西北）。韓、魏兩國也乘機出兵襲楚，直接威脅楚國的後方。楚國損兵、折將、失地，慘重的失敗，使懷王不得不重新起用屈原，派他出使齊國，恢復齊、楚聯盟。

秦國怕齊、楚再度聯合起來，便主動與楚講和，提出願將漢中郡的一半歸還給楚國。懷王深恨張儀，聲言非但不要漢中土地，還願另給黔中之地，以換取張儀的人頭。

張儀聽說後自動來楚。懷王即命武士將張儀扣捕，將擇日行誅。其實張儀早有安排，他遣人再次以重金賄賂靳尚，求他如此這般地去打通懷王寵姬鄭袖的關係。靳尚自度齊、楚一旦修好，懷王必然還要重用屈原，那將對自己極為不利。於是他按張儀所教，對鄭袖進行誘騙和威脅，說道：「夫人受寵之日就要到頭了！」鄭袖驚問其故。靳尚說：「今聞大王要殺張儀。秦王為救張儀，要將親女下嫁於楚，以美人善歌者為媵。若秦女至，大王必尊而禮之，夫人雖欲專寵，還能辨得到嗎？以臣之見，不如以利害言於大王，使放張儀歸秦，秦女必不再嫁。」

鄭袖點頭稱是。乃尋機哭諫懷王道：「秦遣張儀本欲還漢中之地，與楚修好，今若殺張儀，秦必怒而伐楚，楚將大禍來臨。以臣妾之見，大王不如厚待張儀，使他忠心事楚，豈不兩全其美嗎？」

靳尚也乘機進言：「殺一張儀，何損於秦？而又失黔中數百里之地，不如留他一命，與秦修好，這才是上上之策，望大王三思。」

懷王本無主見，聽了鄭袖、靳尚的話，覺得很有道理。於是下令釋放張儀，以禮相待，使其歸秦，修兩國之好。

屈原從齊歸來，聽說張儀已去，責問懷王為何不殺張儀。懷王後悔，派人速去追趕，可是張儀早已逃出楚境。張儀臨走前，還說服了懷王叛合縱之約，而與秦和親。求懷王之女為秦太子之妃，又許以秦女為子蘭之妻。秦國之計得逞，楚國在外交上又一次失信於山東諸國，屈原使齊所作的努力自然也就付諸東流了。後人有詩諷刺懷王的愚蠢：

張儀反復為嬴秦，朝作俘囚暮上賓。
堪笑懷王如木偶，不從忠計聽讒人。

懷王投靠秦國，親秦派的靳尚、子蘭仍得重寵，屈原再次受到排擠。他雖然幾次建議懷王繼續推行變法圖強的政策，但懷王始終沒有再採納他的主張。

楚懷王二十三年（西元前三〇六年），秦昭王即位。昭王對楚採取又打又拉的政策，懷王動搖於秦、齊之間。懷王二十四年，懷王與秦結成親家，又一次與齊絕交。次年，懷王與秦昭王會於黃棘（今河南南陽南），秦、楚結盟。這是楚國外交政策上的再一度重大變化。

屈原竭力反對懷王親秦背齊，一再苦諫。靳尚、子蘭怕屈原破壞了他們背齊親秦的政策，便又在懷王面前不斷詆毀屈原，並威脅懷王說：「秦國最恨親齊的屈原，現在秦、楚已經結盟，但屈原卻還在攻擊秦國，萬一秦國怪罪下來，那楚國不就要大禍臨頭了嗎？以臣等之見，應該將屈原論罪，以示守信於秦。」

懷王覺得靳尚、子蘭的意見很有道理。於是下令將屈原治罪，定為流刑，驅出郢都，放逐到漢北（為漢水上游，今湖北鄖、襄一帶）。

屈原雖被流放，蒙受不白之冤，但他拳拳忠君興國之心不泯。山水阻隔，他的忠諫再無法達於君聽；待罪之身，欲輔君報國而無門。他只能在夢中一次次魂歸郢都，向君王陳情，希望君王能親忠賢而遠小人，成為像三王五霸那樣的聖君。他不屈不撓，強烈追求，等待君王的覺悟，他要像古賢臣彭咸那樣，再給楚國送去光明。

東方的齊國，見楚與秦結為姻親，欲出兵伐楚。懷王懼齊，便又與齊修好，遣太子熊橫赴齊為質。齊、楚復交，一向主張聯齊的屈原被懷王召回郢，結束了五年的流放生活。

楚懷王二十九年（西元前三〇〇年），秦昭王一面派兵伐楚，大敗楚軍，一面又約楚懷王到武關（今陝西商縣東）與秦結盟復好。

懷王不敢輕易赴會，徵詢群臣意見。

屈原極力勸阻赴會，他說：「秦乃虎狼之國，毫無信義。楚國已多次被秦所騙，大王萬萬不可自投羅網！」

靳尚則說道：「不然，楚不能敵秦，因而屢次兵敗將死，國土日削。今秦欲與楚復好，如果拒絕了它，秦王必震怒，定要增兵伐楚。以臣之見，大王切不可得罪於秦。」

懷王猶豫不定，問少子子蘭。子蘭娶秦女為妻，以為婚姻可恃，力勸懷王赴會，他說：「秦楚之女，互相嫁娶，親莫過於此。秦以兵相加，還要求和，今歡然相會，怎可不去？上官大夫所言極是，大王不可不聽。」

懷王昏憒，心本懼秦，又被子蘭、靳尚二人攛掇不過，遂答應秦王赴會。起程之日，屈原拉住轡頭不放，哭諫：「大王去武關，是關係楚國存亡的大事，不可不慎啊！大王如不聽臣的勸告，恐怕歸來無日。臣寧死於車輪之下，也決不放大王入虎狼之口！」

懷王坐在車上默不作聲。子蘭、靳尚怕懷王態度有變，命侍從將屈原強行拖開，喝令御者策馬速行。

屈原踉蹌追著西去的滾滾煙塵，啼血呼喊：「大王，去不得啊！去不得——」

懷王一入武關，便被秦兵劫持到咸陽扣留起來。秦王要挾楚國割讓黔中之地。懷王不允。他悲憤交加，哀嘆道：「悔不聽屈原之言，至有今日。靳尚、子蘭誤我！」三年後，懷王病死於秦。昏憒的懷王終於自食惡果。正如百年之後司馬遷所言：「懷王不知忠奸之分，故內惑於鄭袖，外欺於張儀，疏屈平而信上官大夫、令尹子蘭。兵挫地削，亡其六郡，身客死於秦，為天下笑。」

懷王被拘，太子熊橫於西元前二九九年從齊歸國即位，是為頃襄王。頃襄王以弟子蘭為令尹，主持國權。頃襄王是一個比其父還昏庸的君主。賢良斥疏，奸佞居位，百姓離心，國政更加腐敗黑暗。他不但不思報君父之仇，反而娶秦王之女為妻。

屈原恨子蘭、靳尚誤國害君，誓與內奸、國賊不兩立。他不怕孤立，不怕打擊，屢屢進諫，勸頃襄王近賢遠佞，選將練兵，聯齊抗秦，以雪懷王之恨。子蘭、靳尚視屈原為心腹之患，欲置之死地而後快。子蘭唆使靳尚出面去誣陷屈原。靳尚對頃襄王說：「屈原以同姓不得重用而心懷怨恨，說大王忘秦仇為不孝，子蘭不主張伐秦為不忠。」頃襄王大怒，下令奪屈原之職，放逐江南。

罷官、治罪，這是屈原意料中的事。頃襄王二年（西元前二九七年）仲春的一天清晨，屈原沉痛地與郢都的國門告別。他想到再也不能見到那宗廟、社稷之主的君王，再也不能去拯救那多災多難的楚國、那流離失所的百姓，他長嘆一聲，淚下如雨，一步三顧，緩緩離去……。

夜茫茫，路漫漫。被流放了二十年的屈原，長年漂泊，足跡遍布江南：出郢都至夏首，東下經洞庭、夏浦（今湖北漢口），棲居淩陽（今安徽青陽縣南）。數年後又遠遷西南，經鄂渚（今湖北武昌）入洞庭，溯沅水至辰陽，達溆浦（辰陽、溆浦在今湖南沅陵一帶），繼而又由溆浦下沅水，最後流落到長沙東北的汨羅江畔。

二十年漫長歲月的折磨，並沒有使忠貞剛烈的屈原屈服。他仍然鐵骨錚錚地挺立著，頑強地生活著，以詩歌為武器而勇敢地戰鬥著。他目睹了楚國千里河山正在沉淪，飽嚐了下層民眾的苦難艱辛。因此，他更加憎恨那些巧舌蔽君、禍國殃民的奸邪黨人，更加擔憂國家的命運：

惟夫黨人之偷樂兮，
路幽昧以險隘。
豈餘身之憚殃兮，
恐皇輿之敗績。

他們已把楚國引向了黑暗的絕路，君王所駕馭的皇輿（國家）就要傾翻；他更加關切那些顛沛流離、無以聊生的人民，他為之流淚，為之呼喊：

長太息以掩涕兮，
哀生民之多艱。
皇天之不純命兮，
何百姓之震衍？

他更加顧念那個同祖同宗、被群小包圍的君王：

樨齊揚以容與兮，
哀見君而不得。
思美人（君王）兮，
攬涕而佇眙。

楚王昏庸無道，不辨忠奸。奸臣群小正是透過他來迫害忠賢、禍亂國家的。但他為宗廟之主，是祖宗的代表；為社稷之首，是國家的象徵。因而屈原雖然受盡迫害，仍然不改對君王的忠誠。忠君即敬祖，忠君即是愛國。忠於楚王，就是忠於以楚王為代表的祖國。屈原要改革政治，推行聯齊抗秦的外交政策，只有取得楚王的信任與支持才有可能實現。而楚王的昏憒、專橫、倒行逆施，又會造成國家的衰敗，人民的災難。作為忠臣的屈原，對君王的忠誠，就是要使君王覺悟，擺脫群小，明辨是非，信重貞臣，奮發有為。

他希望有朝一日君王能回心轉意，召他回都，使他再執國柄，富國強兵。正因為如此，他才能不避危難、不計得失，敢於冒犯君威而直諫，譴責君王之過；敢於揭露奸邪群小，堅持鬥爭；才能忍辱負重，義無反顧。屈原的「忠」，不是奴才的「愚忠」，而是當時歷史條件下貞臣節士體國恤民的「大忠」。他更加眷戀祖祖輩輩生於斯、長於斯的祖國：

曼餘目以流觀兮，
冀一反之何時？
鳥飛返故鄉兮，
狐死必首丘。
信非吾罪而棄逐兮，
何日夜而忘之？

戰國時代，策士遊說求榮之風盛行。許多士人不以自己的祖國為念，「合則留，不合則去」，如果在本國不得重用，不能滿足個人的願望，就投奔他國，另謀出路，甚至不惜為敵國出謀劃策而侵害故國。范雎、蘇秦、張儀等皆如此之流。

屈原是一個曠世奇才，他胸懷報國之志，但卻忠而被謗，信而見疑，被昏君奸臣所斥逐，長期流放於蠻荒僻遠之地。欲進無路，報國無門。面對楚國黑暗的現狀，難卜的未來，他將選擇一條什麼樣的道路呢？是從世俗而去楚？還是持節而守忠？屈原也曾內心矛盾重重，反復地、痛苦地做著思想鬥爭。

他想到：「九州是那麼博大，美人（楚王）也並非只他一個。遠遠地離去吧，不要再猶豫，哪個渴望求賢的國君能不賞識自己呢？離去吧！趁年華未老，去尋求政見一致的同道。大禹、商湯那樣的聖明君主，正在等待皋陶、伊尹。傅說是個築牆的賤人，武丁任他為相，信而不疑；呂望是個操刀的屠夫，周文王奉他為太師；甯戚是個流浪的歌手，齊桓公重用他為輔弼之臣。天涯何處無芳草，何必眷戀這個荊棘叢生的故園？」

屈原想像自己離開了楚國，去周遊天下，尋求與己志契合的明君，以成功業。出遊是那樣美好：像飛龍一樣的八匹駿馬拉著華麗的車子，美玉、象牙裝飾著車身。從車千乘，玉輪滾滾。鸞鈴叮噹和鳴，雲旗獵獵飄揚，金色的鳳凰在車旁飛翔。朝發天津，夕止西極，途經流沙，循行赤水之濱，取道不周之山，向那目的地西海飛進。時而讓車子緩緩前行，奏起《九歌》，跳起《韶》舞，樂融融消解煩悶。他乘車正要向更光明燦爛的天宇飛升，驀然回首，鳥瞰到了可愛的故鄉。車夫悲傷拭淚，御馬也踟躕不前……他悲不自勝，再也不忍離去，又回到了他生活過的楚國大地，回到了使他受盡磨難的江南。

這幻覺傾瀉出了屈原對祖國的忠貞、苦戀。他對著蒼天呼喊：

算了吧！算了吧！
國中沒有一個相知的人，
為什麼對她還是眷戀得這樣深？
既然不能與君王共行美政，
就效法古賢彭咸吧——
九死也不改變這顆赤誠的心！

屈原一遍遍地誦詠他早年的詩作《橘頌》，砥礪著自己的意志：

天地間最嘉美的橘樹，
生來就習於這裡的水土。
它受命生於南國，
豈能遷往別處！
它根深蒂固難於遷徙，
意志專一決不它顧。

詩句原文：

后皇嘉樹，
橘徠服兮。
受命不遷，
生南國兮。
深固難徙，
更壹志兮。

在屈原流放期間，秦國不斷出兵伐楚，楚國更加虛弱衰落，接連慘敗失地。楚頃襄王十九年（西元前二八〇年），秦將司馬錯攻楚，拔黔中郡（今湖南西部及貴州東北部），楚割漢水、上庸之地給秦。次年，秦將白起率兵再次攻楚，破楚別都鄢（今湖北宜城東南）及鄧（今湖北襄樊北）、西陵（今湖北宜昌西）。白起引長渠之水灌鄢，淹死楚國軍民數十萬。楚頃襄王二十一年（西元前二七八年），白起再伐楚，攻破楚都郢。火燒夷陵（今湖北宜昌），東進至竟陵（今湖北潛江西北），南進至洞庭湖一帶。楚頃襄王兵敗國破，狼狽東逃，遷都於陳（今河南淮陽）。

郢都破了，屈原的心碎了。眼看著傳了七百年之久的祖國瀕於滅亡，屈原痛哭哀吟：

無限的牽掛使我悲傷，
渺渺茫茫，
何處是我立足的地方？

他面容憔悴，形體枯槁，披頭散發，在江邊徘徊，時而獨語，時而吟唱，如癲如狂。

一位漁翁見了他，不禁問道：「您不是三閭大夫嗎？怎麼弄到了這般地步？」

屈原道：「世人皆混濁而我獨潔淨；大家都昏醉而我獨清醒，因此遭到放逐。」

漁翁說：「聖人不固執地對待事物而能與世推移。既然世人皆污濁，何不隨其流而逐其波？既然大家都昏醉，何不食糟飲酒一起醉？為什麼要深思清高，招來放逐之禍？」

屈原搖手答道：「不！不！不！我聽說剛洗了頭的人，要彈掉帽子上的灰塵；新洗了澡的人，要整理一下衣襟。我怎能將這如玉之軀，與那污泥濁水雜混？我寧可躍入江水，葬身魚腹，也決不污染潔白之身！」

屈原愛憎分明，疾惡如仇，決不放棄崇高的理想，他要與奸邪小人鬥爭到底，永不妥協，永不同流合污。既然不能再治國平天下，也要堅守高風亮節，獨善其身。這正是永不泯滅的中華之魂！

漁翁走了。

屈原還在沿江吟唱：

浩蕩的沅水、湘水，
奔流不息。

漫長的道路，
黑暗迷離。
世上已無伯樂，
誰識駿馬的能力？
人生的命運，
各有不同。
我志向堅定，
何所畏懼？
自知死亡不可躲避，
不願對生命再珍惜。
先賢志士就是榜樣——
捨生取義！

屈原是位忠貞不貳、百折不撓的鬥士。為了楚國的富強，為了拯救黎民於水火，他和國外強敵及國內的邪惡勢力進行了不懈的鬥爭。但由於昏君在位，奸臣弄權，他失敗了。為了維護正義，堅持理想，他要選擇以死殉志、以死殉國的道路。他希望以自己生命的火花，照亮人們的心靈，點燃為真理和正義而鬥爭的烈火；郢都淪陷了，楚國覆亡在即。他既不能謀事於朝廷，又不能操戈於疆場，他要選擇殺身成仁的道路。生不賣國求榮，死不受亡國之辱。他希望以自己的死，激勵民眾，喚醒國魂。「楚雖三戶，亡秦必楚」。他渴望著楚國的再生，楚國的復興。

楚頃襄王二十一年（西元前二七八年）五月初五日，六十二歲的屈原自沉於汨羅江。一個平凡的身軀回到了母親的懷抱，一個偉大的靈魂冉冉升騰。他回首人間：呵！我的郢……。

大漢之旄

孟子曰：「富貴不能淫，貧賤不能移，威武不能屈，此之謂大丈夫。」

天漢元年（西元前一〇〇年）初春的一個早晨，京師長安的北門大開，城外十里長亭車輛紛紛，人馬簇簇，鼓樂齊鳴。一隊出使匈奴的百餘人使團，辭別了為他們餞行的各衙官員、父老鄉親，踏上了去往塞北的征程。

漢、匈兩國已經多年互不通使，金戈鐵馬、刀光劍影就是交談。使團帶走了朝野官民對和平的渴望，留下了親人的日夜思念。

使團的正使中郎將蘇武，四十歲剛剛出頭。他身材魁梧，儀表堂堂，濃眉下一雙炯炯有神的眼睛，透露出一股威嚴剛毅之氣。蘇武出身將門，是右將軍平陵侯蘇建的二子。自幼受到嚴格的家教，恪守忠孝，習文練武，以重操行守氣節、德才兼備而聞名於京師，一向受到同僚們的敬佩，也頗得武帝的信重。

蘇武騎著一匹雪白駿馬，手持一柄銀光耀眼的旄節，神色莊重，走在隊伍的前頭。那根旄節以九尺之竹為柄，長八尺，頂端繫著一條絨索，索上垂掛著三重白色犛牛尾，稱為旄。旄節雖然並不華美，但卻十分神聖，它凝聚君、國的重托，是使者身分的物證。手持旄節的使臣，就是皇帝和國家的代表。九節之竹，象徵著使者永久保持著高尚的節操；白色的犛牛尾，象徵著使者純正無染、信守忠君報國的誓言。蘇武把它看得比生命還重要。

自高祖劉邦建漢以來，匈奴一直是北方最強大的敵鄰。漢初，民貧國匱，力量軟弱，只好以玉帛美女與匈奴「和親」，以求休養生息。至武帝即位，漢王朝經過七十年的發展，國富兵強。從元光二年（西元前一三三年）至元狩四年（西元前一一九年），漢對匈奴大舉反攻，奪回河西、河南之地，將匈奴的勢力趕到了大漠之北。但到武帝太初年間（西元前一〇四年至前一〇一年），匈奴經過十餘年的休整，力量逐漸恢復，又揮兵南下，漢、匈重開戰端。由於武帝長期對外戰爭，大興土木、封禪求仙，致使國力減弱，因而在與匈奴作戰中不斷失利。太初二年（西元前一〇三年），趙破奴率二萬騎兵出朔方擊匈奴，全軍覆沒，此時武帝正大舉征伐大宛，無力報復匈奴，只好在北疆採取守勢。太初三年（西元前一〇二年），匈奴大舉進犯定襄、雲中、五原、朔方，殺漢邊郡太守，摧毀漢軍所設的大部分亭、障。匈奴右賢王又率軍攻入酒泉、張掖，殺擄漢軍數千人，漢、匈關係急劇惡化。正在此時，漢擊大宛獲勝，威震西域。武帝決定乘勝北伐匈奴。匈奴且鞮侯單于初立，國內不穩定，聽說武帝要乘勝勇來攻，忙將過去所扣留的漢使遣返歸漢。又假意對漢卑謙，聲稱：「漢天子是我的父輩，我是兒子小輩，我怎敢與漢天子作對呢？」表示願意與漢朝修好。

武帝雖聲言要伐匈奴，但實際上也是困難重重，沒有必勝的把握，也希望避免大戰，以求休整。見匈奴求和，便放棄了進攻匈奴的計畫。為了表示對匈奴友好，武帝決定也放還所扣留的匈奴使者，並派遣蘇武為正使，中郎將張勝為副使，常惠為假使，率隨從百餘人，持厚禮出使匈奴，並護送匈奴使者一起歸國。

蘇武明白皇上深謀遠慮的意圖，特別是皇上親選自己為正使，更是寄託厚望。漢、匈兩國廝殺了數十年，赤地千里，白骨成丘，生靈塗炭。多少牧場牛羊絕跡，多少城鄉斷壁殘垣，多少家庭骨肉離散……匈奴失敗了，慘敗！大漢國勝利了，也是慘勝！對匈奴的戰爭使漢王朝的人力、物力消耗殆盡，致使國庫空虛，民不聊生。國家需要休整，百姓渴望和平。蘇武感到自己肩上的擔子是那麼沉重，但蘇武也知道漢、匈兩國交惡多年，互相仇殺，結怨甚深。況且匈奴人一向狡詐多端，言而無信，且鞮侯單于的真正意圖究竟是什麼，還很難猜測。一路上，蘇武設想了種種方案。他要盡最大的努力，化干戈為玉帛，溝通兩國之好，完成神聖的使命。

蘇武一行經過一個多月的長途跋涉，到達了匈奴王廷。蘇武拜見且鞮侯單于，傳達了大漢天子表示願意與匈奴通好的意圖，贈送了禮品，遞交了釋放匈奴使者的名單，彬彬有禮，不卑不亢。

匈奴與漢講和，乃是不得已之策，且鞮侯單于並非真想捐棄前仇，而是詐施緩兵之計。他對漢使的態度非常傲慢冷淡，與武帝對他的估計截然相反，這使漢使們大失所望。

蘇武等在匈奴住了一些日子，且鞮侯單于正準備將漢使遣還，想不到卻發生了一起意外事件，使蘇武等人的命運發生了急劇的變化。

原來，在此之前，漢朝有個使者名叫衛律，本是匈奴人的後代，是協律都尉李延年的好友，在李延年的推薦下，武帝派他出使匈奴。後來，李延年因罪下獄。正在匈奴的衛律，怕回國受到牽連，便投降了匈奴。衛律熟悉漢王朝的內情，又多智謀，正是匈奴侵漢最需要的人。因此，對他格外寵重，封他為靈王。衛律的從人虞常，被迫隨降，內心中仍然忠於漢朝，總想尋找機會逃歸。

這時，漢將緱王在隨趙破奴入匈奴作戰中被俘，送到匈奴王廷。緱王是原匈奴渾（昆）邪王姐姐之子，隨渾邪王一起降漢。他雖是匈奴人，但心在大漢。虞常、緱王兩人成為知己，密謀刺殺衛律，並且準備劫持單于之母，一起歸漢。恰巧蘇武使團中的副使張勝又是虞常的好友，虞常便將謀反的計畫告訴了張勝，張勝想立奇功，一舉成名，於是背著蘇武，拿出財貨賞給虞常，並且幫助出謀劃策。過了一個多月，單于出去射獵，只有閼氏和單于的子弟等人在家。虞常等七十多人便想趁這個機會起事。不料有人逃出告密，單于的子弟立即發兵捉拿。緱王等人戰死，虞常被擒。單于得知王廷有變，火速趕回，命衛律審問追查。

張勝聽說虞常、緱王起事失敗，心中恐懼，不得已將內情報告了蘇武。

蘇武聽了之後，沉默不語。他為沒有約束好隨行人員而敗壞了國家大事痛感內疚。他沒有過於斥責張勝，只是在氈帳外徘徊。良久，望著高懸在帳壁上的旄節，慨然說道：「事已如此，單于豈能罷休！必然要牽連到我們使團。諸君切要珍重，不可失節。我身為大漢正使，受匈奴之刑就是對國家的污侮，不如自殺而死，以維護國家的尊嚴。」說罷，便要抽刀自刎。張勝、常惠急忙攔住。

果然如蘇武所料，虞常熬不住重刑，供出了張勝。單于大怒，要殺掉漢朝的使臣。左伊秩訾勸阻說：「這樣的處罰太重，不如饒他們一死，迫令他們投降，這既使漢朝難堪，又可以使他們為我們出力。豈不一舉兩得？」

單于認為有理，便命衛律把蘇武等人召入王帳。單于威嚴地坐在寶座上，滿面怒容、虎視眈眈。兩側手執刀斧的武士林立，殺氣騰騰。

衛律怒喝：「大膽漢使，你們竟敢串通叛逆，企圖謀亂，罪該萬死！今我大匈奴單于有令，你們如能歸降匈奴，可賜官賞爵，否則殺不赦！」

蘇武聽了，大義凜然地說道：「我大漢國真誠與匈奴修好，化干戈為玉帛。今謀亂之事，非我大漢天子之意，也非我使團之意。我等是大漢的使臣，若是屈節辱命，即或是能夠苟且偷生，又有何面目復歸於漢？」說完，憤然拔刀向自己的胸部刺下。

好一個剛烈的蘇武！寧為玉碎，不為瓦全！這既是對單于、衛律的回答，又是對同伴的勉勵。大漢人的精神、大漢人的氣節隨著噴射的鮮血迸發出來。

衛律萬萬沒有想到蘇武如此剛烈，急忙上前阻攔，但蘇武已經身負重傷，昏死過去。

衛律急忙找人搶救。許久，蘇武才慢慢甦醒過來。常惠等人痛哭，用車子將蘇武拉回漢使的營帳。

單于很敬佩蘇武的氣節，每天早晚都派人來問候，只把張勝等有牽連的人監禁起來。

蘇武的傷勢漸漸痊癒，單于又設法逼迫蘇武投降。一天，衛律奉單于之命審訊虞常和張勝，讓蘇武等人也都參加。衛律宣布：「虞常叛亂犯有死罪，當斬！」說罷，當眾人之面，一刀將虞常的頭顱砍下，鮮血四濺。

衛律斜眼看看蘇武，蘇武神色自若。

衛律接著又拉下張勝，說道：「漢使張勝，謀殺單于近臣，罪在當死。但單于有詔，降者赦罪！」說罷，舉刀在張勝的脖子上晃了兩下。張勝早已嚇得渾身顫抖，連說：「願降！願降！」衛律冷笑幾聲，一腳將張勝像踢畜牲般踢到一旁。

衛律又斜眼看看蘇武，但見蘇武正在蔑視地看著張勝，彷彿在說：「你這個大漢國的叛徒，無恥的敗類！」衛律向蘇武的身邊跨了一步，又對蘇武說道：「副使有罪，你這個正使罪該連坐！」說罷，又舉起刀，作勢要砍。

蘇武面不改色，義正詞嚴地說：「我與張勝本未同謀，又不是他的親屬，憑什麼要連坐？」

衛律理屈詞窮，又揮刀在蘇武的頭上晃了晃。蘇武如同一座高山，巍然不動。

衛律見威脅不成，便抽刀改容，以利相誘，和顏地說：「蘇君，我衛律自從背漢投歸匈奴，承蒙單于大恩，封我為王，有眾數萬，牛馬滿山，富貴無比。蘇君若是今日降，明日就會與我一樣。若是執拗不肯，白白橫屍曠野，又有誰知道你的忠貞呢！」

蘇武不答。

衛律以為蘇武內心已動，又接著說：「您若是能聽我的良言，歸降過來，我與你結為兄弟，若是不聽我的勸告，以後要想歸降，再來找我，恐怕就沒那麼容易了。」

蘇武聽了此言，霍然而起，指著衛律罵道：「衛律！你身為漢家臣子，不顧恩義，叛主背親，甘降蠻夷，你這無恥之徒，我何屑再見你？現在單于信任你，讓你主持審理案件，你不但不公平持正，反而藉機挑起兩國君主的爭鬥，你好坐觀成敗。南越殺大漢使者，被滅國設郡；大宛王殺大漢使者，頭懸漢京北門；朝鮮殺大漢使者，曾幾何時便被誅滅，他們都付出了血的代價。現在唯獨匈奴尚未至此。你明知我不會投降，卻威逼利誘，欲使兩國相攻，若果然如此，恐怕匈奴的禍患就要從我這裡開始了。」

衛律被蘇武罵得啞口無言，知道蘇武最終也不會投降，只得如實稟報單于。單于大為嘉嘆，愈發想要招降蘇武。他想：「蘇武不怕殺頭，不為利誘，難道還不怕天長日久的苦難嗎？他就是個鐵人，也要把他折磨得筋疲骨軟，到那時再誘之以溫飽富貴，不信他不降。」於是單于下令，把蘇武囚禁在一個地窖裡，不給飲食。

蘇武看穿了單于的險惡用心。這時他反倒不想再去死，他要活，要頑強地活下去！他要讓匈奴人看一看大漢國臣子的赤膽忠心、鋼筋鐵骨和堅如磐石的意志，讓他們知道大漢國是不可戰勝的。他要把皇帝親手交給他的旄節再親手奉還給皇帝，不辱君命，不損國威。

雖然已經是三月天氣，但大漠以北仍然是滴水成冰、風雪交加。蘇武在地窖中不停地走動，以流動的熱血消融刺骨的嚴寒。餓了，他便咀嚼身上裹著的氈毛充飢；渴了，他便伏在地上吞食大風刮進窖內的積雪。飢寒、疲勞使蘇武不知不覺地打了個瞌睡，他彷彿是完成了使命回到了故國。大漢天子接過他奉還的旄節，正要下旨表彰，卻看到白髮蒼蒼的老母和日夜想念的妻子拿著毛茸茸的皮裘、香噴噴白饃來到他身邊。他穿上了皮裘，從來沒有這麼溫暖，吃了一口饃，從來沒有這麼香甜。突然一聲淒慘的長叫，驚得他咽住了口中的饃。門外的野狼嚎叫驚醒了蘇武瞬間的美夢。一連幾天過去，蘇武竟然沒有餓死，沒有凍死。單于大驚，懷疑蘇武是否有神靈相助。

確有神靈，這神靈便是永遠裝在他心中的大漢國。

單于無計可施，決定把蘇武流放到荒無人煙的北海。行前，交給他一群公羊，說道：「大使不是要回國嗎？什麼時候這群羊產了乳，就放你回去！」再明白不過了，他是讓蘇武徹底放棄歸國的念頭。他希望蘇武能在最後一刻回心轉意。

蘇武手持旄節，趕著羊群，頭也不回地向北海緩緩走去。

在蘇武的影響之下，常惠等其他漢使也堅決不降。單于下令把他們全都分散安置，使他們永遠不得相見。蘇武來到了人跡罕至的北海（今俄羅斯東西伯利亞南部的貝加爾湖）。只見茫茫海面，千里冰封。暴風捲著砂石雪粒，呼嘯著、翻滾著，將天地攪拌在一起，混沌迷濛，分不清是日還是夜。這裡一年之內有半年的時間是冰天雪地。

人是萬物之靈，只要心中的火焰不熄，再艱難困苦的環境，也能延續著頑強的生命。蘇武在北海之濱安下身來，蒼天為帳地為床，日為火爐月為燈。白天，他掘開鼠穴，將野鼠儲存的草籽揀出充飢，晚上則擠在羊群之中，依偎取暖而眠。無論是白天還是夜晚，蘇武總是把旄節拿在手裡，放在身邊。年復一年，「臥起操持，節旄盡落」。蘇武在淒風苦雨的北海，已經忘了幾度草青，幾度草黃。但他始終沒有忘記自己是大漢國的使臣，始終沒有忘記生他、養他的祖國，日夜懷念著慈顏的老母、結髮的愛妻、繞膝的兒女……。

秋天，蘇武仰望天空行行南飛的大雁，心潮澎湃，思緒萬千。大雁帶去了他心中的話語，胸中的肝膽。

嚴寒的夾縫中也有春天。

記不得是哪一年，說不清是哪一天，一個貧窮的匈奴女人，或許是被拋棄者，或許是逃難者，流浪到了北海岸邊。她瘦骨嶙峋、氣息奄奄。正在牧羊的蘇武救活了她。不用談是什麼愛情，就憑天涯海角中的一對孤男寡女，共同的命運，就足以把他們連在一起。兩個異族男女，相濡以沫，生死相依。

一年之後，匈奴女人生下了一個男孩。蘇武欣喜若狂。兒子，是他的骨肉，是他生命的延續。兒子咿呀學話，蘇武教他大漢語：爺、娘、大漢、長安……。

蘇武給兒子取了一個名字，叫作「通國」。他希望兒子長大以後，能夠繼承自己的事業，也做一名通好周邊諸國的神聖使者。二十餘年後，大漢宣皇帝得知蘇武有一子留在匈奴，特遣使致金帛贖回，任命為侍從皇帝的郎官。

胡妻愛子給蘇武帶來了人生的樂趣，但他放牧的一群公羊卻因不能繁殖而越來越少，使蘇武不能不憂慮。真是禍不單行，一個冬天的夜晚，不知從哪裡流竄來了一群野蠻的敕勒人，將蘇武為數不多的一群公羊全部搶掠去。

胡婦呼天喊地，小兒嗷嗷待哺，蘇武木然呆立，三口人一下子陷入了絕食的境地。嚴冬無野菜、野果可食，老鼠洞穴中的草籽怎能維持小兒脆弱的生命？昔日那個摟頸嬉鬧的兒子，如今在皮筒裡奄奄一息。蘇武又在歷經著人生中最痛苦的摧殘。

一天，蘇武正在尋找鼠洞挖食，忽見一隊人馬飛奔而來，為首的是一個貂帽狐裘的達官貴人。蘇武正在驚異，那貴人已來到眼前，一躍跳下馬來，向蘇武拱手至禮，喊了一聲：

「子卿（蘇武的字）兄！」

蘇武愣愣地看著，不知來者是何人。

「子卿兄，我是李陵啊！」

「李陵？哪一個李陵？」蘇武還是弄不清。

「我是與兄同為侍中的李陵。」

「啊！是你？少卿（李陵的字）！」

蘇武認出來了，是自幼的好友李少卿。他一時激動，撲上去便要擁抱。但他突然停住，連退了兩步，疑惑地問道：「你怎麼到了這裡？為何這般裝束？」

李陵長嘆了一聲：「唉……人世滄桑，一言難盡哪……。」

李陵是威震匈奴的飛將軍李廣之孫，李廣長子李當戶的遺腹子。年輕時便在朝廷任職，他精於騎射，禮賢下士，武帝稱他有李廣之風。因率八百騎深入匈奴二千餘里偵察有功，被任命為騎都尉。武帝命李陵招募荊楚地區的驍勇壯士五千人，教以騎射，嚴格訓練。這五千名勇士個個都力大過人，手可扼虎；射技精絕，百發百中。奉命駐紮在酒泉、張掖一帶，防禦匈奴。李陵謙讓愛眾，士兵們都願意為他拼死效力。

天漢二年（西元前九十九年），武帝因匈奴扣留蘇武等大漢使臣，決意再次對匈奴用兵。五月，令貳師將軍李廣利率三萬騎兵從酒泉出發，在天山一帶襲擊匈奴右賢王。初戰獲勝，但回師途中被匈奴重兵包圍，幾乎全軍覆沒，李廣利敗歸後，武帝又令強弩將軍路博德、因杅將軍公孫敖、騎都尉李陵各率一支軍隊分別進攻匈奴。因馬匹都歸了貳師將軍李廣利，李陵便率五千步兵從居延出發，孤軍深入千餘里，尋找匈奴大軍決戰。三十餘日後，李陵軍在浚稽山與且鞮侯單于所率領的匈奴主力部隊十餘萬騎兵展開激戰。李陵指揮的漢軍英勇作戰，屢次重創匈奴軍。但因後援遲遲不至，李陵只好且戰且退，先後共殺敵近萬人，最後被匈奴軍隊包圍在距邊境僅一百多里的山谷中。殘餘的將士，箭射光了，刀砍斷了，實在無法再戰，李陵下令分散突圍。突圍中李陵走投無路，下馬投降。

李陵以五千步兵與二十倍於己的匈奴騎兵主力部隊激戰十餘日，轉戰千餘里，殺敵近萬，直至矢盡刀折，仍頑強死戰，其將士的英勇善戰，不亞於當年的霍去病軍，戰鬥激烈的程度為漢、匈戰爭史上所僅見。應該說李陵在與匈奴軍作戰中是竭盡了全力，竭盡了忠誠。但是，這樣的一個忠勇之士，在最後的生死關頭竟然投降了匈奴。

司馬遷說：「李陵所以沒有死節，或許是企圖尋找機會再報效國家。」這只能是猜測。即或如此，畢竟沒有成為事實。大千世界，淆亂紛紜，動機與效果並非完全統一。忠臣？叛徒？只能依最後的事實裁判定論。李陵本來可以成為千古忠烈，可是最後竟成為叛臣。應該說，李陵下馬伏首之時，便是鑄成千古大錯之日，瞬間重新改寫了人生的歷史。故後人有詠史詩嘆云：

孤軍奮戰奮餘威，矢盡援窮竟被圍。
可惜臨危偏不死，亡家叛國怎辭譏。

李陵的投降，使且鞮侯單于興奮異常。漢廷名將飛將軍李廣的孫子如今歸降了他，這是他的榮耀。為了籠絡李陵，他把女兒嫁給了李陵，並封他為右校王，身居顯位。每逢國有大事，都找李陵商議。

李陵投降匈奴後，傳統的忠孝節義觀念和他叛國背主的現實，在他內心中發生了激烈的衝突。他自感對不起漢家朝廷，辱沒祖宗，十分內疚。他思念家鄉、思念老母和妻兒，覺得良心有愧，每天精神抑鬱恍惚。他咒罵自己，悔恨當時為什麼沒有死，他要發狂、發瘋，受著一個叛臣在精神上的折磨。

武帝得知李陵投降匈奴的消息，憤怒至極。扣押了李陵的父母妻子，並將為李陵辯解的司馬遷處以宮刑。

一年後，武帝覺得司馬遷說的或許也有道理，後悔不該讓李陵孤軍作戰，致使他陷入絕境。因此，他一方面派人去慰問那些逃回來的李陵士兵，一方面又派因杅將軍公孫敖率軍深入匈奴去尋找迎接李陵。公孫敖沒有遇到李陵，卻帶回了李陵確已降敵的消息。武帝大罵李陵背主叛國，下令將李陵全家盡行誅滅。

李陵從來匈奴的漢使那裡聽到了全家被族誅的消息，大哭，責問漢使：「我為漢將，率五千人橫行匈奴，因無援而敗，我哪裡對不起大漢而誅殺我全家？」武帝的暴虐，似乎成了他叛國行徑的理由。李陵在國家大義和個人恩怨的天秤上最後失去了平衡。如果說他剛剛投降時，還有待機報漢的念頭，那麼這時就全部蕩然無存了。真正的忠貞節烈之士，應該是寧國家負我，我絕不負國家，而李陵恰恰走上了一條與之相反的路。從此，他更加死心塌地地投入了匈奴的懷抱。

李陵與蘇武有通家之誼，是一對摯友，後來又同為侍中。李陵知道蘇武在匈奴堅貞不屈而被流放北海，但無顏去見他。過了幾年，單于認為蘇武隨著歲月的流逝，信念大概有所轉變了，派李陵再去勸降。

李陵為蘇武擺酒設宴，席間詳細地講述了自己的遭遇，又趁機對蘇武說：

「單于知道你是我的老友，特讓我前來勸告：『你被幽禁在這荒遠之地，返回漢廷已是不可能的了。你在這裡受盡了苦難，但有誰知道你的信義節操呢？』」

蘇武默然不答。

為了斷絕蘇武歸漢的念頭，李陵又說：「你的兄長蘇嘉為奉車都尉，因扶車輦下台階，不小心碰折了車轅，被劾為大不敬罪，自殺而死；你的弟弟蘇賢為騎都尉，受皇上之命追拿畏罪逃亡的宦官未果，懼怕皇上問罪，服毒自殺；你的老母已經去世，妻子聽說也已改嫁。你的兩個妹妹、兩個女兒和一個兒子，這幾年生死存亡就不清楚了。」

蘇武多年未聞家音，聽了這些不禁老淚橫流，泣不成聲。

李陵又深為同情地接著說：「唉！人生苦短，似如朝露，你何必這樣與自己過不去呢？現在皇上年事已高，反復無常，大臣們無罪被誅者，已數十家之多。做臣子的安危不保，你這樣做又是為了誰呢？」

蘇武擦了擦淚水，鄭重地說道：「我父子本無功德，蒙皇上聖恩，官為將軍，爵至封侯。常想以肝腦塗地報答皇上。而今幸有這個機會，縱然是刀斬鼎烹，我也在所不辭。臣子對君王就如同兒子對父親，兒子為父親而死，是毫無怨言的。少卿就不必再勸我了。」

「可是子卿兄現在已面臨絕境，況且你這裡的妻兒……。」李陵想用兒女之情打動蘇武。

蘇武看了看几案上的乳酪、肥肉，想到就要餓死的妻兒，他怎能不揪心？怎能不動情？可是妻兒餓死畢竟是私事，若變節降敵，則是辱沒大漢、辱沒祖宗。孰輕？孰重？他早已作過權衡。遂答道：「無國何能有家？無父何能有妻兒？」

李陵愧不能答。

李陵在蘇武那裡每天都擺宴設酒，閒說些往事。又過了三五天，李陵乘著酒興又對蘇武說：「子卿何妨就聽我一句呢！」

蘇武正色說：「我蘇武本未想苟活到今日，如果大王一定要我歸降，那我只好死在你面前了。」

李陵見蘇武改稱自己為大王，態度如此堅決，知他思漢之心不可動，深感自愧。長嘆道：「唉——子卿真偉丈夫也！我李陵和衛律的罪過，高過雲端，上天不饒啊！」說著淚下濕襟，與蘇武悵然作別。

李陵見蘇武生活艱難，於心不忍。讓自己的匈奴妻子出面，送給蘇武幾十頭牛羊，用以維生。

蘇武日出而牧，日入而息。齒落背駝，鬢髮全白，那根旄節仍然須臾不離。

後元二年（西元前八十七年），武帝病死。李陵又來到北海，將這一消息告知了蘇武。蘇武向南放聲痛哭，直哭得嘔出血來。他為不能直接向武帝復命而悲痛，旦夕哭祭。

大漢國始終惦記著那些為國赴難的使臣。昭帝即位後，漢、匈兩國關係緩和，恢復「和親」。昭帝派出使臣，要求匈奴放歸蘇武等人。單于不肯，詭稱蘇武已死。不久，昭帝又遣使匈奴。再次要求釋放蘇武等人歸國。和蘇武一起出使的假使常惠聽說漢使到來，買通了看守，在深夜與漢使偷偷地見了面，向使臣述說了蘇武在北海牧羊的情況，並面授迫使匈奴單于放還蘇武的計策。

第二天，漢使拜見單于，說道：「漢天子在上林苑中射中一雁，見足繫帛書，乃是蘇武親筆所寫，詳言在北海放牧。匈奴既然已經與大漢國通好，務請單于放歸漢使。」

單于大驚，以為是天神所助。於是謝漢使道：「蘇武等人確實還都健在，當立即放歸。」

蘇武被接回王廷。李陵擺酒為蘇武慶賀。李陵悲感交加，對蘇武說道：「今足下歸國，我又是高興又是悲傷。你堅守漢節，揚名於匈奴，顯功於漢室，即使是古書所載、丹青所畫的那些聖賢也不過如此，你將流芳千古。我李陵今天到了這種地步，親人被族誅，世人厭棄我，我還有什麼值得顧戀的呢？罷了！罷了！你我以後就是異域之人，此番便是永別了！」李陵說到這裡，已經是泣不成聲。他喝了一杯又一杯，喝下去的是血、是淚、是恨、是悔。他醉了，離開座位，起舞作歌：

> 徑萬里兮度沙幕，
> 為君將兮奮匈奴，
> 路窮絕兮矢刃摧，
> 士眾滅兮名已潰，
> 老母已死，
> 雖欲報恩將安歸？

李陵的悲歌，唱出了一個背叛祖國者的內心痛苦，他將終生受到良心的譴責。

始元六年（西元前八十一年）春，蘇武手持光禿的旄節，率領他的使團一行九人，回到了離別整整十九年的大漢國，又看到了他朝思暮想的長安城闕。

往事越千年，彈指一揮間。神州幾經滄桑，風雲變幻。多少王侯成糞土，多少鐵石豐碑殘斷！嗚呼！何物能長久？唯人民心中的歌永傳：

蘇武留胡節不辱，
雪地又冰天，
匈朝十九年，
渴飲雪，
飢吞氈，
牧羊北海邊。
心存漢社稷，
旄盪猶未還，
歷盡難中難，
心如鐵石堅。
夜坐塞上，
時聞笳聲，
入耳痛心酸。

蘇武留胡節不辱，
轉眼北風吹，
雁群漢關飛，

大漢之旌

白髮娘，
望兒歸，
紅妝守空帷。
三更同入夢，
兩地誰夢誰？
任海枯石爛，
大節不少虧，
寧教匈奴，
驚心破膽，
拱服漢德威。

大隋巨奸

對權勢、財富的卑劣貪欲，使他扭曲了靈魂，
由開國元勳變成了禍國奸梟。

大隋朝開皇十四年（西元五九四年）的盛夏，驕陽似火。千里關中像一座剛剛啟封的瓦窯，火辣辣的熱，死沉沉的悶，使人喘不過一絲氣來。一連數月無雨，大地龜裂，稼禾枯死，夏糧顆粒無收，百姓飢餓哭號，成群結隊向洛陽一帶乞討求生。路旁不時看到一具具飢殍。這時，一隊被徵發來的數百役丁，在惡吏的押解下，逆著東去的人群，向岐州（今陝西鳳翔）前進。人群中的男人們驚恐得四處逃散……。

在京師長安以西二百餘里的岐州普閏縣（今陝西鳳翔北）山谷中，正在興建一座皇帝的行宮——仁壽宮。數萬役丁骨瘦如柴，衣不遮體。一個個背負沉重的石塊，掙扎著爬行；一對對肩抬巨大的圓木，艱難地邁進。如狼似虎的監工，揮動著皮鞭、木棍狠命地抽打著那些動作遲緩的役丁。

在半山腰林木叢生的涼亭裡，一個身軀肥大、長髯垂腹的將軍仰靠在躺椅上，兩旁的奴僕輕輕地給他搧動著扇子。徐徐的涼風使他感到無比愜意。他就是仁壽宮總監、越國公、尚書右僕射——楊素。（尚書右僕射為官名。隋朝尚書省長官為尚書令，正二品；副職為尚書左僕射、右僕射，皆從二品。尚書左、右僕射相當於秦漢時的副丞相。）

楊素看到山腳下成千上萬的役丁，像一群群螞蟻正在忙碌、蠕動，聽見打石聲、伐木聲、監工的吆喝聲，交織在一起，震動山谷，他滿意地微微閉上了眼睛，再度沉入了受到皇上嘉獎、封賞、晉官尚書令的遐想……。

楊素，字處道，生於北魏末年的一個貴族世家。祖、父在北魏、北周二朝皆為朝廷重臣。受家庭影響，楊素少年時代即落拓有大志，以功名自許，要為國家建立豐功偉業。他不似一般貴族家的紈絝子弟，荒於嬉戲，而是勤奮好學，精研不倦，博學多才。不僅通經史，善寫文章，還長於書法，尤精草書、隸書，並且足智多謀、驍勇無畏，是一個文武兼備的奇才。他的叔祖北魏尚書僕射楊寬對他非常賞識，曾對子孫們說：「處道才華逸群絕倫，定成大器，你們誰也不會及他。」北周時，天官府大冢宰宇文護發現楊素是少有的俊才，推薦他為中外記室，後轉禮曹，加大都督。周武帝時，楊素在伐齊、滅齊的戰爭中，屢建奇功，被封為成安縣公。

楊素與隋文帝楊堅都是出自弘農楊氏，是遠支的家族。楊堅在北周任右大丞相時，楊素與他深相結交，成為親信。在楊堅篡奪北周政權的鬥爭中，楊素被任命為大將軍，平定了滎陽刺史宇文冑的反抗，楊素因功被封為徐州總管，晉位柱國，封爵清河郡公。

大定元年（西元五八一年）二月，楊堅代周稱帝，建立大隋王朝。楊素以佐命之功晉位上柱國，與尚書左僕射高熲等人一起制定隋律。當時，陳國割據江南，楊素多次向隋文帝進呈平陳之策。開皇八年（西元五八八年）十月，文帝任命楊素為行軍元帥，與晉王楊廣、秦王楊俊等兵分八路伐陳。楊素率水師順水而下，攻占漢口，占領了長江上游的廣大地區，使在長江下游作戰的賀若弼、韓擒虎一舉攻克陳都建康，滅陳。使分裂了四百年之久的中國重歸於統一。在滅陳戰爭中，楊素戰功卓著，被封為荊州總管，晉爵越國公。開皇九年（西元五八九年），擢升為納言。隋朝中央最高統治機構為內史省、門下省、尚書省三省。內史省職掌決策，長官為內史令；門下省職掌審議，長官為納言；尚書省統轄吏、禮、兵、都官（後改為刑部）、度支（後改為戶部）、工六部，職掌推行政令，長官為尚書令，副職為尚書左僕射、右僕射。三省長官相當於秦漢時的宰相。楊素官居納言，即是已經入相。

開皇十年（西元五九〇年），江南原陳國舊地反叛。剛剛取得統一的隋王朝又面臨分裂的危險。文帝以楊素為行軍總管，率兵征討。楊素前後百餘戰，平定了江南之亂，鞏固了大隋王朝的統一。楊素在大隋王朝的建立、統一、鞏固的戰爭中，屢立豐功，成為舉國敬仰的元勳。後世史家客觀評價他說：「功臣莫居其右，覽其奇策高文，足為一時之傑。」開皇十二年（西元五九二年）十二月，文帝又擢升楊素為尚書右僕射，與尚書左僕射高熲共掌朝政。

楊素壯志已成大業，位居人臣之首，富貴甲天下。他喜悅，但又憂慮。楊素知道，自己的長處是廝殺作戰，而治國理民，則遠不如高熲。如今和高熲同主尚書省，長短優劣，顯而易見。伴君如伴虎，一旦皇上不滿，權勢、名利、富貴頃刻化為雲煙。他日夜苦思冥想，如何才能安身固位，永保富貴。他明白了：土丘之所以不為高，是因為有高山相比。若是剷除了高山，土丘不就是最高的了嗎？功名利祿都是皇上賞賜的，只要設法尋機討取皇上的歡心，何愁富貴不長久呢？

歷史上的奸邪佞臣，並非都是天生壞蛋。有的是自幼頑劣，及長流氓成性，逢時投機而竊取軍國大權，終成一代奸梟。有的則不然，初始本懷忠君報國之心，立豐功、創偉績，無愧蓋世英雄。而後時隨境遷，貪權戀勢，媚主邀寵，變成了禍國殃民的奸賊。公則生忠，私則生奸。卑鄙的私慾，使一代元勳的楊素偏離了他的人生軌道。

開皇十三年（西元五九三年）二月，文帝要在岐州之北建一座仁壽宮，命楊素負責監造。為了討取皇上的歡心，楊素選擇了一個風景秀麗、氣候宜人的山谷為宮殿的建址。下令大肆徵集民夫，召集百工，移山填谷，立即破土開工。為了盡快竣工，楊素下令不論晝夜、冬夏不得停息。可憐那些役丁、工匠，勞累疾病交加，一批批倒斃，僅一年死者盈萬。楊素下令，將那些屍體扔入坑谷，屍上加屍，坑滿谷平，上面覆以土石，築為平地。一谷已滿，再填一谷。

輕輕的呼喚聲，打斷了楊素美好的遐想。「大人，今日天氣太熱，又有百餘役丁死亡，是不是可以……。」來稟報的人是土木監封德彝。因為新徵的人還未到來，役丁接連死亡，已經影響了工程的進度，他想讓役丁們暫時避一避正午的毒日。

「可以什麼？我要的不是役丁、工匠的死亡數字，是最快的竣工。明年三月前完不成，你的頭就和那些死丁們一起去填谷吧！趕緊命人去各縣催徵役丁，遲誤者殺！」楊素說。

封德彝嚇得連聲應允，一溜煙跑下山坡。山坡下皮鞭飛舞，傳來一陣陣撕裂人心的慘叫。山谷裡發出咚、咚的迴聲，一具具屍體又被拋了下去……。

開皇十五年（西元五九五年）三月，仁壽宮建成，歷時兩年零一個月。仁壽宮不僅規模宏大，金碧輝煌，更加山水相映，白雲繚繞，宛如仙境中的瓊樓玉宇，確實是無與倫比的宮殿。楊素以萬餘人的屍骨，千家萬戶的血淚，為皇帝建起了這座「仁愛」、「萬壽」之宮。

仁壽宮竣工，文帝派左僕射高熲前去察看。高熲如實回奏：「此宮過於奢華，役丁死亡甚多，民怨洶洶。」文帝聽後，要親臨仁壽宮視察。這時，工地上到處都堆積著倒斃役丁的屍體。楊素急忙下令連夜焚燒掩埋，不得留下半點痕跡。

文帝來到岐州，見仁壽宮果然奢華過度。文帝是個提倡節儉的皇帝，見狀大怒，斥責楊素道：「朕讓你督造此宮，是認為你老成謹慎，酌量奢儉，能深體朕意，不想你造得如此壯麗，這豈不是置我不仁不儉，結怨於天下嗎？」文帝的斥責，確實是一針見血，抓住了要害。自古以來的佞臣，無一不是以甘言惑主，導之以驕、奢、淫、逸，將君主推向與群臣作對，與百姓作對的境地，成為昏君、暴君，結怨於天下，而那些佞臣則恃主之寵，擅作威福，損國利己。國家如同大廈，被他們弄得牆空、梁折，最後土崩瓦解，社稷易人。這些惑主、誘主的佞臣，實為社稷之鼠。

楊素沒料到媚主失算，只嚇得跪伏在地不敢言。為了逃脫懲處，楊素偷偷去見獨孤皇后。楊素知道，皇上最信任皇后，也最怕皇后。凡皇后所言，無不依從。熟知歷朝典故的楊素，深知「后妃路線」的重要。他裝出一副忠誠、委屈的樣子，跪在皇后面前說道：「帝王制度，有離宮別館，今天下太平，修築一宮，為皇上、皇后頤養聖體，增添萬壽，算不上奢侈浪費。請皇上、皇后能體諒下臣的一片忠孝之心。」

第二天，文帝召見楊素。楊素不知是禍是福，戰戰兢兢跪伏在地。文帝尚未開口，坐在一旁的獨孤皇后便搶先說道：「楊素知皇上和我年高，沒有什麼可以娛樂的，修了一座離宮，使皇上和我安享天年，真可謂是忠孝了！」文帝見皇后如此說，陰沉的臉也多雲轉晴。非但沒有懲罰楊素，還下令賞他錢百萬，錦絹三千段，對楊素更加信任。文帝外示儉而內欲奢，貌似英明而內昏昧，寵信後宮，不辨忠奸，為社稷留下了隱患。

楊素媚主邀寵，鞏固了相位。但他畢竟位居高熲之下。高熲雖然才藝風調不如楊素，但在推誠體國、處事公允、有宰相識度方面，則遠遠超過楊素。高熲聲望越高，楊素愈感到芒刺在背。有高熲在，不僅再升遷無望，恐怕遲早連現在的副相之位也難保。特別是建築仁壽宮時，高熲秉公如實奏報工程奢華、死亡太多，險些使他丟了官職，這更使楊素懷恨在心。但高熲是深得皇上信重的，他不敢輕易向高熲進攻，只好暗暗等待時機。

時機來了。開皇十九年（西元五九九年）六月，文帝去仁壽宮遊幸。見一名宮女長得清秀嫵媚，體態輕盈，甚是喜愛。文帝懼內，在京師的皇宮中，雖然美女如雲，卻不敢親近，只能是望梅止渴。如今遠離獨孤皇后，見了這等美色，怎按捺得住，遂召入幸。但這事還是被獨孤皇后所偵知，派人將這宮女暗殺。文帝悲憤欲絕，馳入深山。高熲、楊素策馬去追，苦苦勸回。高熲勸道：「陛下怎可與婦人賭氣而輕天下呢？」楊素將這話偷偷地告訴了獨孤皇后。獨孤皇后是一個凶悍、盛氣凌人的女人。聽說高熲稱自己為「婦人」，恨恨不已。於是經常在文帝面前譖毀高熲。文帝懼內耳軟，逐漸疏遠高熲。這時文帝欲廢太子楊勇，易立晉王楊廣，高熲堅決反對易儲。文帝藉故於開皇十九年（西元五九九年）八月，將高熲罷相為民，並險些殺頭。上柱國賀若弼、吳州總管宇文弼、刑部尚書薛冑、民部尚書斛律孝律、兵部尚書柳述等知高熲無罪，紛紛上疏請求文帝赦免，唯獨楊素一言不發。高熲被罷免後，文帝以楊素為尚書左僕射，他獨專朝政的野心終於得逞。

楊素嫉賢妒能，排斥異己，殘害忠良。不僅要除掉地位比他高的，取而代之，對那些地位比他低的賢俊之士也絕不放過，必設法置於死地，以免將來成為他的威脅。

在文帝統一中國的戰爭中，楊素與韓擒虎、賀若弼、史萬歲是舉世公認的四大名將。楊素為了突出自己，凌駕三將之上，心懷嫉妒。但韓擒虎死得早，所以他打擊的對象主要是賀若弼、史萬歲。

賀若弼為右武侯大將軍，位上柱國，爵封宋國公。賀若弼與楊素為表兄弟，他深知賀若弼的文武才幹不在自己之下。高熲曾對文帝說過：「朝臣之內，文武才幹，沒有一個及賀若弼的。」文帝深以為是。楊素每想這句話，便不寒而慄。所以經常在文帝面前暗進讒言，並煽動公卿也都群起彈劾。文帝信以為真，將賀若弼下獄定以死罪。因顧及他的功勞，罷官為庶民。後來雖然恢復了爵位，但不再任他為官，只令他在家閒居。

史萬歲曾是楊素的部將，為左領軍大將軍，進位柱國。史萬歲雄略過人，他用兵打仗，身先士卒，尤其是關心愛護部卒將士，以心服眾，不似楊素以殺威服眾。所以在軍隊中威望極高，將士樂為其效力。高熲當隋文帝的面稱讚史萬歲：「雖古名將未能過也。」在韓擒虎、賀若弼離開政治舞台以後，史萬歲成了唯一與楊素齊名的統帥。因此，楊素嫉恨他如同眼中釘、肉中刺，必欲拔之而後快。

開皇二十年（西元六〇〇年）四月，突厥達頭可汗入侵，文帝命晉王楊廣與楊素從靈武道出兵，漢王楊諒、史萬歲從馬邑道出兵，分擊突厥。史萬歲率軍至大斤山和突厥兵相遇。達頭可汗派一將出陣問道：「隋軍將領是何人？」隋軍答道：「史萬歲！」達頭可汗聞名喪膽，率兵即逃。史萬歲率騎兵乘勢追殺百餘里，殲敵數千。繼而又深入大漠數百里，掃蕩殘敵，大獲全勝而歸。隋軍回朝，史萬歲威震突厥之事不脛而走，盛傳朝野。而這次出兵，楊素卻無功而還。相比之下，使他黯然失色。

如何才能將史萬歲置於死地呢？楊素苦思冥想了幾日，終於想出了一條讓史萬歲自投羅網的毒計。他知道史萬歲是一個性格耿直、寧折不彎的漢子，便設法激他與皇上作對。

史萬歲威震突厥，為大隋朝爭光，使文帝大為興奮，與楊素商量要重獎史萬歲。楊素裝出一副很痛心的樣子，向文帝奏道：「史將軍是臣多年的老部下，情同手足。但他有欺君之罪，臣只能忠君而不能私誼了。」

文帝大為驚異。

楊素停了好長一會兒才繼續說道：「突厥本來已臣服我朝，這次根本不是入寇，而是來塞上放牧的。史將軍為了邀功，擅自向突厥開戰。突厥人手無寸鐵，怎能不望風而逃呢？臣料數日之內，史將軍必來向陛下要求封賞。那時便可知臣所言不虛了。唉！這個將軍哪……。」

文帝將信將疑。為了驗證楊素的話，文帝故意不封賞有功將士。

史萬歲果然上了楊素的圈套。在向突厥兵衝殺時，史萬歲已經向全軍將士許諾，立功者必有重賞。而今皇上置之不理，豈不失信於全軍將士嗎？有功不賞，有過不罰，以後還怎麼作戰呢？史萬歲屢次向文帝請賞，文帝不理。

隋文帝治國兢兢業業，是個勤奮的君主。但他是以陰謀竊權得國之人，最怕大臣們以其人之道還治其人之身，因而他疑心最重。對那些他懷疑不忠的大臣，無論是地位多高、功勞多大，絕不留情。他對史萬歲本來是很信任的，認為他是一個很難得的將才。而今他彷彿受了戲弄，對史萬歲非常惱怒。相比之下，楊素真是個忠臣，以國家為重，寧可無功，被別人非議，也絕不輕開戰端；又能不顧私誼，秉公處事，忠臣哪！忠臣！大奸若忠！自以為英明、能洞察秋毫的隋文帝，被假象遮住了雙眼。

這時，文帝剛剛廢了太子楊勇，正窮追楊勇的黨羽。一天，文帝怒火正盛。楊素在殿外遇見史萬歲，他眼珠子一轉，計上心來，笑瞇瞇地對史萬歲說：「今日陛下高興，若是有事，過一會兒可去奏請！」說罷拱了拱手，先進入殿中。

史萬歲正是為請功而來，聽楊素一說，忙將奏表奉於內侍，在殿外候旨。

文帝將內侍送進的奏章一一瀏覽，待看到史萬歲的奏表，問楊素道：「史萬歲現在哪裡？」

楊素答道：「正在東宮朝謁太子！」太子已經被廢，再去朝謁，豈不是私黨串通，企圖謀反嗎？這無疑是火上澆油。

文帝大怒，命立宣史萬歲進見。

史萬歲上殿，還以為是讓他講述突厥戰事。遂奏道：「將士殺敵有功，朝廷不可壓抑。」

文帝大怒，罵道：「賊子，朕何止是壓抑！來人！將這賊子亂棍打死！」殿上武士，蜂擁而上，棍棒交加，雨點般地落在史萬歲的頭上、身上。這位馳騁沙場幾十年、令敵人聞風喪膽的老英雄，頃刻之間，頭破血流，死於殿上。楊素站在一旁，微微冷笑。最後一個資歷和他相仿的政敵被清除了，他心裡有說不出的得意之感。

文帝盛怒過後，想起史萬歲的功勞，想起未經審訊便動用極刑，有些後悔。但為了維護自己的神聖尊嚴，按著楊素的誣陷，下詔公布史萬歲的罪狀：「懷詐邀功，便是國賊。」對於史萬歲的被冤殺，天下士庶，無不為之痛惜。

無中生有，造謠誣陷，是歷朝歷代一切奸佞小人的慣用伎倆，多少忠良之士，就是慘死在他們蓄意編造出來的「莫須有」的罪名之下。古諺云：「明槍易躲，暗箭難防。」楊素之流就是專以暗箭傷人的敗類。一切忠貞、正直、善良的人們，當你向正面的敵人衝殺的時候，不可不防備那來自於背後的暗箭、腳下的陷阱！當以史為鑒！

楊素一方面排斥異己，陷害忠良；另一方面又利用職權，安插他的家族、親戚、同黨、親信、故吏，結黨營私，把持朝廷要津。他的弟弟楊約及叔叔楊文思、楊文紀、堂叔楊異等都官居尚書、列卿。他的幾個兒子，無功於國，也位至柱國、刺史。他的子弟、親族、故吏、心腹遍布朝廷、地方，一呼百應。

楊素專權更貪財。他利用權勢，肆無忌憚地兼併土地、廣置資產。在京師及全國大城鎮，都有他的邸店、碾磑、田宅。他家的錢財堆積如山，連他自己都不知道有多少。家中的奴婢僮僕以千數；侍婢、藝妓穿綺羅者以千計。東、西兩京都有他的居宅。宅第華麗，制擬宮禁。楊素權傾天下，富羞石崇。

楊素執生殺榮辱之柄，舉朝文武不敢仰視，莫不畏附。雖心懷怨憤，但仍然要對他歌功頌德、卑膝謙恭，以苟全身家性命。但也有以國家為重、忠貞剛直、不肯趨炎附勢的大臣。

侍御史柳彧對楊素陷害忠良、以權謀私、專擅朝政深為不滿。在當時侍御史為官名。隋以御史台為監察機關。長官為御史大夫，掌糾察彈劾百官。其下屬有治書侍御史、侍御史、殿內侍御史、監察御史等。

一次，楊素犯有小過，文帝命送御史台，由柳彧審處。楊素恃仗自己是宰相，來到御史台後，即坐在御史公座上。柳彧從外面進來，見楊素如此狂傲，便嚴肅地對楊素說：「本御史現在是奉旨治公之罪，堂下聽審！」說罷，令楊素站在堂下，自己高坐在公座上，訊問楊素的過錯。楊素萬萬沒有想到，一個小小的侍御史，竟然敢對自己如此無禮。但懾於王法，不敢不從。他對柳彧恨之入骨，伺機報復。仁壽二年（西元六〇二年）十二月，蜀王楊秀因太子楊廣、楊素陷害而被廢。因蜀王曾向柳彧求《治道集》，並有回贈禮物之事。楊素遂將柳彧牽連入獄，誣柳彧以內臣交結藩王，懷有異心。文帝不辨事理，下令將柳彧罷免，流放懷遠鎮（今四川崇慶縣）。不久，又命遷往晉陽（今山西太原）。時正逢漢王楊諒起兵作亂，知柳彧為賢俊之士，召柳彧，柳彧不從，被漢王囚於獄中。仁壽四年（西元六〇四年）八月，楊素攻陷晉陽，將柳彧從獄中押回京師，誣他心懷二端，實同謀逆，又將柳彧流放於敦煌（今甘肅敦煌）。直到楊素死後，柳彧才得申冤回京。但因久經摧殘，死於回京的路上。

柳彧是著名的諫臣，文帝曾稱讚說：「柳彧正直士，國之寶也。」但這位秉公執法、忠貞不貳的「國寶」，卻一再被奸臣所陷害，摧殘至死。楊素固然是罪魁，但禍首實是文帝。文帝未必不知柳彧之冤，只是覺得眼下楊素對他更為有用，因而屈從楊素以換取他的「忠誠」。當年文帝懲楊素「小過」，只是玩弄了一個駕馭臣子的小小權術，忠誠剛正的柳彧卻成了他的犧牲品。

主掌刑獄、身為九卿之一的正三品官——大理寺卿梁毗見楊素如此專權，恐為國患，因而冒死上疏文帝，云：「臣聞若有作威作福者，必貽害國家，給國家造成災難。今左僕射越國公楊素，幸遇愈重，權勢日隆，朝中的官吏，無不仰其視聽；違逆者亡，諛順者昌，升遷罷黜，皆決於他的唇齒之間，他所親近者，都不是忠誠正直的人，他所擢進者，全是親戚、心腹。其子弟布列，兼州連縣。天下太平，或許無事，一旦四海如有不寧，必然要成為禍害的根源。凡奸臣擅命，都是逐漸而來的。王莽篡漢，憑藉的是多年積累的成果；桓玄傾晉，依據兩代建立的基業。陛下若以楊素為阿衡，臣恐他未必是伊尹。伏願陛下揆鑒古今，安善處置，使國基永固，萬民是幸。」

文帝閱罷奏疏，勃然大怒，下令將梁毗下獄，親自審訊。梁毗毫不畏縮，言道：「楊素專寵弄權，恣意殺戮，作威作福，百官莫不畏懼，為其所禦，唯命是從。試問百官是楊素之臣耶？還是陛下之臣耶？再者，太子及蜀王罪廢之日，百僚無不震悚，只有楊素揚眉奮肘，喜形於色，幸災樂禍。其何居心，陛下聖明，不問可知。臣為君之憂、為國之憂。如啟聖聰，死而心甘！」

好一個忠貞不貳，無私無畏的梁毗！真乃大隋王朝的脊梁！

文帝細細品味，心有所動，故而不再鞫訊。第二天傳旨，赦免梁毗。其後，文帝逐漸疏忌楊素，乃下敕楊素：「卿為國輔，不必親躬瑣事，以後可三五日去一次尚書省，議一議大事就行了。」這表面上是示以優寵，實際上是剝奪了他的實權。同時，又把楊素的弟弟楊約調離出京，任伊州刺史；又令吏部尚書柳述兼兵部尚書。柳述是文帝的女婿，一向與楊素作對。柳述掌人事、軍事大權，又參掌機密，楊素的權力被架空。但文帝除惡未盡，終於留下了隱患，反被楊素所弒。

楊素是個老奸巨猾的官場政客。他明白自己權高勢重被文帝所忌，就立即收斂鋒芒。如同一隻被驚動了的攫食烏龜，迅速將頭收回背殼裡。他仇恨這個老皇帝，仇恨那個敢於和他較量的梁毗。他知道這個老皇帝不會活得太久了，待太子楊廣即位，他便可東山再起。

楊素奸佞禍國，最大莫過於更易儲君。

文帝有五子。長子楊勇，為儲君皇太子；次子楊廣，封為晉王；三子楊俊，封為秦王；四子楊秀，封為蜀王；五子楊諒，封為漢王。五子都是皇后獨孤氏所生。文帝對此非常自豪，曾對群臣說：「前世皇王，溺於嬖幸，因而常常發生爭儲廢立之事。而朕旁無姬侍，五子同母，可謂真兄弟也。所以我朝不會出現孽子忿爭而亡國之事。」可是事實上卻非如此，文帝之子對儲君的爭奪，同樣是殘酷無情的。在這場爭儲的鬥爭中，楊素煽風點火，施展陰謀詭計，發揮舉足輕重的作用。

太子楊勇好學博文，善作辭賦。性情仁慈，坦誠直率。初立為太子時，文帝十分注意對他的培養，凡軍國大事，都讓他參與決議。楊勇對某些不便民利國的時政，多有建議，均被文帝所採納。但楊勇的致命弱點是承襲了士族奢侈之風，喜好聲色犬馬，又不善於掩飾。文帝是一個表面上崇尚節儉，親躬政事的皇帝，因而對楊勇的奢侈鋪張浪費頗為不滿。雖然曾多次嚴誡，但楊勇積習難改。因此，文帝對楊勇的恩寵漸衰。楊勇喜好女色，正妻之外，又納了幾個嬖妾，而對正妻元氏感情冷淡。皇后獨孤氏最恨男人寵妾忘妻，元氏是獨孤皇后親為楊勇所配，元氏得不到楊勇寵愛而無子，獨孤皇后甚為不滿。不巧，元氏突然病死，獨孤皇后懷疑是楊勇所害，楊勇因此失寵於母后。

晉王楊廣，自幼即以乖巧敏慧、姿儀俊美受到父母的特殊偏愛，超出其他諸子。長大以後，狡詐善飾，專能投文帝與母后所好，文帝與母后稱他仁孝。滅陳戰爭中，楊廣為行軍元帥，立有殊勳。以後又多次率兵北伐突厥，屢立戰功，更為文帝所喜愛。楊廣早就覬覦太子之位，見太子失寵，便謀取代之策。他針對楊勇失愛於雙親的原因，反其道而行之，刻意掩飾，裝出一副非常儉樸，不好聲色的樣子，與妻子身穿粗布衣服，以老婢侍於左右；賄賂宮官，廣泛交結朝臣，接待大臣，格外謙恭。因而宮廷內外上下皆稱讚他仁德孝心。看相的術士，也被他收買，對文帝說：「晉王貴不可言。」於是，文帝、皇后遂生易儲之念。

廢立皇儲，並不只是皇帝的家事，也是關係到國家的命運和前途的大事。朝廷的文武百官都可以提出自己的意見，特別是宰相更要參加決策。尚書左僕射高熲堅決反對易儲，他長跪苦苦諫阻文帝說：「長幼有序，怎能廢長而立幼呢？」

楊廣深知高熲的態度是不可改變的，遂納心腹宇文述、張衡之策，透過收買楊素的弟弟楊約進而拉攏楊素。宇文述與楊約是好友，他先以重金賄賂楊約，之後故作危言聳聽，說道：「你們兄弟二人大禍即在旦夕，還不知道嗎？」

楊約大驚，慌問其故。

宇文述說：「你們兄弟，功名蓋世，專權用事已有多年。朝臣被你們家所屈辱的多得數不清，無不暗懷怨恨之心。同時，皇太子因為自己的欲望常常得不到滿足，因而也切齒痛恨執政的人。你們兄弟雖然得寵於皇上，但想危害你們的人也很多，皇上一旦駕崩，試問那時你們還如何保身固位？到那時，恐怕砍頭滅族有日了！」

楊約聽罷，嚇得汗流浹背，忙拜求良策。

宇文述說：「避禍不難。自古以來賢人君子莫不順情隨勢，以避禍患。今皇上已有廢黜太子之心，這你早已知道。若是以賢兄之口，請立晉王，即可因此而建大功，不但取悅於皇上，而且晉王也必刻骨銘心，不忘扶儲之情，這豈不是去積卵之危，成泰山之安嗎？」

楊約連連點頭稱是，遂向楊素進言。

其實，極善於投機、老奸巨猾的楊素早就在密切關注爭儲的鬥爭。但究竟支持哪一方，事關前程和身家性命，沒有十足的把握，他絕不輕舉妄動。聽了楊約轉達宇文述的話，他沉吟半晌，說道：「你提醒的好，但不知皇后的真意如何，待我試探虛實，若果然如此，一定去做。」

幾天以後，楊素進宮去拜見皇后。談話間他裝作無意地順便說道：「晉王仁孝與皇上相似。臣真為陛下和皇后高興呢！」說罷，兩眼向皇后臉上輕輕一掃，暗暗觀察皇后的反應。

獨孤皇后見楊素提到了晉王的仁孝，觸動了感情，不禁流淚說：「你說得真對，阿麼（楊廣小名）非常孝敬友愛，他的妃子我也很喜歡。我派婢女前去，她常與她們同寢共食。但那睍地伐（楊勇的小名）與阿雲（楊勇愛妾）則不然，兩人相對而坐，終日酣飲，暱近小人，欲殘骨肉。我可真是可憐阿麼，常常擔心他暗遭殺害。」

楊素一見這情景，明白了皇后的心意，便說了許多太子不成材的事情，暗示了自己的傾向。臨行，皇后饋贈楊素黃金，暗示他贊助晉王。一切都在不言之中，兩人達成了默契。

太子楊勇得知皇上與皇后有易儲之心，非常憂懼。文帝在仁壽宮得知楊勇不安，令楊素回京去東宮觀察太子的動靜。楊勇知楊素到來，特穿禮服等著接待。楊素故意拖延，遲遲不晉見，以激怒楊勇。楊勇知道這是故意侮辱他，深恨在心，憤恨之情，溢於言表。楊素要的就是這個效果。於是向文帝奏報：「太子有怨恨之心，恐怕會有其他變故，望陛下深加防察。」文帝聽後，對楊勇更加懷疑。獨孤皇后也派人暗中監視東宮，哪怕是微小的過失，也羅織罪名，奏於文帝。於是，宮廷內外都說太子的壞話，天天都可以聽到關於太子的過失。

開皇二十年（西元六〇〇年）九月，文帝在大興殿召集群臣，逮捕太子左庶子唐令則等人，交有司審訊。文帝又令大臣揭發太子楊勇的罪狀。楊素捏造並誇大說：「開皇十七年（西元五九七年），我奉旨請皇太子嚴辦劉居士餘黨。太子說道：『劉居士餘黨都已伏法，你是右相，自己去辦吧！』這豈不是對抗聖命有怨不恭嗎？太子還說：『昔日父皇代周，事若不成，我第一個被殺。而今他做了天子，竟然待我不如諸弟，事事限制，使我不得自由。』對聖上的怨恨是何其深也！」

被楊廣收買的幸臣姬威也揭發說：「前些天，皇上從東宮選調侍衛，太子大為不滿，揚肘憤憤而言：『此事我永遠也不會忘記，大丈夫總會有得意的那一天。』太子還說：『總有一天，自僕射以下，我要殺他一二人，使他們知道怠慢我的災禍！』另外，前年太子還找了一老女巫卜凶吉。其後太子對我說：『皇上的死期就在開皇十八年（西元五九八年），這個期限馬上就要到了！』」

文帝聽後，對群臣說：「我早就看出這個逆子不能繼承大位，我雖然不如堯舜，但終不會將天下百姓交付給這個不肖之子。我時時怕他加害，如防大敵。今欲廢他，以安天下！」下令將太子楊勇及其諸子囚禁，收其黨羽。命楊素負責核查處理。

楊素與楊廣早就臭味相投。自從入宮見了獨孤皇后以後，楊素便一頭投入了楊廣的懷抱。楊廣事無大小，必與楊素密謀。楊素為了置太子楊勇於死地，捏造事實，橫加罪名，舞文巧詆，鍛煉成獄。

十月，文帝在武德殿宣布廢太子楊勇為庶人，其子、女為王與公主者皆廢去封號。楊勇長子寧王楊儼，上表懇請做宿衛，言辭哀切。文帝為祖孫之情所動。楊素怕楊儼在文帝身邊，使楊勇死灰復燃，於己不利，遂進言道：「皇上要小心毒蛇咬手，千萬不可留下禍根！」文帝於是不允楊儼之請。

楊素見太子已廢，大肆追查太子的黨羽。將唐令則、元旻等人處斬，妻妾子孫沒官為奴。其他與太子有牽連的官員，處杖刑一百，打得筋斷骨折，家財、田宅沒官。一時弄得朝野上下人心惶惶。

文帝因楊素廢太子有功，賞賜精帛三千段。

十一月，文帝立楊廣為太子。楊廣在楊素的一手支持與策劃下，終於奪得了儲位。因此，對楊素極為禮敬，引為心腹。楊素則把楊廣視為未來的靠山。兩個陰謀家狼狽為奸，勾結在一起，為大隋王朝造成了嚴重的禍患。

文帝的第四子蜀王楊秀，鎮蜀州，他對太子楊勇因讒毀被廢，憤憤不平。楊廣深感這是對他太子地位的嚴重威脅，與楊素密謀除蜀王之計。楊素羅織楊秀罪過，不斷向文帝進讒。仁壽二年（西元六〇二年）十月，楊秀回長安。文帝以他奢侈違反制度為名，將他逮捕，交有司囚審。楊廣與楊素合謀密製一木偶人，縛手釘心，加上枷鎖器械，書寫「請西嶽聖父聖母收楊堅、楊諒神魂」文字，埋於華山下。又偽作討京師妖孽檄文，藏在楊秀府中。楊素在華山下與楊秀府中，將這些偽證一併搜出，呈奉給文帝。文帝大怒，十二月將蜀王楊秀貶為庶人，囚禁於內侍省，受株連者百餘人。

仁壽四年（西元六〇四年）七月，文帝病重。僕射楊素、兵部尚書柳述、黃門侍郎元岩入閣侍疾，太子楊廣入居大寶殿。楊廣猜測文帝之病恐難好轉，便與楊素密謀準備採取相應措施。不料，楊廣給楊素的手書誤傳到文帝手中。文帝才知楊廣盼他早死，遂大怒。在文帝身邊侍疾的還有文帝所喜愛的宣華夫人陳氏、容華夫人蔡氏。二人都是在獨孤皇后死後得寵於文帝。一天，陳夫人外出更衣，被楊廣調戲，文帝得知，憤恨至極，以手擊床大罵：「這樣的畜牲怎麼可以託付他國家大事？獨孤誤我，枉廢我兒。」立即傳呼柳述、元岩，速去召楊勇，託付大事。

在內侍疾的楊素，見只召柳述、元岩而未召他，猜測情況有變，立即去報告太子楊廣。大寶殿警衛森嚴，任何人不得出入。楊素與楊廣在內室中密議。楊廣急得團團轉，不知所措，眼巴巴地看著正在沉思的楊素，希望他能拿出一條「妙計」。

密室中像死一樣的寂靜。良久，楊素突然轉過身來，兩眼冒著惡狠狠的凶光，低聲問道：「太子可敢矯詔行事嗎？」楊廣像一個輸紅了眼的賭徒，答道：「無論何事都可行！」他把「無論何事」幾個字說得非常狠重，含義不言而喻。

「好！現在不是魚死就是網破。先人者制人，後人者制於人。現在即矯詔命宇文述帶兵快速捉拿柳述、元岩，以東宮衛士代替皇上衛士；再命右庶子張衡帶強悍侍衛入寢殿侍疾，令他如此這般！」楊素惡狠狠地作了一個兩手掐扼的動作。

就在楊素、楊廣密謀的時候，柳述、元岩已派人去召楊勇。可是他們忘了一個最基本的常識——即擒賊先擒王。信使剛剛出發，宇文述帶領的侍衛便破門而入，喝道：「奉天子詔，捉拿反賊柳述、元岩！」這真是賊喊捉賊。柳述、元岩頓足長嘆，可是為時已晚。文帝派去召楊勇的使者，也被楊素飛馬追回。

就在這同一時刻，張衡也衝入文帝的寢殿，將宣華、容華二夫人及宮女全部驅至別室。文帝知道有變，掙扎著要起來。張衡一步邁進屏風後，低聲說道：「臣來扶陛下！」

白玉屏風上鮮血四濺，哀痛之聲聞於外，文帝暴崩。文帝養奸遺患，不但自己被奸臣、逆子所害，血濺玉屏，而且還葬送了他親手創建的大隋帝國。可悲！可嘆！

七月二十一日，楊廣在楊素的擁戴下即皇帝位，是為隋煬帝。矯文帝詔殺廢太子楊勇，將柳述、元岩都流放到南陲蠻荒之地。召幸文帝妃宣華夫人陳氏和容華夫人蔡氏。楊廣弒父、烝母、殺兄，實不如禽獸。

文帝第五子漢王楊諒得知楊廣偽詔奪位，舉兵造反。楊素率大軍征討，擒楊諒，將其囚禁至死。楊素為了向新帝邀功，大興株連，官民二十餘萬家慘遭屠殺，血流成河。

楊素為煬帝奪取帝位，鞏固皇權立下了極大的功勞。大業元年（西元六〇五年），楊素終於實現了當尚書令的美夢，不久又拜為太子太師，子弟也即加官封賞。

楊素獨居宰輔，對煬帝更加獻媚邀寵。他知道，煬帝最喜好淫樂，便極力縱其荒欲。楊素唯恐天下無事，有事才能顯示出他存在的重要。

煬帝要營建東都洛陽，楊素極力贊成，並親任營建大監。楊素下令各地立即徵集役丁、工匠，每月二百萬人，日夜修築，限期十個月完成。大業二年（西元六〇六年）正月，東都的營建竣工。其規模之大，裝飾之美不亞於長安。且不說它堅固的城牆、繁榮的市區，只一顯仁宮，周圍即十餘里，南接阜澗，北臨洛水；殿閣亭榭，錯落勾連；宮室金玉交輝，翠繞珠圍；宮內的奇石異草，都是由江南、巴蜀等地採集而來。其西苑，規模更是龐大，周圍二百里，苑內有海十餘里，海內造三座仙山，各相距三百步，高出水面百餘尺；山上、山下築迴廊、殿閣，形勢相宜；海北有龍鱗渠，沿渠修建有長春、永樂等十六院，院門臨渠；每個院內，一年四季花木常新，秋冬草木凋謝以後，則剪彩綾飾為花葉，舊則更新，以示春意常在。煬帝對東都的營建非常滿意，重賞楊素。

楊素營建東都，一如當年營建仁壽宮，督役嚴急，役丁死者，十之四五。每天載運屍體的車輛，東至城皋，北至河南，絡繹不絕。營建東都與南鑿運河，北通馳道一樣，使煬帝結怨於天下，激化了各種社會矛盾，最後引起了大規模的農民起義。楊素之流，終於把煬帝捧上了斷頭台。投君所好，縱君之欲，是歷代奸佞小人的慣伎。可是知此者多，而拒此者少。因此，歷史上多少君主重複演出了一幕幕縱慾、荒政、亡國的悲劇。

楊素的權勢已經達到了登峰造極的地步。煬帝與楊素本是一對互相利用的狼狽，煬帝登上了皇帝的寶座、消滅了與他爭奪帝位的兄弟、剷除了所有障礙之後，他開始感到楊素再不是他的助手而是潛在的敵人。楊素權傾朝野，親朋故吏遍天下，以他之才、之威、之勢，一旦有變，必不可收拾。煬帝開始採取明舉暗奪之策，晉封楊素為司徒，但言行中卻流露出了剪除之意。

精於陰謀權術的楊素，當然明白煬帝的用心，楊素因此恐懼、憂鬱成疾。煬帝派名醫去醫治，賞賜上等的好藥，但關注的卻是楊素何日能死。楊素知自己有震主之危，不肯服藥，對弟弟楊約說：「危在旦夕，我豈能再活下去？」大業二年（西元六〇六年）七月，大隋王朝的一代奸梟終於結束了殘生。

唐朝名臣魏徵如此評說：「楊素『專以智詐自立，不由仁義之道，阿諛時主，高下其心，陷君於奢侈，謀廢塚嫡，致國於傾危，終使宗廟丘墟，市朝霜露，究其禍敗之源，實乃素之由也』。」

大隋王朝，生靈慘遭塗炭，國家分崩滅亡，楊素罪責難逃！

烽火長安

奸梟禍國，繁榮強盛的大唐王朝陡然跌落。

李林甫、楊國忠、安祿山三梟角逐，造成了大唐王朝的一場空前浩劫。

天寶十五年（西元七五六年）六月，安祿山的叛軍如同一群發了瘋的野獸，殺進了大唐王朝的國都——長安。一隊隊手執大刀長矛的胡兵，到處追殺逃難的百姓，血流滿街，人頭滾動，沒有來得及逃跑的皇親貴戚，公卿百官，一群群被趕到午門之外的廣場上，剝光衣服，剖腹挖心，鐵棒砸腦……燒殺搶掠，整整三天三夜，京師長安變成了一座人間地獄。

禍端始於二十三年前……。

開元二十二年（西元七三四年）五月，唐都長安繁花似錦。金碧輝煌的宮城、皇城次第相連，殿宇重重，瓊樓棋布，鱗次櫛比，在繞過長安的渭河水面上，映出壯美絢爛的倒影，遠遠望去宛如天宮仙苑。

這是一個皇上封相的日子。

早在晨星淡落之前，禁軍親衛、禁軍驍衛、禁軍金吾衛以及左右羽林、飛騎等部的甲士，就在宮門外擺開了威嚴的儀仗隊伍。幾千名穿著各色雲花襖、穿戴各色金鎧、兜鍪的武士，手執長戟、儀鍠、大槊、小戟、刀、矛、弓、盾等兵仗，擁著五彩旌麾、旗、幡，以及各類鼓角，從金鑾殿下一直排到午朝門外。

二十四匹披著紅氈的巨象，馱著金、銀、玉、瓷、陶等彩色寶瓶，不牽自走，很有秩序地來到午門之外依次站下；八匹印著「飛」、「鳳」之字的立仗馬，步蹄從容，自動列隊排在像隊之後，夾門肅立。

朝房內，百官穿著耀眼的朝服，在御史的指揮下，按文武序列和官階大小排好班次，聽點名號。

天光欲曙，午門大開，兩名監察御史分別帶領文武官員從旁邊的掖門進入宮中。金鑾寶殿坐北朝南，巍峨雄偉，殿前一對高大的古銅熏爐，香煙繚繞。禁城闍門兩側的鐘鼓樓中，飄出陣陣雅樂，使整個殿廷之中充滿了莊嚴肅穆的氣氛。

朝霞初照，金階上面響起了三聲清脆的淨鞭，鞭聲一落，兩名盛裝宮女高擎兩面金穗黃羅傘，從金殿左邊的西序門中款款而出，一百五十六名手執宮扇的彩衣宮女，雙雙隨後，飄飄走下金階，在殿前兩廂擺開。左右金吾將軍帶領引駕的六十六名金吾衛士，在金殿上下列隊肅立。

太監總管高力士隨著玄宗天子，在一群宮女和宦官的簇擁下，從西序門徐步而出，登上御座。三對龍鳳障扇立即在玄宗身後左右分開。

五十歲的玄宗天子，頭戴二十四梁通天冠，穿著一身絳紗袞龍袍，神采奕奕，威嚴地坐在盤龍御座上。殿前金吾將軍向他報了一切平安之後，殿中通事舍人即出至階前，唱贊文武百官叩拜。殿前丹墀下的百官一齊俯身叩頭朝拜，山呼萬歲。呼聲震動殿宇，直衝霄漢。玄宗望著山呼舞拜的文武百官，非常欣慰。

玄宗李隆基是一個非常精明能幹的皇帝。二十六歲時，一舉消滅了韋、武兩大集團的勢力，繼而又平定了太平公主發動的政變。「除天下之禍，拯天下之危」，鞏固了大唐王朝的統治。即位之後，撥亂反正，勵精圖治，光大祖宗基業。二十年間，使大唐王朝進入了鼎盛的黃金時代。國家統一，疆域萬里：東至安東（今東北三省及以東以北地區），西至安西（今新疆至中亞巴爾喀什湖一帶），南至日南（今越南廣治一帶），北至今安加拉河、貝加爾湖一帶；經濟繁榮，民安國泰：「四方豐稔，百姓殷富」，「人情欣欣然」。國家糧庫積滿，「陳腐不可較量」，時稱「開元盛世」。比之太宗皇帝的「貞觀之治」有過之無不及。玄宗作為東方最強大國家的君主感到無比的自豪。即位之初，他選拔姚崇、宋璟為相，創造了繁榮盛世，如今他還要選拔賢才為相，以保昇平。二十餘年的日夜操勞，使他對繁重的國事感到厭倦，他想尋找幾個可以託付國事的宰相，自己則要盡情安享天子之樂。

百官朝拜已畢，各就班位。殿中通事舍人朗聲宣道：「裴耀卿、張九齡、李林甫聽旨！」

三人應聲從朝班中走出。裴耀卿年近五十歲，中等身材，溫雅端莊；張九齡六十有餘，清瘦白皙，肅穆剛正；李林甫最年輕，四十歲左右，他身高體胖，笑容可掬。三人一齊跪在丹墀之上。

高力士宣旨：「大唐聖文武皇帝詔曰：茲命中書侍郎、同中書門下平章事張九齡為中書令；黃門侍郎、同中書門下平章事裴耀卿為侍中；黃門侍郎李林甫為禮部尚書，同中書門下三品。欽此！」

高力士宣罷聖旨，玄宗和顏笑語道：「三位賢卿同日進相，當和衷共濟，公忠體國，不負朕望。」

三人叩頭謝恩歸班，依次居百官之首。

唐朝官制，相府分為三：尚書省，管理全國政務，長官為尚書令；中書省負責起草詔令，長官稱為中書令；門下省負責審核政令和封駁，長官為侍中。三省長官共議國政，皆為宰相。宰相議政之處稱為政事堂。政事堂最初設在門下省。高宗永淳二年（西元六八三年）移於中書省。玄宗開元十一年（西元七二三年）改政事堂為「中書門下」。宰相位高權重，一般不輕易授人，多是按官位循資晉升。但為了使一些年輕資淺而有遠見卓識的傑出官員進入最高決策機構，往往給他們加上參議朝政、平章國計、同中書門下平章事、同中書門下三品等銜，參加政事堂會議，同為宰相。高宗以後，凡是為宰相者，都必須加「同中書門下三品」，只有三公、三師、中書令例外。

張九齡、裴耀卿、李林甫三人之中，張、裴二人前此已經加「同中書門下平章事」銜，參與宰相事，這次晉升為中書令、侍中，成了名副其實的宰相。李林甫升任禮部尚書，加銜「同中書門下三品」，自然也算入相。

三人同日進相，在朝廷中是一件可喜可賀的大事。文武百官紛紛恭賀聖君又得賢相。金鑾殿中又響起了一陣陣高呼萬歲的聲浪。

端坐在金鑾殿中的玄宗皇帝，神魂在萬歲聲中飄浮著，他陶醉地享受著百官們的恭賀讚頌，為自己知人善任選拔賢相的英明舉措而洋洋自得。殊不知正是在這一天，他把一個野心家、陰謀家安排在相位上，為繁榮昌盛的大唐王朝招來了幾乎毀滅的禍患，這個人便是「同中書門下三品」李林甫。

李林甫出身於皇族，曾祖父長平肅王李叔良是唐高祖李淵的堂弟。但因族大支遠，傳到李林甫父輩時，其家在宗族中的地位已不顯赫。李林甫自幼即是一個紈絝子弟，不學無術，說話粗鄙，既不能著文，也不能寫詩，僅能秉筆寫幾個大字而已。不過性格卻十分乖巧，能言善辯，長於奉迎。由於他皇族的出身，加之投機鑽營的本領，沒幾年的時間，竟然三躥兩跳地當上了掌刑法典章、糾察百官的御史中丞。接著又相繼轉為刑部侍郎、吏部侍郎。吏部掌管官吏的選拔、任免、遷轉，是一個最有實際權力的部門。李林甫官居吏部侍郎，他並不滿足，眼睛又瞄上了更高的職位，要做百官之長的宰相。他自知缺德少才，素無建樹，靠實幹是無望的。要想升遷，還必須走托請鑽營、攀權結貴的老路，但宰相不比其他，是要由皇帝直接任命的，走皇帝的「後門」，談何容易！但詭計多端的李林甫終於想出了妙策：曲線進攻——去攀結皇上最親近、最寵愛、最信重的人。

機會來了。一次，玄宗的大哥寧王李憲暗自去見李林甫，給他十個人的名單，讓他予以升遷。這是一個交結親王的大好時機，李林甫一口答應。不過他提出，這十個人中有一個要暫時貶黜，以示公正。寧王表示同意。於是在列「長名榜」決定官吏任免時，李林甫將寧王所舉的其中九個人全都按寧王的要求任官，將另外的一個在榜上放掉，當眾宣布此人四處托請，作風不正，這次不予升官。這樣，李林甫既結交了寧王，又贏得了「公正無私」的盛譽，一舉兩得。

李林甫與皇兄拉上了關係，當然高興。但他知道，皇上雖然最重視兄弟感情，但卻不讓他們參與國政，而最能影響皇上的則是武惠妃和宦官高力士。如果能夠得此二人相助，相位定然可得。不過這兩個人都深居皇宮，寵重恩深，像他這樣一個侍郎，莫說去攀結，就是見上一面，也是難於上青天。好在李林甫非常熟悉朝廷的關係網，他想到了另外一個人，可以透過她去溝通武惠妃和高力士。想到了她，李林甫的臉上露出了抑制不住的笑容。

她，就是侍中裴光庭的夫人——李林甫的情人。裴夫人是武三思的女兒，不僅貌美，而且詭譎有才略，喜歡交際，不甘寂寞。而裴光庭為人沉靜寡言，少於交遊，夫妻二人情趣寡和。李林甫本是個浪蕩公子，說笑談唱，樣樣在行，尤其是討取女人的歡心，更是行家裡手。唐代與宋代以後不同，女人們可以參加一些社交、娛樂活動。在一個宴會上，兩人一見鍾情，遂暗中成了一對地下情侶。裴光庭死後，兩人往來不斷，如膠似漆。裴夫人與武惠妃是堂姐妹，高力士與武家舊交深厚，為此她經常出入宮中。裴夫人正是為李林甫入宮遊說最適合的人。寡居的裴夫人對李林甫的要求豈有不盡力之理！

這時，宮中發生了玄宗想更易太子的事。玄宗因為寵愛武惠妃，所以也特別喜歡她生的兒子壽王李瑁，而對失寵的趙麗妃所生的太子李瑛逐漸冷淡。武惠妃為了使自己的兒子能夠奪得太子的地位，不斷地在玄宗面前訴說太子的過錯，玄宗遂有意易儲。李林甫從宦官那裡得到這個消息後，認為正是他向武惠妃獻媚求助的好機會。便透過裴夫人向武惠妃表示：「願護壽王為萬歲計。」更換太子，雖然看起來是皇帝的家事，但實際上也是國事，必須有得力大臣支持才能行得通。武惠妃知道這事在朝中會阻力很大，今見李林甫願意冒險幫助此事，很高興，因而視為心腹，便不斷地在玄宗面前說他的好話，希望他早日入相，成為自己的有力外援。同時，武惠妃又托請高力士在玄宗面前為李林甫美言。

高力士老奸巨猾，他雖受武惠妃之託，卻不敢貿然向玄宗提出任李林甫為相的建議。一天，高力士得知，玄宗準備提升尚書右丞韓休為侍中，任命的詔書正在起草。他忙將這一消息透露給裴夫人，要李林甫轉告韓休。韓休任相以後，認為李林甫對自己有感情，視為親信。不久，韓休為了排擠中書令蕭嵩，向玄宗推薦李林甫，盛言他有宰相之才。玄宗在後宮和朝廷聽了不少關於李林甫的好話，便對李林甫愈來愈有好感。因此，開元二十一年（西元七三三年），下詔命李林甫為黃門侍郎。黃門侍郎為門下省的副長官，掌出納帝命，主管機要，備皇帝顧問。當上了黃門侍郎，就等於打開了通往宰相的大門。果然，未及一年李林甫晉官禮部尚書，加銜「同中書門下三品」。李林甫靠鑽營女人的石榴裙終於當上了宰相。

三相之中，以中書令張九齡居首，執政事筆，為秉筆宰相。宰相議政，主持會議；會議之後總其紀錄。張九齡出身進士，博學多才，一向以文學為玄宗所器重。其為人剛正不阿，光明磊落，素為朝臣所敬佩。裴耀卿居次。裴耀卿是個才子，自幼即以聰敏善文而聞名，弱冠便被拜為祕書正字，以後又歷任長安令，濟州、宣州、冀州刺史，戶部侍郎，京兆尹等地方和中央的各級官職，頗有政績，行政經驗豐富，在百官中很有威望，也頗得玄宗的賞識。玄宗擢二人為相，可謂是得人。李林甫居宰相之末。李林甫是個學識淺薄之徒。在吏部負責典選時，見一候選人的評語有「杕杜」二字。「杕」字音弟，「杕杜」二字語出《詩經．杕杜》篇，意思是「不能親其宗族，致使骨肉離散」。李林甫未讀過《詩經》，不認識「杕」字，便問吏部侍郎韋陟道：「此云『杖杜』何也？」韋陟不便糾正，只好裝聾作啞，暗自發笑。不久，「杖杜」先生成為朝廷笑談。李林甫不通文墨，卻常常硬充風雅。太常少卿姜度得子，李林甫手書賀幛「弄麞之慶」。古人喻產子為「弄璋之喜」，「璋」為玉器。李林甫將「璋」字寫成「麞」，麞即獐，乃野獸之名。來賀喜的人見了無不掩口暗笑。

對於李林甫的品德、學識、才能，張九齡深有洞察。在張說任宰相時，李林甫圍前繞後，阿諛奉承，甘言如蜜。張九齡提醒張說要警惕李林甫。果然，張說罷相時，李林甫的彈劾最毒最黑，及玄宗欲用李林甫時，張九齡又直言諫阻說：「宰相繫國家安危，陛下以林甫為相，臣恐異日為宗廟、社稷之憂，望陛下慎重。」但玄宗早已被枕邊之風所迷惑，不從張九齡之諫，仍然擢升李林甫為相。

李林甫雖然德劣學寡，但野心卻很大。他不甘久居相尾，一心要排斥張、裴二相，獨攬相權。他知道自己的學問遠不如張九齡、裴耀卿，但要是論官場角鬥、玩弄權術，張、裴二人卻不在話下。

張九齡與裴耀卿都是以國事為重的人，因而兩人合作得很好，治理朝政頗有起色。張、裴二相的政績愈好，李林甫的嫉恨愈深，但他卻從不顯露出來。在表面上，李林甫對張、裴二相非常尊重，說話時面帶微笑，輕聲細語，總是一副溫和、恭順的樣子。他要使張、裴二人在他的微笑中失去警戒之心，再尋機在其背後插上致命的一刀。有句老話——「咬人的惡狗不叫」，李林甫深通此話的訣竅。多少政敵都是這樣被他咬倒在腳下。

李林甫明白，要想取張、裴二相而代之，關鍵還是皇上。什麼叫能力？什麼是對錯？皇上說你行你就行，不行也行；皇上說你錯你就錯，沒錯也錯。於是，他極力逢迎玄宗，討好武惠妃。為了按清玄宗的喜怒哀樂、是非可否的脈搏，李林甫不惜重金賄賂宮中的宦官和后妃，甚至連皇上的廚師、伙夫、御婢，他都屢有厚贈，透過這些人探聽皇上的動靜。玄宗的一舉一動李林甫都知道得一清二楚。所以每次出言進奏，無不合於玄宗的心意。玄宗非常高興，稱讚道：「唯有林甫最能體會朕意。」

武惠妃見李林甫已經入相，朝中有了外援，遂加緊謀廢太子，不斷向玄宗進讒。一次太子李瑛與弟鄂王李瑤、光王李琚聚在一起，互相述說一些心中的不平。事被武惠妃所知，於是向玄宗哭訴：「太子暗中結黨，將要害我母子，並且還對皇上有誹謗之言。」玄宗大怒，宣見宰相張九齡，告諭將要廢黜太子及鄂、光二王。

張九齡諫阻道：「陛下踐祚近三十年，太子和諸王不離深宮，日受聖訓，天下都為陛下享國久長、子孫蕃昌而慶幸。如今三王皆已長大成人，沒聽說有什麼大過，陛下切不可輕信無據謠傳，於喜怒之際興廢黜。從前，晉獻公聽信驪姬，殺太子申生，三世大亂；漢武帝信江充之言，加罪戾太子，導致京城大血戰；晉惠帝聽信賈后讒言，廢愍懷太子，中原塗炭；隋文帝納獨孤後語，黜太子楊勇，改立煬帝，遂失天下。古人有言：『前車之覆，後車之鑒』。太子為天下之本，不可輕搖。臣不敢奉詔。」

玄宗見張九齡不贊同，默然無語，面有慍色。張九齡卻毫不改容，徐徐引退。

武惠妃知張九齡不同意廢太子，便派心腹宦官牛貴兒去收買。牛貴兒說道：「相爺，有廢必有興，您若是能夠幫助壽王為太子，可長久為相，子孫也可永享富貴。」

這既是利誘，又是威脅。

張九齡不為所動，正氣凜然地斥責牛貴兒：「你本是一宮奴，怎敢參與朝廷大事？」斥退牛貴兒，張九齡即詳奏玄宗。玄宗被張九齡的忠誠剛正所感動。廢立太子乃是關係到宗廟、社稷的大事，沒有宰相和重臣們的支持，不好一意孤行，只好暫時罷議。

對廢立太子之事，李林甫當面不發表意見，背後卻在宦官面前含蓄地說道：「廢立太子本是聖上的家事，何必問外人呢！」這是巧妙地暗示玄宗不要以張九齡為意，並影射張九齡干涉皇上的家事。從此，玄宗對張九齡日漸冷淡。

玄宗在位日久，志得意滿，漸肆奢欲，不太願意處理政事，特別是不願聽取大臣們的不同意見。每逢議政，張九齡、裴耀卿常常直諫，與皇上力爭，玄宗感到不快。開元二十四年（西元七三六年）八月五日，是玄宗的五十二歲生日，張九齡編纂《千秋金鏡錄》一書，作為生日禮物獻給玄宗。書中綜述前代興廢的原因及當朝行政得失，實際上是一份內容廣泛的諫書。玄宗雖然下詔嘉美《金鏡錄》，但內心中卻是老大的不悅，對張九齡更加疏遠。

李林甫見玄宗已經流露出對張九齡的不滿情緒，便乘機在玄宗面前經常說張九齡的短處，加深裂痕。

開元二十四年（西元七三六年），玄宗想要封賞朔方節度使牛仙客，張九齡不贊成，約李林甫一起去諫阻。李林甫兩眼一轉計上心來，他要設下一個圈套讓張九齡去鑽。於是他不但滿口答應，還故意鼓動張九齡要言詞激烈些。

張九齡與李林甫一起來到宮中。玄宗說道：「朔方節度使牛仙客，節約用費，勤於職守，朕欲加封他為尚書，二卿以為如何？」

在玄宗述說牛仙客功績時，李林甫微笑傾聽，頻頻點頭，流露出非常讚許的神態。

張九齡在傾聽玄宗說話時，表情嚴肅。玄宗的話音剛落，他便表示反對：「臣以為不可。尚書就是古代的納言，自大唐建國以來，只有當過宰相及在朝野德高望重的人才能擔任。仙客本是河湟地區節度使判官，現在驟然被任命為這樣顯要的官職，恐怕有辱於朝廷。」

在張九齡慷慨陳詞時，李林甫頻頻皺眉，故意讓玄宗看到，張九齡講完之後，看了李林甫一眼，意思是希望他按約定進言。李林甫卻佯做不知，不吭一聲。

玄宗見張九齡反對封牛仙客為尚書，便退了一步，又說道：「那麼只封給他有實封戶數的封邑如何？」

張九齡還表示反對：「也不可。封爵本來是用來獎賞有功人的。牛仙客作為邊將，充實府庫，修理軍器，都是他分內的事，談不上什麼功勞。陛下如果要獎勵他勤於政事的功勞，賞給他金帛也就足夠了。而封土封爵恐怕不合適。」

玄宗見張九齡一再反對自己的意見，大為不悅，默然不語。張九齡見皇上不再詢問，便叩頭退下。

李林甫見張九齡惹惱了皇上，心中暗自得意。待張九齡退出後，他上前奏道：「以臣看來，仙客實有宰相之才，何止於尚書！九齡乃是一介書生，不懂得選材用人的大道理。」玄宗聽了十分高興。

李林甫回到家中，坐在「偃月堂」中的太師椅上，閉目捋鬚，回想起張九齡中計的情景，心中無比愜意。突然他感到還可以利用一個人，去加深皇上對張九齡的反感，同時還可以乘機把他拉為自己的心腹。這個人就是剛剛來京的朔方節度使牛仙客，於是他立即命家人備馬去公館密訪。

牛仙客受李林甫的煽動，第二天便去面見皇上，哭著要辭官。牛仙客人如其姓，忠厚老實，兢兢業業。玄宗見滿臉憨態的牛仙客哭得那麼傷心，不由得遷怒於張九齡，懷疑張九齡對牛仙客可能挾有私見。因而又召見張九齡，再次提出要實封牛仙客。張九齡固執如初。玄宗大怒，喝問：「朝廷大事都要由你來做主嗎？」

張九齡叩頭謝罪說：「陛下不認為臣無能，任臣為宰相，所以朝中大事有不對的地方，臣不敢不直言。」

玄宗說：「你認為牛仙客出身寒微，那麼你的出身有什麼高貴的呢？」

張九齡回答：「臣不過是嶺南的一個貧賤人，不像牛仙客出生在中原。但臣在臺閣之中，掌管詔書誥命已經許多年了。牛仙客原本是邊疆地區的一個小官吏，目不識書，如果委以大任，恐怕難以服眾。因而臣不敢不直言。」

李林甫對張九齡譏牛仙客「目不識書」一語非常反感，這話正好也刺中了他的痛處。於是背後又去見玄宗，奏道：「仙客行政理事之才足可任宰相。只要有才能，不必拘泥於作詩著文之類的辭學。天子英明，用人還有不可以的嗎？」

玄宗對張九齡愈發不滿，認為還是李林甫識人才，能進賢，不專權。不久，玄宗下詔賜牛仙客隴西縣公，食實封三百戶。

同一年，玄宗遊幸東都洛陽，想返回長安。張九齡、裴耀卿考慮當時正是三秋大忙季節，沿途百姓會因迎接皇駕而影響秋收，建議玄宗冬季返回。二相退朝，李林甫故意裝作腳疼，走在後面。玄宗見狀，關切地問李林甫道：「愛卿的腳患了何病？」

李林甫回答說：「臣並非腳疼，而是有話要單獨奏陛下。陛下貴為天子，洛陽、長安只不過是陛下的東、西二宮，往來行幸還需要選擇什麼時間嗎？即或是秋收有些妨礙，將所過之處的租稅減免一些也就可以了。」

玄宗點頭稱是，立刻下令返回長安。認為只有李林甫才能體會自己的心意，對張九齡由疏遠、不滿而致厭惡。

李林甫從不與張九齡、裴耀卿正面辯論衝突，總是在背後單獨向玄宗說二相的壞話，挑撥離間，蓄意中傷，乘機邀寵。這是一切野心家、陰謀家的慣用伎倆。遺憾的是「英明」的玄宗皇帝卻當事者迷。

李林甫見時機已經成熟，遂在開元二十四年（西元七三六年）年底，借蔚州刺史王元琰案，誣告張九齡、裴耀卿都是朋黨。於是，玄宗貶張九齡為尚書右丞相，裴耀卿為尚書左丞相，不再參與政事。同時任命李林甫兼中書令，牛仙客為工部尚書、同中書門下三品，領朔方節度使如故。詔書出，張九齡、裴耀卿離開相位。李林甫小人得志，趾高氣揚，在文武百官面前嘲弄挖苦張九齡、裴耀卿道：「嘻嘻，二公雖再不能參與大政，還是左右丞相嘛！」

張九齡、裴耀卿二人坦然下堂。

李林甫以仇恨的眼光看著二人離去，在側的公卿無不為之戰慄。從此，李林甫成了大權獨攬的宰相。

李林甫集軍政大權於一身，一陣狂喜之後，又不寒而慄。他深知「臣高震主」的危險。歷代多少權臣，最終都落得個身敗名裂、禍滅九族的下場。如何才能永貴不衰呢？李林甫日夜苦思冥想、煞費心機。他終於想出了三條固寵保位之策：對百官，嚴厲控制，杜絕言路，閉塞皇上的視聽；對皇上，養君之欲，誘之以聲色，導之以玄虛，使之不理政事；對賢能之士，壓抑阻塞，排斥剷除，使朝廷之上永遠沒有超過自己的人。這樣一來，皇上不知其惡，不得賢才，自己便可以永遠取得寵信，保權固位，為所欲為。

為了杜絕言路，李林甫首先是控制能夠經常接觸皇上的宰相。他薦引牛仙客為工部尚書、同中書門下平章事，入朝為相。牛仙客出身縣中小吏，才能平庸，但能順從長官，辦事清勤，是一頭聽喝苦耕的笨牛。牛仙客得恩於李林甫，又深知李林甫的為人。因此，入相以後，更加發揚「牛」的精神，不管李林甫說什麼，他都點頭稱是。百官向他請示事情，他不敢決定，總是一句話：「按照規定辦吧！」李林甫喜歡他的就是這一點，正因為如此，牛仙客穩居相位六年，不斷加官晉爵。開元二十六年，拜為侍中，二十七年命為兵部尚書。李林甫原以吏部尚書兼中書令，今又透過牛仙客控制了武官的任免大權。天寶元年（西元七四二年），牛仙客病死，至死他始終是李林甫手中的傀儡和應聲蟲。也正因為他是傀儡和應聲蟲，他才得以身榮位顯，無禍而終。

牛仙客死後，刑部尚書李適之代為左相。李適之是唐太宗的玄孫，很有行政能力，任刑部尚書時「晝決公務，庭無留事」。又依仗是宗室，常常向玄宗奏事，與牛仙客是兩種不同類型的人。李林甫感到是個威脅。為了封住他的口，使他在玄宗面前沒有說話的餘地，李林甫想出一計。一天，李林甫故意裝出一副高興的樣子，笑瞇瞇地對李適之說：「華山發現了金礦，要是開採出來，實是一富國之舉，只是主上還不知道。」李適之不知是圈套，認為李林甫說得很有道理，就將此事進奏玄宗。玄宗聽了很高興，向李林甫徵詢意見。李林甫卻回答說：「臣早就知道此事，但華山是陛下的本命，王氣所在，豈能穿鑿！所以臣不敢上言。」玄宗聽了，覺得還是李林甫考慮問題全面，對自己一片忠心，而李適之太輕率。於是把李適之痛責一番，告誡他：「以後再奏事，先與林甫商議，不許再輕脫。」從此，李適之不敢再開口奏事。不久，玄宗便將他罷相。李林甫除掉了心腹之患。

御史台的諫官是皇帝的耳目。李林甫為閉塞玄宗的視聽，又嚴格控制諫官。在他升任中書令不久，便將朝廷的諫官們召集在一起，進行威脅說：「如今主上聖聰英明，群臣順從聖意，尚且應接不暇，還用得著你們去多嘴多舌嗎？諸君沒看見那些充當儀仗的列馬嗎？終日無聲，老老實實地站立，每天都食用三品料。一鳴則將牠們除掉，到那時後悔也來不及了！」

李林甫明目張膽地鉗封群臣之口，企圖造成萬馬齊喑的局面。補闕杜璡不怕李林甫的威脅，還是上疏言事。第二天，李林甫便將他驅逐出京，貶黜為邽縣令。監御史周子諒見牛仙客對李林甫事事恭維，毫無主見，平庸無能，遂上疏彈劾他濫居相位，不能稱職。在疏中也暗斥了李林甫。在李林甫的煽動下，玄宗大怒，命侍衛將周子諒痛打於殿廷，死而復甦，又杖於朝堂，流放瀼州，至藍田而死。從此，朝廷文武百官懾於李林甫的淫威，都明哲保身，無復進言，諫諍之路斷絕。

玄宗皇帝被李林甫封閉在深宮之內，有目不得視，有耳不得聞，成了真正的孤家寡人。李林甫的罪惡無法上達，因而玄宗對他深信不疑。李林甫遂得以長期專擅朝政，打擊忠良，殘害無辜，敗壞朝綱，禍國殃民。

大凡做壞事的奸邪佞臣，都要諛君媚主，誘導君主沉湎於酒色荒淫之中，使之不辨是非，荒廢國政，從而以售其奸。

李林甫養君之欲，首先是使玄宗縱情聲色，不能自拔，開元二十五年（西元七三七年）十二月，玄宗最寵愛的武惠妃突然病死。玄宗為此一直鬱鬱寡歡。後宮數千佳麗，沒有一個可以彌補武惠妃逝世後給他留下的感情上空缺。開元二十八年（西元七四〇年）十月，高力士為他召來了壽王李瑁之妃楊玉環。楊玉環不僅姿色絕代，而且善歌舞，通音律，聰慧過人。玄宗一見大喜，如獲至寶。天寶四年（西元七四五年）八月，冊封楊玉環為貴妃。玄宗對楊貴妃的寵愛，遠遠超過當年的武惠妃。正如白居易《長恨歌》中所說：「後宮佳麗三千人，三千寵愛在一身。」六十歲的老皇帝完全陷入了情網之中，「春宵苦短日高起，從此君王不早朝」。「驪宮高處入青雲，仙樂風飄處處聞。緩歌慢舞凝絲竹，盡日君王看不足」。開元初年勵精圖治的玄宗皇帝，自從納了楊玉環之後，天天沉溺於酒色戲樂，置國家政事於不顧。

玄宗還喜歡雜技百戲，特別是對舞馬、鬥雞尤有興趣。專人訓練了四百匹會跳舞的馬，給馬穿上錦繡舞衣，佩戴金、銀、珠、玉等華麗的裝飾，使馬列成各種隊形，伴隨樂曲翩翩起舞。玄宗百看不厭。又選五百位孩童專門馴雞，在興慶宮與大明宮之間建立雞坊，經常看鬥雞取樂。

李林甫身為統領百官、輔弼皇帝的宰相，有諫君之過的職責，可是他卻從不勸諫，相反給予積極的支持。他大肆搜刮民財，滿足玄宗恣意揮霍的需要。因此，玄宗對他寵信益深。

玄宗迷戀聲色之後，更加貪戀人生，希望自己長生不老，永遠過著縱慾享樂的生活。正如唐代詩人劉禹錫所形容的那樣：「開元天子萬事足，唯惜光陰促。」為此，他更加迷信道教，在淫樂之中又陷入玄虛之境。在宮中設立道壇，於大同殿立真仙之像，日夜焚香頂禮膜拜。又請道士入宮，醮祭煉藥，學法習術。還下令在全國大修道觀，向天下頒布御注《老子》，令王公以下必須學習。李林甫為了討取玄宗的歡心，捐獻出自己的住宅，改為道觀，為玄宗祝壽，玄宗大悅。

沉迷於聲色、玄虛之中的玄宗，對繁重的政務日感厭倦，便把軍國大權全都委託給李林甫，任其處理。他說：「朕不出長安近十年，天下無事。朕欲高居無為，悉以政事委林甫。」這正是李林甫夢寐以求的事。他雖不是帝王，卻可以狐假虎威，肆行帝王之權。

李林甫學問淺薄，是靠鑽營投機爬上相位的。他利欲熏心，嗜權如命，因而在他行奸為佞的仕途上，最怕有人超過自己。他的原則是：凡是才能、聲望、功業超過自己者，要除掉；凡是被皇帝所器重者，要除掉；凡是勢位接近自己者，要除掉；凡是異己或將來可能與己不利者，也要除掉。

宰相張九齡、裴耀卿、李適之都是學富五車，政績卓著的賢相，李林甫將他們排擠而罷相後，怕他們東山再起，仍然肆加迫害，不到半年，李林甫將張九齡牽連到周子諒一案中，貶出京師，任荊州長史。不久，張九齡因病而逝。李適之罷相僅九個月，李林甫將他牽連到「韋堅謀立太子案」中，李適之被逼自殺。

原尚書左丞嚴挺之，博學多才，為官剛正不阿，敢於直諫，理政嚴明，精於選舉。名相姚崇視為奇才，玄宗對他也非常器重，開元二十年（西元七三二年）擢升他為刑部侍郎。嚴挺之與宰相張九齡友善。張九齡賞識他的才幹，升任他為尚書左丞，知吏部。不久，張九齡又要薦舉他入相。嚴挺之鄙視李林甫的為人，不肯與他交結，李林甫懷恨在心，對嚴挺之入相千方百計阻攔。開元二十四年（西元七三六年），橫加罪名，將他貶為洛州刺史。天寶元年（西元七四二年）玄宗又想起了嚴挺之。問李林甫道：「嚴挺之現在哪裡？此人頗有才幹，可以晉用。」

李林甫聽了大吃一驚。他深知嚴挺之之才遠在自己之上，一旦晉用，必然為相。於是他一面滿口答應，一面暗思壓抑之策。回答說：「嚴挺之現為絳州刺史。臣知道他是個難得的人才，有意讓他磨煉，以備陛下擇用。」

玄宗對李林甫為國育才、儲才之舉甚感滿意。

李林甫退朝後，立即命人找來了嚴挺之的弟弟嚴損之，非常親熱地敘舊，許願要幫助嚴損之授為員外郎。又關切地說：「皇上對尊兄很是器重，可找個藉口回京拜見皇上。不妨假稱中風，要求回京就醫。」

嚴損之哪裡知道這是李林甫的毒計，見他如此關心兄弟二人，非常感激。千恩萬謝而去。李林甫望著嚴損之的背影，露出了一絲得意的奸笑。

次日，李林甫拿著嚴損之代寫的奏文，送給玄宗，裝出十分惋惜的樣子，奏道：「挺之衰老得落了個風疾，且授他個閒官就醫吧！」

玄宗見奏，嘆息再三，感到非常遺憾。只好令免去嚴挺之絳州刺史，使其回京「養病」。嚴挺之非但未得晉用，反倒丟了刺史。

范陽節度使兼河北採訪使裴寬，多才多藝，通法度，善文詞，精於騎射，文武雙全。歷任許多中央、地方要職，處理政事清廉幹練，是一個一直被玄宗所器重的官員。去任太原尹時，玄宗曾特賜魚袋，賦詩為之餞行：「德比岱雲布，心如晉水清。」天寶三年（西元七四四年）三月，調入京師任戶部尚書。以裴寬的才能、履歷、政績、聲望，是最適合入相的人選。

李林甫見玄宗對裴寬屢屢加恩，心懷忌妒，怕他入相於己不利。這時刑部尚書裴敦「平海賊有功」，受到皇上的表彰。李林甫對裴敦也心懷忌妒，同樣怕他入相不利於己。恰巧這時裴敦接受一些朝官的托請「廣序軍功」。裴寬知道後，在奏章中「微奏其事」。李林甫見有機可乘，便從中挑撥二裴之間的關係。他先將裴寬上疏之事告訴裴敦，又慫恿裴敦去買通楊玉環的姐姐，在皇上面前說裴寬的壞話。還煽風點火地對裴敦說：「君速揭發裴寬，勿後人被人所製。」結果裴寬被貶為睢陽太守。不久，李林甫用明昇暗降的手段，奏請玄宗任裴敦為嶺南五府經略使。裴敦稍稍遲疑，沒有及時赴任，李林甫又奏他「逗留京師」，將他貶為淄川太守。就這樣，在不到一年的時間裡，深受玄宗器重的二裴，都被李林甫貶出京師，阻止了他們入相的機會。

天寶四年（西元七四五年），又有一名年輕有為的官員使李林甫寢食不安。他就是御史中丞韋堅。韋堅門第顯赫，並聯姻皇室。其姐是贈惠宜太子妃，妹是新立太子李璵（即李亨）的妃子。妻子是楚國公姜皎的女兒。韋堅本人也很有才幹。很早即步入仕途。開元二十五年擔任長安令，天寶元年（西元七四二年）擢任陜州刺史，兼水陸轉運使。為了使江、淮租庸順利到達長安，他在咸陽壅塞渭水，興建成堰，截斷灞水、滻水，讓它們靠著渭水東流，在潼關西永豐倉下與渭水會合，使漕運順利到達長安。玄宗為褒獎韋堅的漕運之功，特破格擢升他為三品京官兼太守，繼而又加封他為銀青光祿大夫，左散騎長侍，後來又兼御史中丞。

韋堅的妻子是李林甫的表妹。因而初始李林甫對韋堅很好，「引居要職，示結恩信」，不斷提高韋堅的官職。後來，他發現韋堅是極為傑出的人才，而且多次受到皇上的讚賞，恩寵日深，對自己的相位是一個潛在的威脅。因而由籠絡而變為嫉妒。他一面對韋堅表示更加親熱，一面暗謀排斥、陷害韋堅之策。

天寶四年（西元七四五年），李林甫奏請玄宗任命韋堅為刑部尚書，罷其江、淮租庸轉運使等職，奪其實權。但李林甫知道，這還不足以阻止韋堅入相，以韋堅之才，一旦在刑部尚書任上做出成績，就再也無法阻擋他入相。只有徹底消滅韋堅，才能去掉心腹之患。遂派爪牙楊慎矜祕密監視韋堅，暗中羅織罪名。於是，李林甫製造了震驚朝野的「謀立太子案」。

開元二十五年（西元七三七年）時，玄宗廢掉太子李瑛後，李林甫多次請立壽王李瑁為太子，但玄宗幾經考慮，為了求得穩定，放棄了立壽王的想法，採納了高力士的意見，立長子忠王李璵（後改為李亨）為太子。李亨立為太子後，使李林甫日夜不安，生怕以後會遭到報復。因而想方設法陷害李亨，另立他人。

天寶五年（西元七四六年）正月十五元宵節，太子李亨出遊，途中遇到了韋堅和河西、隴右節度使皇甫惟明，三人在景龍觀相聚。韋堅是太子李亨的妻舅哥，皇甫惟明原是忠王府的僚屬，與李亨關係密切。皇甫惟明回京奏事，見李林甫專擅朝政大為不滿，在奏報中勸玄宗去掉李林甫。李林甫得知後，對皇甫惟明懷恨在心。韋堅、皇甫惟明與太子相聚，被楊慎矜所偵知。李林甫得報後，感到這是一個可以一舉擊垮幾個政敵的大好機會，立即奏報玄宗，誣告內臣韋堅與邊帥皇甫惟明勾結密謀，「欲共立太子」。要發動政變，這是十惡不赦的大罪。玄宗將韋堅、皇甫惟明下獄審訊，但因無證據，只好貶韋堅為縉雲太守，皇甫惟明為播川太守。一年後，李林甫又橫加罪名，使韋堅與皇甫惟明都被「賜死」。又一個很可能成為宰相的人，被李林甫扼殺。

李林甫在相位十九年間，排斥、陷害著名大臣多達十四、五名，受牽連而致罪者不計其數。李林甫家中有一廳堂，呈半月形，名曰「偃月堂」。每當他要陷害某一大臣時，便住進堂內，絞盡腦汁，苦思中傷之策。如果他歡喜而出，那便有人要家破人亡了。他在朝廷上，如果對某人格外親切，甜言蜜語，這個人的末日也就快要到了。所以當時人稱他為「口有蜜，腹有劍」。

李林甫為了隨心所欲地陷害他人，特意豢養了一批酷吏。其中吉溫、羅希奭兩人就是他最得力的鷹犬。二人治獄，皆隨李林甫所欲鍛煉成獄，沒有一個能逃脫的。當時人稱為「羅鉗吉網」。李林甫利用這些酷吏，屢興大獄，迫害忠良，誅除異己，擅殺無辜。韋堅一案，上至公卿，下至船夫百姓，受株連的人多達數百家。監獄裡關滿了犯人，不少人慘死在酷刑之下，此案一直到李林甫死，整整弄了七年。弄得朝野上下人人自危，連太子李亨都嚇得上表請求與妃子（韋堅之妹）離婚，以求自保。

李林甫作惡多端，連他的兒子將作監李岫都看不下去，知道「多行不義必自斃」，為此十分憂慮。有一天，李岫隨李林甫在自家的苑園中散步，見園外有靈車經過，不由得觸景生情，淒然淚下。李林甫驚問其故，李岫跪伏在地，抱著李林甫的腿，哽咽了半晌才說出話來：「大人當了這麼多年的宰相，前面堆滿了荊棘，一旦禍至，要想比得上這個人都辦不到啊！」

一句話觸到了李林甫的隱痛處，他沉思了許久，慢慢拉起淚流滿面的兒子，低聲哀嘆道：「唉——，已經走到了這一步，還有什麼辦法呢？聽天由命吧！」

他望著緩緩遠去的靈車，心在抽搐，渾身顫抖，兩腿彷彿重如千斤，呆呆立在那裡。

李林甫何嘗不知害人如害己，作惡如壘卵？其實，他的日子並不好過。他既怕皇上有朝一日將他除掉，又怕仇人行刺暗算，時時都在提心吊膽中過活。家中住宅重院多門，牆壁雙層，中間夾板，以石板鋪地，如防大敵。就這樣，他還是感到不安全，一夜要換幾個地方睡覺，連家人都不知道他到底住在何處。李林甫表面上是勢炎熏天的宰相，實際是心驚膽戰的竊鼠。他已經失了人生最起碼的樂趣。

就在李林甫專擅朝政，惡毒殘害忠賢的時候，一個狡黠滑詐、野心勃勃的奸梟爬上了大唐王朝的軍政舞台，他的名字叫安祿山。

安祿山是營州柳城（今遼寧朝陽）的胡人。幼年喪父，隨母親流浪於突厥各部。開元二十二年（西元七三二年），因盜羊被幽州節度使張守珪捉獲。張守珪見他身軀高大有膽氣，特別是熟悉當地的山川地勢，風土民情，是個有用之人，便饒了他一條性命，命他為捉生將。安祿山聰明多智，勇猛凶狠，熟知契丹各部內情，所以每次出擊，逢戰必勝。不久便被提為偏將。安祿山不僅驍勇善戰，而且極善揣度人心，事事皆能投張守珪所好。對張守珪恭敬親近如父，深得張守珪的喜愛，將他收為養子。開元二十四年（西元七三六年），安祿山為平盧將軍，征討契丹和奚。因輕敵冒進，慘敗喪師，因罪被押送京師。宰相張九齡見他貌有反相，主張按軍法處斬，免生後患。但玄宗卻賞識他的驍勇，特下旨赦免了他，命他立功贖罪。開元二十七年（西元七三九年）安祿山升任平盧軍兵馬使。這時，御史中丞、河北採訪使張利貞來到平盧視察，考核官吏。安祿山知道，自己今後的命運就在他的唇舌之間。因此，對張利貞百般恭順，重金賄賂。對同來的隨行官員，不論大小也都優禮有加，一一厚贈。果然是金錢能使鬼推磨，張利貞等歸朝後，人人都盛讚安祿山的功德賢能。玄宗聞奏大喜，因為安祿山是他親自赦免的死囚，安祿山的功績正是自己天聰聖明的確證。因此於開元二十九年（西元七四一年）下詔授安祿山為營州都督、平盧軍使、知左廂兵馬使，度支、營田、水利、陸運使副，押兩番、渤海、黑水四府經略使，順化州刺史。天寶元年（西元七四二年），玄宗又任安祿山為左羽林大將軍、柳城郡太守，平盧節度使攝御史大夫，管內採訪處置使等。僅十年間，安祿山由一個盜羊賊變成獨鎮一方，執掌軍、政、財重權的地方最高官吏。

天寶二年（西元七四三年），安祿山入朝。為了討取皇上的歡心，騙取信任，狡詐的安祿山，於金鑾殿上，在文武百官眾目睽睽之下，編造了一個謊言。他奏道：「去年臣所轄營州發生了一件神異的事。當時不知什麼原因，境內突然生了許多紫方蟲，蠶食禾苗。我燒香祈告上天說：『若是臣不行正道，事主不忠，願使蟲食臣之心；若是臣不負天地，事君竭誠，讓蟲即刻滅絕。』禱告剛畢，即有成群青色赤頭鳥飛來，食蟲立盡。天降青鳥食蟲，實是國家的祥瑞，臣不敢隱瞞，請陛下宣付史館予以記載。」

玄宗聽罷，甚感驚奇。暗想：「這安祿山果然忠貞不貳，所以才會有天降群鳥食蟲的祥瑞呢？」於是當即准奏。安祿山巧妙地要了個蒼天作證自己「不負天地，事君竭誠」的把戲，騙得玄宗十分欣慰，加授他為驃騎大將軍。

李林甫見安祿山外擁重兵，內受帝寵，便想利用他來排斥賢能，鞏固自己的地位。自唐初以來，有「出將入相」之制。唐太宗為防止軍權旁落，非常重視邊帥人選，多用忠厚名臣，不久任，不遙領，不兼統。對蕃將雖然予以重用，但不專任大將，不使獨自統兵。對那些治軍有術，戰功卓著而又有治國能力的邊帥，常常調入京師為相，而朝中治國有方，又能治軍的大臣，則調任邊疆任軍帥。這種邊帥不久掌兵權，不兼統他地、他職，適當控制「蕃將」的政策，有效地維護了國家的安定。開元前期，玄宗仍然沿襲祖制，也常常選邊鎮將帥入朝為相，或以宰相、重臣出任邊帥。李林甫最怕有才幹的邊帥入朝為相，超過他，取代他。特別是智勇雙全、德才兼優的王忠嗣，身兼河西、隴右、朔方、河東四鎮節度使，又是玄宗幼年的好友，更使李林甫感到深受威脅。於是李林甫耍了個陰謀，建議玄宗重用「蕃將」。蕃將多不識漢字，自然無法入朝為宰相。蕃將安祿山、哥舒翰、高仙芝等人任節度使，便可逐步削弱取代王忠嗣。於是他堂而皇之地上奏玄宗：「以文臣為將，他們總是缺少勇氣，怕刀槍箭石，不敢身先士卒。不如用蕃將。這些人出身寒微，生性勇猛，自幼長於馬上，精騎善射，長於戰陣，又孤立無黨。如果陛下給他們以恩惠，一定會為朝廷誓死效忠。」

玄宗喜好開疆拓土，又怕邊帥立功居驕，結成朋黨，不好控制。李林甫的建議正合心意。

安祿山在京，玄宗對他寵待非常，謁見無時。天寶三年（西元七四四年）三月，安祿山離京返歸前，玄宗又下詔命安祿山以平盧節度使兼范陽（即幽州）節度使、河北採訪使。

安祿山明白，自己存在的價值，官位的高升，全在於契丹和奚的反叛。為了邀功取寵，安祿山故意激反契丹和奚，然後大舉興兵征討，不斷報捷、獻俘、獻馬於京師，騙取玄宗對他更加寵重。

天寶六年（西元七四七年），安祿山再次進京，玄宗又加封他為御史大夫。玄宗恩寵日深，慰勞有加，邀他去參加深宮內宴。安祿山故作感恩流涕狀，跪伏在地，奏道：「臣本蕃戎賤人，仰蒙皇上聖恩，得極寵榮，自愧愚鈍，無異才為陛下所用，願以此身為陛下效死。」

玄宗聽後，對他的「忠直」更加喜愛，便叫他晉見太子李亨，希望儲君也能夠賞識他。安祿山見了太子故意不拜。殿前侍監等喝道：「祿山見太子為何不拜？」

安祿山又故作愚癡狀，驚問：「臣是胡人，敢問太子是何官？」

玄宗說：「太子就是儲君，朕百年之後，他就是天下的君主。」

安祿山聽後，驚慌跪拜。說道：「臣愚蠢，原只知有陛下一人，不知還有儲君，罪該萬死。」

說畢，就是一陣不拘禮儀的亂拜。眾人皆掩口而笑。玄宗更加覺得他樸誠可信。

安祿山長得體肥粗大，腹垂過膝，體重三百五十斤。每次進京朝覲，途中必須不斷換馬，若只乘一騎，馬必斃命。一次，玄宗舉行盛宴，群臣畢集。宴席間，管弦雜奏，音韻迭諧，宮女隊進，翩翩起舞。玄宗看得興致盎然，也擊節相合。安祿山見這情景正是獻媚的大好時機，便起身離座，至玄宗座前啟奏道：「愚臣不知音律，但覺洋洋盈耳。臣係胡人，願為陛下獻胡旋舞，喜慶盛世昇平。」

玄宗笑道：「卿體甚肥，也能作胡旋舞嗎？」

安祿山聞言，即離席丈許，聳肩盪腿盤旋起來。初始尚覺有些笨滯，到後來竟盤旋如風，鬚眉不可辨，只見那個下垂過膝的肚皮，甩得如同一隻掄圓了的口袋，呼呼生風。盤旋約百餘轉，方才站定，面不改色。喜得玄宗連聲讚好，且指著他的大腹問道：「此中何物，如此碩大？」

安祿山立即回奏說：「別無他物，只有一顆忠於陛下的赤心！」

玄宗聽了大悅，更加確信安祿山是忠誠無貳的大忠臣。

其實，這時的安祿山早已產生謀逆之志，正在暗中築雄武城，大貯兵器，招納亡命，搜羅黨羽。對安祿山的奸狡，有人已經有所察覺，河西、隴右節度使王忠嗣曾數次上言安祿山必反。狡詐的安祿山裝出種種憨態和愚忠，正是為了掩飾他謀逆的野心。

玄宗對王忠嗣的上言不但置之不理，相反對安祿山更加寵幸。這時，正值貴妃楊玉環寵冠六宮。安祿山知道貴妃娘娘是最能影響皇上的人，因此便極力巴結楊貴妃。他向玄宗奏請為貴妃的養兒。其實，貴妃的年齡要比安祿山小得多。玄宗為了進一步籠絡安祿山，欣然准奏，命他謁見貴妃。天下奇物全玩膩了的貴妃娘娘，突然有了這麼一個大腹虬鬚、高鼻碧眼的「孩兒」，也甚覺有趣，常呼他進宮戲耍。從此，安祿山與玄宗、貴妃之間又蒙上了一層父子和母子的關係。

李林甫深惡王忠嗣議及朝政，向玄宗稱讚安祿山，並攻擊王忠嗣。玄宗革去王忠嗣所兼河東、朔方二鎮節度使的職務。接著李林甫又使人誣告王忠嗣陰謀擁兵奉太子。玄宗又罷王忠嗣河西、隴右二鎮節度使職，交有司審問。李林甫控制下的刑部、御史台、大理寺，判王忠嗣以死罪。後經隴右節度使哥舒翰的一再求情，玄宗才准允王忠嗣免死，貶為漢陽太守。一年多後，王忠嗣突然暴病而死。李林甫終於除掉了最有可能入相的邊帥。

李林甫雖然有意籠絡安祿山，但安祿山仗恃皇帝的恩寵，始初並沒有把李林甫放在眼裡。李林甫遂使出一計，威逼安祿山就範。一次，安祿山拜見李林甫，談話中間，李林甫假裝有事，召見與安祿山同為御史大夫的王鉷。王鉷當時正是恩寵無比的人。他知道李林甫這時召他來的用意，因此對李林甫辭卑貌順，趨拜甚謹。安祿山一見，大吃一驚，立刻改容換貌，對李林甫倍加恭敬，再也不敢放肆。

李林甫為了徹底控制安祿山，每次與他談話，都頗費一番心機。因此，談話時李林甫總能揣知安祿山的心，將安祿山想說的話預先道破，而且兼帶分析前因後果，來龍去脈。常常驚得安祿山目瞪口呆，奉李林甫為神明，每逢見到李林甫，都戰戰兢兢，雖是寒冬，也汗流浹背。在滿朝公卿中，唯獨懼怕李林甫。就是回鎮范陽時，也總是打聽李林甫對他的態度。若是李林甫說了他好話，樂得歡喜跳躍；若是李林甫說：「告訴安大夫，叫他注意點！」則嚇得團團亂轉，連說：「啊喲喲，我要死了，我要死了！」這些事傳到宮中，逗得玄宗大笑不止。這使李林甫更加身價百倍，他成了朝廷中唯一能鎮服妖鼠的貓。

李林甫也正是企圖挾安祿山以自重的。因此，他對安祿山又極力拉攏。在一年寒冬時，他特意脫下身上的長袍，披在安祿山的身上。安祿山深知，權重必傾，位高必險。自己雖然身居要職，但畢竟是外藩之官，要想安身晉爵，必須在朝中有權臣為靠山，時時去影響皇帝。因此，他被李林甫制服之後，便死心塌地投靠李林甫。李林甫則以安祿山為外援，互相勾結，互相利用。對有人揭發安祿山反狀的，李林甫就出面為之辯解。

在李林甫的支持與庇護下，安祿山不斷升官晉爵。天寶九年（西元七五二年），玄宗賜安祿山爵為東平郡王。十年，安祿山又兼任河東節度使。他一身兼任平盧、范陽、河東三鎮節度使，擁兵二十萬，占全國鎮兵的百分之四十，掌握的軍馬占全國的三分之一。控制大唐王朝東北地區和北部地區的數千里土地。

安祿山隨著他權勢的不斷擴大，其野心急劇膨脹。自天寶二年以後，安祿山多次進京，有時在京留住長達年餘。在宮廷和官場的活動中及多次往返的旅途中，他清楚地觀察到了唐朝社會政治日益腐敗、京師和內地武備空虛的真面貌。大唐王朝表面上顯得「海內晏然」，實際上已經是矛盾重重，危機四伏。安祿山感到有機可乘。特別是他已經嚐到了皇家極樂生活的滋味，更刺激了他的野心。那繁華的京都、輝煌的宮殿、神聖的皇權、無數的財寶、如雲的美女，尤其那百媚生輝令他垂涎的貴妃娘娘……強烈的占有欲，使他要成為這一切的主宰。他一方面向玄宗頻頻表示忠心，另一方面再次修築雄武城，積穀藏兵。豢養同羅、契丹、奚等族降兵八千餘人，收為養子，稱為「曳落河」（蕃語義為壯士），進行嚴格的軍事訓練，給予豐厚的賞賜，使之完全成為忠於自己的親兵死士。同時招納貧窮不得志的漢族高尚士人為謀主，為之出謀劃策。天寶十一年（西元七五二年），又兼併了朔方節度副使阿布思的數萬同羅精騎，大大增強了他軍隊的實力。

就在安祿山積極準備謀叛的時候，朝廷中李林甫與楊國忠爭奪相權的鬥爭愈演愈烈。李林甫在陷害了刑部尚書韋堅及河西、隴右、朔方、河東四鎮節度使王忠嗣之後，遇上了一個真正的敵手——國舅楊國忠。

楊國忠原名楊釗，山西蒲州永樂人，自幼頑劣，不讀書，無德行，是個喜飲酒、好賭博的無賴之徒，為族人所鄙視。窮困潦倒，無法維生，只好從軍入蜀，浪跡四方。只是由於堂妹楊玉環受到玄宗的寵愛，封為貴妃，他才突然時來運轉。天寶四年（西元七四五年），他受劍南節度使章仇兼瓊的委託，帶重金入京結交楊氏姐妹，尋求保護。貴妃的姐姐虢國夫人早年曾與楊國忠私通，現又喪夫寡居，楊國忠遂與她重溫舊情，廣贈財物。在楊氏姐妹的引薦下，楊國忠得以入宮晉見玄宗。楊國忠極善揣摩玄宗的心意，特別是他高超的賭博技巧，頗得玄宗的讚賞。不久，便被擢任為監察御史。

天寶五年，李林甫一手製造了韋堅、皇甫惟明「謀立太子」案。因為此事涉及太子，一般朝臣都不敢過問。李林甫自己也不便直接出面，這時他想到了楊國忠。楊國忠有貴妃做靠山，敢說敢為，正是適合的人選。於是極力拉攏楊國忠，引為黨羽，推舉他與心腹王鉷同處理此案。楊國忠知道李林甫心黑手毒，朝廷大權在握，自己剛來京師，要想立穩腳跟，飛黃騰達，沒有李林甫的幫助是不行的，遂按李林甫的心意，羅織罪名，將韋堅等人陷害致死。從此，李林甫與楊國忠關係更加密切，互相利用，狼狽為奸。

楊國忠雖然出身無賴，卻天資聰明，長於計算，善於搜刮理財。他見全國各郡、縣的倉庫裡堆滿了成千上萬的粟帛，便出主意把這些庫藏的物資全部換成輕軟之物，輸入京師。同時又建議把各地方以義倉、丁租、地課等名目繳納的租稅變換為布帛，充實天子的庫藏。天寶八年（西元七四九年），玄宗率文武百官觀看府庫，見財物、貨幣堆積如山，十分高興。遂命楊國忠兼代太府卿事，專門負責管理錢穀的儲藏與出納。

楊國忠掌握了全國的錢穀大權並不滿足，又把手伸向了軍鎮。隨著地位的不斷升高，權力的擴大，他對上層統治集團內部情況的了解也更深更細了。他發現李林甫有安祿山等東北方鎮的支持，太子李亨與西北方鎮關係密切，自己要想在朝中立於不敗之地，也必須有地方的軍事力量作為後盾。天寶九年（西元七五〇年）末，楊國忠任京兆尹不久，即向玄宗推薦自己在四川的老友和黨羽鮮于仲通為劍南節度使。接著，在楊國忠的策劃下，由鮮于仲通出面奏請楊國忠遙領劍南節度使。玄宗准奏，授楊國忠權知蜀郡都督府長史，充劍南節度副大使、知節度事。

在短短的幾年中，楊國忠藉裙帶關係平步青雲，撈取了許多顯官要職。隨著地位的上升，他的權慾和野心也愈來愈大，眼睛漸漸轉向了李林甫的相位。

李林甫原認為楊國忠雖是外戚，但僅有「微才」，成不了什麼大氣候，因而積極拉攏，培植他成為自己的黨羽。殊不知楊國忠身手不凡，在施展陰謀、投機取巧方面，絕不在李林甫之下。李林甫根據長期官場鬥爭的經驗，意識到楊國忠已經成為自己最危險的競爭對手。養虎成患，深為後悔。但他畢竟是個城府很深、詭計多端的人，他不動聲色，默默觀察，伺機動手剷除楊國忠。

楊國忠因有楊氏姊妹為靠山，又正得寵於皇上，有恃無恐，因而在與李林甫的明爭暗鬥中，往往是主動出擊，而且攻勢兇，下手快，計謀毒，常常使老奸巨猾的李林甫窮於招架，少有反擊之力。

楊國忠見李林甫樹大根深，不能驟然推倒，便採取先剪其羽翼，逐步削弱其實力，最後取而代之的策略。天寶八年（西元七四九年），楊國忠首先將李林甫的黨羽京兆府法曹吉溫拉到自己這邊。吉溫投靠新主，為表忠誠，積極為楊國忠出謀劃策，成為楊國忠得力的助手。同年六月，李林甫的親信刑部尚書兼京兆尹蕭炅坐贓被貶為汝陰太守；次年四月，李林甫的另一親信御史大夫宋渾也因坐贓巨萬，被流放潮陽。這都是楊國忠、吉溫謀劃奏劾的結果。天寶十一年（西元七五二年）四月，戶部郎中王銲與已故鴻臚少卿邢濤之子邢縡密謀作亂，未舉事而敗露。王銲是李林甫親信御史大夫、京兆尹王的弟弟。王銲謀亂，王鉷本不知其事，楊國忠卻以道聽途說之辭告王鉷參與謀亂。李林甫親自出馬，在玄宗面前為王銲開脫。但由於楊國忠從中屢做手腳，王銲以謀反罪被亂杖打死，王鉷連坐賜死。

楊國忠除掉了王鉷，接管了王鉷御史大夫、京兆尹等二十餘職，更加擴大了自己的權力。但楊國忠並未因此而罷休，仍然繼續追查王銲、邢縡之案，目的是要除掉李林甫。他利用審訊與王鉷兄弟有牽連的人，命令他們把李林甫與王鉷兄弟相互交往和勾結的情況交代出來。由此還牽連到了李林甫與叛走漠北的朔方節度副使阿布思的關係。由於楊國忠借題發揮，窮追不捨，李林甫過去的一些醜事逐漸敗露。楊國忠不斷把情況上奏玄宗，由此玄宗開始疏遠李林甫。

李林甫見自己的親信一個個被除掉，且大火即將燒到自己身上，當然不甘示弱。恰在這時，楊國忠的黨羽劍南節度使鮮于仲通征討南詔慘遭失敗，士卒死者六萬，而楊國忠又是權知蜀郡都督府長史、充劍南節度副大使、知節度事，當然負有不可推卸的責任。李林甫抓住此事攻擊和指責楊國忠無能。楊國忠不得不故作姿態，表示要親自赴鎮處理。李林甫感到這正是剷除楊國忠的絕好機會，因而奏請楊國忠赴鎮。這個意見名正言順，玄宗不得不同意。楊國忠有苦難言。臨行前，他跪在玄宗面前哭訴說：「臣此去必為林甫所害。」這時的玄宗已經討厭李林甫，因此安慰楊國忠，讓他放心而去，不久即將召回，並暗示他回來後將任他為相。

李林甫原想趁楊國忠離京後，尋事加罪，將他一舉搞垮。可是玄宗對楊國忠卻事事袒護。李林甫心中鬱悶，竟一病不起。

楊國忠剛剛到達蜀郡，尚未安頓下來，玄宗即派中使召他回京。楊國忠一到京，立即去李林甫的私邸「探病」，拜於病榻之下。

李林甫見楊國忠這麼快即返回京師，知道這一切都是皇上安排的，自忖大勢已去。他喘息著，像一條鬥敗的惡狗，失去了昔日的威嚴，流淚對楊國忠說：「林甫將不久於人世了，我死後公必為宰相，後事就拜託了！」

楊國忠深知李林甫狡詐多端，懼怕他又在設置圈套，嚇得滿頭大汗，連連謝辭：「不敢當！不敢當！」

李林甫真的到了窮途末日。天寶十一年（西元七五一年）十一月，惡貫滿盈的李林甫終於恐懼惶惶地死去。在李林甫未斷氣的前七天，玄宗任命楊國忠擔任宰相，兼吏部尚書，取代了李林甫。

李林甫雖死，楊國忠卻餘恨未消。大肆揭發李林甫的奸事，並硬說阿布思謀反叛唐是受李林甫指使。這時的李林甫，對玄宗皇帝來說再也沒有任何價值了，唯一的一點用處，就是藉由他的屍體來替自己消怨。因此，玄宗下詔削奪李林甫的一切官爵，剖棺出屍，掘出口中的含珠，剝掉身上金紫官服，改用小棺以庶人禮下葬。子孫都流放到嶺南黔中，親近及朋黨連坐者共五十餘人。這一切距李林甫病死之日尚不到百天。正可謂是：惡滿必損終有日，一朝身敗如糞土。

楊國忠整垮搞臭了李林甫，自己身兼四十餘職，完全控制了朝廷大權。楊國忠小人得志，專橫霸道，比李林甫有過之無不及。朝廷台省官員中，凡有才行時名，不能為己所用者，皆被清除。他仿效李林甫，也將宰相商議朝政的政事堂搬到私家宅第，一切機要重事，都在他的家中決定。吏部選拔官吏，按制度要經過三次考核，再由僕射、黃門侍郎、侍中等官審察後才能任命。每年由春及夏，才能終其事。楊國忠為了顯示自己的精敏，先叫胥吏到自己家中來，預先定好名單。然後，把諸司長官等有關人員都叫到自己家中。他高坐在堂上，楊氏姐妹垂簾坐在兩廂，令人唸入選人的名單，唸一名通過一名。為了顯示自己至高的權威，楊國忠吆三喝四，將吏部侍郎韋見素等衣紫高官，支使得團團亂轉，大汗淋漓。楊氏姐妹在旁觀看熱鬧，評頭品足。嬉笑之聲傳於外。事畢，眾官告退。楊國忠得意地問道：「諸位姐姐，兩位衣紫袍的主事人如何？」

三姐虢國夫人嘲笑道：「韋侍郎肥肉敦敦，裡出外進廳堂落雨。」

八姐秦國夫人挖苦說：「張侍郎瘦骨嶙峋，東跑西顛庭院生風。」

大姐韓國夫人接著說道：「楊相國高坐巍巍，差上遣下風調雨順。」

楊國忠哈哈大笑，連呼：「妙極！妙極！」

國家選官大事，楊國忠視如兒戲。官吏不論政績好壞，只要對楊國忠厚行賄賂，表示忠誠，一律升遷。楊國忠的親信京兆尹鮮于仲通和中書舍人竇華等授意那些被選拔的人，特為楊國忠獻了一塊頌碑，吹捧楊國忠「銓綜之能」。玄宗知道後，竟命鮮于仲通撰寫碑辭，親自修改，命人鑿刻塗以金粉。政治腐敗竟至如此！

為了粉飾太平景象，楊國忠大肆剝削百姓，搜刮天下財富，源源運於京師。玄宗更加陶醉於「國泰民安，天下殷富」的盛世景象。天寶十二年、十三年，水旱災害相繼，關中大饑。楊國忠極力掩蓋災情。玄宗擔心久雨不晴，有害秋稼。楊國忠使人挑選了一些長勢稍好的莊稼送給玄宗看。說：「雨雖多，並不傷害莊稼。」矇騙玄宗。扶風太守房琯奏報所轄區的災情，楊國忠立即派御史去將他懲辦。自此，各地發生水旱蝗蟲之災，再也不敢上報。災區民不聊生，仍然要按豐年納糧。百姓家破人亡，怨聲載道。

楊國忠身兼劍南節度使，急於建立邊功，以助長自己的聲威。天寶十年他推薦鮮于仲通率兵進攻南詔大敗之後，又繼續徵調天下士卒十萬，準備再戰，搞得天下騷然，人心思亂。天寶十三年（西元七五四年）六月，楊國忠命李宓為帥，率大軍七萬再攻南詔。結果全軍覆沒，主師李宓被擒。楊國忠再次隱瞞敗績，以捷書上聞。唐軍兩次喪師二十萬，聲威日益下降。玄宗知情不糾，聽之任之。

楊國忠把持下的朝政，日益黑暗腐敗，更加刺激了安祿山反叛的野心。

楊國忠本來也想像李林甫那樣籠絡安祿山，但安祿山卻壓根兒瞧不起楊國忠。楊國忠既不能制服安祿山，只好採取下策，屢次向玄宗進言，稱安祿山有反狀，想藉玄宗之手除掉安祿山。同時厚結安祿山的對頭隴右節度使哥舒翰，使哥舒翰兼河西節度使，共同對付安祿山。楊國忠與安祿山的矛盾日益尖銳。

玄宗對楊國忠奏言安祿山必反之事將信將疑，但楊國忠一再堅持，對玄宗說：「陛下若不信臣言，試遣使召之，他必不敢再來朝。」

玄宗遂召安祿山於翌年正月來朝。不料，安祿山接旨後即時進京，完全出乎楊國忠意外。原來，狡猾的安祿山，這時感到反叛的準備還不夠充分，還需要進一步麻痺玄宗君臣，以便突然起事，攻其不備。另外，據他在京中的耳目所報，楊國忠並沒有真正掌握他謀反的證據，只要自己應付得當，反倒可以進一步取得玄宗的寵信。安祿山一見玄宗，故意裝出受了莫大委屈的樣子，拜倒在地，叩頭痛哭道：「臣本胡人，不識文字，蒙陛下見愛，寵擢至此，致為右相國忠所嫉，恐怕臣死無日了！」

說到傷心處，涕淚俱下，叩頭流血。玄宗見狀，頓生憐憫，撫慰道：「有朕做主，卿可無虞。」

玄宗為了安撫安祿山，賞賜巨萬，又欲加封為同平章事。楊國忠諫阻道：「祿山雖有軍功，但目不識書，豈可為宰相！制書若下，恐怕要使四夷輕唐。」

玄宗改授安祿山為尚書左僕射，賜實封千戶。又應安祿山之請，使為閑廄、隴右群牧等使，並兼知總監事。安祿山又把牧馬大權抓在手中，密遣親信選健馬堪戰者數千匹，另外牧飼。玄宗覺得還不足以彌補安祿山所受的委屈，又使安祿山進位司空。

天寶十三年三月，安祿山辭歸范陽，玄宗親御望春亭，設宴餞行。又脫下御衣，親為安祿山披在身上。此舉使安祿山又驚又喜。暗想：「皇上將皇袍授我，這不正是取代大唐的先兆嘛！」他唯恐再生變故，復被留下，急忙謝恩而去。所過郡縣，一概不停，晝夜兼行，數日抵鎮。遂召集諸將，大擺筵席。說道：「此次脫險，實是萬幸。可笑那楊國忠，每天都在算計殺我，終不能損我一根毫毛。我命在天，他能奈我何！」眾將齊聲稱賀。安祿山又宣布了五百將軍、二千中郎將的委任令。眾將歡呼雷動：「誓為郡王效勞！」

安祿山欲舉事謀反，怕有些漢將不能與他同心。因而在天寶十四年五月，又奏請以蕃將三十二人代替漢將。玄宗將准奏。同平章事韋見素對楊國忠說：「安祿山久有異志，今又有此請，謀反之心是明白無疑的了。明日我當極力向皇上進言，若皇上不允，請公接著力諫。」

楊國忠點頭承諾，次日，韋見素垂淚詳陳安祿山的反狀，苦諫玄宗萬不可再准安祿山之請。玄宗聽了很不高興。楊國忠此時卻一反常態，一聲不吭。原來楊國忠已經改變了主意。他知道皇上最不願聽安祿山謀反的話，再說也無益。此時他倒希望安祿山早日謀反，以證明自己的先見之明。玄宗終於還是批准了安祿山的奏請，韋見素見社稷將危，而皇上卻執迷不悟，在中書廳號啕大哭。楊國忠端坐在堂，只是微微冷笑。

楊國忠見玄宗對安祿山堅信不疑，對安祿山更加忌恨。便令門客蹇昂、何盈暗中蒐集安祿山謀反的證據。然後又矯稱玄宗聖旨，命京兆尹李峴派人包圍了安祿山在京的住宅，進行搜查，抓住了安祿山的門客李起、安岱、李芳等人，送御史台祕密拷審，然後將他們暗殺。御史中丞、武部侍郎、閑廄副使吉溫，是安祿山的心腹密友，留在京中的耳目。京中諸事，皆隨時密報安祿山。楊國忠為了清除安祿山在京中的黨羽，將吉溫貶為澧陽長史。不久，又以坐贓、逼士人女為妾等罪狀，將他杖死在獄中，楊國忠企圖激安祿山速反。

安祿山得在京師的長子安慶宗的密報，上表申辯，且陳楊國忠罪狀二十餘事。玄宗怕激怒安祿山，只好歸咎於京兆尹李峴，將他貶為零陵太守，用以安撫安祿山。

楊國忠激安祿山速反，卻不做任何應變的準備，安祿山見楊國忠屢屢進逼，則加快反叛的步伐。不久，安祿山收買宦官輔謬琳之事敗露，玄宗殺輔謬琳，自此開始懷疑安祿山。

天寶十四年（西元七五五年）六月，玄宗以安祿山的兒子安慶宗與榮義郡主成婚為由，手詔命安祿山入京觀禮，安祿山稱疾不至。歸山之虎，玄宗已經無法控制了。

七月，安祿山上表請獻馬三千匹，每匹派兩名士兵護送，車三百輛，每車由三名士兵押運，全隊由二十二名蕃將率領，欲乘機襲擊京師。安祿山的險惡用心已經昭然若揭了。玄宗親下手詔阻止。詔曰：「獻馬宜等至冬天，由朝廷調撥馬夫，不必派本軍將卒護送。朕新為卿建一湯池，十月間於華清宮待卿。」

中使馮神威拿著玄宗的手詔專程送到范陽。馮神威還像往常一樣，威嚴高聲唱喝：「安祿山聽旨！」安祿山臉色陰沉，只是在虎皮椅上微微挪了挪屁股，並不下拜。兩旁的武士劍拔弩張，怒目而視。馮神威頓時嚇得「神威」全無，趕緊將聖旨宣讀完畢。安祿山聽了詔敕之後，一語雙關地說道：「馬匹不獻也可以，本王於十月定然入京。」

說罷，令左右將馮神威送到館舍，再不復見。又派武士嚴加看守。數日後，安祿山才放他回京。馮神威回京見到玄宗，哭訴道：「臣險些再見不到大家（唐代時宮中人稱皇上為『大家』）了。」

玄宗聽罷，目瞪口呆。

楊國忠在一旁洋洋自得。

文武百官驚慌的不知所措。

安祿山放走馮神威之後，便加緊準備起兵。恰巧這時有一入朝奏事的官員回到范陽，安祿山便偽造玄宗敕書，向全體將領宣示道：「今有皇上密旨，令祿山入朝討伐國賊楊國忠，諸君宜即從軍，違令者斬！」

安祿山帳下的將領，全是他的心腹，立即齊聲應答：「願隨郡王討賊！」

天寶十四（西元七五五年）十一月九日，安祿山在范陽起兵，率所部兵及同羅、契丹、奚、室韋等各族兵馬十五萬人，號稱二十萬，揮戈南下，點起了叛亂的烽火。

玄宗雖然知道安祿山心存異志，卻仍不採取任何加強軍備的措施，幻想安祿山能在十月再來華清宮。安祿山叛亂的消息傳到長安，朝廷上下一片惶恐。玄宗急向楊國忠詢問對策。楊國忠面帶矜色，輕率地向玄宗說道：「臣早知他必反，但謀反只祿山一人，將士皆不欲從，臣料不出旬日，便可傳賊首入京了。」

玄宗信以為真。

事實與楊國忠的預料完全相反。由於玄宗對安祿山的叛亂沒有任何準備，而內地又多年沒有戰爭，許多州縣無兵可用。臨時招募的士兵，沒有經過訓練，不會作戰。從武庫裡取出的兵器，許多都已銹爛，不能使用，一部分士兵只好手執木棒作戰。這些沒有經過戰陣的士兵，聞得叛軍鼓角聲響，便嚇得魂飛魄散。守城者尚未交戰，便嚇得從城牆上滾落下來，「自墜如雨」。平日只知作威作福、貪污勒索的地方官，聽到叛軍到來，有的棄城逃跑，有的開城投降。因而，安祿山的叛軍長驅南下，一路上幾乎沒有遭到什麼抵擋，很快就渡過了黃河。玄宗臨時調遣任命的范陽、平盧節度使封常清，在天寶十四年（西元七五五年）十二月，兵敗虎牢關，東都洛陽陷落。十五年正月，安祿山於洛陽稱帝，國號大燕。

安祿山的叛軍勢如破竹，直撲京師的門戶潼關。玄宗聽信監軍宦官邊令誠的讒言，枉殺范陽、平盧節度使封常清和東征副元帥高仙芝。以患癱瘓病十個月之久的河西、隴右節度使哥舒翰任兵馬副元帥，加封尚書左僕射、同平章事，率兵八萬進至潼關。

哥舒翰面對叛軍兵鋒正盛的形勢，採取據險固守，等待叛軍疲敝再乘勢出擊的策略，堅守潼關。楊國忠與哥舒翰曾經聯手反對過安祿山，關係不錯。安祿山起兵，始初打著誅楊國忠的旗號，朝野都以楊國忠招亂致患，莫不切齒。潼關前線的將士也都痛恨楊國忠。楊國忠聞風又恨又怕。楊國忠對哥舒翰以邊鎮軍帥入相，本來就心懷嫉妒，感到是一個威脅。今見哥舒翰在潼關按兵不動，以為他意在逼己。因此，屢次奏請玄宗，催促哥舒翰出戰。哥舒翰不敢違抗皇命，被迫引軍出關作戰，結果被叛軍打得大敗，潼關失守，哥舒翰被俘。

潼關失守消息很快傳遍了長安的大街小巷。一時間，高官顯貴、富商大賈、平民百姓，驅車挑擔，呼兒喚女，紛紛逃難。一股股人流，滾動著衝出城門，逃向四面八方。

六月十三日黎明，聲稱要御駕親征的玄宗皇帝，帶著身邊的皇族、親貴，如同喪家之犬，倉皇逃往四川……。

安祿山的叛亂先後長達八年之久，戰火遍及黃河中下游廣大地區。連年戰亂，使數百萬人喪生，無數的城市、鄉村變成廢墟。長安、洛陽周圍及河北等原來經濟最發達的地區，白骨成聚，堆如丘壟，千里絕煙。汝、鄭等州，家家室空四壁，絲帛盪無，百姓只能以破紙遮體。斗米少則千錢，多則七千錢，比開元年間上漲三百餘倍。饑民哀號，轉死溝壑。

安祿山的叛亂，使統一的大唐王朝從它強盛的頂峰上跌落下來。叛亂平息後，藩鎮割據，獨霸一方，不服朝廷。周邊各族，紛紛叛離，不斷內侵。隴右、河西走廊之地盡沒於吐蕃，安西四鎮盡失。昔日繁榮富強的大唐王朝，江河日下。

北國宮變

耶律乙辛略施計謀，致使遼道宗殺妻廢子，所作所為，自古罕見。

遼大康元年（西元一〇七五年）初冬的一天，遼道宗耶律洪基發了一股「無名火」，上朝罵大臣，退朝打太監，摔桌子瞪眼睛，茶飯不思，以酒消愁。上自太子，下到侍衛，一個個嚇得膽戰心驚。原來道宗接到密報，說皇后與人私通，姦夫也已查到，現正核實，證實之前自然保密。身為萬乘之尊的天子居然讓人給戴了頂綠帽子，沒有立即拔劍而起，還要核實，足見道宗還是位有涵養的「明君」。

其實，道宗是中了耶律乙辛的奸計。而耶律乙辛是何人？他為何要陷害皇后呢？對此有必要交代一番。耶律乙辛生於遼聖宗開泰年間，雖然後來權傾朝野，但卻是個貧寒人家的子弟，出生時其父高興之餘，想喝點酒都辦不到。不過耶律乙辛雖出生於如此人家，卻長得一表人才，不僅相貌堂堂，而且聰明伶俐。其父見孺子可教，寧願不喝酒也供兒子讀書，所以他學成之後就入了仕途。由於他巧言善辯，處處逢迎，頗得皇帝的好感，接連被重用，清寧五年（西元一〇五九年）就被封為趙王，真可謂是青雲直上。清寧九年（西元一〇六三年），遼皇室發生了骨肉相殘的宮廷政變——「重元之亂」，道宗的皇叔重元謀奪皇位，起兵造反，耶律乙辛率兵平叛，事情辦得乾淨利落，受到道宗的重賞，加職北院樞密使，晉封魏王，賜號「匡時翊聖竭忠平亂功臣」，從此成為道宗的寵臣、朝中炙手可熱的人物。

耶律乙辛權傾朝野，自然有一班奸邪小人前來逢迎，短短幾年時間裡就形成了個奸臣集團。連「貴幸無比」

的北府宰相張孝傑也投到他的膝下。但耶律乙辛唯一顧忌的就是太子，他年紀雖輕，地位特殊，常常表露出對耶律乙辛的不滿。大康元年，十八歲的太子兼領南北樞密院，參與朝政，這下子耶律乙辛不能為所欲為了，所以他密謀廢掉太子，不過此事難度太大，因為太子是道宗的獨生子。

「無論如何都要廢掉太子！」耶律乙辛憤然表示決心。原來白天上朝，太子把他擬的公文一把撕碎，還當著群臣的面教訓了他一頓，使他大失面子。「哼！羽翼未豐就敢如此對待功臣，他日……。」他說不下去了，也不敢再想了。

「王爺，這事交給小的去辦！」死黨蕭十三摩拳擦掌。

「咦，你有什麼主意？」耶律乙辛口氣多少有點輕視，他不大看得起蕭十三。

「這好辦，太子好獵，下次他出獵時我帶猛士伏擊道左，萬一事泄，小的去頂罪。」這叫什麼主意，不過蕭十三有這一片忠心，耶律乙辛也不便深責，只是置之不理。

張孝傑開口了：「王爺，茲事體大，萬不可魯莽。這一層關係先要搞清，方可再做舉止。太子為皇后所出，與太子為難，就是與皇后為難；廢掉了太子，也就得罪了皇后。而且，太子可廢，而皇后還可再生兒子，所以，此事要一步一步去辦。」這段話雖未說明，但相當陰險，實際上是啟發耶律乙辛先害皇后，再害太子。

這一分析正中耶律乙辛下懷，他頓時振奮起來，雖然夜深人靜，三人還是壓低了聲音，密商起來。最後決定告發皇后私通，姦夫指為趙惟一，因為皇后善彈琵琶，頗通音律，常常譜曲彈唱，趙惟一為伶官，因此而奉侍左右。

耶律乙辛找個機會一說，道宗立即火冒三丈，他不僅頭腦昏庸，而且耳朵特別軟，一聽就信，馬上就要去找皇后算帳。耶律乙辛一把拉住道宗，連連勸道：「陛下，這只是道路傳言，未必真有其事，臣不敢壅於上聞，故冒死來報。皇后為一國之母，也要給她留點面子，臣看還是先查一查，搞清楚了再說。」他見道宗火氣稍平，便接著說：「這查證之事，臣以為不要派別人為好，就由臣和張孝傑去查，陛下也宜不動聲色，靜待結果，臣定會秉公去辦，若無此事最好。」道宗自然同意，打發走了耶律乙辛，越想越氣，越覺真有其事，所以大發無名火，只是與耶律乙辛有約在先，才不得不耐著性子等待「調查」結果。

幾天之後，耶律乙辛來報「調查」結果：皇后通姦確有其事，姦夫是趙惟一，人證是宮婢單登、教坊朱頂鶴二人，物證是皇后所寫的《十香詞》，說完呈上物證，先傷心地哭了起來。道宗展開《十香詞》一看，原是不堪入目的香閨情詩，不禁勃然大怒：「哼！不知廉恥的奸夫淫婦，如此勾當竟能形諸筆墨，非殺不可！」耶律乙辛苦苦相勸，少不得說些家醜不可外揚之類的話。但這回道宗乾綱獨斷，見無力回天，耶律乙辛揮著淚說：「趙惟一雖萬剮不足以洩臣之恨，只是皇后誕育太子，總是有功於社稷，不能不設法保全，若實在不能容，也要給她留個體面，就讓她自盡吧！」這下道宗才「從諫如流」，同意如此處理。

結果趙惟一及其家族被誅滅，皇后自盡，一場冤案，就此定局。道宗悶悶不樂，耶律乙辛則張羅著為道宗擇后，一以討好道宗，一以將來自己推薦的皇后誕育皇子，再謀奪太子之位。他先是為道宗選擇了自己的親信駙馬都尉蕭霞抹的妹妹蕭坦思，立為皇后，但遺憾的是這位皇后久不生育，這可急壞了耶律乙辛，又沒法幫忙，急中生智，居然打起兒媳的主意。

原來他兒媳連生男孩，為了前途，便說服兒子，將兒媳送入宮中，少不了說些雖非處女，但有此異稟，況且相貌不惡，還能將就用等，道宗見耶律乙辛如此忠誠，大受感動，哪裡還會挑剔，沒想到耶律乙辛這回偷雞不成反蝕把米，其兒媳入宮後也未生育，這下他沒了轍，一面自嘆命苦，一面暗罵道宗「連這麼點能耐也沒有」。

耶律乙辛的下一步計畫便是除去太子。不過太子高高在上，身邊自然也有一班謀臣策士，所以耶律乙辛陰謀尚未施展，自己先栽了跟頭。

太子耶律濬是道宗的獨子，自幼「好學知書」，又頗精騎射，是個文武雙全的人物，也很得道宗的喜愛。他十八歲主管南北樞密院，總管全國軍政，是耶律乙辛專權的最大障礙。自從母后被害，他恨透了耶律乙辛，於是託人向道宗進言：「自太子預政以來，耶律乙辛內懷疑懼，與張孝傑相勾結，狼狽為奸。此二人權重勢大，黨羽頗多，一旦謀亂，難以對付，不能讓乙辛再據京城要津了。」道宗是個沒有主意的昏君，一聽也覺有理，便決定把耶律乙辛趕出京城上京（今內蒙古巴林左旗南），派到中京（今內蒙古寧城西大明城）留守。這留守一職多為虛銜，本為安置老臣之位，所以耶律乙辛痛哭流涕，但又不能不去。道宗一看他如此難過，又有些後悔，無奈詔令已下，不好再改，所以一連幾日怏怏不樂。

耶律乙辛在中京度日如年，道宗在上京也覺有一種親爹坐牢般的感受。二人互通書信，傾訴衷腸。耶律乙辛向道宗表示：朝中奸臣成群，陛下處境艱危，自已身處朝外，時時有廟堂之憂；道宗則表示很快就召他回京，加之耶律乙辛親信黨羽從中奔走，製造聲勢，所以道宗在大康二年十月召他回京，官復原職，這次被貶，前後不到半年。

這段波折雖歷時不長，但對耶律乙辛的觸動卻相當大，他決定加緊策劃，趕快動手，一面加緊集權，一面準備構陷太子。罪名是最容易觸怒道宗的「太子謀反」。

大康三年（西元一〇七七年）五月二十五日，耶律乙辛上朝出奏：「知北院樞密使事蕭速撒、耶律撒剌等人密謀廢掉我主聖上，立皇太子。」話音剛落，滿朝震驚，道宗立即命人調查，然後趕緊退朝，龜縮起來。不料一經調查，根本沒有此事，但道宗卻因此而多了個心眼，對太子也有所提防，所以誣告者並未受罰，而被誣告者則紛紛被貶出京城。

這次交鋒雖未能扳倒太子，但排斥了太子黨九員大將，可算小勝。但耶律乙辛則深以為憂，他深知朝中大臣多歸心太子，時間一長對手勢力會更大，再者一戰不勝，對手反撲過來恐怕被打個措手不及。於是他立即召集親信，準備一鼓作氣，攻掉太子。

蕭十三首先發言：「大王五月之變，雖告初成，但小的認為太子還在，與大王分庭抗禮，加之皇后被除，太子更是恨之入骨，將來太子即位，我輩何處容身？不如早定決計，除掉太子。」這番話等於沒說，不過他是耶律乙辛的心腹，謀略雖不行，但膽大包天，而且敢做敢當，加之每次會議都搶著發言，所以大家也都習以為常了。

「丞相，你看上次未能打動皇上，是不是該換個名義？」耶律乙辛謙虛地請教張孝傑。

張孝傑有把握地說：「不必，太子篡位是謀逆之舉，罪莫大焉，上次未能打動皇上，不是罪名不重，而是證據不足。」

「但這證據如何去找呢？」耶律乙辛面有難色地問。

「謀逆大事，唯恐不密，我們上哪兒找證據？不過只要有參與者出首告發，就算有了人證。」張孝傑陰險地說。

「也就是說找幾個心腹，偽作參與其事者，怕一旦事敗被罪，前去自首？」耶律乙辛問。

「對。」張傑答。

「蕭十三，這事你去辦，找的人一要靠得住，二要職位相當，懂嗎？」耶律乙辛命道。

蕭十三連聲答應，事情就這樣定了下來。

幾天以後，兩位被選中的小丑詣闕出首，一個說：「耶律撒剌等人設計害乙辛，廢我主，立太子諸事，臣亦參與，臣怕事泄連坐，特來自首，臣死罪！臣死罪！」另一個也隨聲附和，口口聲聲：「臣不赦！臣不赦！」道宗一聽，勃然大怒，立即下令將太子囚禁，並命耶律乙辛組織鞫審團，徹查此事。

太子無辜被拘，自然不服，承審大臣居然動用大刑，太子厲聲抗辯：「父皇只有我一子，我才二十歲，且已立為太子，還有什麼苛求，做如此僭逆篡上之事，我能蠢到那種地步嗎？」無奈奸臣們不聽，見太子不招，就編織供詞，上奏說太子已供，廢立之事俱實。

耶律乙辛負責審問「奸臣」，他將蕭速撒、耶律撒剌一班大臣折磨得只求一死，問供時又用繩索勒住脖頸，這樣一來「罪犯」自然說不出話，只是「嗯、嗯」直叫，於是他回奏：此等奸逆別無異詞，廢立之事俱實。

道宗得報火冒三丈，廢太子為庶人，並加以囚禁，「謀逆」諸臣依律處死。這年六月在不到一個月時間裡就殺死大臣三十多人，太子黨徹底垮台，空出職位，耶律乙辛一一以親信補之。

耶律乙辛這回又成了大功臣，朝政由他一手把持，道宗心灰意冷，懶得過問，在這種情況下耶律乙辛招權納賄，為所欲為，國政更加黑暗。

耶律乙辛一夥彈冠相慶，飲酒作樂，酒過三巡，耶律乙辛嘴就沒有了遮攔，信口胡言起來：「我雖出身貧寒，但出生時卻頗多祥兆，比如我娘曾做一夢，夢中與羊相搏，親手拔去羊的角和尾，你們說說，這羊字去了頭尾成了什麼？」

「王啊！」蕭十三搶著回答。其實他早聽耶律乙辛講過多少遍了。

「王爺，此事該宣付國史呀！」張孝傑嘴上這麼說，心裡卻想，這耶律乙辛八成做起帝王夢了。

耶律乙辛越說越來勁，他說：「我小時上山牧羊，睡了一覺，夢中有一神人，取下日月送給我吃，我吃完月亮，太陽剛吃了一半，就被人喚醒，至今不知所夢何意。」

「王爺，此夢大有講究，這日月可比作太子和皇后，皇后被除，所以食月已盡；太子雖被廢，但畢竟保住了一條小命，所以食太陽而未盡，當指此言。」張孝傑說。

這幾句話說者無意，聽者有心，耶律乙辛心想：「是啊，太子畢竟還活著，與皇上是骨肉之親，加之又是獨子，萬一時過境遷，皇上稍一顧及骨肉親情，這天下還不是太子的？」一想到這可怕的結局，頓時酒也醒了一半。他把這個心病對眾人一說，張孝傑先放下筷子，臉色陰沉起來。倒是蕭十三毫不在乎，他說：「這個不怕，太子在我的手中，我已命人按囚犯相待，不必加以私刑，這個金枝玉葉的太子就活不長。」

「不行，太子不死，我心病不去，無毒不丈夫，我要你立即去辦，拿太子首級來見！」耶律乙辛惡狠狠地說。

同年十一月，一個風雪交加的夜晚，兩個扮作文官的武士來到廢太子囚室，騙出太子，加以殺害，然後割下首級，揚長而去。

大雪一連下了幾天，這日耶律乙辛天未亮就起身，頂風冒雪，向宮裡而去。宮門侍衛一見大感詫異，因為他一向在家辦公，很少上朝，更沒有這麼早就來之例，不過也不敢多問，趕緊進去通報。

「莫非出了什麼軍機大事？」道宗一面猜想，一面在太監的幫助下穿衣戴帽。待他出來召見，一看耶律乙辛青衣小帽，面有淚痕，越發猜不透了。

「陛下，廢太子昨夜暴卒了！」耶律乙辛一語甫畢，道宗如遭一擊，太監手疾眼快，一把扶住，道宗才沒有跌倒。

「陛下」，耶律乙辛一邊揮淚，一邊說道：「廢太子當初謀逆，皆是左右奸臣教唆所致，太子年幼無知，誤聽小人之言，臣以為皇上的意思也不過是讓他閉門思過，將來還要以社稷相託，不料自作孽，不可活，如今上天降罪，也是沒法子的事，臣請皇上一則節哀順變，再則看在骨肉情分上，恢復太子名分，以禮安葬。」說完連連磕頭，泣不成聲。

道宗心裡一陣酸楚，畢竟是父子情深，所以也流了些淚水，這才覺得心裡好受一些，加之看到耶律乙辛哭得呼天搶地，也不好陪哭，於是嘆了口氣，說：「死了也好，死了乾淨，這是天意，葬儀安排，朕都依你，只是朕是否應去見他最後一面？」

聽道宗這樣說，耶律乙辛立即止住哭聲，連忙阻止：「這個大可不必，一則見了陡增傷感，再則近日天氣突變，聖躬更不宜遠出，此事由臣去辦，定會圓滿，事後臣再向皇上詳陳，張孝傑也是這個意思。」既然耶律乙辛這樣說，道宗也不好堅持，就答應了。

歲月嬗變，時光荏苒，轉眼又是兩年。道宗經過這一連串的打擊，頓覺衰老了許多，加上後宮空虛，一直無子，有時竟有一種萬念俱灰的感覺。於是國事悉委之耶律乙辛了，好在耶律乙辛勤於政務，也頗有能力，國家還算穩定，加上滿朝都是耶律乙辛的黨羽，所以也聽不到什麼閒話。太子死時，還留下個名叫阿果的小男孩，懂事就未見親爹，道宗覺得可憐，就帶在身邊，鍾愛異常，每當見到孫子活潑的樣子，才覺生活多了一線生機。

不料這年僅五歲的皇孫也成了耶律乙辛的眼中釘，必欲除之而後快。

大康五年（西元一〇七九年）正月，道宗決定出獵，命乙辛在京留守，本來他已決定帶皇孫出獵，不料臨行耶律乙辛說：「陛下，口外天寒，皇孫只有五歲，怎經得起一路風塵，國本一脈單傳，萬一有個閃失可不得了，臣請皇上將皇孫留下，由臣照料，可保萬無一失。」道宗聽罷也覺言之有理，未及多想，就答應了。

一個陰謀之網又開始編織。耶律乙辛害死了皇后、太子，眼見道宗一天天衰老，心想將來這天下還不是皇孫的？皇孫一旦登基，自然有人前去翻歷史舊帳，那時皇帝不把自己扒了皮才怪，現在除掉皇孫，也就是除掉了隱患，五歲的孩子還未成人，害死後隨便找個什麼藉口就搪塞過去了。

還是有不怕死的忠臣在，同知點檢蕭兀納聽說此事，立即去見道宗，說：「陛下如果聽從耶律乙辛的話留下皇孫，臣也請求留在京城，保護皇孫，以防不測。」

「你是說耶律乙辛有謀逆之心？」道宗疑惑地問。

「耶律乙辛是否要反，臣不知，不過他一門悉處要津，黨羽遍布天下，要反也易，陛下請想，為何耶律乙辛當政以來，國家會如此多事？皇孫是國本所繫，若入耶律乙辛掌握之中，後果臣不忍言。」

道宗有些被打動了，由此聯想到另一件事，不禁一陣害怕。原來前些日子耶律乙辛勸他過繼一個兒子以承大統，當時他就覺得這個建議匪夷所思，自己有親孫子在，為何捨近求遠，捨親取疏？當時雖未接受他的意見，但也未多想，現在看來如果不是對皇孫有什麼偏見的話，怎會提出那種出乎常情的建議？想到這裡，他又懷疑起太子的事是否也是無辜被害呢？於是他警覺起來，立即決定帶皇孫出獵。

不久，又一件事促使道宗猛醒，在黑山，駐蹕，他看到跟在耶律乙辛後頭的官吏比自己身後的還多，一個個低頭弓腰，誠惶誠恐的樣子，這才相信耶律乙辛的勢力實在是太大了，恐怕自己也難以控制，如果他發動叛亂，朝中有誰能起而抵禦，自己還不束手就擒？於是他決心回朝後清洗耶律乙辛的勢力。

大康五年三月，道宗撤掉耶律乙辛的軍權，調為「知南院大王事」，並授予「于越」的官銜，這一官銜為遼代獨有，只授給大功臣，在百宮中地位最高，為大臣最高榮譽銜，但其無職掌，道宗以此來穩住耶律乙辛，再者以此剝奪其實權。

道宗的用意很快為耶律乙辛識破，因為這年十月他的王位就被降格為郡王，但他也無計可施，奸臣一旦失去昏君的支持，便只好聽天由命了。次年，他又被降級並被逐出京城，到地方任職。同時，他的親信、黨羽也紛紛被逐，如張孝傑被貶到地方為官，相反，皇孫的地位卻直線上升，年僅六歲就被封為梁王。

大康七年（西元一〇八一年）臘月，道宗決定最後處理耶律乙辛一黨，張孝傑以私自販鹽及擅改詔旨罪被削去爵位，貶為庶民。同時，耶律乙辛也被「以禁物鬻入外國」獲罪，免死被囚於來州（今遼寧綏中縣西南）。張孝傑不久就死掉了，而耶律乙辛卻不安分，大康九年（西元一〇八三年）他窮極無聊，居然想投奔敵國宋朝，結果事發被處死了。

在中國奸臣禍國的歷史上，耶律乙辛還算不上是個十分顯赫的人物，他的知名度遠不及北宋的蔡京、南宋的秦檜。但這些人雖也殘害忠良，打擊異己，卻沒有敢在皇室親族頭上動刀。而耶律乙辛略施計謀，就使得遼道宗殺掉皇后、廢掉太子，然後將國家大權拱手相讓，從這個意義上說，他又是中國奸臣史上的特殊人物。

遼道宗是個昏君。他統治期間，遼朝政權已經穩定，祖先那種生存發展的嚴峻局面已經不存在，所以他只求苟安，不思進取，又剛愎自用，信任奸臣，聽其擺布，結果喪妻失子，他應是奸臣禍國的最大受害者，但是，人們不會對他寄予一絲同情。

耶律乙辛是他一手誅滅的，這並不能說明他不是昏君，而是反映著一個深刻的歷史問題，在君主專制體制下，奸臣得售其奸，主要是君主造成的，如果君主不允許奸臣存在，奸臣就會死無葬身之地，所以，君主要對奸臣的產生負全部責任。

壽昌七年（西元一一〇一年），道宗去世，其孫即位，是為遼天祚帝。即位之初，就為祖母、父親平反昭雪，又命人將耶律乙辛、張孝傑之墓掘開毀屍，遺骨分揚四方，家屬分賜群臣為奴。不過早已被昏君奸臣搞得腐敗透頂的遼朝並未見任何起色，在天祚帝統治期間，篡逆之事屢有發生，人民起義風起雲湧，終於在保大五年（西元一一二五年），遼朝亡於宋金的夾擊之下。

天日昭昭

彪炳千古的勳業，悲劇性的結局，岳飛成了中國忠臣的典型。

靖康元年（西元一一二六年），北宋王朝遭遇了滅頂之災。金兵攻破首都汴京（今河南開封），俘虜了宋欽宗和剛剛「退休」且以詩書畫名揚後世的太上皇宋徽宗。經過一番殺掠後，於次年三月席捲北退。

渡過黃河之後，這支由金兵押送、幾百輛牛車組成的車隊便淹沒在漫天的黃沙中。頭一輛車中坐的就是宋徽宗。朔風不時鼓開作為車篷的氈幕，一幕幕觸目驚心的場面映入徽宗眼簾：殘破的中原大地在腳下消逝，往日華貴無匹的親王、嬪妃、公主、駙馬在金兵的刀槍下扶老攜幼，踉蹌而行。國亡了，家破了，他一下子頓悟了曾作為北宋俘虜的南唐後主李煜詞章的意境，什麼「雕欄玉砌應猶在，只是朱顏改」，什麼「夢裡不知身是客」，此時的心境不正是如此嘛！更令他害怕的是金人能否會像宋太宗毒死李煜那樣殺掉他呢？而死後又有何面目去見太祖、太宗呢？

宋徽宗的命運似乎比李煜好得多，金人沒有殺他，只是經常侮辱戲弄一番，以淚洗面的他居然又活了九年。在後來的某些史家眼中，他還不算「亡國之君」，因為北宋後還有南宋，而在危急存亡關頭建立起來的南宋政權，一開始便處在風雨飄搖之中。

自靖康元年十二月初一日起，相州（今河南安陽）城樓上便飄起了「天下兵馬大元帥」的旗幟。這是徽宗第九子康王趙構的旗幟。趙構在金兵南下之際出使議和，但被反對議和的軍民阻攔，不久京城陷落，便就任了大元帥職，但當時將多兵少，所以首要任務就是招兵，由武翼大夫劉浩負責招募。

掛起招兵旗，就有吃糧人。戰亂之中當兵倒不失為一條生路，所以每天投軍者三五成群，只是兵員素質較差，但也無暇挑剔，軍官只象徵性地用「木梃」量一下身材，再讓應募者跑跳幾步，便開始在臉上刺字，發放衣物，就算正式入伍了。但一日劉浩發現了一位叫岳飛的人才，令他又驚又喜。

岳飛身材中等偏高，方臉大耳，眉宇開闊，雙目炯炯有神，生就一副雄赳赳的武士氣概。他陳述了自己的履歷：今年二十四歲，湯陰人，家有老母妻兒，曾兩次從軍，為收復河山，這次決心投軍。說到激動處，岳飛袒開後背，露出行前母親刺的「盡忠報國」四字，令劉浩感動不已。

聽說岳飛武功不錯，劉浩便試試他，結果令劉浩等人目瞪口呆。岳飛分別以左右手挽弓三百斤，又用腰部開弩八石（宋朝一石約合今九十台斤）。劉浩連聲說：「這般武藝，可選充班直，做皇帝的近衛了。」言畢內心一陣酸楚，因為大宋朝的皇帝已被金兵所擄，生死不明。

當時相州附近有一支吉倩領導的近四百人的武裝，岳飛這次參軍的第一個任務就是收編這支隊伍。一天晚上，岳飛只帶四名騎兵直闖入吉倩的大營，說明來意，講清利害，吉倩等人半信半疑，正在交談之際，不料有個軍士從背後猛撲岳飛，岳飛手疾眼快，側身一讓，順勢一掌，將來人打翻在地，然後拔劍抵住此人胸口。見此情景，吉倩等人紛紛跪地，表示順從，岳飛未發一箭，輕易地收編了這支隊伍，因功被授予承信郎（最低階的武官）。

還有一次，岳飛率百餘名騎兵在滑州（今河南滑縣東南）練習冰上騎射，忽見大隊金兵飛馳而來，岳飛穩住隊伍，沉著迎戰，一名金將拍馬舞刀直取岳飛，岳飛舉刀一迎，刀口直入敵刀寸許，然後手起刀落，將敵將斬於陣前，宋軍士氣大振，一鼓作氣殺退敵兵，此戰之後，岳飛升為秉義郎（從八品的武官）。

靖康二年（西元一一二七年）五月初一日，康王趙構在應天府（今河南商丘）稱帝，改號「建炎」，這一政權史稱「南宋」。趙構拜天祭祖，遙想祖宗創業的艱難，被擄父母兄弟的慘狀，倒也灑了些淚水。不過，在趙構心中比國仇家恨更重要的還是自身的安全，不久，他就以「巡幸」為名，拋棄中原人民，出逃揚州。北方國土任金人蹂躪，金兵所過之處，殘殺百姓、搶掠財物，甚至驅掠人民賣為奴隸，當時十人才值一馬。有時人口交易不順利，就把大量丁口活埋，中原大地哀聲遍野。

目睹這一切，岳飛憤然上疏高宗趙構，請求取消巡幸，利用民心士氣，大舉北伐，恢復中原。這一大膽的舉動引起了高宗周圍投降派的驚恐，他們上諂言說：「陛下，本朝家法重文輕武，哪怕是武將之首的三衙長官，見了文臣也要恭敬作揖，岳飛一個七品武官，連參與末議的資格都沒有，居然敢評議朝政，此風斷不可長。」結果，岳飛因此不但丟掉了官職，連軍籍也失去了。

岳飛離開了隊伍，但在烽火連天的中原大地卻不乏用武之地。他投奔前線的河北路招撫使張所門下，張所對他略有所聞，開口便問：「聞汝勇冠三軍，汝自料能敵人幾何？」

「勇不足恃也，用兵在先定謀。謀者，勝負之機也，故為將之道，不患其無勇，而患其無謀。」岳飛侃侃而談，又大講了一番上兵伐謀，次兵伐交的道理。

「公殆非行伍中人也！」張所開口又是重文輕武的語氣。不過，張所對岳飛破格提拔，援手於困厄之中，令岳飛感銘終生。十年之後，岳飛已為大將，特地找到張所的兒子，上奏蔭補為官，這是後話。

岳飛不負眾望，很快表現出卓越的軍事才幹。在收復新鄉的戰役中，他一馬當先，奪下了金兵的軍旗。還有一次，岳飛率軍與敵相持，眼看糧食快要吃完，便生出一計，讓每個士兵準備兩束柴草，交叉縛成「十」字形，到了半夜，燃起柴草的四端，吶喊著衝向敵軍，金兵看到火把無數，以為大兵來到，紛紛逃竄，岳飛率軍追殺，打了一次大勝仗。

當時抗金形勢極為艱苦，飽經戰亂的北方赤地千里，軍隊得不到充足的補給，更為嚴重的是抗金事業得不到南宋政府的支持，岳飛先後跟了七位長官，此時他的官職是「統制」，統帥兩千人馬，尚無力挽回大局。

建炎三年（西元一一二九年），他被迫隨軍南撤，他暗自發誓，將來一定要當上將帥，指揮重兵殺過江河險阻，收復河山，使自己在史冊上與關羽、張飛齊名。同年，金兵在兀朮率領下大舉南侵，宋軍走的走，降的降，高宗乘船入海，岳飛的主帥杜充叛變投敵。在這危急存亡的關頭，岳飛孤軍奮戰，開始了獨當一面的大將生涯。

岳飛轉戰於建康（今江蘇南京）周圍，與金兵周旋。他已鍛煉得更加成熟，成為一位智勇雙全的將領，加上嚴格約束部隊，所部紀律嚴明，戰鬥力極強。曾六次主動出擊，殺死敵兵一千多人。

由於岳飛軍隊的活動，兀朮擔心孤軍深入，被切斷後路，便放棄南進計畫，班師北撤。岳飛以逸待勞，迎頭痛擊，連續四次打敗敵軍，在黃天蕩（今江蘇鎮江附近）與敵相持四十八天，兀朮險些被活捉。

岳飛乘勝直取建康。他持槍躍馬，衝鋒在前，在敵群中縱橫馳殺，如入無人之境，殺得金兵屍橫遍野。戰後統計，斬獲敵將首級一百七十多個，弓箭刀旗三千五百多件。收復了建康城。

後來，岳飛在楚州（今江蘇淮安）、承州（今江蘇高郵）等地幾次打敗金軍。在戰鬥中，岳飛的隊伍逐漸擴大為一支四萬人左右的勁旅。

東南的局面得到了暫時的穩定，高宗從海上回到了臨安（今浙江杭州），為了獎勵岳飛捍衛半壁江山的功勞，親筆書寫了「精忠岳飛」四字，製成戰旗，賜給岳飛，並任命他為神武後軍統制。三十一歲的岳飛已成為與張俊、韓世忠、劉光世並駕齊驅的四員大將之一，江淮之間「兒童識其姓字，草木聞其威聲」。

金統治者在向南宋發動軍事進攻的同時，於建炎四年（西元一一三〇年）九月，在南宋的降宮中選了一個叫劉豫的人，指定他作傀儡皇帝，國號齊，定都汴京，歷史上把這一政權叫作「偽齊」。金統治者的用意有二：一、透過偽齊來統治中原；二、把偽齊作為宋金間的緩衝，使宋不能直接威脅金朝，而金卻可隨時透過齊來攻打南宋。

紹興三年（西元一一三三年）冬，金兵向西北發動攻勢，偽齊也出兵響應，連續攻占了鄧州（今河南鄧縣）、襄州（今湖北襄陽）等地。岳飛聞訊，立即上疏請戰，朝廷中主戰的呼聲也很高，在這種形勢下，高宗勉強同意了收復襄陽六州的軍事行動。

紹興四年（西元一一三四年）五月初一日，岳家軍在「精忠岳飛」四字大旗的引導下，浩浩蕩盪，沿江西上。岳飛騎在馬上，信心十足。因為這次出擊不僅糧餉供應充足，而且朝廷還把在河南作戰多年，熟悉襄漢一帶地利的勇將牛皋調到他軍中。初五日，岳家軍兵臨郢州（今湖北鍾祥）城下。

郢州是偽齊最南端的要塞，劉豫很重視這裡的防守，任命荊超為知州，荊超驍勇強悍，曾做過北宋禁衛軍的班直，號稱「萬人敵」，手下配置了一萬多士兵，內有少量金兵，自以為固若金湯。

首戰的勝負對戰局關係極大，岳飛慎重地騎馬繞城一周，視察地形，並勸城上的荊超說：「你受過大宋朝的皇恩，值此國難當頭之際，自應翻然變計，棄暗投明。」不待岳飛說完，荊超跳腳大罵，岳飛大怒，發誓破城。

次日破曉，在隆隆的戰鼓聲中，岳家軍發起了總攻，戰鬥異常激烈，岳飛在戰旗下指揮，忽然一塊炮石擊來，左右為之驚避，但岳飛卻巋然不動。

將士們奮勇爭先，踏肩登城，終於粉碎了敵人的頑抗，荊超眼看大勢已去，便自殺了。郢州一戰，殺敵七千人，首戰告捷。

稍事休整，岳飛分兵一支去攻取隨州（今湖北隨縣），自己則親率大軍直取襄陽府。

偽齊襄陽府守將李成，原是岳飛手下敗將，探知岳家軍壓境，急忙引兵出城，擺陣迎戰。岳飛一看李成的陣勢，便笑著對牛皋說：「李成這賊幾次敗在我手下，我原以為他會學聰明些，誰知他越敗越蠢，平曠的地形對騎兵有利，險阻的地形對步兵有利，而李成的布置恰好相反。」岳飛令王貴率步兵攻擊李成的騎兵，又令牛皋率騎兵攻擊李成的步兵。一聲令下，岳家軍排山倒海般地衝向敵陣，一陣搏殺，偽齊軍大敗而逃，岳家軍乘勝占領了襄陽。

接著，岳家軍一鼓作氣攻下了隨州、鄧州、唐州（今河南唐河）、信陽軍（今河南信陽），在戰鬥中，岳飛長子岳雲成長為一員猛將。

岳家軍在不到三個月時間裡，迅速收復了襄鄧六州，保衛了長江中下游地區，打通了通往川陝之路，這是南宋第一次收復失地，同時擊潰了偽齊軍的主力，偽齊從此一蹶不振。

捷報傳到臨安，按戰前的許諾，高宗提升岳飛為清遠軍節度使，不久又晉封武昌郡開國侯。岳飛以三十二歲的年齡而持節封侯，在宋朝是沒有先例的，全軍將士都引以為榮。

但此時岳飛的心境卻十分愁苦，他把功名富貴視作塵土，最大的願望是收復失地，光復故國，但南宋王朝怕刺激金人，嚴命他只許收復失地，不許越境一步，更不許提「收復汴京」的口號。他不得不遵命。在留軍駐守，安撫百姓之後，他帶大軍回到了鄂州（今湖北武昌）。

一天，岳飛雨後登上了鄂州的一座高樓，憑欄遠眺，錦繡河山分外動人，遙想北方淪陷的國土，不禁思緒衝動，高歌一曲，唱出了中國古代愛國主義的絕唱——《滿江紅》：

怒髮衝冠，憑欄處，瀟瀟雨歇。
抬望眼，仰天長嘯，壯懷激烈。
三十功名塵與土，八千里路雲和月。
莫等閒，白了少年頭，空悲切。
靖康恥，猶未雪；
臣子恨，何時滅？
駕長車，踏破賀蘭山缺。
壯志飢餐胡虜肉，笑談渴飲匈奴血。
待從頭，收拾舊山河，朝天闕。

偽齊不甘心這次失敗，這年冬天，又勾結金軍，南下進攻。他們避開岳飛的防區，矛頭指向安徽、江蘇。

南宋政府一面在江淮一帶布防，一面急召岳飛東下支援。

這一回，金齊聯軍又碰了釘子，他們在大儀（今江蘇揚州西）等地遇到韓世忠的軍隊，受到沉重打擊，他們攻打盧州（今安徽合肥），又碰上牛皋和徐慶率領的岳家軍，金齊士兵不敢戀戰，稍一接觸便紛紛敗退。在北風的怒吼下，金齊聯軍踏著冰凍的土地，垂頭喪氣地北撤了。

紹興六年（西元一一三六年）七八月間，岳家軍一改秋季防禦的兵家慣例，長驅北伐，收復了伊（水）、洛（水）等險要之地，給敵人以沉重打擊，後因援軍不濟、軍糧不足，不得不撤回鄂州。接著又大敗偽齊軍的進攻。這是南宋立國以來首次大規模的反攻，其成就表明，光復舊物已非可望而不可即的事了。

劉豫連續南侵，屢戰屢敗，金統治者看到這條走狗不僅無用，而且成了累贅，索性於紹興七年（西元一一三七年）把劉豫廢掉了，從此，偽齊這塊招牌也就撤銷了。金統治者決定與南宋議和，說只要南宋向金朝稱臣，每年交納一定數量的銀和絹，金朝就歸還宋徽宗的靈柩，還可以把偽齊的地盤讓給南宋。

早在建炎四年（西元一一三〇年）深秋的一天，江蘇漣水的宋軍截住了幾條來自敵占區的小船，一經盤查，來者自稱是北宋末年的御史中丞秦檜。「秦檜之名倒是略有所聞，但不是已隨徽、欽二帝被擄到北方了嗎？」想到這兒，宋軍一下子警惕起來，揮刀一指「說！北虜何故放你歸來？」

「怎麼是放？是我們殺了監視的金軍，連夜逃回的。」秦檜理直氣壯地一指周圍的僕人，「不信你問他們。」眾奴僕連忙點頭哈腰、指天畫地、信誓旦旦。

「不對！如果是那樣，倉促之間怎能帶回這麼多行李？」一個宋兵懷疑地問。「再說，我們誰也不認識秦檜，說不定是細作，乾脆殺掉了事！」說罷揮掌打倒秦檜，幾個士兵一擁而上，俐落地上了綁。

秦檜深知戰亂之中，丘八爺殺幾個人如同踩死幾隻臭蟲；他心生一計，做出一副秀才遇見兵的無可奈何之狀，憤然道：「我等眷戀故國，冒死來歸，不意要落得如此下場，豈不讓天下忠臣心寒！我做過大宋朝的官，要殺也輪不到你們，帶我去見你們的長官。」說完頭一揚，對發楞的宋軍喝道：「頭前引路！」

無奈當地的宋將也不認識秦檜，這下秦檜急了，老婆王氏大哭起來。也活該大宋朝倒楣，這時有個讀書人聽過秦檜講學，出來作證，宋將這才下令鬆綁，然後用船把他們送往浙東。

一路上王氏嘮叨不停：「當年你做州學教授，嫌教師清苦，吵著寧願回家種地也不願作『猢猻王』，若不是我勸你，何能桃李滿天下，何來此化險為夷之局？」「哼！我等化險為夷，是大宋朝國運將隆的符瑞。」秦檜不願別人揭短，又加了一句：「婦道人家懂什麼！」

秦檜大名鼎鼎，不在於他桃李滿天下，也不在於他任過御史中丞，而是當年在靖康之變中曾上書金帥，反對立張邦昌為帝來取代宋室，儘管他完全是為金朝設想，認為這樣不利於金人統治中原，但還是博得了很多宋朝官吏的好感。

後來被俘到了北方，秦檜見宋朝大勢已去，就投降了敵人，成了撻懶的親信，為其起草文稿，出謀劃策，曾建議與其勞師動眾，不如派回一名舊臣，以徽宗名義命令南宋自動歸順，世代臣屬，年年納貢，儘管未被馬上採納，還是頗得賞識的。經過秦檜多次爭取，金統治者也希望在南宋安插耳目，就把他放回去了。

不過秦檜在金朝的這些醜事南宋君臣並不知道，經宰相范宗尹的引見，高宗接見了秦檜，秦檜一邊揮淚，一邊講著自己在北國的「遭遇」，高宗也陪了些淚水，待講到金國的強大時，秦檜誇誇其談，手舞足蹈，直說得高宗目瞪口呆。末了，高宗徵詢道：「卿試看今日之天下將作何了局？」

秦檜精神一振，侃侃而談：「依微臣管見，要使天下太平無事，用兵絕非上策。我如戰敗，後果臣不忍言；我如取勝，則以弱敵強，一時之勝難保歷久不敗，一處之勝難保各處皆勝，自是兵連禍結，無有了期。上策應是兩國議和，雙方南自南，北自北，這樣陛下可做太平天子。微臣在北窺金國政局，亦有和好之心。臣願為此奔走，竭盡愚誠。」

接著君臣二人摒去左右，密語大計。秦檜從袖中掏出一紙，高宗一看，秦檜連求和的國書都擬好了，連聲誇他想得周全。

高宗從無抗金的決心，只是迫於形勢，才不得不權宜應付，如今得到秦檜，自是喜不待言。第二天對朝臣說：「秦檜樸忠過人，朕得到他，高興得一夜都睡不著覺。」並任命他為禮部尚書。針對一些人的懷疑，高宗解釋秦檜被擄北去後「如蘇武之在匈奴，常持漢節。」三個月後，又提升他為參知政事（相當於副宰相）。

但是，秦檜很快成了眾矢之的，官員紛紛上疏彈劾，指責他「培植黨羽，獨專大權」，「專主議和，妨害恢復中原」，並且，秦檜與高宗也產生了摩擦。他的南自南、北自北的議和計畫，完全是按金人要求提出的，不僅放棄恢復中原，還要把南宋政權中的黃河以北人歸金，中原人歸偽齊。

南宋政權、軍隊中很多人來自北方，這種遣返在事實上也是不可能的。並且高宗也屬北人，高宗曾質問過秦檜：「朕是北人，該歸哪裡？」秦檜無言以對。於是高宗罷了秦檜的官，在眾多朝臣的壓力下，高宗還發誓永不敘用秦檜，這是紹興二年（西元一一三二年）的事。

高宗雖然罷免了秦檜，但他始終沒有收復失地的決心和抵抗到底的信心，對岳飛等人抗金活動也是虛與委蛇。到紹興七年（西元一一三七年）金人廢掉偽齊，放出和談風聲，一想到納貢稱臣不僅可以得到原偽齊的土地，永保太平無事，還可了卻一樁「心病」，便急不可待了。

高宗的「心病」是什麼呢？原來金廢偽齊後，傳言要讓欽宗在中原做皇帝，雖都是受制於金，但欽宗不像劉豫，正統觀念決定了他會受到很多士民的擁戴，這樣一來，高宗的帝位就會風雨飄搖了。想到這可怕的後果，高宗才迫不及待地求和，而求和的合適人選，自然是與撻懶關係密切的秦檜了。

紹興八年（西元一一三八年），高宗不顧滿朝文武的反對，厚顏無恥地宣布秦檜官復原職，準備與金人議和，議和條件也僅提要死去的徽宗的靈柩和還活著的高宗生母韋氏，再不提欽宗了。

隨著偽齊的垮台，爭取祖國統一的機會到來了，但秦檜與高宗反而積極從事投降活動，包括岳飛在內的文武大臣們堅決反對，高宗為此悶悶不樂。秦檜又獻一計：「岳飛忠孝性成，國家對他有天高地厚之恩，不如召他來京，剖陳利害，他不會不體諒陛下的難處。」

岳飛應召來到臨安，高宗和秦檜一番「開導」之後，岳飛沉默不語，再一追問，不料岳飛說道：「敵人難以相信，和局難以依賴，宰相不好好為國家著想，恐怕要受後世的譏議。」高宗無言以對，秦檜恨得咬牙切齒。岳飛在這沉默中行了禮，悄然退下了。

「岳飛原不過一介匹夫，不到十年光景朕使他拜節封侯，不料他不思報答，反來譏刺朕，這是以臣事君之道嗎？」高宗打破寂靜，恨恨地說。

「近來岳飛聽說陛下要議和，到處散布什麼要『納節請閒』，這不是要挾朝廷嗎？」秦檜陰險地接著說：「本朝家法對武將約束極嚴，哪一朝武將敢如此跋扈？臣為國家設想，不意卻成了眾矢之的，臣請皇上放臣歸田。」說罷雙淚成串而落。

高宗自然百般勸慰，末了，秦檜說：「臣以身許國，自應不計利害，不過議和之事諸臣各抒己見，莫衷一是，陛下是無法決斷的。如果陛下決意議和，臣請下詔規定今後此事由臣獨自處理，群臣不得干預。」高宗見秦檜回心轉意，忙不迭地說：「朕獨委卿，獨委卿。」

「陛下，茲事體大，臣請陛下三思三日。」三天後，秦檜再去問高宗，鐵了心的高宗還是那句話：「朕獨委卿。」

和議進展得很迅速。紹興八年十月，金使來南宋議和，所過州縣地方官要像迎接皇帝一樣迎接金使，這激起了不少大臣和百姓的憤怒，全國又一次掀起了反對議和的浪潮。秦檜一方面對大臣進行誘逼，一方面勾結一班無恥之徒來為他效勞，結果，贊成和議的人升了官，反對議和的人被罷免或流放。

金使到達臨安，要冊封高宗為帝，這就意味著高宗要跪受金主的冊封。南宋軍民引為奇恥大辱，以各種方式表示反對，高宗也感到難為情，秦檜又左右奔走，最後說服金使，以高宗居喪不便跪拜為由，由他代表高宗跪接金朝的詔書。

紹興九年（西元一一三九年）正月，南宋正式宣布了議和內容：宋向金稱臣；每年向金貢納銀兩、絹匹各二十五萬；金將原偽齊統治的河南、陝西地區劃給南宋，歸還徽宗靈柩和高宗生母。

與此同時，南宋朝廷還大赦天下，文臣武將加官晉爵，以示普天同慶。岳飛自然也在升官之列，他力辭不獲後，上表「謝恩」，申述他反對議和，堅持抗戰的主張。

「陛下看看，這哪裡是『謝表』，分明是抗議！」秦檜撇著嘴，憤憤地說。

人逢喜事精神爽，和議成後，高宗的心情很好，「岳飛一介武夫，說話不識大體，亦在意中。不過……」他頓了頓說：「岳飛不是要納節請閒嗎？我看他性格急躁，又有眼病，適當時候讓他交出兵權，回家養老吧！」

和議果然靠不住。正當高宗和秦檜一夥彈冠相慶，得意忘形之際，同年金國發生了政變，主張議和的撻懶等人被處死，主戰的兀朮做都元帥。次年，根據兀朮的建議，金國撕毀和約，舉兵伐宋。在短短一個多月的時間裡，金朝歸還的土地重新全部淪陷。

高宗一夥頓時慌了手腳，為了保全統治地位和身家性命，不得不下令抵抗。

高宗的詔書傳到鄂州的岳家軍中，將士一片歡騰，這支被羈束多年，枕戈待旦的隊伍渴望著大反擊的到來，軍中充滿著必勝的信念和一往無前的銳氣。

六月的中原，驕陽似火，刀槍在烈日下閃光，軍旗在微風中鼓動，兵士們摩拳擦掌，進軍的號角吹響了！頭一仗在潁昌（今河南許昌）附近爆發了，先鋒張憲的部隊與金軍搏鬥了一整天，攻下了該城，隨即揮師東下，又在四天以內，收復了陳州（今河南淮陽）。各路岳家軍又攻下了鄭州、西京（今河南洛陽）等地，岳飛親自進駐郾城，準備大決戰的到來。

兀朮得報碰上岳家軍，連吃敗仗，立即在汴京召開軍事會議，給敗將們打氣，他對垂頭喪氣的將領們說：「宋朝將帥都不難對付，唯一例外的是岳飛，但爾等切勿膽怯，這回岳飛孤軍深入，勞師襲遠，已犯了兵家大忌，準備『鐵浮圖』和『拐子馬』，讓岳家軍有來無回！」

七月初八日，金兵鐵騎如流，向郾城開進，在城北二十里的地方，與宋軍碰上了。岳飛急命擺陣，又喚來長子岳雲，命他率騎兵直闖敵陣，並嚴命：「此戰一定要獲勝，否則先斬你的頭！」岳雲得令，揮錘率隊衝入敵陣，鏖戰幾十個回合，危急關頭，連岳飛也挽弓上陣，左右開弓，宋軍將卒士氣大振，殺退了敵人一次又一次的進攻。

兀朮眼看不能取勝，決定孤注一擲，出動「鐵浮圖」和「拐子馬」兩支騎兵。「鐵浮圖」又稱「鐵塔兵」，是頭戴雙層鐵盔，身披重甲的騎兵，以三匹馬為一組，用皮帶相連，後面放著拒馬子，用來阻止戰馬後退。鐵浮圖往往正面衝擊，推進時就像一堵鐵牆，對敵軍造成極大的威脅。鐵浮圖的左右兩翼，配備著叫作拐子馬的輕騎兵，常常在戰鬥白熱化時突然出擊，這兩支騎兵是女真貴族賴以攻戰的重要支柱。

對於這種戰法，岳飛早有研究，他命步兵迎戰，步兵把刀斧綁在長柄上，伏入陣地，待敵接近，便弓身低頭，專砍馬足，一馬躺下，另外兩馬便不能前進。同時，他又指揮另外兩支騎兵專門對付拐子馬。岳家軍奮勇爭先，從下午一直殺到天黑，金兵的鐵浮圖紛紛倒地，拐子馬也潰不成軍，兀朮帶著殘兵敗將，向北潰逃，眼看數萬鐵騎化作七零八落的散兵，兀朮號啕大哭道：「從海上起兵，全靠鐵浮圖和拐子馬打勝仗，現在全完了！」

接著岳家軍又在潁昌大敗敵軍，全軍浴血拼殺，直戰得「人為血人，馬為血馬」，殺敵五千餘人，俘敵二千餘人，繳獲戰馬二千餘匹。兀朮的女婿也在這場戰鬥中陣亡。

岳家軍在郾城、潁昌大敗金軍，取得了大宋開國以來的空前大捷。至此，兀朮殘兵敗將退回開封，喪失了進攻能力，面對訓練有素、裝備精良、紀律嚴整的岳家軍，發出了「撼山易，撼岳家軍難」的哀嘆。兀朮不敢再戰，只求能平安撤回北方。

七月下旬，岳家軍進逼到距北宋故都僅四十五里的朱仙鎮，金兵一經交鋒，即行奔潰，女真騎兵的士氣已低落到不堪一擊的程度。此時，北方人民爭先抗金，金朝號令已不行於中原大地，人民或舉兵抗金，或牽牛挽車，以饋義軍，總之，大反擊的時刻到來了。

大戰之後，岳飛披著一身征塵，縱馬躍上朱仙鎮的高岡，放眼望去，故都的城闕掩映在落日的餘暉裡。遙想十幾年的艱辛，展望即在眼前的勝利，不禁百感交集，熱淚盈眶。

捷報一個接一個傳到臨安，高宗的臉越拉越長，秦檜更是唉聲嘆氣，君臣二人各懷心事。高宗是勝亦憂，敗亦憂，敗了無立足之地，勝了又怕擴大武將的權力、威望，從而威脅皇權，再則，即使最後戰勝金朝，又該如何處理前朝皇帝宋欽宗呢？所以上策還是議和。秦檜身為金朝奸細，自然與岳飛的抗金事業勢不兩立。

「陛下，臣恐唐末五代枝強幹弱，冠履倒置的局面會重演。」秦檜陰險地說。

「岳飛不識大體倒是有的，若說擁兵自重，對抗朝廷，或不至於吧！」高宗自我安慰地說。

秦檜嘴一撇，「怎麼不至於，岳飛出師前，陛下命他適可而止，最多不可超過蔡州，可岳飛置聖訓於不顧，繼續北上，居然打到開封城下了，這不是公然抗上嗎？」

高宗沉默了。

「再說岳飛孤軍深入，勞師襲遠，已犯兵家之忌，應速命他班師回朝。」秦檜說。

高宗打破了沉默：「對，就如此措辭，快擬旨吧！」

「這道上諭，還得勞動陛下的親筆，臣擬的上諭，岳飛素來不屑一顧。」秦檜說。

就在岳飛抵達朱仙鎮的這天，他收到了十二道內容相同、措辭嚴厲的上諭，命他立即班師，進京面聖。這一道道詔書，似一支支利箭，射向岳飛的胸膛，他淚流滿面，悲憤地對部將說：「十年的努力一旦付諸東流，收復的各州一旦全部放棄，社稷江山，難以中興，乾坤世界，無由再復。」諸將也痛哭流涕。岳飛無法對抗朝廷，只好忍痛班師。百姓們扶老攜幼，流淚挽留，岳飛含淚拿出詔書，向百姓解釋，並勸他們隨軍南撤，以免金軍報復。一路上，岳飛無顏以對中原百姓那一雙雙失望的眼睛。當岳家軍班師之際，風聲鶴唳的金兵狂奔一百餘里，但始終未見岳家軍來攻，兀朮茫然了，不知所措了。

兀朮本來以為這場戰爭從根本上打輸了，不料宋朝發生瞭如此變故，便又拼湊起一支大軍，重新占據了岳飛放棄的土地，並於紹興十一年（西元一一四一年），進犯淮西，宋軍先勝後敗，岳飛奉命徵援，但未到前線，戰事已經結束。戰後大將張俊反誣岳家軍「逗留不前」，加上此時岳飛心緒低到了極點，發了些牢騷，這都成了後來殺害岳飛的「罪證」。

雖然此戰金軍略占優勢，但多次戰敗已使兀朮從主戰派轉變成了主和派，議和條件加了一條：必須處死岳飛。這個條件對秦檜來說是不謀而合，對高宗來說倒有些為難。因為宋初太祖曾有誓約：「不殺大臣及言事官，違者不祥。」岳飛的生命受太祖誓約的保護。但此時高宗已把金統治者視為「祖宗」，把議和視作唯一的追求，所以殺岳飛也不是不可以，只不過茲事體大，還須從長計議。

四月下旬，宋廷在西湖設盛筵款待岳飛、韓世忠、張俊三大將，酒後，將三人明昇暗降，剝奪軍權，留朝任職。這是宋朝歷史上第二次「杯酒釋兵權」。張俊已為秦檜收買，所以，受排斥的只是岳飛和韓世忠。

下一步，唆使岳家軍中一個叫「王雕兒」的人誣告岳飛的愛將張憲「謀反」，企圖以兵力威脅朝廷歸還岳飛兵權。然後由張俊逮捕張憲。在酷刑和利誘面前，張憲寧死不屈，張俊居然假造供詞，上奏說：張憲已供認在收到岳飛文字後謀反。

十月，岳飛被投入牢獄，當主審者拍案叫他交代「謀反」罪行時，岳飛撕開衣襟，露出「盡忠報國」四個深嵌肌膚的大字，壓抑著滿腔怒火，大講國仇家恨。無奈主審者秉高宗和秦檜的旨意，不容申辯。至此，岳飛已知自己陷入國賊之手，便閉目長嘆，任憑獄卒凌侮，不發一言。

在万俟卨（音莫齊謝）等主審者的推敲下，岳飛的罪狀主要有三點：一、岳飛不滿被解除兵權而策動張憲謀反；二、淮西戰役逗留不前，坐觀勝負；三、曾指斥皇帝「不修德」。前兩條是捏造和誣陷，第三條也無實際證據，退一步說，即使以上罪名成立，按宋朝法律也只能判徒刑，而無死罪。但万俟卨等人置法律於不顧，判了岳飛死罪。

很多正直的官員對此痛心疾首，他們有的願以身家性命擔保，有的公開批評朝廷「中原未寧，禍及忠義」，已遭疑忌的大將韓世忠不顧個人安危，責問秦檜，秦檜無恥地說，謀反的事莫須有（也許有），韓世忠憤然說：「莫須有三字何以服天下！」從此，「莫須有」三字成了冤獄的代名詞。

眼看到了歲末，高宗和秦檜為了歡度新春，向金朝獻媚，再也等不及了。高宗假作仁慈地將岳飛的斬刑改為賜自盡，便催促執行。臨刑前，岳飛寫下了「天日昭昭、天日昭昭」八個大字，然後將毒酒一飲而盡。同時而死的還有長子岳雲和愛將張憲。這年，岳飛三十九歲，岳雲二十三歲……。

岳飛的家產被抄沒入官，家屬被流放，岳家軍備受摧殘，牛皋被賜自盡，很多將領被驅逐、監管。

相反，秦檜卻備受表彰，被加封為太師，連在襁褓中的孫子也賜予三品官職，直到西元一一五五年秦檜去世，此間一直把持朝政，極盡人臣之榮，忠奸結局如此不同，不禁讓人扼腕嘆息。

毫無疑問，岳飛是偉大的愛國主義者，中華民族的英雄，傑出的政治家和軍事家，他為祖國的統一和人民的安寧奮鬥了後半生，他為人嚴謹忠厚，為官清廉剛直，帶兵親如父子，他提出的「文官不愛錢，武將不惜死」成了千古傳誦的名言，他的《滿江紅》成了激勵歷代仁人志士捨生取義的壯歌。

千百年來，由於封建統治者的有意渲染，岳飛給人以「愚忠」的印象。其實，他是個富於個性，敢露鋒芒的人，朱熹就批評他「驕橫」、「不知自保」，今天看來，這正是他的優點。

岳飛被害前的一個月，宋金達成了和議，兩國以淮水為界，宋向金稱臣，每年貢銀兩、絹匹各二十五萬，金冊封趙構為宋帝。高宗興高采烈，祭告天地、宗廟、社稷。其實，在金人眼中，他與劉豫是沒有差別的。

怎樣看待高宗呢？他本來擁有成為一代偉大君主的客觀條件：處在分裂的時代，有經濟發達的南方為依托，又有岳飛等一批傑出的將領，但他才能平庸、性格多疑，最大的願望就是能苟安一隅，即使如此，假若他不殺岳飛，或不至於被列入昏君之列。沒有人為他惋惜，只是顧及帝王的面子，才沒有讓他跪在岳飛的墳前，但在九泉之下，他將永遠跪在大宋列祖列宗的靈前。

秦檜是個骨朽人間罵未消的人物，他的鐵像已在西子湖畔巍峨的嶽廟中跪了幾百年，還將永遠地跪下去。

甚至有人為這砣生鐵惋惜，有道是「青山有幸埋忠骨，白鐵無辜鑄佞臣。」

「兒時曾住練江頭，長老頻頻說岳侯」，是啊！哪一代中華兒女沒有從長輩的口中聽過岳飛的故事呢？在世代人們的心目中，岳飛的名字是愛國主義的象徵。西子湖畔古柏參天的岳飛墓園，受到一代又一代人的憑弔和景仰。

浩氣丹心

古人曾評價文天祥：名相烈士，合為一傳；
三千年間，人不兩見。

南宋的最後一年——祥興二年（西元一二七九年）正月，張弘範率元朝大軍直撲崖山，中國歷史上規模空前的一場大海戰就要開始了。

珠江口外，零丁洋上，烏雲密布，風起雲湧。隨著天氣的惡化，張弘範的情緒也很低落。他統帥的這支由蒙漢混合組成的南征軍橫掃東南，兵鋒所指，沿海的漳、潮、惠、潭、廣、瓊諸州相繼被克，不料到了崖山這南宋的最後一隅，對手還有如此兵力。據探子回報，宋軍艦隊有大小船隻一千餘艘，其中不少是巨大的「樓船」，兵力近二十萬，由張世傑指揮。而自己只有大小船隻五百餘艘，而且有二百艘迷失航向，尚未趕來，並且這些北方士兵經過十幾天的航行，一個個頭暈目眩，嘔吐不止，戰鬥力大為降低。南宋小朝廷無路可退，已拉開了決戰的架勢。在這種情況下，張弘範不敢輕易開戰，決定智取，最好是能「不戰而屈人之兵」。

勸降的軍使被罵了回來，看來非得找文天祥不可了。一想到文天祥，張弘範就頭疼，自從上個月俘獲了他，就一直待在軍中，以他的名望身分，若能寫封勸降信，或許會打動張世傑。不過張弘範實在不願見文天祥，於是請來李元帥，交代一番。

艙門被霍然拉開，一束光亮驅走了黑暗，艙中一個魁梧的身軀站了起來，仔細一看，只見他目光炯炯，英俊軒昂。李元帥遲疑了一下，沒敢進去。

「唉！何苦呢，文丞相，只要您點一下頭，那榮華富貴……。」李元帥說。

「不要饒舌！快說，所來何事。」文天祥斷然打斷來人的話題。

「噢，文丞相，您認識張世傑吧？」李元帥問。

「認識。」文天祥答。

「您該給他寫封信，剖陳利害，勸他反正來歸，如何？」李元帥又問。

一陣沉默。

「拿紙筆來。」文天祥答。

李元帥大喜過望，急忙將筆墨紙硯遞了進去。一會兒，一捲紙拋出艙口，李元帥連忙拾起，顧不上看，跑著歸報張弘範。

張弘範展開紙捲，閱後說了聲「好人好詩！」然後長嘆一聲。眾人圍攏一看，只見上面寫道：

辛苦遭逢起一經，干戈寥落四周星。
山河破碎風飄絮，身世浮沉雨打萍。
惶恐灘頭說惶恐，零丁洋裡嘆零丁。
人生自古誰無死，留取丹心照汗青。

這是一首愛國主義的高歌，數百年來激勵著一代代仁人志士捨生取義，前仆後繼。

文天祥，字宋瑞，又字履善，號文山。南宋端平三年（西元一二三六年）生於江西廬陵淳化鄉（今江西吉安市南）一個書香之家，其父一生未取得功名，但終生苦讀，教子也極嚴格。家境雖不寬裕，但勒緊腰帶也要供兒子讀書。文天祥學習十分刻苦，功課之餘，他特別喜歡讀歷代忠臣義士的傳記，幼小的心田中就充滿了對先賢的敬仰。

寶祐四年（西元一二五六年），二十歲的文天祥「大魁天下」——考取一甲第一名，得了狀元頭銜。經過三年為父守孝後，步入仕途。他起先是主管建昌軍（今江西南城）仙都觀，不久又除祕書省正字，主要工作是為朝廷草擬文書，直到景定三年（西元一二六二年）才被任命知瑞州（今江西高安）。此時蒙古已興起於漠北，東征西討，建立了龐大的帝國，對宋戰爭也時有發生。而南宋偏偏不爭氣，朝政在賈似道把持下，腐敗透頂。文天祥憂心如焚，屢次上疏，所以他的仕途十分坎坷，朝廷長期不委任他以要職。此間，更多的時間裡他是在家鄉研究學問，直到咸淳九年（西元一二七三年）朝廷才起用他為湖南提刑，主管一路司法，不久又遷知贛州。

咸淳九年（西元一二七三年）初，在元軍的圍攻下堅守達六年之久的襄、樊二城相繼陷落，守將呂文煥投降。次年，蒙元大軍水陸並進，大舉發動了滅宋戰爭，早已被賈似道一夥奸臣蛀空了的南宋王朝陷入一片混亂之中。度宗一命嗚呼，四歲的兒子趙㬎即位，朝政由謝太后主持，她一面嚴命賈似道出都御敵，一面詔告天下，要各地起兵勤王。德祐元年（西元一二七五年）正月，文天祥接到勤王詔書，痛哭流涕，然後傳檄諸路，招兵買馬，軍費不足，他就傾家出資，在短短時間裡，便組織了三萬義兵。曾有朋友相勸：「目下元軍三路進攻，你以烏合之眾迎敵，無異驅群羊以鬥猛虎。」文天祥回答說：「我何嘗不知力量的懸殊，但國家有急，徵天下之兵，竟無一人一騎前往，我深以為恨，所以自不量力，以身赴難，或許由此天下義士群起響應，那麼，社稷還是可以保全的。」

但是，南宋朝廷卻給文天祥當頭潑了一瓢冷水。原來此時有人進讒言，說文天祥的隊伍是烏合之眾，如同兒戲，毫無作戰能力。此時賈似道已因兵敗被革職流放，朝政由陳宜中主持，他信以為真，下令不許文天祥入衛臨安（今浙江杭州）。但在愛國之士的強烈要求下，加之前方戰事日緊，這才同意讓文天祥率軍進了臨安。不久，平江（今江蘇蘇州）受到威脅，文天祥率軍支援，給敵人以打擊，但因南宋朝廷的錯誤指揮，結果平江陷落，文天祥在這年十一月回到了臨安。

此時元朝大兵壓境，南宋小朝廷面臨著最後的選擇——是戰還是降。很多官吏、將領或降或逃，連左丞相留夢炎也棄官逃跑了，主張抵抗的只有文天祥、張世傑等少數人。這時主持朝政的陳宜中與謝太后都主張投降，文天祥無奈，退而求其次，他又提出請三宮（太皇太后、皇太后、皇帝）入海，福王、沂王分駐閩廣，再圖恢復的建議。仍沒人理睬，朝廷已決意投降。德祐二年（西元一二七六年）正月，朝廷向元軍獻上降表、傳國璽。元軍表示接受投降，並要求陳宜中出城商議投降事宜。

右丞相陳宜中怕被扣留，又怕擔負賣國罪責，結果連夜逃走了。張世傑不願投降，率兵揚帆入海，前往福州。在這種情況下，謝太后任命文天祥為右丞相，命其前往元營議降。文天祥接受使命，希望一則可以觀察形勢，一則企圖以口舌打動敵人。想法雖未免天真，但這種臨危不懼、捨身救國的精神卻十分感人。

正月二十日，文天祥率賈余慶等人來到元營，元方統帥伯顏首先發言：「丞相來談投降的事嗎？」文天祥則說：「那是前丞相一手辦理的，我一概不知，現太皇太后命我為相，我還未就任，先來軍前商量。」他頓了頓，接著說：「本朝承帝王正統，不知北朝究竟想把它作為國家來對待呢？還是要毀它的社稷？」

文天祥這幾句擊中了要害，當年賈似道私締和約，許以重利，哄得蒙古退兵，事後又不報給朝廷，為使「抗元英雄」的面具不被揭破，居然扣留蒙古使臣，元朝這次發兵，就是以此為藉口，並沒有說要滅掉南宋。

伯顏正是為滅宋而來，雖理不直但氣壯，他堅持要文天祥投降，而文天祥則要求他退兵。在辯論上他不是文天祥的對手，於是拿出了最後的辦法，聲色俱厲地以死相威脅，不料文天祥毫無懼色，伯顏只好扣留文天祥，把賈余慶放了回去。

賈余慶被放回後第二天便被任命為右丞相，代表南宋前來投降，伯顏特意讓文天祥和他坐在一起，看到賈余慶的醜惡表演，文天祥怒火滿腔，大罵賈余慶賣國。

二月初五日，六歲的皇帝趙㬎宣布退位，然後率大臣投降，元軍接收之後，押往北方。

消息傳來，文天祥放聲大哭，元方屢次相勸，都無法打動他，一次元朝官員問他吉王、信王的下落，這使他心中又重燃希望之火，於是振奮地答道：「非閩即廣，大宋疆土萬里，盡有世界在！」元朝官吏頗露驚愕之色，他們開始意識到這場戰爭並未結束。對宋戰爭以來，元方很是輕視南宋朝廷，但沒想到卻有如此忠肝義膽的人物，也不知該如何處理，便決定把文天祥押往北方。

伯顏脅迫宋朝一些大臣作「祈請使」，到大都（今北京）去朝見忽必烈，文天祥也被逼一起前去，但他沒有什麼身分，形同囚犯。他們從臨安出發，沿運河北上，文天祥決計逃走，一路尋找機會。在鎮江，得到一個為元軍做事的漢人老兵的幫助，冒死逃出了虎口，當他們一行十二人登上小船時，元兵追來，很巧此時潮退水落，元軍的大船擱在淺處，動彈不得，眼看著文天祥等人乘船遠去。

文天祥來到已成孤城的真州（今江蘇儀徵），當地百姓聽說文丞相來到，頓時傾巷來迎，文天祥悲喜交集，特別是看到百姓穿著宋朝的服飾，更像遊子歸鄉那樣激動、興奮。真州與朝廷不通音信已有數月，守將苗再成對大宋忠心耿耿，他聽了文天祥的訴說流淚不止，不過一想到文丞相到來，自覺有了信心，挽回大局或許不是癡人說夢。

元軍發現文天祥逃走後，便使了個惡毒的借刀殺人之計，故意散布文天祥已經降元、正在真州賺城的謠言。消息傳來，苗再成也起了疑心，他想文天祥是丞相，定會被嚴密監視，怎能逃脫？更沒有十二個人一起逃脫之理。但他不忍加害，使了個計策，把文天祥騙出城去，然後關上了城門。

站在荒草之中，望著落日西斜，文天祥心如刀割。不料歷盡苦難，逃出虎口，卻落得今日下場，一種天下之大，無處容身之感湧上心頭，幾滴熱淚奪眶而出。不過文天祥是鐵石心腸的男兒，他叫起同伴，毅然向宋軍占領下的揚州走去。

不知又經歷了多少磨難，文天祥一行來到了揚州城下。此時正是夜半時分，城門不開，一行人深一腳淺一腳地進入城外一座只剩殘垣斷壁的古廟，不顧地上骯髒，都坐下來相偎取暖。四更的梆子聲響過，城門大開，但一個驚人的消息傳來，城門守兵正嚴格盤查，指名捉拿文天祥。

怎麼辦？一行人爭論紛紛，有人主張進城，理由是揚州守將或許容他們申辯，不會加害，即使被殺，這裡也是大宋的疆土。但杜滸堅決反對，他主張先找個地方暫避，待天黑後赴高郵，然後經通州（今江蘇南通）渡海到閩廣尋找二王。不過從這裡到通州要五六百里，又值兵荒馬亂之時，所以無人附和杜滸。正巧此時他們找到個樵夫，與他一談，樵夫答應送他們去通州，於是大家才同意。

一路上歷盡飢寒、疾病、潰兵的騷擾、元軍的追擊，終於在德祐二年（西元一二七六年）三月二十八日到達通州。當地守將不相信他們投降了元朝，熱情地接待了他們。經過幾個月的磨難，在此終於獲得了暫時的安穩。文天祥把路上所寫的一百餘首詩結集為《指南錄》，敘述了一路的艱辛和壯烈。

在通州，文天祥獲得了一個令人振奮的消息：吉王趙昰、信王趙昺已到達福建，陸秀夫、張世傑、陳宜中等人都在溫州，準備重建朝廷，正號召忠臣義士前去勤王。他決定立即前往。閏三月十七日，文天祥離開通州，揚帆向南。出海那天，他佇立船頭，賦詩明志：

幾日隨風北海遊，回從揚子大江頭。
臣心一片磁針石，不指南方不肯休。

經過十幾天的航行，船在台州（今浙江臨海）靠岸。文天祥從陸路趕往溫州，這時大元帥府已遷至福州，他與陳宜中派來的使臣一商量，便同意擁立吉王，因為只要有了皇帝，就像徵著朝廷的存在，就可以號召天下了。

五月初一日，吉王在福州登基，改元景炎，是為端宗皇帝。文天祥被召到福州，又被授予右相的職位，但他力辭不受，因為把持朝政的陳宜中怕文天祥威脅他的地位，所以不但不採納文天祥收復江淮、浙東的計畫，還百般排斥他，文天祥也看不起陳宜中的為人。南宋末年國家艱危，大臣們還不能同心對敵，這就注定了其失敗的命運。

景炎元年（西元一二七六年）七月，文天祥到達南劍州（今福建南平），聚兵以圖收復江西。由於元軍暴行累累，所以義旗一舉，參軍者絡繹不絕，他率這支隊伍攻占汀州，又出兵江西，很快打開了局面。但這時福建的形勢惡化，元軍攻入福建，宋端宗、陳宜中等人下海，從此南宋小朝廷遊蕩於海中，再未在大陸上行使過中央權力。

文天祥在大陸上堅持抗敵，也經歷了多次失敗，景炎二年（西元一二七七年）八月，一次戰敗使他妻離子散，夫人和兩個女兒為元軍所俘，但他並沒有灰心喪氣，而是依然以旺盛的意志鬥爭著。

南宋小朝廷的厄運一件接著一件。景炎三年（西元一二七八年）四月，端宗趙昰病死了，陳宜中也逃走了，而且一去不返。陸秀夫、張世傑擁立八歲的趙昺即位，改元祥興。六月，朝廷遷到崖山。崖山位於廣東新會縣南八十多里外的海中，這方圓幾十里的彈丸之地，成了南宋的最後一個落腳點。八月，朝廷加封文天祥為少保、信國公。但此時元王朝已下定決心，最後剿滅南宋政權，任命張弘範為都元帥，大軍水陸並進。

形勢萬分危急，文天祥一面上報朝廷，一面加緊布置。十二月二十日中午，由於當地降人引路，文天祥在五坡嶺突然被俘。最後關頭，將領紛紛拔劍自殺，文天祥自殺不成，被押往元軍大營，去見張弘範。一路上元軍一再叮囑，見了張元帥一定要下跪。文天祥說：「我見了伯顏都不跪，何況張弘範！」元軍問故，文天祥閉目而答：「能死不能跪！」

不過張弘範並沒有為難他，反而好言相勸，親解其縛，又找來幾個宋軍戰俘服侍他，只是嚴加戒備，以防再逃。這次進攻崖山，文天祥也被押來，所以才有請他勸降一事。文天祥作詩明志，在張弘範看來也是意料中的事。在敵強我弱的情況下張弘範決定固守待援，暫不開戰。

敗軍之將，不可言勇。張世傑是敗怕了，他深知此戰若能取勝，局勢或許會有轉機，若是失敗，連退路也沒有了。所以他不敢主動出擊，而是用繩把船連在一起，這樣就只能守而不能攻，置己於被動地位。文天祥每天度日如年，盼望宋軍能主動來攻，但最後盼到的卻是敵人援軍已到的消息，他心中痛苦萬分。

元軍封鎖海口，切斷了宋軍淡水來源。宋軍取海水解渴，紛紛嘔吐，戰鬥力因此大降。至元十六年（西元一二七九年）二月六日，元軍發動總攻，宋軍英勇反擊，但抵不住元軍的輪番衝鋒。元軍紛紛躍上宋船，從這一船殺向另一船，雙方展開肉搏戰。張世傑一看大勢不好，決心突圍。他派人駕小舟去接皇帝，但護衛皇帝的陸秀夫卻不准：一則不相信這小舟能穿過戰火，把皇帝送過去；再則不認識來人，怕元軍騙取皇帝。他決定與皇帝一起殉難。他命妻子兒女跳海後，抱起九歲的皇帝跳入冰冷的海中。楊太后目睹此景，悲痛萬分，也跳入海中，大臣、宮女們也紛紛跳海。

張世傑雖率少數艦船突圍，但途中突遇颱風，他怒吼著跳入波濤翻滾的大海。碧海忠魂永遠受到後人的紀念。

身囚在元船上的文天祥親眼看到了宋軍的覆沒，這是一種怎樣的折磨啊！鐵石心腸的他也肝膽欲裂，他後來記道：「崖山之敗，親所目擊，痛苦酷罰，無以勝堪，時日夕謀蹈海，而防範不可出矣！」只能「坐北舟中，向南慟哭」。他憤然賦詩：

一朝天昏風雨惡，炮火雷飛箭星落。
誰雌誰雄頃刻分，流屍漂血洋水渾。
昨朝南船滿崖海，今朝只有北船在。
昨夜兩邊桴鼓鳴，今夜船船鼾睡聲。
北兵去家八千里，椎牛釃酒人人喜。
惟有孤臣雨淚垂，冥冥不敢向人啼。
六龍杳靄知何處，大海茫茫隔煙霧。
我欲借劍斬佞臣，黃金橫帶為何人？

元軍取得了最後的勝利，但他們也不能不佩服對手的壯烈。幾天後，一具具屍體陸續漂浮起來，竟達十多萬具，其中很多人是跳海自盡的。元軍從一具幼童的屍體上找到了大宋的玉璽，在中國亡國史上，這應該是最壯烈的一幕吧！

張弘範落了個千載罵名。其實，他原是金朝人，與宋朝並無君臣之義。若從漢族立場批評他助元滅宋，也不是今天我們所應持有的價值觀。歲月會淹沒許多歷史恩怨，實事求是地說，張弘範也是一代名臣，在政治、文化上多有建樹，他參與這場戰爭，也在內心中留下了抹不去的痛苦和內疚，他曾作詩道：

磨劍劍石石鼎裂，飲馬長江江水竭。
我軍百萬戰袍紅，盡是江南兒女血！

三月十三日，文天祥被押到廣州，次日，元軍大擺筵席，一以慶功，一以勸降文天祥。張弘範作出極恭謙的樣子，對文天祥說：「宋朝已亡，丞相忠孝之事已畢，即殺身成仁，誰又能把這一事蹟宣付國史？丞相如能以此忠心改事我朝，大元相位，非丞相還能有誰。」

文天祥心痛如剮，他憤激地說：「國亡不能救，為臣子者死有餘罪，怎還敢苟且偷生！」副元帥龐鈔兒赤見話不投機，趕緊勸酒讓菜，以轉移話題，不料文天祥怒目而視。龐鈔兒赤見他不「禮尚往來」，便破口大罵，文天祥毫不示弱，拍案而起，與他對罵起來。結果「宴會」不歡而散。

張弘範無法打動文天祥，只好如實向忽必烈報告。忽必烈讚嘆道：「誰家無忠臣！」他命張弘範將文天祥送往大都，無論如何，要使文天祥成為元朝的一代名相。

至元十六年（西元一二七九年）四月二十二日清晨，一場大雨過後，碧空如洗，也給初夏的羊城帶來了幾分涼意。當朝日初升之際，二十幾匹戰馬嘶鳴著衝出城門，消逝在北行的大路上。

這是文天祥被押赴大都的萬里行程的起點，一起押送的還有宋禮部侍郎鄧光薦，他是在崖山之戰中投海不死而被俘的，一家十二口都在戰亂中喪生。二人結伴而行，對彼此都是一種鼓舞。行前，文天祥說：「這次北行，大不了一死，也可能會像漢蘇武那樣被放逐絕域。不過光薦，路還長呢！你我都不必作楚囚之狀。」所以二人振奮精神，拍馬向前。

負責押解的是都尉石嵩和將官囊家歹，他們是張弘範的心腹，所以才委以如此重任。不過這實在是樁苦差事，長途跋涉不說，而且戰亂之後地方不安定，出一點閃失他們十個腦袋也賠不起，加上文天祥雖是囚犯，卻要優待，至少表面上不能太為難他，這也增加了押送的難度，所以他們都一肚子火。

好在從廣州到南安軍（今江西大余）這一程路還算安靜，所以石嵩等人還不擔心會有什麼閃失。只是南國初夏多雨，道路泥濘，自然不敢走，怕萬一馬失前蹄，摔死了文丞相，而一旦雨過天晴，文天祥又詩興大發，山澗流水，萬壑松風，往往引得他一坐就是大半天。文丞相脾氣大，也不敢催促，所以一直走了一個月零三天，才到了南安軍。

下一程走水路，棄馬登舟，石嵩等人鬆了口氣。不料文天祥提出個要求，要派僕人孫禮登岸趕到廬陵，代他到父親的墳前祭告一番，然後孫禮再到吉州上船。石嵩也答應了。

石嵩對囊家歹說此事，大受埋怨。囊說：「你險些上當，三年前文天祥在這裡起事，從者數萬，現在這裡還有許多勤王軍餘部，萬一他們來劫人，我們哪裡是對手？文天祥詭計多端，他分明是叫孫禮送信去。」聽他這一說石嵩大為後悔，立即扣住孫禮不讓他走，並把文天祥鎖在舟中，不讓其出來，嚴密控制，以防走漏消息。

其實這二人多慮了，文天祥祭奠其父的心情是真誠的，並不是要找人來救，如果說這裡有個祕密的話，那就是他要自殺。因為路過故鄉，聯想到當年數萬子弟隨他勤王，大多戰死疆場，故想一死以殉，況且能死在故鄉的土地上，也算死而無憾了。至於死法，他選擇了絕食，他估計七八天後孫禮趕到吉州時，自己就會餓死。

這下石嵩等人驚慌了。文天祥要是真的餓死了，自己勞而無功不說，朝廷要追究起來，還不知如何交代。他們勸文天祥，直說得舌敝唇焦，仍不見一點效果。萬分無法，他們居然想強行灌食，這自然招致文天祥的痛斥，最後還是囊家歹出了個主意，讓鄧光薦去勸說。兩位老友隔絕已有數日，見文天祥面容憔悴，鄧光薦心裡十分難受，他緩緩地說：「文山，你要為國盡忠，我不敢壞你的大節，不過死在這荒江僻野之中，有點兒不明不白，北朝不知會以此做什麼文章，我看還是從長計議吧！」文天祥聽他說得有理，沉思片刻，決定不再絕食。

石嵩等人十分高興，不過高興之餘，囊家歹不免嘀咕，他對石嵩說：「這文天祥不知又搞什麼花樣，還是小心為妙，上次文天祥被俘脫逃，就是身邊隨從幫的忙。為保萬無一失，我看應遣去隨從，這就等於拔去他的翅膀了。」石嵩連稱高明，把文天祥身邊的四五個隨從打發走了。

船過鄱陽湖，出湖口，入長江，向建康（今南京）進發。這一程路經過安慶、池州、魯港、採石磯等地，沿途不少古戰場，時時引起文天祥對往事的緬懷和感嘆。

「這長江天險，保我大宋百餘年江山，如今天險依在，而國破家亡，看來只靠天險還是不行。」鄧光薦感慨地說。

「長江還有險，國中自無人。」文天祥信口念罷，接著說：「古來憑險據守，關鍵還是要擇將，如孫權火燒赤壁，虞允文采石大破金軍。我朝之事，先是壞在賈似道身上，當年襄陽被圍，他私締和約，又隱瞞不報，實在是貽害深遠；二是壞在襄陽守將呂文煥身上，他投降獻城，使天險盡失；三又是壞在賈似道身上，當年大兵集結魯港，有精兵十三萬，舳艫相銜百里，國事非不可為，但他卻依賴孫虎臣，這人上了前線還帶著姬妾，未戰先逃，國事越發不可收拾。」

「賈、孫不足道也，這呂文煥是個可惜的人物，他堅守襄陽五六年，也難為了他，若能堅持到底，是個可入忠義傳的人物。」鄧光薦惋惜地說。

文天祥說：「上次我到北營中，見到了呂文煥，他做了叛逆，還來勸我，我責問他投降之事，他也說什麼朝廷不去救援之故。不過光薦，春秋之義，責備賢者；力窮絕援，就該殉國，貪生怕死，既辜負朝廷，又辱沒家聲，千秋萬世都要受人唾罵。」

「文山，百年前金兵百萬來侵，兩淮之地俱失，虞允文只率二萬新敗之卒，在這采石磯大敗金軍，社稷轉危為安，為何我大宋如今竟無一個這樣的人才呢？」鄧光薦感慨地問。

沉思半晌，文天祥嘆了口氣說：「國運盡矣！」

二人娓娓而談，一腔孤忠，萬般感慨。然而他們也無法揭示宋滅元興這一歷史現象，不識廬山真面目，或許正由於他們身在此山中吧！

六月十二日，文天祥到達建康。這裡曾是南宋重鎮。為防止他逃脫，元軍對他貼身監視，行動很不自由，文天祥與鄧光薦談詩論古，以打發時光。

「文山，我抄得一首好詞，作者是王清慧，本是我朝宮中女官，名分是昭儀（妃嬪中的一級），被押往北方，途中作了這首詞，現正廣為傳唱。」鄧光薦興奮地說。

文天祥展開一看，是首《滿江紅》：

> 太液芙蓉，渾不似舊時顏色。曾記得春風雨露，玉樓金闕。名播蘭馨后妃裡，暈潮蓮臉君王側。
> 忽一聲鼙鼓揭天來，繁華歇。龍虎散，風雲滅。千古恨，憑誰說！對山河百二，淚盈襟血。客館
> 夜驚塵土夢，宮車曉輾關山月。問姮娥於我肯從容，同圓缺。

「是首好詞，惜末句少商量，此時正應共赴國難，怎可逃避呢！」文天祥說罷步原韻和了一首《滿江紅・代王夫人作》：

> 試問琵琶，胡沙外怎生風色。最苦是姚黃一朵，移根仙闕。王母歡闌瑤宴罷，仙人淚灑金盤側。
> 聽行宮半夜雨淋鈴，聲聲歇。採雲散，香塵滅。銅駝恨，那堪說。想男女慷慨，嚼穿齦血，回首

昭陽離落日，傷心銅雀迎新月。算妾身不願似天家，金甌缺。

詞中用典頗多，如琵琶喻王昭君，姚黃本牡丹名，這裡指宮女，銅駝指戰亂，銅雀喻山河易主等。鄧光薦讀罷，連稱好詞，主題相同但意境大異，一股豪邁之氣充於其間。

文天祥要起程了，但鄧光薦卻病倒了，不能隨他北去了。臨別，兩位難友握手互勉，淚下如雨，贈詞留念。八月二十四日，文天祥從建康經水路去淮安。沿途經過的真州、揚州、高郵，都是他當年落難經過的地方。在真州想到當年脫險前來，萬人空巷的歡迎場面，想到當地守將苗再成如今已經犧牲，不禁感慨地唱道：「山川如識我，故舊更無人。」每到一處，都勾起他痛苦的回憶，真可謂是「痛定思痛，痛何如哉！」

儘管元軍嚴密封鎖消息，但文天祥北上的消息還是走漏了，兩淮志士謀奪文天祥。但這次元軍警戒特嚴，文天祥的小舟前後有船夾護，兩岸有蒙古兵挾弓持戈巡邏，文天祥則被鎖於艙中。兩淮志士無機下手，眼看著船隊北上，從此，就再沒有機會了。

九月初一日到達淮安，棄舟換馬，文天祥的心情沉重起來。因為一則對南方人來說，過了淮河就等於到了北方；再則宋金長期以淮水為界，過了淮河就等於到了北國。加之此處古戰場甚多，觸景生情，感慨良多。在此他又一次堅定決心，寫了一首《過淮河宿闞石有感》：「北征垂半年，依依只南土；今晨渡淮河，始覺非故宇。」「我為綱常謀，有身不得顧。妻兮莫望夫，子兮莫望父。」

「時時逢北人，什伍扶征鞍。雲我戍江南，當軍身屬官。」戰亂之後，人煙少見，常見到的只是一隊隊南下的蒙古兵，他們與押解文天祥的元軍談了起來，紛紛訴說這場戰爭給他們帶來的不幸和對戰爭的厭倦，這使文天祥又思索了很久。

「漠漠地千里，垂垂天四圍。」「煙火無一家，荒草青漫漫。」北方的荒涼使文天祥感到壓抑。而在桃園卻看到了另一番景象，在綠色的山野間，炊煙縷縷，草舍點點，真不愧是桃源之地，他由此看到了生機，感到欣慰。

越往北走，文天祥的處境越壞，因為這是元朝統治鞏固的地區。過了徐州之後，秋雨綿綿，道路泥濘，一片蕭瑟景象。由於在建康耽誤了時間，這時只好冒雨趕路。元軍給了文天祥一頂笠子和兩條氈子，遮在身上，風勁雨斜，也起不了什麼作用。

文天祥一路賦詩，抒發情懷，又遙想歷史上的英烈，以此來激勵自己。在山東平原，他想起了奮起抵抗安祿山叛軍的唐代大書法家顏真卿，他讚道：「公死於今六百年，忠精赫赫雷行天。」在白溝河他又想起北宋末年張叔夜與金兵作戰，兵敗被俘，投到白溝河中自殺的往事，他決定做張叔夜的後來者：「我死還在燕，烈烈同肝腸。」「文武道不墮，我輩將堂堂。」

北方人民同樣敬佩文天祥，這令他感動不已。他們在河間一家燒餅鋪歇腳時，主人一聽來者是文丞相，想到自己祖上也是大宋百姓，出於對英雄的敬佩，立即請文天祥寫幾個字留念。文天祥毫不推讓，立即寫詩相贈。

十月初一日清晨，一陣野雞的啼鳴把文天祥喚醒。推窗而望，但見白茫茫的大地盡頭現出一縷朝陽。他深深吸了口北國初冬清新的空氣，心中暗想：這萬里征程就要結束了。

文天祥一行過盧溝橋時，天已黃昏，所以到達大都時就是萬家燈火了。各衙門早已關門，石嵩等人換不來公文，所以監獄不收。又是囊家歹出了個主意，把文天祥送到會同館，不料該館官員打著官腔，說這裡只接待南朝降官，不收留囚犯，急得石嵩打躬作揖，對方才板著臉同意收留一夜，這樣一來，文天祥的待遇就可想而知了。

不料次日該館官員態度大變，非但未趕他搬家，反而把他請到這裡最好的房子中住下，又擺上盛筵，低三下四地請文天祥入席。文天祥心中詫異，忙問究竟，那官員稱是孛羅丞相吩咐的。文天祥連連冷笑，知道這是元王朝的第一個花招，他拒而不受，面南而坐，等著一個個人物的登場。

第一個來人是留夢炎。元統治者真會挑人，此人出身、職位和文天祥相同，都是狀元、宰相，當年臨安吃緊之時，棄官而逃，不久又投降元朝。留夢炎一進門，文天祥一眼認出，頓時火冒三丈，破口大罵：「留夢炎，你貴為天子門生，位極人臣，大宋如此待你，你卻做了反賊，如今三尺童子都在罵你，你居然有臉來見我！你還有廉恥嗎？」留夢炎早知文天祥會如此相待，只因主子之命，不敢不從，如今見文天祥這樣說，趕緊趁機下台，連說：「我不是人，我沒廉恥。」然後面紅耳赤地走了。

第二個出場的是趙㬎，他投降元朝後，被押來大都，已被削去帝號，封為瀛國公。元朝派他來目的有二，一是以君臣之義來打動文天祥，再者文天祥不是會罵嘛！若罵故主，看他還做什麼忠臣。但文天祥卻處理得很得體，他見趙㬎來到，立即請他在上，自己面北而跪，連聲說「聖駕請回」。可憐的趙㬎只有九歲，哪裡懂得什麼勸降，聽他這麼說，也怏怏而歸。

「你們南朝君臣都是窩囊廢，連句話也不會說，怎麼見了文天祥都像老鼠見貓？難怪你們會亡國！」阿合馬破口大罵。他是花剌子模人，出身商人世家，天生一張騙人的利嘴，又善「理財」，頗得忽必烈的信任，現任中書平章，權傾朝野。他罵完宋朝君臣後，決定親自出馬，剛柔並用，說服文天祥。不過他不是去會同館，而是命人把文天祥帶來。

文天祥被帶來了，他昂首闊步來到堂上，作了個揖，然後在阿合馬面前坐了下來。

「知道我是誰嗎？」阿合馬問。

「聽說是宰相。」文天祥輕蔑地回答。

「既然知道，為何不跪！」阿合馬厲聲說。

「南宰相見北宰相，怎麼能跪？」文天祥寸步不讓。

阿合馬見文天祥到了今日還自稱宰相，便奚落地說：「你為什麼到這裡來了？」

文天祥則不緊不慢地說：「南朝如早日用我為相，北方人就到不了南方，南方人也不會到北方來。」

阿合馬想不出用什麼話來駁倒他，竟以死相威脅，不料文天祥竟淡然一笑。這分明是嘲諷與輕視。阿合馬怒火中燒，不過也拿他沒辦法，只好一甩袖子，沒趣地走了。

一計不成，又施一計。元統治者改變了對文天祥的優待，企圖以肉體摧殘來使他屈服。從堂上下來，獄卒就將他捆上雙手，戴上木枷，押到兵馬司衙門一間土牢裡囚禁起來。獄中生活可想而知，每日只有一錢五分的伙食費，飲食粗劣不堪入口，睡的是高低不平的土炕，身上蝨子多得捉不完。後來木枷雖然去掉，但頸上還繫著鐵鍊。更可恨是獄卒那凶狠的態度。文天祥到大都來只求一死，不料死也不易。「亦知戛戛楚囚難，無奈天生一寸丹」，就因為有這顆赤誠的丹心，一切苦難便都忍了下來。

十一月初九日，孛羅丞相召文天祥到樞密院，為了壯大聲勢，在心理上產生震懾作用，大堂及兩廡刀槍林立，殺氣騰騰，元政府的主要官吏也都來了。

文天祥步入大堂，作了個揖，昂然而立。通事（翻譯）大喝一聲：「跪！」

文天祥一動也不動。

差役一擁而上，來按文天祥，他就勢坐在地上，差役們也無可奈何。

孛羅見文天祥如此倔強，便決定先不勸降，擬在辯論上駁倒文天祥。他想：「你不是自認為是忠臣嗎？我偏說你不是忠臣。」

孛羅開口了：「古時候有沒有人臣把土地城池送給別國，自己逃掉的呢？」他指的是文天祥被俘脫逃一事。不料卻被文天祥抓住了破綻。文天祥說：「把土地城池送給別國，就是賣國，有所利而為之；既然逃走就不是賣國。從前我出使伯顏軍中，無理被拘，本應一死殉國，之所以不死，是因為度宗還有兩個兒子在浙東。」

孛羅自以為抓住了把柄，問：「德祐皇帝（趙㬎）不是你的君主嗎？」

「是。」文天祥回答。

「棄君主而另立二王，如何是忠臣？」孛羅又問。

文天祥回答：「德祐皇帝不幸被擄，此時社稷為重，君為輕，為社稷打算，就是忠臣。就像本朝隨徽欽二帝到北方的，不是忠臣；擁立高宗，才是忠臣。」

孛羅一時語塞，場面十分尷尬，一個官員走上前去，耳語一番，孛羅才接著「提問」：「宋高宗自有來歷，二王受誰的命為帝，再說，二王是逃走之人，立得不正，是篡位。」

文天祥起而反駁：「景炎皇帝是度宗長子，德祐皇帝之兄，如何是不正？登基於德祐去位之後，如何是篡位？陳丞相奉二王出宮，是太皇太后之命，怎麼是無所受命？」這幾句話駁倒了對方的論點，元朝官員一時提不出問題了，但又不甘心讓文天祥占上風。過了一會兒，孛羅問：「你立二王，做出了什麼功勞？」文天祥淡淡地說：「我立君上以存宗廟，不計較什麼功勞。」孛羅緊接著追問一句：「既知做不得，何必做？」孛羅自覺占了上風，得意起來，不料文天祥打了個比方，他說：「人臣事君，如子事父，父有疾病，明知不可救，豈有不下藥之理？」這下，孛羅啞口無言了。

最後，孛羅問文天祥今後有何打算，文天祥請求一死，孛羅又神氣起來，說：「你要死，我偏不讓你死，而是長期監禁你。」文天祥反唇相譏，說：「我死都不怕，還怕監禁？」孛羅不料又碰了個釘子，大發雷霆，破口大罵，但通事沒有翻譯。

文天祥被帶回牢房，元統治者也不再糾纏他了，他們擬用長期監禁來消磨他的意志。

這間牢房寬八尺，深三丈二，可謂十分寬敞，但沒有窗，白天也是陰森森的。冬季滿屋冰霜，這對長於江南的文天祥來說是一大痛苦。夏天又熱得讓人喘不過氣來。至元十七年（西元一二八〇年）夏，大雨幾次湧進地勢低窪的牢房。那夜大雨傾盆，頃刻之間牢房就積水盈尺，老鼠掙扎著跑出洞口，滿屋亂竄，紛紛溺死水中。文天祥呼喊獄卒，但無人回應，只好在風雨中坐待天明。

雨過天晴，獄卒開溝放水，地上又一片泥濘，無處下腳，而且天氣轉熱，室內如蒸籠一般。一個「好心」的獄卒弄來一些垃圾，把室內填高，這樣一來雖無水患，卻臭不可聞。獄卒在門外燒火做飯，火氣烤人，附近米倉中陳米的味道和廁所的臭味也不時隨風而來。他統計過，這裡有土氣、水氣、日氣、米氣、火氣、穢氣、人氣七種惡味。在這樣的環境中一關就是兩年，此間他身體未垮，意志未倒，靠的就是胸中一團正氣。他讀史詠詩，寫出了氣壯山河的《正氣歌》。

日子雖然難過，但還算安靜。然而元統治者又生一計，擬用骨肉親情來打動他。一日，他突然收到了三年多杳無音信的女兒柳娘的來信，這才知道夫人和兩個女兒都在大都宮裡當女僕，過著奴隸般的生活。他一直思念著妻兒，北來途中曾作長歌表達這種感情，本以為她們已死於戰亂，今日方知不但活著，而且近在咫尺，這該是怎樣的一種折磨啊！

「人誰無骨肉，恨與海俱深」。文天祥手捧書信，淚下如雨，心如刀割。他明白，只要投降，不僅骨肉可以團聚，女兒還可過上金枝玉葉的生活，他大聲喊著「奈何！奈何！」但他決定忍痛割捨兒女之情，沒有給女兒回信，為的是讓女兒絕望，但在給妹妹的信中字字血淚地傾訴了此事：「收柳女信，痛割腸胃，人誰無妻兒骨肉之情，但今日事到這裡，於義當死，乃是命也，奈何！奈何！……可令柳女、環女好做人，爹爹管不得。淚下，哽咽！哽咽！」

文天祥的弟弟已投降了元軍，這時也被派來勸降。這次兄弟見面與接到女兒信時心情大不一樣，二人沒說什麼，弟弟拿出元朝寶鈔四百貫留給哥哥，文天祥這才說了句「此逆物也，我不受」，弟弟收起寶鈔流著淚走了。

元朝統治者絞盡腦汁勸降文天祥，其原因有三：其一，他們要採用漢法，以儒治國，文天祥是狀元、宰相，是深通儒家之道的人士，自然受到他們的重視；其二，以文天祥的地位、聲望，一旦投降，有利於安撫尚不穩固的東南地區；其三，元朝統治者深知文天祥是忠臣，他們不願擔殺忠臣之名，而不殺他的前提便是文天祥須投降。

至元十九年（西元一二八二年）八月，忽必烈回到大都，聽了群臣的介紹，更加器重文天祥的為人，他一面下令改善文天祥的待遇，一面表示他一旦投降，將給以高官顯位。文天祥拒絕接受優待，並表示：「管仲不死，功名顯於天下；天祥不死，而盡棄其平生，遺臭於萬年，將焉用之？」長期的磨難使他變得更加堅強了。

此時，一些漢宮商議保釋文天祥，條件是讓他出家當道士。這樣文天祥可保住性命，而元王朝也免去了殺忠臣的惡名。但留夢炎一則出於私怨，再則也怕擔風險，極力表示反對，他說：「文公贛州起兵的志向，鎮江脫身的心思，一點都未改，如果放他出去，他再鬧出事來，我輩如何脫得關係？」大家一聽，也很害怕，終於打消了這個念頭。

此時漢族人民的反抗十分激烈，京城中也出現匿名信，提出要起事造反，救出文丞相。在這種情況下，元統治者決定處理此案，十二月八日，忽必烈召見文天祥，做最後的勸降。

文天祥走上金殿，長揖不跪，侍衛強命他跪，被忽必烈制止了。

忽必烈說：「你在這裡有三年了吧，宋朝滅亡也有三年了，為父守孝也不過三年，你的忠心天日可鑑，你如能移此忠心改事我朝，朕可命你在中書省有一坐處。」

「天祥是大宋狀元宰相，國亡與亡，只求速死，不當久生。」文天祥冷冷地說。

「不當宰相，就當樞密。」忽必烈說。

「不當！」文天祥堅持不降。

「你想怎樣？」忽必烈不耐煩了。

「死！」文天祥執意如此。

一陣沉默之後，忽必烈拍案而言：「好男子！朕成全你。」

十二月初九日，大都的柴市人山人海，人民流淚為這位民族英雄送行，監斬官恐怕有變，一面嚴加戒備，一面向人民解釋：「文丞相是南朝忠臣，皇帝讓他做宰相，他不願意，現遂他所願，賜他一死，非殺犯人可比！」

在金鼓聲中，囚車由遠及近，文天祥神態安詳，毫無懼色。

「丞相還有什麼話說？」監斬官問。

「哪邊是南方？」文天祥問。

文天祥撲倒在地，向故國的方向致最高的敬禮，一瞬間，他想起了死去的親人、犧牲的戰友，一種偉大、崇高之感油然而生。

「丞相還有什麼話說，回奏尚可免死。」監斬官不放過最後的機會。

「沒有！」話音剛落，人群中傳出了哭聲。

文天祥昂然而立，從容就義，終年四十七歲。他以一腔熱血捍衛了人格和信念的尊嚴。

人們在他遺體的衣帶間發現了一封遺書：

「吾位居將相，不能救社稷，正天下，軍敗國辱，為囚虜，其當死久矣！頃被執以來，欲引決而無間，今天與之機，謹南向百拜以死。其贊曰：孔曰成仁，孟曰取義，惟其義盡，所以仁至。讀聖賢書，所學何事？而今而後，庶幾無愧！宋丞相文天祥絕筆。」

遺書寫於當年春天，氣勢磅礴，字裡行間，滲透著忠臣的血淚。

至元二十年（西元一二八三年），他的靈柩被運回故鄉，他的戰友作祭文緬懷他的壯烈，其中有曰：「名相烈士，合為一傳，三千年間，人不兩見。」這個評價，他是當之無愧的。

今天看來，宋滅元興是歷史的必然，南宋君主昏庸，奸臣當道，種種腐敗，不一而足；反觀元朝立國之初，人才濟濟，生氣勃勃。文天祥是忠於南宋的，他是以封建正統觀和夷狄觀來看待宋滅元興的。應該指出，這不是我們今天所應持有的歷史觀。但是，這並不意味著文天祥的死是無意義的。他忠於南宋，也忠於祖國，更忠於信念，他那種以身許國、不畏強暴、百折不回、不屈不撓的精神，他所提出的「正氣」，不正是中華民族立於不敗之地的根源嗎？

在人格上，他堪稱一代完人。有人評價說：「忠臣、孝子、大魁、宰相，古今惟公一人。」他處國家傾覆之時，不計利害，歷盡艱苦，被俘後在威逼、利誘下矢志不移，大節不改。慷慨赴死易，從容就義難。他經歷了生死、富貴、貧賤、親情的考驗，真正做到了威武不能屈、貧賤不能移，正是孟子所說的大丈夫。

在事業上，他是勝利者。他的鬥爭具有反抗民族壓迫的歷史意義。無論是在戰場上，還是在囚室中，他從不氣餒，堅持鬥爭，元統治者只能奪去他的生命，卻征服不了他的心靈，他是勝利者，是中華民族的英雄。

文天祥雖然寫過「留取丹心照汗青」的詩句，但他並沒有企望能名垂青史，一度甚至認為「亡國大夫誰為傳」，「只饒野史與人看」，如能在墳前立塊「宋故忠臣墓」的石碑，就死而無憾了。但他的人格征服了千萬人的心靈，包括他的敵人，在元、明、清三代，他是備受尊崇的人物。

「忠肝義膽不可狀，要與人間留好樣」，文天祥永遠是仁人志士的楷模，鬥爭者的旗幟，他的獨立人格、高尚品德、抗爭意識、愛國情操，永遠是中華民族的精神財富。

元初奸佞

由默默無聞的家奴，到權傾朝野的巨奸，阿合馬是中國奸臣史上的獨特人物。

一般來說，一個王朝的開創階段，政治是相對清明的。明主賢臣，人才濟濟，才能造就出一個革故鼎新之局。但元朝初年，卻出現了一個權傾朝野、為非作歹長達二十餘年的奸臣——阿合馬，而且，這個阿合馬既不是名門之後，又不是戰將勳臣，而是一個奴僕出身的低賤之人，這就不能不引人注目了。

十三世紀，蒙古崛起於東方，幾次震撼世界的征討，建立了橫跨歐亞的大帝國。

阿合馬是回回人，出生於花剌子模國費納克忒城（今烏茲別克的塔什干西南），生年不詳。該國後來在蒙古西征中被滅，阿合馬就投到蒙古弘吉剌部首領按陳那顏的帳下當差。他高高的個頭，健壯的身材，滿頭捲髮，高鼻樑上有一雙機靈的眼睛，初次見面就使按陳那顏對他有了好感，將他交給愛女察必驅使。由於阿合馬事事揣摩主子意圖，當差很會巴結，所以不久就成了察必的親信。

阿合馬的命運發生了轉機，不久，察必嫁給忽必烈為妻，阿合馬作為「嫁妝」，自然跟了過去，他有了接近忽必烈的機會，而且，由於他機靈、聰慧，忽必烈對他也頗有好感。此時忽必烈還不是蒙古大汗，不過他雄心勃勃，廣攬人才。

草原金秋，涼風習習，每到傍晚，一群謀臣策士便來到忽必烈的帳前，主客席地而坐，大講治國之道。常來的人有王鶚、郝經、劉秉忠等人，後來還來了個叫廉希憲的畏兀兒（今維吾爾族）人，由於常常往來，阿合馬對他們也熟悉了。王鶚據說是金朝狀元，架子也大。郝經為人隨和，上茶時他總點頭致謝，但後來出使南宋，就再也沒有看見他。最可惡的是廉希憲，年紀不大，又不是漢人，卻滿口的孔孟之道，見了自己從不理睬，而偏偏忽必烈就喜歡他，一見他來就眉開眼笑，「廉孟子、廉孟子」（廉希憲綽號）叫得親熱。

這天劉秉忠講漢初君臣辯論的故事，正說到大臣陸賈向高祖進言：「馬上得天下，不能馬上治天下。」廉孟子也隨聲附和，說什麼只有文武並用，才是長治久安之道。聽得阿合馬心中一陣冷笑：「哼！什麼馬上馬下的，治國就如同商人做買賣。這些書呆子就只會高談闊論，要是自己有朝一日能施展才幹，定會讓天下人刮目相看。」才想到這兒，忽必烈嫌茶水涼了，喊著要換茶，阿合馬又連忙上前斟茶倒水。

西元一二六〇年，忽必烈登上了蒙古大汗的寶座，史稱元世祖。他變通祖制，採用漢法，很多中原名士來到了他的帳下，一時人才濟濟，頗具開國規模，當然，很多蒙古貴族對此是頗為不滿的。

這時，發生了兩個事件為阿合馬提供了出人頭地的機會。西元一二六二年，漢族官僚李璮起兵倒戈。這個李璮是山東益都（今山東壽光縣境）的行省長官，在此經營三十餘年，為成就帝業，趁忽必烈剛即位，防務空虛之機發動了兵變。兵變雖然很快被平定，但無疑給忽必烈重用漢人的政策以沉重打擊。忽必烈不敢重用漢人，轉而留心西域人。

再則蒙古立國以來連年征戰，國庫空虛，總靠搶掠畢竟不是長久之計。忽必烈即位之初又連年災荒，百姓背井離鄉，赤地千里，賦稅大減。而仗不能不打，飯也不能不吃，面對空空如也的國庫，面對急如星火般催討軍糧的使臣，他急需找一位善理財的人。

忽必烈愁眉不展，主人的心事阿合馬心中自然曉得。幾年間他跟隨忽必烈形影不離，也算是心腹了，而且還弄了個什麼「同知」的頭銜。蒙古不像漢族宮廷那樣禮法森嚴，所以他說話也比較隨便。

「陛下，高談闊論是漢人之長，衝鋒打仗是蒙古之長，若說理財，那還得數我們回回人呀！」阿合馬說。

忽必烈說：「這點我知道，但不知我朝回回人中誰堪此任呢？」

「奴才出身商人之家，從小受父母陶冶，頗知將本求利之道。其實，這治國與經商也有相似之處，若陛下信賴，奴才願一試。」阿合馬說。

一連串的變故使忽必烈在用人上舉步維艱，蒙古內部權力之爭激烈、漢人表裡不一，未必都願臣服，是否可以信賴都成疑問，眼下這個阿合馬雖說是個奴才，但正因如此才沒有以上兩方面的問題，況且是自己的親信，何妨讓他一試。想到這裡，便對阿合馬說：「要按漢人法度，你這奴才終身無出頭之日，我們蒙古不講這些，況天下初創，一切不能悉如章法，朕可命你一試，但你要忠公體國，效法先賢，你知道我說的先賢是誰嗎？」

「奴才不知，請陛下開導。」阿合馬心中大喜過望，不過表面上還是惶恐卑謙的樣子。

忽必烈陷入往日的沉思中，緩緩地說：「我說的先賢是吾圖撒合理，這是我們蒙古的稱呼，漢名叫耶律楚才，是契丹人。我們蒙古以游牧征戰為業，不知理財，當年奪取中原土地，還想改為牧場，楚才力諫不可，並創賦稅之法，本朝賦稅制度就是由他一手規劃，取之於民，用之有度，國家受益匪淺。更可貴的是他經手天下貢賦，能做到一塵不染，兩袖清風，這點你要以他為楷模。楚才故去，已有十八年了。」忽必烈娓娓而談，阿合馬則做出傾聽的樣子。

「你還要學學廉孟子，多讀些書。」忽必烈囑咐他。

提起廉希憲，阿合馬心中就不快，但他知道這廉孟子擁戴忽必烈登上汗位，立了大功，現在是忽必烈跟前的「大紅人」，所以便極誠懇地答應了下來。不久，忽必烈任命阿合馬領中書左右部，兼諸路都轉運使，獨攬財賦大權，這年是西元一二六二年。

阿合馬上任後，接連做了兩件很有成績的事：一件是官辦冶鐵。在農業國家中，礦冶就算是規模最大的工業了，而礦冶中又以鐵冶為主。阿合馬向忽必烈進言：「目前鐵冶多是私人為之，這樣財賦不僅流入了民間，而且也不利國家的穩定，應由國家控制起來，改為官辦。」忽必烈自然同意。於是阿合馬決定把冶鐵戶組織起來，改為官辦，並擴大規模，產品按定額上交國家，交不足額便要處罪，然後由國家實行鐵器專賣。雖然產品質次價高，而且農民還要跑很遠的路才能買到，但國家因此而擴大了收入。這樣每年產鐵約一百萬斤，鑄成農具二十萬件，可換成官糧四萬餘石。接著，這一制度又推行到與人民生活關係最為密切的食鹽貿易中，禁止販運私鹽，由國家壟斷鹽業，自然是又開了一個財源。

其二是追徵和擅增賦稅，原來由於災荒或戰亂等因素朝廷免過許多地區的賦稅，而阿合馬則要重新追徵。他認真「調查」後採取了從人民身上榨取更多血汗的辦法：把官吏收入與稅收額掛上了鉤。以前稅額固定，與地方官收入無關，所以有的地方拖欠嚴重，甚至有的地方官為圖清閒，居然編造些「天災人禍」，請求朝廷把賦稅一免了之。這回阿合馬規定超額者賞，不足者罰，於是地方官都「積極」起來，逼得各地人民傾家蕩產，賣兒賣女。

阿合馬的花樣還有許多，這裡不過僅是舉其大者。

阿合馬得意洋洋，西元一二六四年初冬的一天，他帶著稅課帳本，又帶上大批中原特產，趕到上都（今內蒙古正藍旗東閃電河北岸），向忽必烈報功。琳瑯滿目的中原特產小到女人的胭脂，大到木器几案，擺滿了忽必烈的帳前，加上阿合馬那一張巧言善辯的利嘴，說得忽必烈十分高興，連連誇讚，並提升他為中書平章政事，進階榮祿大夫，兩年後設立制國用使司，又以阿合馬兼領使職。

阿合馬又提出了一個新花樣，他向忽必烈進言，實行「撲買」制度。這是一種包稅制度，即對酒、醋、墟市（集市）、渡口等稅收，由政府預估應徵數額，招商承包，承包商（撲買人）向政府交納了保證金後，就取得了徵稅權，徵收多少國家不再過問。這種制度因是苛政，廉希憲首先起而反對：「國家稅收若無定額，而是取之無度，小民何以為生！」忽必烈也覺言之有理，就沒有同意。

阿合馬自有辦法，他打聽到廉希憲退朝後，便前去見忽必烈，說：「撲買之事，實出無奈，國家用度日繁，今年大駕去上都一次，就要支出四千錠，而且不久將要對南宋用兵，臣位職中書，到時供應不上，可就罪無可追了。」

「你說的也不無道理，但國家稅收委之商人，恐怕也非為政治國之道吧！」忽必烈多少有點動心了。

「本來就是權宜之計，非常時期事貴從權，臣為國理財，自應任勞任怨。」他還想說些廉孟子沽名釣譽之類的話，不過話到嘴邊又吞了回去。

忽必烈見他說得也不無道理，加之軍用正急，也就答應了。結果不久就大見其效。如陝西一地稅額由原來的一點九萬錠增加到五點四萬錠，但忽必烈不知包稅商人從人民手中收取了高於這一數額幾十倍的利益，人民被逼得四處逃亡，史載陝西人口一年之中減少了幾十萬，這在當時是個巨大的數字。

假若阿合馬把搜刮的錢財悉入國庫，那麼充其量他不過是個「酷吏」，而事實則不然，他把大量財富據為己有。據載他家有馬八九千匹，珠玉幾百石，使用的農奴達七千多人，真稱得上是富可敵國了。而且阿合馬生性好淫，得勢後廣置姬妾，達四十九人之多，而且多數是搶來或地方官獻上來的。只要是他看中的女子，就絕無倖免的可能。所以，阿合馬是個道道地地的貪官、惡霸。

阿合馬只怕兩個人，一是廉希憲，他文武雙全，二十四歲就出任關西道宣撫使，又有擁立忽必烈之功，而且為政清廉，為人剛毅，軟硬不吃。阿合馬拿他沒有辦法，只好敬而遠之。二是怕安童，安童是忽必烈的親戚，又居相位，為人直言敢諫，阿合馬曾建議升安童為三公，妄圖虛給名聲，實奪其權，但陰謀用意被人識破，沒有得逞。

西元一二六八年，在廉希憲等人的建議下，忽必烈決定設立御史台，負責監察百官。消息傳來，阿合馬心驚肉跳，這些年自己為所欲為，就是因為朝廷制度不健全，這御史台一設，豈不束縛了自己。於是他當堂表示反對：「陛下，設御史台是漢朝家法，與我蒙古國情不合，設這個機構，只會徒起紛爭，朝廷恐怕就要多事了。」

忽必烈不以為然，命廉希憲回答阿合馬的「顧慮」。廉希憲開口道：「設立監察機構，是古來就有的制度，在朝內可彈劾奸邪之臣，在朝外能及時發覺非常之事，訪求民間疾苦，沒有比這個制度更有效的了。」

「這是中原文治之法，目下天下未靖，正是用武之時，若事事牽制，讓我們怎麼辦事！」阿合馬有些氣急敗壞了。

廉希憲厲聲說：「如果沒有這個機構，讓上上下下、大大小小的奸臣恣意妄為，貪贓枉法，虐害百姓，難道反能把事情辦好嗎？」

這下擊中了要害，阿合馬雙目圓瞪，但張張嘴，吞了口唾沫，沒有做聲。

御史台成立不久，先查出了阿合馬集團侵吞大量公糧和現金的問題。忽必烈召來阿合馬，不待訊問，一頓板子先打得他哭天喊地。打完之後，再命他從實招來。

阿合馬揮淚哭訴：「陛下垂教，無論雷霆雨露，臣都甘之如飴，只是陛下誤聽人言，臣不能不辯。臣為國理財，經手巨萬，自有緩急輕重，有的入帳，有的尚未入帳，怎可說我貪污？不信陛下可命人再去清查。」他見忽必烈半信半疑，便接著說：「當前軍費大增，臣日夜憂慮，只怕供應不上，所以有時不擇手段，故而很遭人忌，陛下要明察。」

這點擊中了忽必烈的要害，此時北邊諸王舉兵叛亂，南邊正伐南宋，近十萬大軍已開始包圍襄樊，而東對日本的征討也在準備之中，加上蒙古貴族生活腐化，忽必烈確實為錢傷透了腦筋。他本想教訓阿合馬一頓，讓他有所收斂，但又怕他因此而裹足不前，致使軍費無著，所以，便緩和了一下口氣說：「你這奴才，御史台的調查當不致空穴來風，你自應有則改之，無則加勉，正因為朕依賴你，所以才管教你，你不可因此而心存懈志。」

阿合馬見忽必烈態度急轉，便乘機進言：「財務之事，目下牽制太多，許多官員不懂此道，又橫加干預，臣建議成立專門機構，由臣掌管。」他見忽必烈有些動心，便加重語氣說：「如此，臣擔保把國庫收入再提高二成。」

阿合馬抓住忽必烈急需軍費的心理，一番努力，果然成功。至元七年（西元一二七〇年），忽必烈批准了阿合馬的建議，成立尚書省，並任命阿合馬為平章尚書省事。他大權在握，躊躇滿志，在心裡一遍又一遍地唸道：「廉孟子呀廉孟子，總有一天要讓你知道我的厲害。」

一系列的變故使阿合馬大長見識，看來要想在朝中站穩腳跟，光有錢還不行，還必須有人、有權。於是他開始廣植私黨，攬權自重。

阿合馬的手法十分露骨，按當時的制度，朝廷用人，要先由吏部擬定資品，呈尚書省，再由尚書省與中書省商議後確定。而阿合馬根本不理這一套，他用人既不透過吏部，也不與中書省商議，愛用什麼人就用什麼人，而且舉「賢」不避親，什麼子侄、岳父、小舅子、心腹爪牙都委以要職。如長子忽辛任大都路總管兼大興府尹，後來又升任中書右丞，另一個兒子抹速忽任杭州達魯花赤（蒙語意為鎮壓者，有總轄官之意，總攬地方軍政、民政之權），連家奴也出掌軍政。右丞相安童自然不服，上告忽必烈，而忽必烈居然不信。阿合馬上朝奏事，又專找忽必烈高興或酒醉之時，說話又專揀好聽的說，這樣一來，安童竟拿他沒辦法。

至元九年（西元一二七二年），尚書省與中書省合併，表面上是平等合併，實際上阿合馬以尚書省的班底兼併了中書省，從此，阿合馬實際上控制了朝政。

阿合馬專權過甚招致很多官吏的不滿，廉希憲經過調查，發現他不少劣跡，於是上報給忽必烈。忽必烈也覺過分，便找阿合馬來核實。阿合馬見躲不過去，只好硬著頭皮來到朝堂。當問及他擄掠婦女一事時，他竟鼓動如簧之舌巧辯，說什麼是女子自願的。廉希憲怒不可遏，操起棍子迎面就打，阿合馬跪在地上，躲閃不及，吃了不少虧。

若是在十年前，廉希憲肯打他一頓，他甚至會高興得燒香祭祖，而如今已不再是奴才了，而是權傾朝野的大臣，當著文武百官的面被打得哭爹喊娘，這口氣怎能咽得下。他故意來到宮裡，先找皇后添油加醋地哭訴一番，接著又去見忽必烈，畢竟是多年的主僕關係，說見就見，見到忽必烈，他拜倒在地，哭求做主。

「那都是你幹的好事！告訴你，落到廉孟子手裡，只打一頓，還不是便宜了你。那些金枝玉葉的貴族、駙馬，他都敢管束，何況你這奴才。」忽必烈說。

「陛下，臣為國理財，得罪了很多人，我是代人受過呀！這個且不去說，廉孟子也太跋扈了，前些日子陛下下詔，雖說是下令釋囚，可也不能誰都放，有些大奸大惡者自應不在此例，但廉孟子把匿贊馬丁也放了！」阿合馬委屈地說道。

「什麼，廉孟子放了匿贊馬丁！」忽必烈感到震驚。

「本來沒他的事兒，臣見放匿贊馬丁不妥，前去有司責問，但廉孟子見臣去責問，二話沒說，找來判狀，補籤上他的名字，他是陛下信任之臣，臣就不敢說什麼了。」阿合馬繼續說道。

忽必烈動怒了，第二天找來廉希憲一問，果有其事，於是質問道：「詔書只是叫你們釋放京師囚犯，怎能釋放匿贊馬丁呢？」不料廉希憲頂了一句：「臣未聽說另有不准釋放匿贊馬丁的詔書。」忽必烈理屈惱怒，一氣之下罷了廉希憲的官。

阿合馬拍手稱快，不過他高興得太早了，忽必烈不久就後悔了，他希望廉希憲向他認個「錯」，以便體面地重新起用。但等了幾天，不見動靜，便問侍臣廉希憲在家做什麼。阿合馬聽出了弦外之音，惟恐廉希憲東山再起，便搶著說：「他整天跟老婆孩子吃喝玩樂罷了。」不料遭到忽必烈一頓訓斥：「你胡說，希憲清貧廉潔，人所共知，他拿什麼吃喝玩樂？」阿合馬嚇得大氣不敢出。廉希憲晚年多病，醫生囑咐用砂糖煎藥吃，當時砂糖是貴重物品，家人無處去弄，阿合馬得知後派人送來二斤，以拉攏關係，廉希憲嚴詞拒絕，他說：「假若砂糖真能救命，我也不會用奸人給的砂糖來活命！」這話傳到忽必烈耳中，便馬上賜給砂糖。

不過阿合馬還是部分地達到了目的，廉希憲雖然很快復起，但已不在朝中任職，而是到邊遠地區任地方官。不久，安童也被排擠出朝，去奉命出鎮北邊，這樣一來，阿合馬就沒有了顧忌。

這時對宋的戰爭進入白熱化階段，朝廷急需軍費，阿合馬又有了施展「才幹」的機會。他知道，蒙古王朝這部軍事機器的潤滑劑就是金錢，誰能弄到錢，誰就是大功臣，而在弄錢方面，誰也比不上他。

其實阿合馬弄錢也並沒什麼高明之處，他不過就是敢於殘忍地榨取百姓，敢於最大限度地搜刮民財。其手法有三：一是濫發鈔幣，蒙古自西元一二六〇年起印造「中統元寶交鈔」，簡稱「寶鈔」，當時頗有信用，每兩貫「寶鈔」可換銀一兩，阿合馬利用人民對「寶鈔」的信賴，大量印發，又把各處官庫中的鈔本銀運到大都，以供揮霍，致使「寶鈔」無處兌銀，結果大量貶值，物價飛漲，最後一擔「寶鈔」還買不到一斗小米；二是普遍加稅，甚至連死人也要交「喪葬稅」，否則不准下葬，搞得被譽為天下糧倉的杭嘉湖地區也不免饑饉；三是大搞專賣，凡是百姓日用所需的鹽、鐵、絲、茶等都由國家專賣，私人不得染指，價格又定得奇高，百姓深受其害。

蒙古軍事機器又活躍起來了，一度入不敷出的國庫開始充盈了。阿合馬得意洋洋地向忽必烈報功請賞，得到了忽必烈的進一步信任。阿合馬排斥了左丞相忽都察兒之後，造成相位虛懸，阿合馬以平章政事代行相權，史載忽必烈「奇其才，授以政柄，言無不從」。

阿合馬成了眾多朝臣巴結的對象，有的文人向他獻詩獻賦，歌功頌德，有商賈向他大量行賄，有官吏為他出謀劃策，為了討得他的歡心，甚至有人把妻子、姐妹獻給他。他的私黨最多日竟達七百餘人，這些私黨們相互勾結，肆意魚肉百姓，侵吞國家財物，搞得全國怨聲載道，「天下之人無不思食其肉。」

忽必烈對阿合馬是信任的，但正直之士不斷向他揭發阿合馬的罪行，也引起了他的一些警惕。中書左丞崔斌向忽必烈指出阿合馬「一門悉處要津」，並且為非作歹。忽必烈也覺阿合馬做得太過分了，便下令免了其子的官職。但阿合馬在朝中炙手可熱，自然有人為他奔走說情，不久，又都官復原職了。

國子祭酒許衡也提醒忽必烈，阿合馬一門掌管軍國大權是不祥之兆。他說：「國家事權，兵民財三者而已。今其父典民與財，子又典兵，不可。」忽必烈沉思半晌，說：「卿慮其反邪？」許衡斷然說：「彼雖不反，此反道也！」忽必烈不是昏庸的君主，他部分採納了一些意見，對阿合馬略有裁抑，但並未從根本上解決這一問題，或許他尚未來得及解決這一問題。

阿合馬耳目靈通，他決定誅鋤異己，首先拿秦長卿開刀。

秦長卿是忽必烈的宿衛，品級雖低，但膽識過人，他目睹阿合馬為非作歹，毅然上疏，請誅奸臣。

忽必烈周圍滿是阿合馬的耳目，當晚阿合馬便得知了此事，並看到秦長卿奏疏的副本，其中有這樣幾句：「其為政擅生殺人，人畏憚之，固莫敢言，然怨毒亦已甚矣。觀其禁絕異議，杜塞忠言，其情似秦趙高；私蓄逾公家貲，覬覦非望，其事似漢董卓。」阿合馬看得咬牙切齒，恨不得立即殺掉秦長卿。

一個小小的宿衛自然無力撼動阿合馬這棵大樹，加之忽必烈忙於軍事，也無暇過問，結果便不了了之。不久，地方上有個主管冶鐵的官職，阿合馬力薦秦長卿，說什麼他忠直敢言，才華過人，臣舉賢內不避親，但外亦不避仇。忽必烈見阿合馬如此識大體，深受感動。

一張無形的大網張開了，秦長卿到任不到一年，阿合馬就指使親信上疏誣告秦長卿貪污稅款，阿合馬立即板起面孔，將秦長卿下獄，妻兒老小都被株連，不過審來審去也沒審出什麼罪狀。

一天夜裡，阿合馬派親信帶厚禮去見兵部尚書張雄飛，請張下令殺掉秦長卿。張雄飛一口拒絕，來者進一步表示，如果張能辦成此事，將委以參政之職，不料張雄飛竟板起臉來，冷冷地說：「殺無罪者以求大官，吾不為也！」

阿合馬大怒：「哼！張雄飛也太不識抬舉了，我看他這個兵部尚書也當到頭了！」說罷他喚過僕人，授以密計。

結果，阿合馬派親信買通了獄卒，將秦長卿縛上四肢，用紙漿塞住口鼻，窒息而死。張雄飛也被逐出朝廷，外放為澧州安撫使。

前文提到的崔斌，由於屢次揭發阿合馬的罪狀，所以也是阿合馬伺機報復的對象，此時他正任江淮行省左丞。至元十七年（西元一二八〇年），阿合馬向忽必烈請示：「陛下，經臣幾年籌劃，國庫總算充盈。但目下戰事日少，官吏習於安樂，貪侈之風漸起，尤以江淮富庶，地方官更為腐化，臣擬派員前往清查，一以整飭吏治，一以再開財源，不知可否？」阿合馬堂皇的語言背後隱藏著一個陰險的計畫，忽必烈當然不知，還當他為國計民生打算，自然同意。

「清查」的結果可想而知，崔斌被「查」出偷盜官糧四十萬石及更換朝廷命官數百人的「罪行」。阿合馬趕緊向忽必烈報告，並趁機激怒忽必烈，然後趁熱打鐵，不顧法律程序便定為死罪，並突然行刑。消息傳來，太子真金正在吃飯，急得扔掉筷子，派人前去營救，但已經來不及了。

此時，曾使阿合馬畏懼的廉希憲已是病入膏肓了，太子派人前去探視，並請教治國之道。廉希憲掙扎著說：「治天下在用人，用君子則治，用小人則亂。臣病雖重，聽天由命，心裡憂慮的卻是大奸專政，群小阿附，誤國害民，這是國家的大病。殿下應勸諫皇上，趕快除去病根，否則就不可救藥了！」太子真金清楚他說的「大奸」、「群小」指的就是阿合馬及其黨羽，他並非不想除掉這班奸臣，但他也有難處，為保住太子地位，必須服從父皇，而父皇信任阿合馬，所以眼下還沒有辦法把阿合馬怎麼樣。

至元十七年十一月，傑出的畏兀兒族政治家廉希憲溘然長逝。消息傳開，人們痛哭流涕，阿合馬則高興異常，因為從此他將更無所顧忌了。

誰也沒有想到阿合馬的末日到了，而且事出突然，頗富傳奇色彩。

阿合馬爪牙遍天下，盤剝百姓，無惡不作。賦稅日重，百姓每年交完賦稅，往往就顆粒無存了，而偏偏至元十八年（西元一二八一年）秋，又傳來了一個火上澆油的消息，阿合馬還擬提高賦稅額，人民忍無可忍，恨不能食奸賊之肉。

義士王著首先站了出來，他決定刺殺阿合馬，為天下百姓除害。王著原是山東益都駐軍的下級軍官，是個行俠仗義之人。他找來朋友們一起商議，便決定尋找機會，伺機施行。

機會來了。至元十九年（西元一二八二年）初春，忽必烈離開大都（今北京），前往上都巡幸。二十二年前，他在此即汗位，如今國家穩定，疆域遼闊，所以做故地之行。皇太子真金及大批官吏、衛士隨同前往，朝內只有阿合馬等人留守，較為空虛。

王著決定動手。三月十七日，他聯合八十餘名兄弟，假扮太子回京做佛事，由假扮的太子使臣到京通知阿合馬及留守大臣準備接駕。阿合馬不免狐疑，擔心有詐，心中十分緊張。如果真是太子回京，他必須小心應付，因為殺崔斌之事已得罪了太子。為保萬無一失，阿合馬派右司郎中脫歡察兒率精騎出城相迎，一以查看真偽，一以探聽來意，自己則率留守諸官在東宮迎候。

這夜天陰，漆黑一片。脫歡察兒率幾十名騎兵出城相迎，才走了十幾里，就迎上了「太子」的隊伍。因為任務在身，脫歡察兒顧不上行禮，先要看個究竟，結果被「太子」抓住把柄，立即以「無禮」之名將脫歡察兒等人斬於馬前，然後長驅入城。

「太子」騎在馬上，一路順利，直抵東宮門口。阿合馬等不到脫歡察兒，自然心慌，但此時已來不及多想，急忙跪下行禮，「太子」身旁的王著手疾眼快，一把揪住阿合馬，一錘將他打倒在地，接著又殺了阿合馬的同黨郝禎，百官不知何故，大驚失色，尚書張易首先覺醒，急速招來禁軍，結果王著及偽太子等人被擒，但阿合馬早已腦碎而亡。

阿合馬不得善終，是歷史、人民對奸臣的懲罰。但是，一個王朝新興之時，就出現如此權勢赫赫、氣焰沖天、為所欲為、不可一世的大奸，實在引人深思。

蒙元王朝崛起之時，確實人才濟濟，忽必烈也堪稱是一代偉大的君主。但是，由於蒙元是一個少數民族建立的政權，其統治者在用人上不能沒有偏見，蒙古人不善理財，漢人又不盡可信，於是阿合馬這個原本沒有根基的西域人就容易被重用。

史載阿合馬「為人多智巧言，以功利成效自負，眾咸稱其能」。看來他是個有一定能力的人。當然，今天看來他並沒有什麼高明之處，不過就是敢於殺雞取卵般地搜刮，但這在當時與蒙古軍隊的暴虐相比，是如出一幹，所以在忽必烈眼中這也算是成績、才幹而不是罪惡。

誠然，如果他能把搜掠所得悉交國庫，那麼他充其量是個「酷吏」，而不是奸臣。其實則不然，史載他家的財富有時超過了國庫，他排斥忠良，手段毒辣，他兼具蒙古貴族的暴虐、漢族官僚的無恥、西域商人的狡黠，所以忽必烈也曾被他蒙蔽。加之立國之初，制度不健全，也為阿合馬提供了為所欲為的條件。

忽必烈殘酷地鎮壓了王著發動的這場政變，以禮安葬了阿合馬。但不久大量的證據使他醒悟，於是他又說：「王著殺之，誠是也。」下令將阿合馬開棺戮屍，將其子侄全部處死，並沒收家產。史載當時「百官士庶，聚觀稱快」。

熱血千秋

于謙的境遇說明：忠臣、奸臣、昏君三者構成了一個永遠解不開的結。

正統十四年（西元一四四九年）八月十七日子時，在一陣驛馬的嘶鳴聲中，厚重的北京城門緩緩打開，一陣馬蹄聲滾過之後，夜空又恢復了寧靜。不料一個時辰後，禁城的後宮中傳來陣陣哭聲，這哭聲被初秋的微風吹得好遠。不久，文武百官陸續接到了一個驚人的消息：五十萬明軍在懷來附近的土木堡全軍覆滅，親征的明英宗被俘，生死不明。

這一變故來得突然，令留守在京的群臣們目瞪口呆。但英宗寵幸奸臣，不納忠言卻是由來已久，所以還要從頭說起。

明英宗九歲登基，此前的童年時光是在深宮高牆內度過的，未嚐過多少父母之愛，唯一親近的人就是「王先生」王振。這王振本是個落魄的讀書人，屢試不中，科場失意，眼看已屆而立之年，尚一無建樹，情急之下索性閹了自己，入宮作宦官。憑他的「學問」，不久做了太子的啟蒙教師。由於王振不像其他老師那樣刻板正經、孤陋寡聞，而是既見多識廣，又恭順卑謙，所以很得太子的好感，口口聲聲王先生，叫得王振頗遭人忌。不過王振為人謹慎，對大臣頗知敬重，行必讓路，見必請安，所以別人還抓不到他什麼短處。

九歲的皇帝還談不上昏聵。但明代中央集權最為徹底，「罷丞相不設」，雖使皇權少了威脅，但政務的紛繁也是皇帝一人難以承受的，所以大權往往旁落到皇帝的親信手中。那些讓人敬畏的白首老臣自然不如低頭弓腰，呼之即來，揮之即去的宦官可親，所以，登基不久的英宗就任命他的王先生掌司禮監事。

司禮監是明代宦官二十四衙門的中樞機關，它掌握著其他各監官員的升遷謫降大權，又兼管各種特務機構，還替皇帝管理各種奏章和文件，傳達諭旨。至於代皇帝批答章奏，那是明武宗以後的事。

一朝權在手，便把令來行。王振掌握大權之後，漸漸收起了恭順的偽裝，變得跋扈起來，他把自己和英宗的關係比作「周公輔成王」，英宗居然不以為怪，而且一天不見王振就想得魂不守舍。每逢朝會大典，王振也不管太監不得參與的祖制，大搖大擺地登堂入室，百官還要向他羅拜。宮門上有塊太祖時留下的三尺高的鐵牌，上鑄「內臣不得干預政事」，心懷鬼胎的王振公然派人拆除。他利用英宗的寵信，交朋結黨，安插親信，控制國家要害部門，把死心塌地投靠他的徐晞提升為兵部尚書，以控制國家軍政。把自己的兩個侄子王山、王林分別提升為錦衣衛指揮同知、指揮僉事，以便更有力地控制錦衣衛。又以心腹馬順、郭敬、陳官等人為骨幹，大搞特務政治，從而逐漸組成了一個以王振為核心的陰謀集團。

王振控制了國家要害部門後，濫施淫威，排斥忠良，英宗不僅不加限制，反而仍舊事事依賴王振。文武百官見王振聖眷正隆，便紛紛諂事王振，賄賂之風大興。王振巧取豪奪，頓成巨富，他在京師的宅第簡直可以與宮殿相比。

也有不附逆的硬漢子，巡撫河南、山西的于謙為官清廉，剛直不阿，人民稱他為「于青天」，他進京奏事，朋友們都勸他帶上些禮物，即使不帶金銀，也應帶些土特產，以免惹來禍患，于謙不以為然，並作詩一首：

> 絹帕蘑菇與線香，本資民用反為殃。
> 兩袖清風朝天去，免得閭閻話短長。

果然，王振誣說于謙因長期得不到升遷而對皇上心懷不滿，把他投進監牢，後因山西、河山人民紛紛上書要求釋放于謙，就連當地的幾個皇室貴族也為于謙說情，王振見眾怒難犯，無奈只好放了于謙。

正統十四年（西元一四四九年），蒙古瓦剌部首領也先率部大舉侵明，西北將士連戰失利，告急的文書雪片般地飛向北京。生於太平，長於安樂的英宗哪見過這種局面，頓時慌了手腳，口口聲聲急喚「王先生」。

「王先生」並不著急，他胸有成竹地說：「陛下，我朝以馬上得天下，太祖、太宗都是久經戰陣，武功超邁千古。聖上何不效法祖宗，御駕親征呢？」

王振一番話說得英宗心頭癢癢的，不過，他還是有顧慮：「勝了固然好，要是敗了呢？」

「我朝這次征討，可調動五十萬大軍，對外可號稱百萬，加上皇帝親征，士氣大振，也先那幾萬人馬恐怕不勞王師討伐，就會望風潰逃，臣擔保勝券在握。」

王振看英宗有了些信心，趕忙下去布置。

聽說英宗要御駕親征，百官中的有識之士深知這種倉促的行動不僅會勞而無功，甚至會危及皇帝安全。這時兵部右侍郎于謙、吏部尚書王直等人紛紛勸阻，但在王振的挾持下，英宗主意已定，詔命弟弟郕王朱祁鈺留守，于謙留京代理兵部事務，命欽天監擇定出師的吉日。

七月十六日，英宗坐鎮中軍，五十萬明軍陸續出發。王振看著甲騎如流，刀槍如林的場面，內心志得意滿。他之所以策動英宗親征，一是他輕視敵軍，認為一戰而勝即可獲得聲望，又可擴大權力，何樂而不為呢？再者，他還有個不可告人的願望，他的老家山西蔚州靠近戰事激烈的大同，藉此機會拉著皇帝回家鄉看看，該是何等的榮耀啊！這也難怪，當年忍辱淨身，期待的不正是衣錦還鄉的這一天嗎？

過了居庸關，王振開始發現局面比預想得嚴重。連日風雨交加，道路泥濘，將士們頗有怨言，更嚴重的是軍糧供應不上，五十萬大軍每日需糧草近二百萬斤，由於出師倉促，毫無準備，幾乎無法供應，已經發生了士兵餓死的事件，隨駕而來的文武大臣乘機提出返駕回京。

回京將使自己顏面掃地，再說大話已經說出去了，王振鐵了心，決定一條道走到黑。他一面對英宗封鎖消息，一面嚴厲地壓制大臣們。

王振此時最大的願望就是瓦剌軍能自動退兵，不料也先聽說明朝皇帝親征，索性發了蠻勇，非要一決高下不可，而前線的明軍偏偏不爭氣，一戰即敗，一敗再敗。

八月初二日，心腹郭敬向他報告了各地明軍慘敗的消息，王振不得不考慮事態的嚴重性了。他向英宗試探著報告，英宗頓時驚慌起來，君臣二人倉促之間決定退兵。

凱旋的將軍是當不成了，但一想到可以繞道回老家蔚州走一趟，倒是也不虛此行。想起故鄉的山水，想起當年家鄉人的白眼相待，王振做著衣錦還鄉之夢。

但當大軍離蔚州只有幾十里路的時候，王振突然從衣錦還鄉夢中清醒了：「這如同蝗蟲一般的五十萬潰軍還不把蔚州踏平、吃光、搶光？」一想到這可怕的後果，王振便急命停止進軍，原路折回，繞道直奔宣府。由於這一改道耽擱了時間，初十日明軍到達宣府時；瓦剌軍也追到了。明軍且戰且退，十二日退到了土木堡。

土木堡離懷來城僅二十餘里，明軍完全有時間進城固守待援，但王振因自己的輜重車輛未到，拒不進城，結果明軍被包圍在此。此地無水，突圍無望，明軍飢渴難熬，軍心大亂。

兩天後，飢渴的士兵在瓦剌軍的攻勢下潰敗了。英宗見大勢已去，索性跳下馬來，盤膝而坐，束手待擒。王振早已嚇得魂飛魄散，還想逃跑，護軍將軍樊忠見狀高呼：「我為天下誅此賊！」一錘了結王振的性命。

這一仗，明朝五十多萬軍隊覆滅，二十多萬匹騾馬及大量器械、輜重被奪，五十多名隨行官員戰死，英宗被俘，史稱土木之變，本來平庸的英宗皇帝由此而永載史冊了。

天剛破曉，留守在京的文武大臣們匆忙趕到宮中，抱頭大哭。皇帝親征被俘是亙古少有的事情，今後是戰、是和還是逃，哪一著都關係著社稷的安危。群龍無首的大臣們多不敢先出主意，最好的表態就是放聲大哭，所以朝堂上哭聲一片。

于謙沒有哭，實際上是心憂如焚，欲哭無淚。他深知大禍之來是英宗寵信奸臣的必然結果，更深知國難當頭，代理兵部事務的自己肩頭責任的重大。他的眼中射出堅毅的目光，腦海中苦思著應變的計謀。

半個時辰之後，一聲尖細的「太后駕到」使文武百官的哭聲戛然而止，群臣們略整衣冠，跪下相迎。

太后也是哭紅了眼睛，她剛剛命人收拾了八車金寶，急速送往也先營中，試圖換回英宗。她也知道此舉十有八九是「偷雞不成反蝕把米」，但實在沒有別的辦法。太后平素不過問國事，常帶著嬪妃遊西苑，賞太液，不料風燭之年橫遭此禍，如今召見大臣，真不知說些什麼。朝堂之上一時鴉雀無聲，只聽見幾個大臣在無力地抽著鼻涕。

于謙看了看呆若木雞的群臣，首先開口了：「太后，也先兵馬很快就會兵臨北京，戰守之計，百端待舉，臣請太后快拿主意。」

「我哪有什麼主意，早知今日，真不如和宣宗一起去了。」太后說著又哭了起來。

「請太后節哀順變，早定大計。」見太后昏了頭，于謙提醒道：「國不可一日無君，這是當務之急啊！」他知道這一點定不下來，今後辦事就沒了章法。

「太子才兩歲。」太后剛一開口又哭了起來。因為帝王是終身制，只有英宗死後，太子才能接位，所以觸了太后的痛處，加之國難當頭，有賴長君，兩歲的孩子懂得什麼，所以群臣中沒人接話。

于謙見太后語無倫次，索性直言道：「太后，何不讓郕王監國，總領百官，代行君權。」

「啊！對呀，快擬旨吧！」太后豁然開朗。

朱祁鈺正要辭卻，于謙和幾位大臣趕忙勸道：「郕王，快謝恩吧！」

其實這一招很多大臣都想到了，但他們不願說，因為專制時代最忌諱臣子議論皇權的授受，所以于謙一開口大家都鬆了口氣，紛紛佩服于謙的膽識，當然也有人不以為然。

下一個問題是戰或逃。

翰林院侍講徐珵首先發言：「國事至此，惟南遷可避敵鋒。」

「所言差矣！文皇帝（成祖朱棣）定宮室靈寢於此，示子孫不拔之計也！」尚書胡榮起而反駁。

「京師只有不足十萬的羸弱之兵，又值大敗之後，再敗，只怕連南遷的機會都沒有了。」徐珵見這幾句話震住了太后和一些大臣，便頓了頓，接著說：「當年文皇帝置南京為陪都，留守官吏，經營宮室，為的就是子孫如有危難，可以緩急，怎可說此舉有悖祖宗之意呢？」

徐珵的話引起一些大臣內心的矛盾。當時北京經幾代皇帝的營建，已頗具規模，群臣們也多有家室財產在此，一般是不願遷都，但又覺徐珵此言也不無道理，所以一時議論紛紛，莫衷一是。

「再言南遷者當斬首！」于謙起身，厲聲說：「京師是天下的根本，一動則大勢去矣，難道不見宋南渡後的教訓嗎？京師高牆深壘，易於固守。也先孤軍深入，難於持久，各地勤王之師陸續開到，也先必不敢久戰，國事非不可為也。」

于謙一番話既講明了不該南遷的道理，又講清了能夠固守的理由，群臣心中踏實了許多。這次會議最後決定兩點：郕王朱祁鈺監國，代行皇權；固守京師，由于謙負責。于謙急命沿海抗倭軍北上勤王，又招募新兵，趕製兵器，嚴陣以待。

于謙鋒芒初露。他是浙江錢塘縣（今浙江杭州）人，少有神童美譽，二十四歲便中進士，從此步入仕途。他平素為人嚴謹踏實，為官清正剛直，深受人民愛戴。英宗親征之前，應召入京，任兵部侍郎，留守北京，並代理兵部事務。

八月二十三日，朝堂上又發生了一場混亂，文武百官揪住馬順等幾名王振的死黨，當場活活打死。朱祁鈺見控制不住局勢，戰慄不安，起身欲走。于謙不顧個人安危，撥開人群，拉住朱祁鈺勸說他主持大局。於是，朱祁鈺宣布：馬順等罪在不赦，打死勿論；抄滅王振的家族。風波平息了，散朝時，吏部尚書王直拉著于謙的手激動地說：「國家依賴的正是您呀，今天的事就是一百個王直又有什麼用呢！」這時，于謙才發現自己的袖袍都已撕裂了。

接著，于謙就任兵部尚書，正式負責防衛工作。

也先得了英宗，視之為金不換的敲門磚，想以此叩開中原的大門。為了消除這一不利因素，安定人心，以利抗戰，九月六日，群臣擁立朱祁鈺繼皇帝位，遙尊英宗為太上皇，改元「景泰」，這樣一來，也先手中的英宗就談不上「奇貨可居」了。

為了防止也先挾持英宗以詐誘邊將，以及明軍在作戰中會有投鼠忌器的顧慮，于謙提出了「社稷為重，君次之」的口號。十月初，也先挾英宗直撲北京城下，總兵石亨提出堅壁清野、固守城池、拖垮敵人的戰略。于謙認為這將示弱於敵，堅決主張主動出擊。他布置二十二萬軍隊於各城門，嚴明軍紀不許退卻。十月十一日，大敗也先於彰儀門外。也先於是揚言要釋放英宗，指名要于謙、王直等大臣出迎，想藉機扣留于謙，被拒絕。次日，明軍在各城門又略有斬獲。十三日，明軍與瓦剌軍在德勝門外展開激戰，當時黑雲壓頂，風雪突降，瓦剌軍陷入包圍之中，也先的弟弟戰死了。瓦剌軍轉攻西直門，也受到激烈的抵抗，城上城下矢飛如雨，喊殺震天，瓦剌軍大敗而退。次日，于謙又親自指揮明軍大敗敵軍於彰儀門外，戰鬥中，東郊居民也登上屋頂，飛磚擲瓦，喊殺助戰，瓦剌軍死傷慘重，被迫撤退，沿途又不斷遭到明朝軍民的打擊，最後，狼狽逃回塞北。

北京保衛戰的勝利不僅使明朝擺脫了重蹈北宋覆轍的命運，也使北方人民的生命財產免受了更大的損失，維護了國家的統一。于謙以軍功被加封為少保，總督軍務。他辭謝說：「京郊成了戰場，是我們這些臣子的恥辱，怎麼還敢得到獎賞呢？」戰爭期間，他廢寢忘食，日夜工作於官署、前線，保證了戰役的勝利。

也先大敗以後，屢見無機可乘，又怕失去互市的利益，無奈，於景泰元年（西元一四五〇年）秋送還了英宗，並遣使通貢，恢復了正常的互市關係。

北京保衛戰雖然勝利了，但于謙深知勝利來之不易，所以戰後便向景帝（朱祁鈺）提出了加強防務的建議。他盡職盡責，切實整頓，充實了北京周圍真定、保定、涿州、易州以及居庸關、山海關等處的防務。又整頓軍紀，改進武器。如製造了一種「火傘」，燃放時，可使敵方的戰馬驚潰；還製造出一種火銃，可連續發射，並增大了射程。此外，對京營的軍制也進行了改革，大大充實了以北京為中心的防衛力量。

但此時朝廷內部出現了矛盾。

首先，于謙成了一班奸邪小人忌恨的對象。在北京保衛戰中，于謙力挽狂瀾，有匡扶社稷之功，大將石亨功不如于謙卻被封侯，不知石亨是由於問心有愧，還是為了討好于謙，便保舉于謙的兒子于冕為官。于謙特地上疏景帝，批評：「石亨位居大將，未舉薦過一名隱居的賢士，提拔一名地位低微的能人，反而拿我的兒子來濫冒軍功，這是我堅決反對的。」石亨氣量狹小，得知此事後一直怨恨于謙，不久又因侄子石彪仗勢欺人，貪婪囟橫，被于謙奏了一本，石亨更是惱火。原來主張南遷的徐珵經于謙的批駁，聲名掃地，他見景帝連看見自己的名字都覺厭惡，索性改名徐有貞，他一直對于謙耿耿於懷。再來就是于謙剛直不阿，得罪了一批太監。由於景帝對于謙頗為倚重，加上這些奸邪小人還官不高、權不重，所以，矛盾還沒有激化。

其次是景帝和英宗的矛盾。英宗被放回來後，景帝視之為政敵，雖奉為太上皇，實際上把他軟禁起來了。英宗每日閒居無事，不知是閉門思過，還是仍然在想「王先生」。

景帝最大的心病是太子不是自己的兒子，而是英宗的兒子，是英宗被俘前所立的。為改變這種情況，景帝費盡苦心，終於在景泰三年（西元一四五二年）廢掉了原太子，另立自己的兒子為太子。此事在朝廷中引起了一些風波。不料一年後新太子病死，一些大臣又趁機要求恢復原來的太子，景帝沒有同意，或許他認為自己年紀尚輕，還來得及生個兒子，所以此事就擱了下來。

矛盾終於爆發了。到了景泰八年（西元一四五七年）正月，景帝還沒有生出兒子，自己卻病倒了。這使群臣們感到立太子的緊迫性，但此事又頗有難度，恢復英宗兒子的太子地位不會得到景帝的同意，而景帝又沒有兒子，如果從諸王中給景帝過繼個兒子，又不知如何選擇。

石亨突然想出了個主意：與其勞心費力擇立太子，不如恢復英宗的皇位，不費吹灰之力，便可做個大功臣。他馬上找來太監曹吉祥及幾位親信，一合計，都認為此計可行，但如何實施卻大費腦筋。曹吉祥見大家爭不出個結局，便建議道：「茲事體大，馬虎不得，須想個穩妥的辦法，徐有貞善於計謀，何不找他出個主意。」

徐有貞應召而至，聽完大家的介紹，他精神一振。自己做夢都巴不得景帝早點垮台，不料機會來得如此之快。他眼珠一轉，出了個主意：「將軍，此事到我這兒為止，不可再找人來商量，否則事機不密，一旦功敗垂成，你我將死無葬身之地。」他見石亨連連點頭，接著說：「此事的關鍵是能否把兵派入大內，而派兵入內，須有很硬的理由，如今皇上重病在身，又無太子，而偏偏邊疆報警，何不藉此理由，以備非常為名，納兵入大內呢？」

一番話說得石亨連連點頭，接著三人又密商瞭如何派兵，如何內應，如何做群臣工作等問題。

正月十六日四更時分，千餘名士兵以警衛皇宮為由，進入大內，在曹吉祥等宦官的接應引導下，撞倒宮門，把英宗從睡夢中拖起，送往奉天殿。英宗不知發生了什麼變故，嚇得半死，儘管曹吉祥一再解釋，還是半信半疑。

朝堂上擠滿了各部大臣，他們等候著早朝的召見。這時殿裡響起了鐘聲，聽到鐘聲，徐有貞得知政變成功，急呼：「太上皇復辟了！」曹吉祥急命百官分官朝賀，群臣們毫無思想準備，在壓力下只得唯唯諾諾。或許有人會想：「英宗經過土木之變的挫折和幾年的閉門思過，可能會痛改前非，不再胡鬧，誰當皇帝還不是他朱皇帝的家事。」所以群臣接受了這一事實。總之，政變成功了，史稱「南宮復辟」或「奪門之變」。景帝被廢，幾天後不明不白地死去。

但是，群臣們想錯了，英宗上台伊始，便殺了忠臣于謙。

英宗復辟之初，對石亨等人頗為感激，所以石亨當上了「忠國公」，徐有貞當了兵部尚書，這些奸臣們獨攬大權，首先製造了于謙的冤獄。又是徐有貞出的主意，他們向英宗誣告大學士王文和于謙擬迎立襄王的兒子做景帝的太子，昏庸的英宗不辨真偽，立即下令逮捕王文和于謙。于謙等人被捕後，徐有貞下令痛加拷打，王文抗辯道：「召親王須用金牌相符，遣人必有馬牌，可請有司去禁中勘驗，這些東西在是不在？」于謙對自己的處境已十分清楚，知道已落到奸臣之手，便從容地勸道：「石亨等人欲置我們於死地，辯也沒用！」審問的官員去禁中勘驗金牌相符，發現那些東西一應俱在，歸報徐有貞，不料徐有貞眼珠一瞪，說：「雖無顯跡，意有之。」最後，以「意欲」二字作為罪名，判定于謙、王文犯了謀逆的條律，該處極刑。經徐有貞的一再勸說，最後英宗批准了這一判決。于謙在北京慘遭殺害，當時行路嗟悼，天下冤之，京郊婦孺無不灑泣，抄家時，「無餘資，蕭然僅書籍耳」。抄家者見正房緊鎖，破門一看，原來裡面放著景帝賞賜的劍器、蟒衣等。

千錘萬鑿出深山，烈火焚燒若等閒。
粉身碎骨渾不怕，要留清白在人間。

于謙不是詩人，但他這首《石灰吟》卻是兒童傳唱，長老愛吟，幾百年不衰。究其原因恐怕不只是詩意的雄渾，更主要的還是詩作者一生的壯烈吧！

于謙和岳飛是同一類人物，他們都立下了匡扶社稷之功，又都以謀反罪被處死，定罪的手法也頗相似，一個是「莫須有」，一個是「意欲」，所略有不同的是于謙不僅是一位軍事家，而且更主要的是一位政治家，也正因此，他實現了岳飛的一句名言——文官不愛錢，武將不惜死。

還有一點不同的是岳飛被害是因為妨礙了高宗趙構和秦檜的私利——議和，而于謙被害僅僅是由於英宗和一些奸臣的私見——一種主觀上的不相容。于謙沒有威脅到明王朝皇權，更沒有危及英宗的皇位，總之，英宗沒有非殺于謙不可的理由，至於他的功勳，連英宗私下都是承認的。正因如此，于謙的遭遇便顯得更加悲慘。

個別封建史家指責于謙不知自保。是的，假若于謙略施計謀，恐怕景帝就不會迎回英宗並奉為「太上皇」，甚至英宗連性命都可能不保，更談不上後來的什麼「奪門之變」了。或者于謙能隨和一些，遇事留些餘地，那麼石亨、徐有貞也許不會非置他於死地不可。但他沒有這樣做。前者是今人難以理解的一種古代道德，而後者直到今天仍被歌頌——一種不計私利、剛直不阿精神。

于謙被害後，有個叫陳逵的官員感於忠義，收殮了他的遺骸，于謙的女婿朱驥將靈柩運回故鄉，葬於西湖三台山麓。憲宗成化初年，明政府為于謙平反昭雪，他在北京的故宅改為忠節祠，祠內懸有後人題寫的匾額——「熱血千秋」。數百年來于謙一直受到後人的敬仰，他永遠激勵著後代仁人志士捨生取義、前仆後繼。

相反，陷害于謙的三個奸臣都落得身敗名裂的下場。眼珠轉來轉去的徐有貞居然打起了石亨的主意，石亨找人向英宗一嘀咕，昏君的特點是說變臉就變臉，立即把徐有貞一腳踢開，先是逮捕下獄，後又流放遠方。

不過徐有貞的命運卻比石亨好得多。石亨品行不良，曾是個犯了罪的軍官，作戰倒還勇敢，這回成了「開國元勳」之後，更加趾高氣揚，連英宗都不放在眼裡，說起話來歪脖子瞪眼，居然一副「周公輔成王」的派頭。無奈這回「成王」不認這個「周公」，結果逼得這位曾誣說別人謀反的人自己卻真的謀起反來，石亨謀反最後謀到了獄中，不久就死在了那裡。

而石亨的下場又該讓曹吉祥羨慕了。自稱曹操後代的曹吉祥見英宗如此對待「功臣」，自覺心寒，為求自保，居然也想做曹操第二，不料政變半途而廢，曹吉祥被凌遲處死。

一系列的變故是否促使英宗有所悔悟呢？請看下面事實：英宗坐穩天下後，竟又思念起那位斷送了他前半生的「王先生」，不僅恢復了王振的官職，用檀香木刻成王振的形象，招魂安葬，而且還賜以「旌忠」的匾額。揭匾那天，英宗一邊揮淚，一邊向群臣宣講著王振「殉國」的壯烈，希望群臣以王振為楷模，盡忠報國。

天順八年（西元一四六四年），這位吃一塹不長一智的昏君「英年早逝」，年僅三十八歲，在位時間雖短，卻為明王朝開啟了一代風氣——寵幸宦官。

青天海瑞

百折不撓、畢生搏擊的楷模。

海南島——南天形勝，聳立著五指山，流淌著萬泉河。明正德九年（西元一五一四年），海瑞就出生在這個被古人視為天涯海角的神奇的地方。他自號剛峰，恰如南國峰巒的挺拔超群；他一生搏擊，不怕丟官、坐牢、殺頭，曾是婦孺皆知的人物。

明朝帝王自武宗以後，大多有所「追求」，如武宗佞佛、世宗崇道、神宗好酒、熹宗善打造木器等，治國倒成了「業餘」的事了。比較起來，就追求的執著而言，首推世宗。

世宗崇道，從他當皇帝的第二年起，直到嘉靖四十五年（西元一五六六年）海瑞上疏時止，長達四十四年，其最終目的是求長生不死。此間宮廷內外，香煙繚繞；朝堂之上，競談法事，整個國家儼然成了一個大道場。或許是世宗的誠心感動天地，所以祥瑞也特別多，今天地方官報告發現了白鶴，明天地方官又報告湧出了醴泉。報告者自然有賞，就是邊軍打了勝仗，受獎賞的不是將士，而是道士。至於嘉靖二十二年（西元一五四三年）宮女謀反，把世宗勒了個半死，更是上天的庇佑。但歸根到底世宗是否長生不死了呢？結論不答自明，買張門票到十三陵中一看可知。不過比起定陵已被發掘開放，明神宗的幽靈被觀光者攪得忐忑不安，世宗還算幸運，這或許是他崇道的報答吧！

一個億萬人大國的君主，把精力置於崇道，那國事誰來處理呢？嘉靖二十一年以前，世宗還要利用「業餘」時間過問一下，以後，便悉委之嚴嵩了。這嚴嵩可非等閒之輩，他是個詩人兼書法家，最擅長寫焚化祭天的賦體青詞，因此頗得世宗賞識。再則他為人隨和，就是見了宮中的小太監也能親熱地拉著手談上半天，對一般下級也是禮賢下士的模樣。他極富表演才能，說哭就哭，說笑就笑，雖年近六旬，卻精力充沛，整天圍在世宗屁股後頭轉來轉去，不知疲倦。他還善於逢迎，世宗給親近大臣每人做了一身道服，很多人嫌怪模怪樣，不去穿戴，惟有嚴嵩每天穿著上朝，因怕弄髒，還罩上輕紗。至於嚴嵩的為人，從下面一件事中可見：當時內閣首輔夏言擬彈劾嚴嵩，他聞信趕到夏家跪地哭求，夏言一時心軟，說聲「罷了」，便送客出門，但嚴嵩得勢，卻不肯「罷了」，反手殺了夏言。

嚴嵩主政，世宗專心訪道，於是便有陶仲文等人自稱求仙有術，世宗深信不疑，居然拜為師傅，封給高官顯爵，許其出入宮禁。陶仲文告訴世宗：只要不與其他人接觸，就有把握使之成仙。於是，世宗閉門修行，甚至連后妃、子女都不見，一連二十多年不上朝，文武大臣甚至不知道皇帝在什麼地方。太僕卿楊最和御史楊爵因為進諫，被酷刑折磨致死。相反，嚴嵩隨聲附和而深得皇帝的好感。嚴嵩還推薦了個叫顧可學的人，此人自稱可用兒童的尿煉成仙丹，為此，世宗頗為高興，連稱為國舉賢、克慰朕心。上有好者，下必甚焉，為了討皇帝的歡心，地方官在全國大建宮觀廟宇，勞民傷財，人民怨聲載道，官場更加黑暗，貪污成風，競尚奢侈，搞得國家民窮財盡。

朝政不理，內憂外患紛至沓來。蒙古俺答汗在嘉靖二十九年（西元一五五〇年）率部大舉進犯，前鋒直指北京，京郊人民扶老攜幼擁至城下，希望進城避難。但是，城門堅閉，人民遭受殺戮。嚴嵩告誡部將：「在邊疆作戰，失利了也可以掩飾，在天子腳下打了敗仗，皇上馬上就知道了，你們誰也擔不起罪責。」於是，滿朝武將誰也不敢出擊。嚴嵩的爪牙楊順在與蒙古人作戰時不敢交鋒，反而派兵截殺逃難的百姓，砍下頭顱作為戰功的憑證上報。在東南沿海，倭寇也猖獗起來，大多數將領無心抗戰。浙江巡撫阮鶚不敢抗倭，送去很多金銀財寶，請倭寇早日離去。因財物太多倭寇無法全部運走，阮鶚索性又送船六艘。對此，明世宗知道了也不問罪，一心修煉仙術。

嚴嵩專權過久，年近八十，老朽糊塗，漸不能討世宗的歡心，加上樹敵頗多，最後被以徐階為首的一批大臣扳倒。嚴嵩落得個削職為民，抄沒家產的下場，但世宗卻毫無覺悟，他崇信道教，依然故我。

嘉靖四十三年（西元一五六四年），海瑞輕車簡從，來到北京，就任戶部雲南司主事。安頓下來，舉目四望，發現京師更加黑暗，公事之餘，手撫長須，清瀶的臉上雙目堅凝。

就在此時世宗自我感覺快要成仙了。某日，太監向他獻桃一枚，並眾口一詞說是自天而降的「仙桃」，皇帝萬分高興，急命人設壇答謝。次日，又有人捧來「仙桃」一枚，湊成一對。接著世宗又在寶座上發現了「仙丹」一包。這一切使世宗不禁飄飄然，覺得自己似乎旦夕間就可羽化登仙了。

面對朝廷亂象，海瑞怒不可遏，拍案而起，他喚過老僕，命他去買口棺材來。老僕張口結舌，經不住主人嚴命，結果買來了棺材，還請來了主人的同鄉好友翰林院庶吉士王弘誨。

「你來得正好。」海瑞從案頭取過一疊稿紙，一揚，又放到書架上，接著說：「國事至此，人所共知，我海瑞一介書生，死不足惜，但願能以一死警醒聖上。」

海瑞沒有讓朋友看奏稿，是怕把他牽連進去，但從海瑞平素為人上王弘誨也猜到了是什麼內容。王弘誨不好相勸，又不好不勸，半晌，王弘誨開口道：「剛峰，太夫人遠在瓊山，風燭之年，恐怕受不了這個刺激，我看……。」

「忠孝不能兩全，我以身許國，生死以之，不改初衷。」海瑞說著拿出四十兩銀子，接著說：「這是我的全部積蓄，一半供老僕歸鄉向母親陳述詳情，一半拜託你代我料理後事。海瑞不孝，也不必歸葬，擇地草草掩埋即可。」說罷二人拜倒在地，痛哭失聲。

嘉靖四十五年二月，海瑞的《直言天下第一事疏》擺上了世宗的案頭。按說世宗不理朝政，很少批閱奏章，但由於世宗寵道，疏遠宦官，太監們嘴上不說，心裡卻頗有怨言，海瑞的奏疏擺上世宗的案頭，或許是由於太監的原因亦未可知。

在奏疏中，海瑞直指世宗，批評他違反三綱，治國無術；隨意殺死、謾罵臣子，君臣關係不正常；閉門修行，不見后妃和子女，違反了人的天性；不實行使國家富強的措施，專門搜刮百姓，祈求長生不死；多年不上朝使法紀成了空文；隨便地加官晉爵使人們覺得這些東西也沒什麼高貴。現在世上已是「吏貪官橫，民不聊生，水旱無時，盜賊滋熾」。針對世宗追求長生不死，海瑞寫道：「古代的聖賢從不提倡長生不死，陶仲文是您師傅，如今已經死了，您是他的徒弟，怎能長生不死呢？至於天降『仙桃』更是騙局，您居然相信。」針對世宗用人唯順，海瑞寫道：「如果大臣們都學嚴嵩那樣順從你，對國家有什麼好處呢？用人必須唯才，而不能唯順。」此外奏疏中還提出了一些治國的建議。海瑞早置生死於度外，說了不少過激的言論，如：「天下人對陛下的不滿已經很久了。」「老百姓說，嘉靖者就是家家皆淨而沒有餘財了！」

世宗本來滿有興致地拿起奏章，結果看了幾行便氣得摔在地上，氣急敗壞地喊：「快把海瑞抓起來，別讓他跑了！」不料身旁一個太監扯著不男不女的嗓子，陰陽怪氣地說：「海瑞早知陛下會處死他，已買好了棺材，這樣的人怎麼會跑呢？」一句話氣得世宗先將太監懲罰了。懲罰完之後，又覺海瑞說中了自己的心病，於是撿起了奏疏，一邊讀一邊嘆息。

世宗病倒了，本來他身體就不好，加之常年服用「仙丹」（大多用處女月經和童子尿等熬製），大中其毒，身體更加虛弱。看到海瑞的奏疏一方面是氣惱到了極點，一方面也覺成仙無望，頓失精神支柱，身體馬上就垮了。而太醫院的人又多是道士，「呼風喚雨」倒很內行，給人治病卻只會畫符念咒，治療結果便可想而知了。國逢大事，百官惶惶。內閣首輔徐階的府前門庭若市，入夜也是人來人往。不同往日的便是來者多面色凝重。

提起徐階，值得在此交代一筆。嚴嵩執政晚年，朝中唯一與之分庭抗禮的就是徐階，他為人謹慎、圓滑，嚴嵩抓不住他的把柄，更令嚴嵩嫉妒的是徐階的青詞寫得更好。嚴嵩倒台前夕，曾將對待夏言的故技重演，向年齡比自己小得多的徐階下跪哭求，徐階一一答應，但轉身便狠參了嚴嵩一本，促成了嚴嵩的垮台，自己則成為內閣首輔。在節操上他比前任首輔清正，在作風上又比後來的首輔如張居正等人溫和，所以被譽為明朝的「名相」。

一會兒，徐階要找的人來了，見過禮後，徐階命令再有來訪者一律拒之門外。僕人迴避，幾個丫鬟獻上香茶後，悄然退出。

來人是吏部文選司郎中陸光祖，他是海瑞調京的舉主，徐階找他的用意是想了解海瑞，而陸光祖不知首輔何意，所以見室內無人，便跪下謝罪：「相國，今日朝廷紛爭，皆由卑職無知而致，如今種種無狀，真不知如何說起。」

「罷了！罷了！」徐階揮揮手說：「國事如麻，其來有自，只不知海瑞如此狂生，你怎會保舉他？」

「相國，海瑞是反嚴嵩的！」陸光祖一句話說得徐階霍然動容，急命他從頭說起。

陸光祖講了兩件海瑞任淳安知縣時的故事：嚴嵩的黨羽浙江總督胡宗憲的兒子路過淳安，嫌驛吏招待得不豐盛，就把驛吏吊了起來。海瑞聞訊大怒，立即派人抓住了胡公子，痛打一頓後，沒收了他隨身攜帶的一千多兩銀子，然後驅逐出境。事後，海瑞居然把此事報告給了胡宗憲，說什麼您一再教導我們招待官吏要節省，真是體恤民力，如今這個花花公子氣焰囂張，行李華貴，一定是奸人冒充胡公子來行騙的，我已嚴懲云云。胡宗憲面對這頂高帽，戴也不是，不戴也不是，只好自認晦氣，沒有聲張。

還有一次，嚴嵩的乾兒子鄢懋卿到江南巡查，通知所過州縣飲食供應要崇尚儉樸，但實際上卻大擺排場，僅揚州一地就搜刮了二三百萬兩銀子。於是海瑞就給鄢懋卿寫了封信：「您每到一處就花天酒地，和您通知的正相反，如按通知辦，怕您怪罪我們怠慢；如不按通知辦，又怕違反了您愛惜百姓的美意，到底該怎麼辦？請明示。」鄢懋卿十分惱火，但也不敢碰這個釘子，於是就繞道而去，沒有進入淳安，但他後來找了個藉口，罷了海瑞的官。

最後，陸光祖又跪了下來，「相國，海瑞此次上疏言雖過激，不過是書生習氣，內心卻是忠君愛國，務請相國保全！」陸光祖明白，保全了海瑞就保全了自己。

聽完陸光祖的一番話，徐階深知海瑞人才難得，再加上自己年事已高，做不了幾天首輔了，若此時拉他一把，將來他必感恩圖報。不過徐階臉上不露聲色，只是連聲說：「起來吧，起來吧，到底如何，看海瑞的造化吧！」說完端茶送客。

此時海瑞已被關進大牢，而且問成死罪。但昏君的特點是最怕別人說他是昏君，所以世宗對海瑞的處理也不無疑慮。一天，徐階前來探視，世宗掙扎著說：「海瑞倒是不怕死的硬漢子，疏中所云也不無道理，但這樣指斥朕畢竟不該原諒，況且朕在病中，怎能受此刺激。」

「海瑞是個書呆子，故意以此來沽名釣譽，陛下不如索性饒了他，這樣他就失算了，而天下一定感戴陛下的寬容。」徐階一番話說得世宗十分矛盾，加之命在旦夕，這件事就拖了下來。

海瑞早已作了最壞的打算，所以對生死毫不介意。牢頭一半是敬重海瑞的為人，一半也因為海瑞確實是窮，所以也沒有為難他。

一天，獄卒突然嬉皮笑臉，打開牢門，道了聲「恭喜海先生，上邊有請」。

海瑞起身走出黑牢，在獄卒的引導下來到一間寬敞的屋內，一桌酒席已經擺好，幾位管事的起身相讓，勸酒讓菜。

酒過三巡，海瑞一擲杯，起身道：「多謝厚愛，來生相報，請問何時上路？」

「誤會了，誤會了，海公是個性急的人，也怪我們沒說清，昨天皇上駕崩了，料想先生出頭的日子到了！」

海瑞悚然動容，雙目圓睜，半晌，爆發出一聲吶喊，接著便哭倒在地。他想到了死，更希望世宗會痛改前非，放他出獄，但沒想到這個結局。

世宗的遺詔承認了在位期間的種種過錯。名為「遺詔」，實際卻是徐階的手筆。接著，照例「大赦天下」，海瑞出獄了。

海瑞出獄後，復戶部雲南司主事職，不久調任尚寶司司丞，後又任大理寺寺丞，專門負責平反冤獄，海瑞的迅速提升，與徐階的提攜是分不開的。這次上疏使海瑞「名震天下」。

隆慶三年（西元一五六九年），海瑞升任右僉都御史、欽差總督糧道巡撫應天十府。轄區包括：應天、蘇州、常州、鎮江、松江、徽州、太平、寧國、安慶、池州十府及廣德州。海瑞赴任的消息一傳出，當地的貪官污吏十分震驚，有的主動要求辭職，有的遷居遠方，有個富豪把新建成的十分氣派的朱紅大門改塗了黑色，以免招搖。

應天十府本是富饒的魚米之鄉，海瑞到任後才發現，江南人民在沉重的賦役和貪橫的官吏的重壓下生活十分困苦。恰巧那年夏秋多雨，受災面很廣，直到冬至時節還有一半的田地淹在水裡。市面上糧價飛漲，擺在人民面前的路除了餓死就是去搶劫或討飯。海瑞決定把救災和治水結合起來，既解決人民的燃眉之急，又為人民謀長遠之利。經過調查發現，由於歷任官員的失職，使太湖通海的主流吳淞江淤塞得很厲害，許多支流也失去了調解作用，一遇特大的雨量，太湖水一時排不出去，便氾濫成災。海瑞召集饑民，趁冬閒開工，疏浚吳淞江及支流水系。經朝廷批准，把應送京的糧食留下一部分，災民上工就有飯吃。由於這是造福地方的事，各方面的熱情都較高。海瑞乘著小船四處巡查，很快就完工了。這一工程造福江南人民，人民很感激他。

海瑞在任的另一件事是懲治豪強地主，勒令退還強奪農民的土地，號令一出，農民紛紛前來告狀，最多的一次一天就有上千人，而首當其衝的就是徐階家族。徐階的兄弟子侄平時依仗他的勢力橫行鄉里，霸人田產，家族有地幾十萬畝，佃戶數萬。徐階對子侄的行為有時也訓斥幾句，但大多是睜一隻眼閉一隻眼的。以前幾任地方官礙於徐階面子，從來不加過問。

「真是豈有此理！」海瑞剛閱完一疊訴狀，拍案大怒，「來人，把這些狀子擇要抄送徐相國，讓他看看其子做的好事！」此時徐階因得罪宮中太監，又受到彈劾，加上年事已高，就知難而退，告老還鄉，居於松江府華亭縣。

書吏趕緊勸道：「大人息怒，徐相國對子侄常加督教，只是後人不太爭氣。」

海瑞說：「這幾年我對徐相國了解深了，若說他害人為富，或不至於，但他為人優柔寡斷，後人為之，他亦聽之，幾句訓誡，不過是掩耳盜鈴之技耳。」

「大人，徐相國非同一般，此事可否從權辦理？」書吏小心地說。

「如何從權辦理？江南豪紳百姓眼盯著徐階，看著海瑞，他不退田，誰還會退田？」海瑞的口氣鬆了鬆，緩緩地說：「聖人講知行合一，明知是壞事而不起而反對，便有違聖人之訓，我這也是愛人以德。這樣吧，我寫封信給徐相國，他或許會理解我的苦心，還是讓他自己覺悟的好。」

華亭縣的徐宅內，一片森嚴氣氛。徐階端坐正堂，几案上放著一本散發著墨香的《世經堂集》，剛才翻閱自己文集的喜悅心情讓海瑞的來信一掃而光。徐琨、徐瑛二子已跪在堂下，聽候訊問。長子徐璠還沒到場，他最近霸占了一位婦人，收為外室，經常夜不歸宿，現已派人去找。

徐璠一進大門便覺氣氛不對，轉身欲走，無奈僕人已受了主人的嚴訓，關上了大門，徐璠只好硬著頭皮來到堂前跪下。

「啪！」一個成化窯的花瓶迎面打來，徐璠側身一讓，花瓶摔了個粉碎。

「來人，把這個逆子綁起來送官！」徐階怒道。

眾奴僕一看徐階發了火，立時黑壓壓跪了一堂，七嘴八舌地求情：

「老爺要念骨肉之情呀！」

「老爺，家醜不可外揚呀！」

「哼！家醜外邊人知道得還少嗎？我在朝中做官，家裡搞成這個樣子，都是你們這些惡奴慫恿所致。」徐階怒氣未消。

「老爺，此事經不得官，現在朝中有很多人想看咱家的笑話，這時先要自己站穩了腳跟。」這位管家自幼服侍徐階讀書，說話頗有分量。「再說，海瑞來信主要講的是退田，公子的事不過順便提起，我已收拾了幾間書房，讓公子們分頭讀書，閉門思過。」

「哼！他們還能讀書？」徐階語氣輕蔑，但心已冷靜許多，本來要把兒子送官的話就是一時衝動而出的。

「那就讓公子們退下吧！占田之事我是經手人，與公子無涉。」管家說。

「徐璠身為長子，做出這等事體，不可輕饒，先打四十大板。另外，書房要上鎖，鑰匙由我掌管。」徐階語氣稍緩了些。

徐璠呼天搶地地挨了四十大板後，堂上恢復了寧靜，管家說：「老爺，您於海瑞有救命之恩呀！這退田的事怎麼說？」

「海瑞為人剛毅，好沽名釣譽，或許他也有難言之隱，一點不退是不行，想他也不會一點面子不給，我看退一點吧。」徐階說。

「老爺，這些田地都是百姓自願獻上來的，不是占田，若硬要退田，反倒拂了百姓的美意。」管家說。

「別說了，拿契約吧！」徐階說。

「老爺，契約有，但論筐抬也得半天。」管家說。

「這樣吧，你把契約改上那三個逆子的名字，退的田算我的。」徐階說。

海瑞收到了徐階的回信，徐階答應退還部分土地，餘下的土地他說是兒子的，他不好做主。看完信，海瑞對徐府管家說：「父親做錯了事，兒子也可幫助改正，何況父親改正兒子的錯誤呢！」於是他再寫回信，措詞倒還客氣，但立場堅定：「還須再退田，另外其子劣跡昭彰，非懲辦不可。」

徐階閱信後長嘆一聲，閉目仰頭，面如死灰。徐階深知自己有兩個把柄在海瑞手裡，一是占田，二是其子的罪狀。時下朝中形勢對己不利，不得不有所收斂。

半晌，徐階睜開眼睛，對管家說：「海瑞究竟要我退多少田呢？」

「老爺，海瑞說應還之過半。」管家回答。

「好，就還他一半，看他還怎麼說！」徐階說。

徐階是想拿這一半土地換取海瑞對其子的諒解。他想：「我救過你的命，又提拔了你，如今又做了讓步，你總不能趕盡殺絕吧！」

管家明白主人的心境，跺跺腳，去找海瑞商議。

「相國盛德果然出人意表，佩服之至，不過貴公子所為卻不能一筆勾銷。」海瑞斬釘截鐵地說。

「大人，那個外室已經遣回，此事已了。」徐府管家說。

「你當是裁兵，一遣就可了之，一個婦道人家，被苟且多時……。」海瑞開不了口了。

「大人說怎麼辦？」管家問。

「法辦！」海瑞說。

「相國年事已高，受不了刺激，尤其受不了海大人的刺激。」管家說。

「相國於我有救命之恩，但我寧肯來生化犬馬相報，也不能拿百姓的身家相報！」海瑞說。

雙方越爭越強硬，最後管家拂袖而去，走到門口，又被海瑞叫住了。「徐璠、徐琨罪該充軍，還是讓他們投案的好。還有，貴府奴僕成千，已過招搖，應該裁去一半才是。」

看到管家拉著長臉而歸，徐階便知事情不妙，不知如何是好。管家說：「老爺，何不找人說說情。」

「前些日子我已托江陵的張太岳（張居正）寫信給海瑞，至今沒有下文。此人不可理喻，你越巴結，他越強硬。唉！」徐階嘆了口氣。

這時徐階之弟徐陟來訪。徐階一見這個兄弟就頭痛，這徐陟平日裡打著兄長之名招搖撞騙，給徐階惹了不少麻煩。不過今日不同，徐陟也受到海瑞壓制，兄弟倆可謂是難兄難弟。

見長兄愁眉苦臉，徐陟開口道：「我這兒有一計，叫釜底抽薪，何不派人到京活動活動，讓海瑞搬家？」他見徐階認真傾聽，便接著說：「海瑞最近又要清丈土地，搞什麼均田均稅，得罪了一班縉紳，大家公推您為盟主，他是您提拔的，您自然能把他拿下去，我願從中奔走。不過這盤纏……。」

「你給我惹的事還少嗎？如今江南在朝中做官的人不少，他們自有公論，何用你我參與，你給我在家安分地待著。」徐階憤然地說。

徐陟見話不投機，起身便走，見徐階不注意，又順手拿了件古玩，也算不虛此行。見徐陟走了，徐階喚過管家，說：「剛才老二的話你也聽到了，此計可行，但老二為人成事不足，敗事有餘，故而不能讓他參與。目前江南縉紳在京做官者自會有所反映，我們再加上把火，還得勞你到京里走一趟，找找內閣的張太岳、翰林院的戴鳳翔，還有宮中的太監，可花些錢，但切忌招搖。」

管家連連答應，轉身要走，又被徐階叫住了，「以後老二再來，要派僕人貼身侍候。這個不爭氣的東西，他以為我剛才沒看見。」

江南劣紳果然群起誣告海瑞。輕者說他縱民為虎，以縉紳為肉；重者說他「聯結倭寇」。朝廷大員中也有人不贊成海瑞的做法，加上徐階的活動，張居正再做些手腳，海瑞的官被罷免了。但在公文遞達應天之前，海瑞已逮捕了徐璠、徐琨，並判了充軍之罪。

當海瑞離去時，聞訊趕來的人民含著淚為他送行，還有人繪製了他的畫像，像神靈一樣供奉在家中。海瑞雙眉緊鎖，朋友們少不了勸慰幾句，不料海瑞說道：「只苦了百姓。」

海瑞只做了七個月的巡撫，之後，在家鄉閒居了十六年。海瑞是個一生搏擊、百折不撓的人物，他始終把自己擺在惡勢力的對立面，在他的心目中，國家和人民的利益是至高無上的，除此之外便不計利害，不計得失，他是中國忠臣的一種特殊類型。

海瑞的人格征服了千萬人的心靈，儘管他的敵對者罵他喜自用、寡深識、少風度、似瘋癲，但時過境遷，他們也不能不佩服海瑞的膽識，至於一般士大夫對海瑞更是崇拜如泰山北斗。

請看明朝人的評價：「他生活淡泊，性格忠貞，看到百姓的飢寒認為是自己的過失，以他的皇帝不像堯舜那樣為恥辱。一言一行都要說古代如何，先王如何，做官辦事堅守祖宗的成法。不怕挫折，不怕犧牲。又嚴峻，又溫和，談話的時候，說得不太快，也不擺出一副難看的面孔，遭遇危難也不表現那樣憤慨抑鬱。他像伯夷、像伊尹、像柳下惠；他是孔子所說的強哉驕、孟子所說的大丈夫，是古今一真男子。當然，他的修養還沒有到家，未得中庸之道，做事有時過了一些、窄了一些。」

海瑞的人格征服人們心靈的另一重要方面在於他是中國古代少有的清官，他一生未為自己謀過一點私利。

早年海瑞在淳安做知縣，有一天忽然買了二斤肉，大家覺得稀奇，一打聽，原來是他母親過生日。後來海瑞升任應天巡撫，這是個顯赫的官職，但他卻簡樸如故，所到之處不許地方官鼓樂迎送，也不住好房子。地方上為了巴結他往往大擺筵席。海瑞明確規定，在物價高的地方每頓飯不許超過三錢銀子，物價低的地方不許超過二錢銀子。當時官員們都向上司送禮，海瑞不受禮也不送禮，有人勸他隨和些，他說：「天下的官吏都不送禮，難道就都不提升了嗎？天下的官吏都送禮，難道就沒有降職和獲罪的了嗎？」說得來人啞口無言。海瑞在家閒居時，靠祖上留下的一塊土地過著清貧的生活。他沒有置田產，只在母親去世時靠別人資助買了塊墳地。家鄉的官吏在清丈田產時，少算了海瑞的一點八畝地，想讓他少交點稅，海瑞發現後立即糾正了。當時張居正任內閣首輔，曾派御史祕密來到瓊山，調查海瑞是否又有新的「劣跡」，那個御史見海瑞過著如此清苦的生活，深受感動，回京復命也沒有撥弄是非。

萬曆十三年（西元一五八五年），經過十六年的閒居，海瑞出任南京吏部右侍郎。此時他已七十多歲了，還想在餘暮之年為百姓做點事。南京的貪官們誣告、阻撓海瑞，但最終沒有得逞。

萬曆十五年，海瑞在南京逝世，臨終的前三天，他還退還了兵部送來的柴金費多給的七錢銀子。海瑞的妻子、兒子早已去世，所以他的喪事是由御史王用汲料理的，檢點遺物時，只在一個竹筐中發現了八兩銀子、一匹粗布和幾套舊衣服，就是一般的百姓也不過如此。眼見這一情景，很多人都哭出聲來。

靠同僚的捐助，海瑞的靈柩得以運回故鄉。當載著靈柩的船駛在江上時，兩岸人民穿戴著白衣白帽，哭著祭祀他，店鋪為此都停止了營業，據史書記載，這樣的行列長達百里。從那時起，人民以各種方式紀念他，直到今天，仍有十幾出有關海瑞故事的戲劇在流傳，在人民心中，海瑞的名字是正義的象徵。

遼東忠魂

他忠貞報國，卻慘遭千刀萬剮，留下了不盡的思索……。

明朝崇禎三年（西元一六三〇年）八月十六日，北京城的天色分外陰沉。冷颼颼的秋風，吹動著大塊大塊的烏雲，把天空壓得很低很低，像是一面要塌下來的破牆，砸在紫禁城上。

聽說今日要凌遲袁督師，好事的市民從凌晨起，就三五成群地湧向西市，他們想搶占個好地角，要看個真切。北京的小市民利嘴如刀，他們世世代代生活在天子腳下，習慣了按聖旨說話做事。皇上說袁崇煥「通虜謀叛」，「失誤封疆」，他們當然深信不疑。想起去年建州兵（即後金國兵，明人稱建州兵）圍攻北京城，燒殺搶掠的情景，無不切齒痛恨袁崇煥。一年前，袁崇煥還是他們心中最崇拜的英雄，他們曾為袁督師的寧遠大捷而流淚歡呼，也曾為袁督師的寧錦大捷徹夜慶功。而今他們感到是受到了莫大的欺騙、莫大的嘲弄。一百八十度的反差，怎能使他們不怒不恨呢？

「這個黑了心肝的南蠻子，竟敢勾引韃子兵圍掠北京，真應千刀萬剮！」

「背國叛主的賊子，剮了他也是輕的，應該滅絕九族！」

數萬人嘰嘰喳喳的咒罵聲，像刮起一陣陣瑟瑟的秋風。

也有對袁崇煥「通虜謀叛」心存懷疑的。可是誰敢和皇帝唱反調呢？若是被廠、衛的密探知道了，還不得被捉去割舌、抽筋、扒皮嗎？他們也只能是靜聽別人的怒罵就是了。（廠、衛是指東廠、西廠和錦衣衛。都是明王朝的特務機構，專門用來伺察、追踪、捕殺不忠於朝廷的官民。）

快到晌午時分，一輛木柵囚車從錦衣衛的監獄中來到西市。車上囚籠中立縛著一個四十多歲的男囚。他雖然蓬首垢面，遍體鱗傷，但卻高昂著頭顱，挺起胸膛，目光炯炯，兩眼直視前方，依然不減大將軍的氣概。

路旁圍觀的人群，呼啦一下湧上前來，任憑維持法場秩序的士兵怎麼阻攔、驅趕，人群還是潮水一般往上湧。不知是誰喊了一聲：「打死這個通敵的賊子！」頓時，磚頭、瓦塊、破鞋、污泥、爛瓜、黏痰、唾沫，雨點般地飛了過來。

袁崇煥還是那樣巍然地站在囚籠裡，他的頭不躲、不閃；眼不動、不眨，任憑辱罵、擊打。這一切都在他的意料之中。他有恨，卻無怨、無悔。他恨那些陷害忠良的魏忠賢餘黨，他恨那些犯邊入寇的敵虜，但對這些辱罵他的市民百姓，他不怨；對自己投筆從戎，保衛遼東之舉，他不悔。他準備去承受比這更令他恥辱、更令他痛苦的凌遲酷刑。

凌遲又名「剮」刑。考之文獻，其刑大約起源於五代時期。據明代王明德的《讀律佩》記載，凌遲的施行方法，是把受刑者縛於大柱上，將其肉一寸一寸地割剝下來，割到身上再無肉可割，然後男的割去外陰，女的割掉陰戶，接著再剖開胸腹，取出五臟六腑，待斷絕犯人性命後，還要把四肢關節分解開來，直到最後把骨頭全都斬碎為止。《明史．劉瑾傳》記載：宦官劉瑾被處凌遲，割了三天共四千七百刀才死去。不過這是特例。明清的凌遲刑，一般是割八刀。其施刑的順序是從頭面、手足、胸腹而下，直至梟首。歷代被判處凌遲刑的，多是限於十惡不赦的「大逆」、「謀反」、「逆倫」等罪。兵部尚書兼右副督御史、督師薊遼、兼督登、萊、天津軍務的袁崇煥即是以「通虜謀叛」的大罪處以凌遲的。

正晌午時，三聲炮響，劊子手對袁崇煥施刑。

大雨傾盆，雷電交加。天為之哭，地為之慟。一刀刀宰割，痛裂心脾。袁崇煥沒有哀叫一聲，只是反復詠誦他告別人生的七絕：

一生事業總成空，半世功名在夢中。
死後不愁無勇將，忠魂依舊守遼東。

袁崇煥掙扎著望了一眼那在風雨中飄搖的紫禁城，昏死過去，迷濛中彷彿又回到了金戈鐵馬的遼東……。

萬曆年間，生活在明朝東北地區的女真人發展壯大起來。萬曆四十四年（西元一六一六年），女真人首領努爾哈赤在統一了女真各部之後，建立了大金國，接著把鋒芒指向了明王朝。這時的明王朝，政治極端腐敗。天子荒淫，官吏貪殘，上下橫徵暴斂，民不聊生。國家千瘡百孔，外強中乾。金兵攻城掠地，連連獲勝。萬曆四十七年（西元一六一九年）三月，十萬圍剿努爾哈赤的明軍慘敗於薩爾滸（今遼寧撫順東、渾江南岸）。努爾哈赤又乘勝取開原、鐵嶺，滅葉赫，成為明王朝在東北地區的大敵。從此，明王朝的東北地區陷入了嚴重的危機之中。

就在明軍慘敗於薩爾滸這一年，三十五歲的袁崇煥來到北京參加科考，考中了進士第三甲第四十名。不久即被任為福建邵武縣知縣。

袁崇煥，萬曆十二年（西元一五八四年）生於廣東東莞縣。自幼勤奮學習，尤其喜歡軍事，和朋友談兵常至深夜而忘返，素有撐天報國之志。承天子聖恩得以官知一縣，他決心要為國家造福一方。民為國本，民安則國寧，民殷則國富。袁崇煥與那些當官為發財，專門盤剝民脂民膏的「父母官」們不同，他以盡心於民、盡力於民為第一要事。他堅守操節，清廉不貪，公正斷案，為民申雪冤屈，深受邵武縣百姓的愛戴。這在明末黑暗腐敗的官場上，極為罕見。

可是，袁崇煥並不安於山清水秀的江南。北疆烽火連天，生靈塗炭。女真人不僅奪去了東北一隅，而且還可能成為心腹之患，他日夜憂慮。國家興亡，匹夫有責，更何況他還是朝廷的命官呢！

邵武縣有一些曾經戍守過遼東的退役老兵，袁崇煥常常將他們請到衙內，詳細詢問遼東的山川地理、風土人情以及歷次與女真人交戰的情況。夜晚便閱讀歷代兵書，探討其中的精妙。在這其間，他還對一些新的武器產生了濃厚的興趣，尤其是「紅夷大砲」引起了他的注意。

「紅夷大砲」即荷蘭大砲。當時荷蘭與葡萄牙為了爭奪對中國的貿易特權，在福建沿海發生武裝衝突，雙方都使用大砲攻擊對方。明朝駐福建守軍因此獲得一批荷蘭大砲。袁崇煥發現這種大砲的砲管長，射程遠，有瞄準器具，射擊準確，裝填彈藥方便，射速也較快，比明朝自製的大砲先進得多。他敏銳地看到，若將這種大砲用於遼東戰場，一定能夠大顯神威。於是他挑選了羅立等幾名福建砲手，精心訓練紅夷大砲的發射。

袁崇煥雖身在南國，卻心繫北疆。他掌握了相當多的邊塞情況、用兵謀略和使用先進武器的知識。他常以「邊才自許」，等待投筆從戎報效國家的時機。

天啟元年（西元一六二一年）初，努爾哈赤趁明朝在一年之中連死兩個皇帝（神宗、光宗），新君剛剛即位之機，再次大舉興兵攻明。連下瀋陽、遼陽等東北重鎮。總兵賀世賢、尤世功戰死，經略袁應泰自殺，全國震驚。袁崇煥身在南國，心懸遼東，恨不得能夠立即縱馬去奔赴戰場。這年冬，袁崇煥終於獲准進京朝覲。他特地隨身運載了幾門紅夷大砲，並命砲手羅立等隨行，準備向朝廷自薦從軍。

天啟二年（西元一六二二年）正月，金兵又渡過遼河，破西平，取廣寧（今遼寧北鎮）。遼東巡撫王化貞敗退大凌河，與經略熊廷弼一起逃入山海關，寧遠（今遼寧興城）以北全部淪陷。

剛剛到京不久的袁崇煥，沒有為吏部對他考核的優等政績而高興。遼東戰事，使他心急如焚，一連多日與御史侯恂談論遼東戰事。從古代的兵書戰策、歷朝名將的用兵之法直到現今遼東的山川要隘、風土民情、攻守戰略，滔滔不絕。侯御史大為驚訝，他想不到書生出身的邵武知縣竟是當代少有的軍事奇才，更使他深為感動的是這位知縣的一片愛國熱忱。自努爾哈赤興兵以來，明軍屢屢慘敗。官吏們談遼東而色變。一些高官大吏們，為了苟全性命，寧肯丟官也不肯去遼東任職。無可奈何，熹宗皇帝只好下令命群臣推選，被推選上而不去者，「則以國法繩之」。官吏們都把遼東視為死地，「入關一步便是樂園，出關一步便是鬼鄉」。而這位任官南方的邵武知縣，卻一而再，再而三地請纓上遼東抗金，實為罕見。侯恂立即向熹宗推薦，上疏說：「廣寧不守則山海關震撼，山海關不固則京師動搖。現在保守山海關，就是保衛京師的門戶。戡禍定亂必須藉助於謀臣猛將，目前在京朝覲的邵武知縣袁崇煥，英風偉略，不妨破格留用。」

熹宗皇帝准奏。任命袁崇煥為兵部職方司主事，負責管理邊防事務。

人生的道路是多樣的，而關鍵的選擇卻只有幾步，從此袁崇煥踏上了一條悲壯的人生之路。在刀光劍影的遼東戰場上，他以赤誠的心、無畏的肝膽，在中華民族的歷史舞台上演出了一幕幕威武雄壯的活劇；在淒風苦雨的京師刑場上，他以滴血的肉，裸露的骨，寫下了一頁頁啟迪後人的篇章……。

大明十四萬守軍不堪一擊，兵敗如山倒。熹宗皇帝痛哭流涕，大臣們一片驚慌。有的主張放棄關外各城，退守山海關；有的主張選派良將出關抵抗，收復失地；有的長吁短嘆，拿不出主意；有的暗自打算，準備棄官逃命……皇皇明廷，紛亂一團。哄亂中人們突然發現，新任命的職方司主事袁崇煥失踪了，這給惶恐不安的朝廷又增加了一條神祕的傳聞。

就在人們在京師尋找袁崇煥的時候，袁崇煥卻出現在山海關城頭。原來他單槍匹馬出京，赴山海關進行實地考察。袁崇煥站在這「天下第一關」的城頭上，極目遠眺，但見它背靠崢嶸險峻的燕山，萬里長城沿著峰巒極頂，似蛟龍起舞，飛騰直上，消失在雲靄縹緲的蒼穹深處。它的南面，向著萬頃渤海，長城的起點，如龍頭伸入海中，暢飲著千層巨浪，正所謂「襟連滄海枕青山」。整個城垣與長城相連，以城為關隘，形成渾然一體的鎖關之勢。它地處河西走廊的咽喉，是東北進入華中腹地的必經之道。山海關的雄偉壯麗，形勢險要，激發了袁崇煥的雄心壯志，他面向大海，仰向蒼天，自語道：「內拱神京，外捍夷虜，唯此關最為重要。一關而係天下之安危。當今急務，莫急於守山海關。聖上、聖上，如給臣錢糧兵馬，臣定把這山海關變成一座銅牆鐵壁！守固而後攻，何愁遼東不復啊！」

他感到全身的熱血在沸騰，激奮不已。不禁吟詠起了王昌齡的詩句：

> 秦時明月漢時關，萬里長征人未還。但使龍城飛將在，不教胡馬度陰山

他以大漢飛將軍李廣自比，要像李廣那樣捍衛邊關，使敵人聞風喪膽。

數日後，袁崇煥又突然出現在朝廷。他不僅實地考察了山海關的形勢，而且還訪問了與金兵作戰的將士、遼東土生土長的百姓，對明軍何以敗、金兵何以勝、遼東如何戰守，有了比較清楚的了解。他聲言：「只要給我兵馬錢糧，我一個人就能夠扼守住山海關！」在明軍節節敗退、朝廷上下談敵變色的時候，袁崇煥這番言行確實是顯示出了非凡的膽識和勇氣，但也暴露出了他過於自信、言過其實的弱點。這成了他以後事業、命運上的大患。

袁崇煥的驚人之舉，不僅使同僚們欽佩，也使皇帝讚嘆。天啟二年（西元一六二二年）二月二十八日，袁崇煥就任兵部主事僅十二天，熹宗即擢升他為山東按察司僉事、山海關監軍，官秩五品，負責遼東山海關地區的監督、巡查。

這時候，被革職聽勘的前遼東經略熊廷弼回到北京。熊廷弼是一個有膽識、知用兵的傑出將帥，他從明金雙方的實際情況出發，主張防邊以守為上。在他任職遼東經略期間，繕城浚壕，修造兵器，分置士馬，祭死卹傷，使戰局一度轉危為安。但因手握重兵的遼東巡撫王化貞不聽調度，先是貿然出兵，而後又倉皇逃竄，致使盡失關外之地。袁崇煥久仰熊廷弼的威名，離京前特去拜訪求教。熊廷弼見這位後起之秀不避嫌疑，竟能向他這個戴罪之人求教，很受感動。他問道：「你持何策去山海關呢？」袁崇煥回答：「主守而後戰。」這與熊廷弼不謀而合，他非常高興。熊廷弼將遼東戰事詳細地講給袁崇煥，還畫了一張從遼東到宣府的示意圖，列出各要隘地名位置，註明戍守事宜，直至日暮盡歡而散。袁崇煥從這位老前輩處不僅又學到了許多前所未知的東西，更受到了他滿腔愛國熱忱的感染。

天啟二年（西元一六二二年）三月的一天凌晨，袁崇煥辭別帝都，迎著滿天的朝霞，躍馬揚鞭，直奔邊關。

袁崇煥就任遼東之後，很快就以他超群的膽識和能力獲得了上司的信重和廣大官兵的敬佩。繼熊廷弼之後的遼東經略王在晉，稱讚他「膽魄稱雄」、「志力並矯」、「迥迥逸群」。但不久，袁崇煥與王在晉在如何禦敵的戰略思想上發生了激烈的爭論，朝廷的大臣也都捲入了這場爭論之中。

王在晉原任兵部侍郎，但他並不懂軍事，只是長於誇誇其談。熊廷弼兵敗遼東被革職後，無人再敢任遼東經略。王在晉是被廷臣投票「推薦」、皇帝硬行勒令就任的。他不得已受命，意志消沉，對防守山海關毫無信心，充滿了悲觀情緒。他甚至公開向熹宗表示：「倘逐臣而使之歸，臣之所大幸也！」他只盼早日罷官還鄉，以苟全性命。他極力貶低山海關的戰略地位，上奏皇帝說：「山海關只不過是一座供邊防軍民出入、稽查商旅往來的普通城邑。遼陽、瀋陽、開原、鐵嶺、廣寧都是東方重鎮，尚且都望風瓦解，一個小小的山海關怎能獨自禦敵呢？」預先為他一旦喪失山海關開脫罪責。他怕金兵來攻關，主張在距關門僅八里的八里鋪再修一座關城，使之關外有關，牆外有牆。這項工程耗資巨大，估計要用白銀九十三萬兩。同時他還主張由朝廷拿出一大筆金錢收買蒙古，使之進攻金兵。這一戰略計畫美其名曰「拒奴撫虜，堵隘守關」。

袁崇煥、孫元化等人堅決反對。袁崇煥提出「守關外以捍關門」的方略，提出應在遠離山海關二百里的寧遠築城。寧遠東靠渤海，西連山嶺，為金兵入關的必經之道。在那裡築城設兵，進可以據錦州，退可以護山海關。自請率五千人馬防守寧遠。這是一個有遠見卓識的建議。但王在晉拒不採納。袁崇煥只好接連兩次寫信給首輔葉向高，申述自己的意見。葉向高深居內閣，不了解實際情況，一時也難以分清誰是誰非。內閣大臣分管兵部事的孫承宗親臨山海關實地考察，在聽取了各方意見之後，他認為寧遠是「天設重關，以護京師，必不可不守」，明確表示支持袁崇煥的意見。但王在晉仍然頑固堅持己見。在孫承宗的奏請下，熹宗將王在晉調任南京兵部尚書，以孫承宗接任遼東經略。

孫承宗當了遼東最高統帥，袁崇煥立即向他重申了在寧遠重點設防的主張。袁崇煥分析說：「金兵的特長是騎射和野戰，明軍多次戰敗，軍心不穩，如果不迅速扼守要地，將難以安定軍心，扭轉敗局。目前，明軍不利於野戰，只有憑堅城、用大砲一策。」孫承宗很贊成袁崇煥的主張。天啟三年（西元一六二三年）九月，派袁崇煥偕滿桂率軍駐防寧遠。

寧遠原有小城，但城牆太低太薄，不足以防守禦敵。袁崇煥重新設計，制定城高三丈二尺，雉高六尺，底寬三丈，頂厚二丈四尺。他親自擔任築城總指揮，令部將祖大壽、高見等分別監工。一年後寧遠城竣工。它背靠首山，面臨大海，中扼大道。覺華島峙立海中，與之如左右腋，互為掎角，成為關外重鎮。袁崇煥忠於職守，安民練兵，加強防禦，誓與寧遠共存亡。他說道：「我在寧遠，京城可以高枕而臥也。」

寧遠城雖已建成，但明廷圍繞著孫承宗、袁崇煥實行「守寧遠以護關門」的方略仍然還是爭論紛紛。尤其是遼東巡撫張鳳翼帶頭反對。他主張設防子關內，甚至連山海關都可以不守。竟然說：「國家就是放棄了整個遼東，仍不失為全盛。如大同、河套等都已放棄，對國家有何損害。如今，舉世無一人打算恢復全遼，僅靠他們一兩個人就能恢復嗎？樞輔（指孫承宗）把我置於寧前（寧遠、前屯）這塊荒涼邊塞，是想殺我啊！」他怕得要命，急忙將妻子送回老家，以便逃跑方便。

在明末腐敗的政治下，官員是人人貪財、個個怕死；對百姓如虎，對敵如鼠。張鳳翼的言論得到了多數人的讚同，軍心動搖、士氣瓦解，嚴重地影響了遼東的防禦。

袁崇煥痛恨這些置國土、百姓於不顧的敗類，對這些論調進行堅決駁斥。經略孫承宗，堅定不移地支持袁崇煥，於天啟四年（西元一六二四年）二月上疏皇帝，逐一駁斥了張鳳翼，極言寧遠可戰可守。他奏道：「築城於關外，一邊練兵，一邊屯田，就是以遼人守遼土，以遼土養遼人。人人為保衛家鄉而戰，鬥志旺盛。關外守備充足，則關內的守備就可以減輕壓力。如果守在關以內，則內備淺薄，神京將直接受到威脅；守在寧遠，則山海已為重關，而神京遂遠在千里之外，必安泰無危。寧遠城堅兵強，如金兵攻城，軍民置於絕地，必然心堅敢死，矢志堅守。」他請求熹宗當機立斷，切不可動搖防禦大計。由於孫承宗、袁崇煥堅持自己的正確主張，幾經反復，終於獲得了熹宗的同意，他們的方略得以貫徹。

為了向後金和遼東百姓顯示明軍的實力，袁崇煥於九月間與大將馬世龍、王世欽率水陸馬步軍一萬二千人，東巡廣寧，經過十三山、右屯，泛三岔河，改由遼東灣航海返寧遠。明軍兵強馬壯，旗甲鮮明，振奮了鬥志。遼東百姓見朝廷軍隊如此強盛，紛紛返回故地，加強了防守力量。在東巡期間，袁崇煥建議重建錦州、右屯及大小凌河諸戰略要地，修繕城郭，練兵屯糧。孫承宗採納了他的意見，立即實施。於是明軍的邊防從寧遠又向前推進了二百里，再加上寧遠至山海關二百里，共為四百里。形成了以寧遠為中心的寧錦防線。天啟初年的失地已盡數恢復。袁崇煥因功晉升為兵備副使，再晉為右參政。

明軍防禦堅固，金兵數年間不敢進犯。遼東出現了少有的安寧。史載：「自承宗出鎮，關門息警，中朝安然，不復以邊事為慮矣。」

正當孫承宗、袁崇煥銳意恢復之際，在他們的背後燒起了一把邪火。孫承宗被迫解甲歸田。袁崇煥失去了堅強有力的支持。

原來這時在朝廷的內部，以魏忠賢為首的閹黨與東林黨之間的鬥爭空前激化了。熹宗不務國政，熱衷於修屋造房的木匠活，大權旁落於宦官魏忠賢之手。魏忠賢挾天子以制群臣，血腥迫害東林黨一派正直官吏。楊漣、左光斗、汪文言等慘遭殺害，趙南星、高攀龍等重臣都被罷免。孫承宗功高望重，頗得熹宗的信任。魏忠賢曾企圖拉攏孫承宗，但剛正不阿的孫承宗根本不買閹黨的帳。因此，魏忠賢對孫承宗恨之入骨，必欲置於死地而後快。天啟五年（西元一六二五年）九月，孫承宗麾下大將馬世龍貿然出師，在柳河遭受一次小挫折。閹黨便抓住不放，連上數十道奏章，要求嚴辦馬世龍、孫承宗。孫承宗氣極，上疏自請罷官。在魏忠賢操縱下的熹宗不辨是非，批准孫承宗回籍「養病」。魏忠賢將他的黨羽高第推薦為兵部尚書，代替孫承宗為經略。

孫承宗被排斥回籍，也是對袁崇煥等積極抗戰派的沉重打擊。權奸當朝，掣肘於後，大將怎能立功於外呢？孫承宗默默地走了。袁崇煥放聲痛哭，依依不捨。他為國家失去這樣一位傑出的統帥而痛心，為自己失去了一位知己而難過。他吟詠道：「邊釁久開終是定，室戈方操幾時休？」表示出對閹黨排斥忠良的強烈不滿。

高第就任遼東經略後，立即全盤否定孫承宗的防禦方略。

十月的一天，山海關經略府內，新任遼東經略高第正在主持召開遼東高級軍事將領會議。高第六十多歲，肥胖得近於臃腫，下垂的宏腹使他走起路來三步一喘，兩步一哼。他本是萬曆十七年（西元一五八九年）的進士，因為庸碌低能，宦業一直不顯。後因投靠了魏忠賢，才受到器重。他對軍事根本一竅不通，只是魏忠賢為了排擠孫承宗，才讓他出任兵部尚書。按慣例，擔任兵部尚書，就得兼任經略，出征前線。他生性膽小怕死，不敢就任兵職。一再「叩頭乞免」，魏忠賢就是不准，為此他「日夜憂泣」，彷彿是把他推進了屠宰場。高第像一堆肥肉，靠在白虎堂的虎皮座上，喘息著說：「前經略孫某，獨斷專行，不納眾議，妄築邊城，企圖以幾座孤城來阻擋金兵，豈不是癡想？本經略以為關外必不可守。與其分兵駐守關外，不如集中兵力固守關內。」

以前追隨王在晉反對設防於關外的將領立即表示贊同。

高第見有了支持者，頓時又增添了幾分精神，提高聲調接著說：「本經略宣布，從現在起，錦州、右屯及榆關（山海關）以東的所有城堡一律撤防，將士全都移駐山海關。」

「那些城堡如何處置？」有的將領問。

「那些城堡嘛——就供哨探們歇腳吧！」高第帶著戲弄的口氣回答。

下面響起了一陣哄笑聲。

事關國家安危存亡，袁崇煥不能沉默。他知道高第是魏忠賢安插在遼東的黨羽，得罪了高第是意味著什麼。但個人生死榮辱事小，國家、百姓安危事大。身為邊關守將，朝廷命官，豈能容忍奸黨肆意妄為？他霍然而起，高聲說道：「末將以為不然！兵法有進無退。錦、右一帶安設兵將，藏儲糧草，部署廳官，怎能不守而撤呢？前日柳河之失，是因為某些人為貪一時之功而致。如果因此就撤城堡，移居民，致使錦、右動搖，寧、前震驚，關門失障，實為不可行之策。以我之見，宜擇能守之人，加強三城的守備。三城屹立，一邊堅守一邊向前擴展，必能恢復失地。」

袁崇煥義正詞嚴，語驚同僚。高第本不懂兵法，又不知遼東形勢，因而無言以對。只見他那張肥臉一會兒變紫，一會兒又變白，鬍鬚微微顫抖。

袁崇煥的部將管右屯、錦州糧屯通判金啟倧也站起反駁道：「錦州、右屯、大凌三城都是前鋒要衝，如果收兵退守，既使百姓再遭罹難，又使已經收復的失地再歸夷虜。請問，榆關內外能夠經得住幾次這樣的退守呢？」

高第早已氣得喘不過氣來。他無法回答袁崇煥、金啟倧等部將的責問，只好以權壓人，說道：「本經略大策已定，爾等不得違抗，如有延誤，定不辜寬！」

袁崇煥毫不示弱，大義凜然地說：「我是寧遠與前屯兩衛的守將，在此當官，就在此死，我絕不撤兵入關，甘願獨臥孤城以擋後金！」

「放肆！」高第氣得臉如豬肝。左右忙將他攙扶下去。他知道袁崇煥是皇上器重的邊將，不敢擅自懲處，只好另外尋機加罪。

在高第的命令下，錦州、右屯、大小凌河及松山、杏山、塔山諸城的防禦全部撤除，數萬將士驚慌入關。所屯米粟尚有十餘萬石，盡棄原地，任其遭損。屢經戰亂剛剛返回家園的百姓，又被驅趕入關，死亡載途；哭聲震野，無不咒罵高第。數百里內一幅大潰敗、大逃難的景象。

袁崇煥數年心血毀於一旦，心肝俱裂，痛哭流血。閹黨如此專橫，如此禍國，邊事再不可為了！自己雖有赤膽忠心，禦敵韜略，但在這樣一個混帳的經略治下又怎能發揮作用呢？罷了！罷了！和孫大帥一樣解甲歸田吧！他一連三次上疏皇帝，請求辭職。熹宗不准。於十二月又提升他為按察使，准他堅守寧遠，繼續執行原定職責。袁崇煥手捧聖旨，潸然淚下……。

努爾哈赤見明軍主帥易人，錦州一線的防衛已經撤除，只剩寧遠一座孤城，認為大舉伐明的時機成熟了。

天啟六年（西元一六二六年）正月，努爾哈赤親率十三萬大軍，西渡遼河，於曠野布兵，南至海岸，北越廣寧大路，前後如流，首尾不見，旌旗劍戟如林。兵鋒直指寧遠。遼左大地，一派肅殺之氣。

對金兵來攻寧遠，袁崇煥早有準備。他成竹在胸，指揮若定。

傳令中左所、右屯等處兵馬及寧遠城外守軍，攜武器軍資，於二十一日前全部撤入城內，集中近二萬兵力，統一指揮。

令城外百姓攜帶守城器具全部遷入城內，焚毀房屋，搬走糧草，實行堅壁清野。

將領嚴密分工，各負其責，統一指揮：

令總兵滿桂提督全城防務，並負責防守最重要的東城；

令副將左輔率兵防守西城；

令參將祖大壽率兵防守南城；

令副總兵朱梅率兵防守北城；

令通判金啟倧負責組織城中百姓，供給守城將士飲食；

令同知程維模清查奸細，委派專人沿街巡邏，不得放過一個可疑之人，嚴防敵人裡應外合；

令衛官裴國珍採辦物料，搬運彈藥、弓矢等各類守城物資；

令家丁羅立將紅夷大砲置於城上，備齊彈藥，聽從命令。

袁崇煥自任全城總指揮，總督全局。全城如同一部靈敏的機器，迅速地運轉起來，忙而不亂，井然有序。

兵法云：「合軍聚眾，務在激氣。激人之心，勵人之氣。發號施令，使人樂聞；興師動眾，使人樂戰；交兵接刃，使人樂死。」袁崇煥深知，寧遠之戰的成敗關鍵是軍民之氣。只有激發起全城軍民的愛國熱情，樹立起敢戰、敢勝的無畏勇氣，才能贏得保衛戰的勝利。

二十二日，校場上旌旗獵獵，刀光閃閃，戰鼓隆隆，號角齊鳴。寧遠城內全體軍民舉行誓師大會。按察使袁崇煥全身戎裝，白盔白甲，腰橫紅纓寶刀，威風凜凜登上將台。袁崇煥雖然生長在南國，卻身高腰闊，氣宇軒昂。人們從他那咚咚的腳步、奕奕的神態，首先就受到了鼓舞。

袁崇煥向前走了幾步，對台下軍民環旋致拱手軍禮，朗聲說道：「全軍將士、父老鄉親：韃虜自反叛朝廷以來，屢次興兵，奪我城池，占我領土，燒殺、搶掠、姦淫，無惡不為，我遼東百姓慘遭塗炭。在場的遼東將士、父老鄉親，你們誰家沒有房屋被燒？誰家沒有田園被毀？誰家沒有親人被殺、被辱、被掠去為奴？現在奴酋又親率韃兵來犯我大明，攻我寧遠。眾所周知，寧遠是一座孤城，我們唯一的一條生路，就是消滅敵人，堅守城池。我寧遠雖孤，但絕非它城可比，不但城堅砲利，而且數萬軍民同仇敵愾。寧遠城下就是奴酋的葬身之地！忠君衛國，報仇雪恥就在今日！我袁崇煥定與全城軍民同生死，我們寧遠軍民，誓與寧遠共存亡！勝利一定屬於我們！」

說到激動處，袁崇煥刷的一聲抽出腰刀，刺破小臂，在一面白虎大旗上用鮮血書寫了「誓與寧遠共存亡」七個大字。

二萬軍民被袁崇煥的忠義精神所感動。群情激昂，呼聲如雷：

「忠君衛國，報仇雪恥！」

「願與袁將軍同生死！」

「誓與寧遠共存亡！」

袁崇煥見寧遠軍民如此忠勇，通曉大義，熱淚奪眶而出。他一撩戰袍，跪在將台上，向台下的軍民揖拜道：「我袁崇煥相信全軍將士、全城父老，一定能夠同心同德，守住寧遠城！一定不會辜負皇恩厚望！一定能夠為我大明爭光！寧遠城就託付給大家了！」

台下又響起了一陣慷慨激昂的呼聲。

袁崇煥校場誓師的時候，住在山海關城內的遼東經略高第正躺在太師椅上閉目遐想。他早就探知了金國要大舉興兵的消息，暗自慶幸及早地撤出了錦州、右屯、松山、大小凌河等地，否則，一旦兵敗，豈不要背上個喪兵失地的罪名！如今不但無罪，還可以邀保存實力之功。想到此，嘴角上微微露出了一絲得意的笑容。突然他的笑容凝固了，嘴角上的肌肉緊張地抽動了幾下。他又想起了那個可恨的袁蠻子，竟敢當眾頂撞自己，不服軍令。這回叫你嚐嚐金兵的厲害。寧遠必失無疑，我要藉努爾哈赤的刀，殺你袁崇煥的頭！讓你死有餘辜！高第決定不援寧遠，坐觀失守。企圖用寧遠城的陷落，二萬餘軍民的生命來證明他貪生怕死、拋棄國土主張的正確。

多麼歹毒險惡的小人！卑鄙無恥的國賊！

北京城內，熹宗和大臣們惶惶不可終日。努爾哈赤數年沒有興兵，這次定是來者不善。袁崇煥誓死保衛寧遠忠勇可嘉，可是一個彈丸孤城能擋住十餘萬大軍嗎？剛剛接任的兵部尚書王永光，幾次大集廷臣，議論如何戰守。大臣們除了一片哀嘆聲之外，無一良策，只能聽天由命。

二十四日，寧遠城外，金兵雲集，戰馬嘯嘯；寧遠城頭，偃旗息鼓，靜若無人。袁崇煥與朝鮮使者同坐城樓說古論今，談笑風生。

忽然一聲炮響，金兵開始攻城。雄猛的八旗兵，漫山蔽野撲城而來。努爾哈赤避開明軍防禦最強的東南面，而猛攻明軍防守薄弱的西南角。努爾哈赤躍馬橫刀，親自指揮。

袁崇煥推開窗戶，見城下金兵如蟻，已進入射擊線，命令羅立開砲。一團火球飛向金營，數十金兵倒下。隨著炮聲，萬余明軍突然出現在城堞之後，各就各位。努爾哈赤對明軍作戰慣用戰車與步兵、騎兵相配合的「結陣」方法，即在陣前布置盾車，盾車以五六寸厚的木板裹著生牛皮為擋板，下有雙輪可以轉動，用以遮蔽炮火、飛石、箭矢。在盾車後是一層弓箭手，再後一層是一排小車，裝載泥土，用來填塞溝塹。最後一層是鐵騎，人馬皆穿重鎧，號稱「鐵頭子」。戰鬥開始，騎兵並不出擊，先用盾車抵擋，等明軍發射完第一次火器，金未及發射第二次時，騎兵迅速衝出，如一股狂風刮過來，分兩翼猛攻明軍。霎時間就把明軍衝得七零八落。金兵與明軍作戰，採取這種戰法，屢屢獲勝。這次攻城，努爾哈赤基本上還是採取這種戰法。推土車很快就填平外壕，盾車迅速衝到城下，在盾板和密集的飛矢掩護下，車中的士兵奮力鑿牆穿穴。

對遠處的金兵，袁崇煥令用紅夷大砲轟擊。城上共有大砲十一門，安置在四面，每轟一炮，都有百餘人喪命。對衝到城下的金兵，則用箭射、石砸、火球燒。但金兵非常兇猛頑強，不顧死傷，踏著屍體不斷向城下推進，向牆上攀登。城上城下僅數丈數尺之隔，濃煙滾滾，殺聲震天，血肉橫飛。在這危險的時候，袁崇煥命人將庫存的一萬餘兩白銀全部拿出，放在城頭，激勵將士說：「有能奮勇殺敵不懼死者，即賞銀一錠！」將士受到鼓舞，勇氣倍增，有的臉被飛矢穿透，仍然堅持戰鬥。

城牆有數處被金兵鑿成二丈餘寬的大洞崩坍成缺口，情況萬分危急。袁崇煥親自挑石堵口，不幸受傷，將士們勸他下去休養。他說道：「苟且偷生，雖生何用！」說罷撕下戰袍，裹好傷口，繼續挑石。在袁崇煥的帶動下，將士們冒著如雨般的飛矢，很快堵住了缺口，但金兵在各處仍然鑿城不止。通判金啟倧將將士和百姓們的褥子、被單蒐集起來，裹上蘆花和火藥，捲在一起，一捆捆地投於城牆下，以火箭點燃。一瞬間，烈焰熊熊，牆下一片火海。鑿城的金兵非死即傷。雙方鏖戰直至深夜二更，努爾哈赤才收兵停止攻城。袁崇煥又組織敢死之士五十人，從城上縋城而下，將城下的鉤梯、戰車全部燒毀。

第二天，金兵繼續猛烈攻城，企圖一舉拿下該城，戰鬥更加激烈。明軍的大砲發揮了巨大的威力，金兵死傷慘重，四員大將身亡，損失兵丁近千。傳說努爾哈赤本人也被大砲擊傷。他見大勢已去，只好下令解圍退兵。努爾哈赤自起兵以來，二十五年中攻無不克，戰無不勝，只有寧遠一城未下。他「大懷憤恨而回」，歸後不久即病死。

經過一場惡戰，寧遠孤城巋然屹立。明軍取得了自明、金交戰以來的第一個大勝利。勝利的消息傳到北京，朝野歡呼，士庶空巷相慶。兵部尚書王永光不勝感慨地說：「遼東發難，各城望風奔潰，八年來賊始一挫，乃知中國有人矣！」

大學士顧秉謙盛讚道：「是役也，遏十萬之強虜，振八九年之積頹，四夷共凜天威，九州咸稱廟算。」

熹宗皇帝也喜不自勝，感到袁崇煥為他大明天子爭了光，欣慰地說：「寧遠之捷，此七八年來所絕無，深足為封疆吐氣！」

寧遠大捷，舉國歡慶，唯獨遼東經略高第如同霜打了的茄子。寧遠激戰，他不發一騎相救，朝野上下無不責罵。幸虧官場有個慣例，功勞先是大官的，有過都是部下的。高第抓了個替罪羊，他參劾遼東總兵楊麟「懦怯不前，不救寧遠」。楊麟被削職為民。但高第終難逃究，幸虧有魏忠賢等閹黨保護，才免於治罪，被免職歸鄉。

袁崇煥因功提升為都察院右僉都御史，繼而加遼東巡撫，不久又擢任為兵部右侍郎，仍舊駐守寧遠。其他參戰將領、士兵也都依功升官犒賞。但在這次戰役中獲得最大好處的是那個既沒出謀又沒打仗的奸閹魏忠賢。說他「預發火器，大壯軍威。功雖奏於封疆，謀實成於帷幄」。二萬將士血戰獲勝竟然是由於閹黨運籌決策！熹宗特給他加恩三等，不僅如此，連其子弟也得封賞，蔭其子弟一人任錦衣衛都指揮。魏忠賢的黨羽大學士顧秉謙，則加晉光祿大夫、太保。寧遠將士用鮮血和生命贏得的勝利成了奸黨升官發財的墊腳石。

寧遠戰後，王之臣任遼東經略。不久，朝廷召回王之臣，停經略不設，將關內外的防務盡屬袁崇煥。袁崇煥成了遼東最高的軍事統帥。他根據明、金兩國對峙的形勢，制定出了一套加強防禦、戰守結合、穩紮穩打、希圖恢復的戰略方針：

一、將關外寧遠、錦州、中右屯、大小凌河諸城修築堅固，作為據守要塞，以遏制敵人的深入。

二、實行以「遼人守遼土，以遼土養遼人」的政策，招撫遼東離散百姓屯田當兵。足糧足兵，減少國家往遼東運糧調兵的困難。

三、加緊練兵，提高戰鬥力，使關外九萬明軍發揮一、二十萬大軍的作用。

四、盡力聯絡蒙古諸部，使之成為明軍助手，牽制敵人。

五、為了贏得備戰的時間，派使者與金國和談。

待到根基鞏固，兵精糧足，便可「晝程復遼，計日擒奴」。袁崇煥的戰略方針是正確的。他為了恢復遼東嘔心瀝血，竭盡忠誠。家鄉有人來遼東看望袁崇煥，他作詩自言其志：

> 五載離家別路幽，送君寒浸寶刀頭。
> 欲使肺腑同生死，何用安危問去留？
> 杖策只因圖雪恥，橫戈原不為封侯。
> 故園親侶如相問，愧我邊塵尚未收。

一片愛國赤膽忠心和抗金收復遼東的壯志躍然於紙上。

袁崇煥為了表示與城共存亡的堅定信念，特地把自己年邁的母親和妻子從遙遠的南國遷來「寧遠危地」。駐守寧遠的總兵趙率教也將自己的妻子和兒子遷來居住。他們說：「土地破，則家與之俱亡。受祿於皇家，當竭盡其筋力，一念不忠，必取天厭。神明在上，君父難欺！」在他們的帶動下，各營將士無不同心協力，爭先恐後，關外形勢蒸蒸日上。

魏忠賢見袁崇煥功高聲盛，卻不肯阿附於己，遂視其為眼中釘。為了牽制袁崇煥，他派其黨羽劉應坤、紀用出鎮。袁崇煥上疏皇上，堅決抵制。魏忠賢對他更加仇視，便唆使其黨羽抓住「議和」大做文章，誣告袁崇煥通敵。袁崇煥只好一再向皇上奏明：「議和只是緩兵之計。目前正在修築錦州、中左、大凌三城，如果城未修完而敵至，必將功敗垂成。」他還明確提出，抗金作戰，應該實行「守為正著，戰為奇著，和為旁著」的方針。經過多次申訴，議和之事才勉強得到熹宗的認可。

努爾哈赤死後，第八子皇太極即位。皇太極初掌國政，需要鞏固內部，另外他還想用兵朝鮮，因此也樂於和談，袁崇煥虛與周旋。明、金兩國間出現了暫短的停戰。不久，皇太極發現了明軍築城、屯田的嚴重性，認為不能再給明軍以喘息的時間。因此，天啟七年（西元一六二七年）五月，皇太極親自率大軍伐明。

這時只有寧遠和錦州兩城修築堅固，其餘尚未竣工。袁崇煥自己率軍守寧遠，命總兵趙率教守衛錦州。明軍經過一年多嚴格的軍事訓練，一改過去怯戰畏敵的懦態，而成為一支英勇善戰的軍隊，信心百倍地迎戰敵軍。

皇太極認為錦州城新築，容易攻破，遂先攻錦州，戰鬥異常激烈。雙方相持近一個月，大戰三次，小戰二十五次，無日不戰，但皇太極仍然毫無進展。金兵因傷亡過重，大放悲聲。

皇太極見錦州一時難下，就留下一軍圍攻，率主力轉攻寧遠。袁崇煥親臨城堞，指揮紅夷大砲、「木龍虎」等火器轟擊金兵，又命拒守在城外的總兵滿桂、尤世祿、祖大壽等率兵出擊。袁崇煥憑堞大呼，激勵將士奮勇殺敵。一場惡戰，雙方死傷都很慘重，但寧遠城紋絲未動。皇太極深知寧遠比錦州更難攻取，又回攻錦州，仍然未下，只好偃旗息鼓而撤兵。經過近一個月的廝殺，明軍終於以勝利告終，時稱「寧錦大捷」。

寧錦大捷應該歸功於袁崇煥布置的寧錦防線和正確的戰略戰術，以及遼東將士的浴血奮戰。但魏忠賢一夥閹黨卻再次竊取了這項巨大的榮譽。昏庸的熹宗宣稱：「寧錦危機，賴廠臣（指魏忠賢）調度以奏奇功。」又稱：「寧錦之捷，制勝折衝，皆受廠臣祕劃。」把一切功勞都算到了魏忠賢和他的黨羽身上，自魏忠賢以下，與寧錦戰役毫無關係的數百人都得到了升遷、封賞，而功勞最大的袁崇煥，卻被閹黨群起彈劾。說朝鮮被征服、寧錦被兵圍是袁崇煥和談失策；錦州被圍，袁崇煥援救不得力，要求從重論處。袁崇煥功高不賞，反而被羅織罪名，只好於天啟七年（西元一六二七年）七月，「告病乞休」。熹宗總算大開龍恩，不追究袁崇煥之罪，加銜一級，賞銀三十兩，大紅紵絲二表裡，准其回原籍「養病」。

袁崇煥並不留戀高官厚祿，他實在是捨不得離開他戰鬥了五年之久的遼東戰場。國恥未雪，邊塵未收，袁崇煥懷恨踏上了遙遠的返鄉之路，百感交集：

功名勞十載，心跡漸已違。
忍說還山是，難言出塞非。

袁崇煥離京僅半年，朝廷政局發生了巨大變化。熹宗病死，其弟朱由檢即位，是為崇禎皇帝。崇禎皇帝清除了魏忠賢及其黨羽，起用東林黨人。朝廷大臣爭請復用袁崇煥。崇禎皇帝欲奮發有為，思圖中興，也認為袁崇煥是御敵復遼東的傑出帥才。崇禎元年（西元一六二八年）四月，下詔命袁崇煥為兵部尚書兼右副都御史，總督薊、遼、天津、登、萊等處軍務，詔令他立刻起程入京。崇禎皇帝的破格起用，又燃起了袁崇煥心中的報國救民之火：

耳邊金鼓夢憂驚，又荷丹書聖主情。
草野喜逢新雨露，河山重憶舊功名。

七月，袁崇煥回到了離別一年的北京。皇上在平台召見，親切慰問，諮以御敵復遼的方略。袁崇煥被皇上拊髀宵旰的精神所感動。遂答奏道：「禦虜復遼方略已盡具疏中。臣受陛下莫大眷愛，決不辜負信重。如使臣能夠便宜行事，五年之內，全遼可復。」

崇禎皇帝聽說五年即可收復全遼，喜出望外，欣慰地說道：「如能復遼，朕不吝封侯之賞，卿子孫亦受其福。願卿早日克敵，以紓四海蒼生之困，解天下倒懸之苦。」

袁崇煥本有過於自信、言過其實的毛病。今見皇恩隆重，頭腦一熱，便輕率地許以五年復遼，實際上是根本辦不到的。天子面前豈能信口開河！況且崇禎皇帝正在整飭朝綱，以嚴法督臣，必要按期責效。這一句輕率的許諾，埋下了他日後被殺的禍根。忠貞可嘉，慎重不足。袁崇煥也自覺失言，便想在實施的條件上求得緩解，又奏道：「遼東之事本不易竣。陛下既然委託於臣，臣安敢辭難。但五年之內，戶部轉軍餉，工部給機械，吏部用人，兵部調兵選將，必須都要內外事事相應，如此，復遼大事才能得以實現。」這對當時積弊冗深的明廷來說，可謂是最高的條件。

崇禎皇帝一口答應。當即命四部大臣，一切都按袁崇煥的要求辦，失誤者嚴懲不貸。

袁崇煥又奏道：「以臣之力，制全遼有餘，調眾口不足。臣一出國門，便如同遠隔萬里。忌能妒功之人不能沒有，即或是不以權力掣臣之肘，也可能以意見亂臣之謀。」

崇禎皇帝起立傾聽，安諭道：「卿不必疑慮，朕自有主持。」

崇禎皇帝又採納大學士劉鴻訓的建議，收回王之臣、滿桂的尚方劍，只授予袁崇煥，專一事權。袁崇煥位高權重，成了山海關內外最高的軍事統帥。

袁崇煥離開遼東雖然僅僅一年，但關內外的形勢卻發生了巨大的變化。

明廷自袁崇煥被罷免後，又發生了防禦方略之爭。薊遼總督閻鳴泰、總兵尤世祿、塔山守將侯世祿等否定了袁崇煥所設置的寧錦防線，主張放棄錦州、塔山。弄得人心浮動，將吏貪冒，剋扣餉糧，一年欠軍餉七十四萬兩，軍糧四個月不發。導致寧遠、錦州士兵譁變，軍心渙散，喪失鬥志。

金國自皇太極即位後，調整了對待漢族的政策：重用漢族士人，對歸降的漢人不殺、不辱，分配土地，妥善安置。對搶掠降民財物、草菅降民性命者予以嚴懲。緩和了民族矛盾，發展了經濟，增強了八旗的戰鬥力。同時又積極拉攏蒙古各部，科爾沁等部相繼投靠後金，明朝失去了京師北面的藩屏。

袁崇煥再次督師遼東，面臨的形勢十分嚴峻。

崇禎元年（西元一六二八年）八月六日，袁崇煥抵達關門。時正值寧遠兵譁變。第二天，袁崇煥單人匹馬來到寧遠軍營，宣布補發餉銀，懲治了貪虐的將吏，並將兵變為首者正法，其餘一律不問。袁崇煥在遼東兵心中本來就有崇高的威望，譁變立即息止。接著袁崇煥又調整了內外防務，以總兵趙率教為後勁駐守關門，總兵祖大壽為前鋒駐守錦州，中軍副將何可剛居中駐守寧遠。以此三將為核心，調整各路兵馬，很快又建立起了堅固的寧錦防線。同時，又派出使者撫賞蒙古諸部，使察哈爾部與明重歸於好。喀爾沁部首領也發誓不幫助金國。經過一年的整飭，遼東形勢大為改觀。

遼東局面的迅速好轉，使本來就過於自信的袁崇煥滋長了驕傲情緒。他低估了智勇雙全的皇太極，認為皇太極只是一個凶悍的強盜，不足為慮。又過分信任蒙古各部，沒有估計到在明、金力量不斷變動中蒙古各部的變化。最大的錯誤是殺了鎮守皮島的總兵、左都督毛文龍。毛文龍統轄皮島四點七萬餘人，其中將士二萬，他雖然曾投靠魏忠賢，驕橫跋扈，為非作歹，虛功冒餉，但他還是忠於朝廷的，多次與金兵作戰，是一支威脅金國的重要力量。崇禎二年（西元一六二九年）六月，袁崇煥親臨海島，宣布毛文龍「十二大罪狀」，將他誅殺，隨後改編了毛文龍的兵馬。毛文龍經營皮島多年，頗有影響。毛文龍被殺後，軍心渙散，愈發不可用，其後致有叛離者。此舉在客觀上為皇太極解除了一個後顧之憂。袁崇煥想以專殺樹威，結果自斷臂膀。

崇禎皇帝聽說袁崇煥殺了毛文龍，大為驚駭。對他擅殺大將頗為不滿。但考慮到既然已成現實，只好予以承認。不過從此對袁崇煥心存疑慮。

作為一名傑出的軍事統帥，必須戒驕戒躁，深謀遠慮。不但要有軍人的忠勇，還要有政治家的頭腦。袁崇煥這方面的缺乏，最後導致了他悲劇的結局。

崇禎二年（西元一六二九年）十月，皇太極親率大軍伐明。精明的皇太極改變了以往攻擊錦、寧的做法，大膽地選擇了從未走過的內蒙古路線，繞過錦、寧，假道蒙古科爾沁部，然後自北向南，突襲北京。曾經對天盟誓的蒙古科爾沁部，背約投金，充當了金兵的嚮導。蒙古扎魯特、奈曼、敖漢、巴林等部也都出兵相助。

早在九月，袁崇煥即得到金兵將西渡遼河進犯的情報，曾派部將謝尚政率領一支軍隊援薊，但被薊州巡撫以消息不確為由遣回。十月二十九日，袁崇煥突然聞知金兵已繞道逼近北京，心膽俱裂。他立命趙率教率兵援救遵化，並於十一月四日親率祖大壽、何可剛選精騎星夜奔赴山海關，入衛京師。六天急行五百里，先敵抵薊州。此時趙率教兵敗被殺，遵化陷落。袁崇煥與金兵在離薊州二十里的馬伸橋交戰獲勝。但皇太極卻不戀戰，仍然直取北京。明朝政治腐敗，沿邊戒備空虛，金兵長驅直入，勢如破竹。袁崇煥只好率兵疾馳，力爭先期趕到北京城下。部將們擔心，沒有朝廷的命令而直趨京師，會遭到猜忌。袁崇煥說：「皇上有急，哪裡還顧得那許多，只要能解京師危難，雖死無憾。」

明朝萬萬沒料到金兵會冒險千里，突襲北京。頓時，滿城文武慌成一團。崇禎皇帝下令京師戒嚴，調全國各地兵馬來京師勤王。並傳諭袁崇煥「多方籌劃，速建奇功」。命各路援兵全聽督師袁崇煥調度。但這時京師謠言四起。

十日，袁崇煥統兵入薊時，明廷就傳說他有引金兵進京之嫌，所以朝廷下令袁崇煥不得過薊州一步，而他個人毫無察覺。在通州時，袁崇煥又沒和金兵交鋒，金兵得以直趨京師。疑上加疑，京城謠言四起，紛紛傳說袁崇煥召來了金兵。崇禎皇帝也疑心重重。

十一月十六日，袁崇煥僅率九千騎兵，士不傳餐，馬不再秣，由間道急抵廣渠門外紮營。終於趕在了金兵之前。祖大壽陣於南，王承允陣於西南，袁崇煥陣於西。大同總兵滿桂、宣府總兵侯世祿也相繼趕到，俱屯兵德勝門。

二十日，金兵進逼北京。皇太極統大軍紮營於城北土城關之東，兩翼營於東北。金兵發起攻擊，袁崇煥親自上陣迎戰。兩軍交鋒，短刀相接，奮力殊死。一敵掄刀直砍袁崇煥，幸賴將士用刀架隔，刀刃相擊而折。敵人萬箭齊發，袁崇煥兩肋中箭若刺猬，只因身披重甲才未被射透。明軍見統帥身先士卒，無不拼命殺敵。明軍三路攻擊，金兵鋒芒被挫敗退。明軍乘勝追殺，從中午血戰到晚上，金兵死傷慘重。皇太極退回營中後，感嘆地對部將們道：「我打了十五年的仗，從來未遇見過這樣厲害的對手。」

在德勝門戰場明軍失利。侯士祿先行潰敗，滿桂孤軍搏戰，城上守軍發炮助戰，砲彈卻都打在明軍陣中，明軍誤傷甚多。滿桂也被砲擊傷。崇禎皇帝遣中官齎送酒食，慰問滿桂，令其入休甕城。

明軍在廣渠門得勝，崇禎皇帝聞報大喜。二十三日召見袁崇煥、祖大壽、滿桂於平台，賜貂裘、銀甲等，並發酒肉、麥餅勞軍。袁崇煥軍隊急行軍，大戰二十餘日，疲憊不堪，也請求像滿桂軍一樣入城稍事休整。崇禎皇帝不准。令仍駐守城外。崇禎皇帝對袁崇煥仍然心存疑戒。

袁崇煥並不計較，屯兵沙河門外，與金兵遙遙對壘。暗中在營外布有伏兵，防備金兵劫營。金兵果然乘夜襲擊，都被明軍擊退。袁崇煥料金兵遠來，不能持久，意欲按兵固守，養精蓄銳，待敵兵撤退，再乘勢追殺。因此，傳命各路兵馬豎木列柵，拒險為營。對來攻金兵，只以炮火、箭矢迎擊，決不出營。

皇太極見攻堅不能克，野戰不能勝，遂心生一計，傳令放棄攻城，率軍徙營駐南海子。先是金兵俘虜了明朝提督大壩馬房的太監楊春、王成德，關押在軍營中。皇太極知道明朝皇帝是最信任太監的，太監是皇帝的心腹耳目，所見所聞，必入告皇帝無隱。皇太極探知明廷對袁崇煥懷有戒心，謠言紛紛，感到有機可乘。於是喚來副將高鴻中、參將鮑承先如此這般地布置了一番。夜晚，高鴻中、鮑承先兩人裝作大意的樣子，故意在關押楊春、王成德的營帳旁邊低語：

「我們苦戰多日，正要取勝，卻又撤到這裡來，豈不是前功盡棄了嗎？」

「這你就不知了，今日撤兵，乃是聖上之計。」

楊春、王成德聽說撤兵是計，立即悄悄往前爬了爬，側耳傾聽。

「哦！是計？」

「對！我親眼看見聖上單騎向袁崇煥軍營方向走了一程，袁營方面來了兩個人與聖上見面，說了好長時間才離去。聖上回來滿臉笑容，便傳令撤兵。我看……北京……成功了……。」

兩人越說聲越低。最後，楊春、王成德只能聽清隻言片語。但大意是聽明白了，袁崇煥通敵，企圖勾引金兵進京。天快亮時，楊春、王成德見看守的士兵困得靠牆扶槍而睡，悄悄地逃了出來，進了北京城。二人見到崇禎皇帝，把夜晚偷聽到的談話內容詳細地作了報告。

崇禎皇帝早就被謠言所惑，聽兩個太監一說，便深信不疑。十二月一日，崇禎皇帝以「議餉」的名義召袁崇煥、滿桂、祖大壽等入見。

袁崇煥等叩見未畢，崇禎皇帝臉色鐵青，厲聲問道：「袁崇煥你可知罪嗎？」

袁崇煥滿腦子都是禦敵打仗、籌辦數萬勤王大軍糧餉的事，萬萬沒有想到皇上會突然喝問出這麼一句話來，猶如晴天霹靂。

袁崇煥跪伏在地，恭聽皇上的下文。

「朕問你，毛文龍究竟何罪，你竟敢擅殺？奴兵是何原因突臨京師？朕命你統轄諸路勤王大軍，是何原因逗留不戰？」

連珠炮式的喝問，使袁崇煥猝不及防；況且這樣的問題也不是一兩句話就能講清楚的。袁崇煥略略思考，剛欲剖辯，便被崇禎皇帝喝住，叱令錦衣衛拿下，送獄聽勘。命滿桂總理援兵，節制諸將，馬世龍、祖大壽分理遼東兵。

大學士成基命再三請崇禎皇帝慎重行事。奏道：「如今大敵臨城，非比他時，恐軍心動搖，不利退敵。」

崇禎皇帝不聽。古代有所謂「三十六計」，唯有「反間計」最為毒辣。它使之內部自相殘殺，發揮敵人所施展不到的作用。崇禎皇帝曾果斷清除閹黨，剷除朝廷大患，堪稱英明之舉。但過不多久，他也信重閹人，貽誤國事。太監楊春、王成德既被敵俘，怎能輕易逃脫？況且拘繫敵營，敵將又怎能在他們面前談論軍機大事？歷史上陳平間項羽，周瑜間曹操，幾乎為家喻戶曉的故事。此中智之主，便可知道是敵人的詭計。此非被敵所迷，乃是自迷也。歷代帝王最怕的就是大臣權重勢大聲望高，尾大不掉，威脅他的皇權。剛愎自用、猜忌多疑、冷酷無情的崇禎皇帝更是如此。雖然他第一次接見袁崇煥時，信誓旦旦地保證決不聽信讒言，一定堅信不疑地任用袁崇煥，但他無法擺脫封建帝王的心態和本性，最後還是自毀長城。

毛文龍的同黨、內閣大學士溫體仁，因袁崇煥斬了毛文龍，斷絕了毛文龍對他的賄賂，使他在經濟上受到了損失，因而對袁崇煥深為痛恨。連續五次上疏，誣袁崇煥「欺蔽皇上」、「資敵私通」、「引敵上驅」、「脅城下之盟」，力請即殺袁崇煥。兵部尚書梁廷棟曾與袁崇煥共事遼東，懷有私恨，這時也乘機陷害袁崇煥。魏忠賢的遺黨王永光、高捷、袁弘勳等要為逆黨報仇，也群起交劾。廷臣中許多人都看出了這是一起冤案，但他們多是膽小怕事之徒，明哲保身，不敢進言。

遼東將士素感袁崇煥的恩德，敬佩他的才幹和他那憂國憂民、獻身邊關的精神。祖大壽冒死進諫，拿著官爵和贈蔭去贖袁崇煥，被嚴厲斥回。

袁崇煥被捕後，遼東將士一片驚惶，他們為自己主帥所蒙受的千古奇冤徹夜號啼，莫知所處。城頭守兵又炮石亂打，辱罵遼東將士是奸細。萬餘遼東將士，激憤洶洶。祖大壽、何可綱怕被坐罪，遂領遼東將士離京返回山海關。

朝廷聞報，大駭。強敵壓城，若遼東兵生變，不僅山海關外全失，京師也岌岌可危。崇禎皇帝和大臣們急得像熱鍋裡的螞蟻，團團亂轉，無一良策。無奈崇禎皇帝急忙啟用歸鄉的孫承宗料理京師防務，又從大學士成基命之請，讓袁崇煥修書招祖大壽。身陷囹圄的袁崇煥以國家和百姓的利益為重，修書給祖大壽，曉以忠義。祖大壽接到袁崇煥的手書，下馬捧泣，全軍皆哭。孫承宗也勸祖大壽切勿負國，應殺敵立功以贖袁崇煥之罪。祖大壽即日率兵返回，聽從孫承宗的指揮，收復永平、遵化一帶。

皇太極得知明廷中計，已將袁崇煥下獄，大喜，他的強硬對手終於被除掉了。遂命金兵在固安、良鄉一帶大肆擄掠燒殺，之後回軍盧溝橋，大敗明軍，乘勝逼進永定門。崇禎皇帝聽信宦官曹化淳、王應朝等閹黨餘孽的胡言，強令代替袁崇煥的滿桂出戰。明軍又遭慘敗，經略滿桂、總兵孫祖壽戰死。北京異常危機。但皇太極認為北京城一時難以攻下，即或是攻克，也不能長守，一旦各地明軍相繼趕來，恐有不測。不如四處騷擾，弄得明朝民窮國衰，再取北京也不遲。於是下令向通州進軍。克香河，陷永平，拔遷安、灤州，攻昌黎，一路掃蕩，飽囊大勝而歸。

金兵退走了，袁崇煥的死期也臨近了。其實，崇禎皇帝也並不是完全相信袁崇煥果真通敵。在祖大壽等收復了永平、遵化等地之後，崇禎皇帝曾經想重新起用袁崇煥主持遼東軍事。他說道：「守遼非蠻子（指袁崇煥）不可。」但閹黨餘孽御史高捷、史䰢，大學士溫體仁等繼續交章攻擊，必欲置袁崇煥於死地。他們還想利用袁崇煥一案，徹底清除朝中的政敵。

大學士錢龍錫為官剛正，鄙視閹黨小人，與袁崇煥交好。御史高捷、史範先連連攻訐錢龍錫，上奏崇禎皇帝，說道：「袁崇煥與敵通款，殺毛文龍都是錢龍錫主指，當與袁崇煥並罪。」錢龍錫被迫引疾告退。後來又誣他受袁崇煥之賄，罪如秦檜。錢龍錫為此險些被殺而改為遣戍定海；首輔韓爌係袁崇煥的宗師，老成慎重，引正人，抑邪黨，中外稱賢。尚寶卿、原抱奇等又攻韓爌引用袁崇煥，也是主和誤國，並應罷官。韓爌也只好提出辭職。崇禎皇帝無意挽留，令其還鄉。溫體仁引同黨周延儒入閣。溫、周二人聯合又擠走了曾為袁崇煥仗義執言的成基命。奸黨完全把持了內閣，袁崇煥被置於無可挽救的絕境。

中興心切的崇禎皇帝，本想在短時期內即使治國攘敵大見成效，對袁崇煥抱有過高的期望。可是此時朝廷腐敗透頂，崇禎皇帝重用奸佞邪人，猜忌賢能，袁崇煥依靠自己的才幹和忠誠，是挽回不了明朝頹敗局面的。袁崇煥許以五年恢復遼東，遼東未恢復，金兵卻長驅直入圍攻京師。北京在嘉靖二十九年（西元一五五〇年）時曾被蒙古兵所圍，此後京畿八十年未罹兵禍。如今京師以北慘遭蹂躪，激起朝野的普遍不滿。這對剛剛登基的崇禎皇帝來說，心理上的打擊是沉重的。他要樹威儆眾，袁崇煥的人頭是最適合不過的了。

崇禎三年（西元一六三〇年）八月十六日，為收復遼東嘔心瀝血、戰功卓著的遼東守將袁崇煥背著「通虜謀叛」的罪名，含冤受磔。其家產沒收入官，兄弟、妻子流放三千里。一代忠貞良將，人亡家破，眾口詆毀，呼喚著他的唯有遼東的山河……。

袁崇煥的冤案，直到清初撰修《明史》，披露了皇太極設反間計一事，才真相大白。英名終於得昭，忠魂得慰九泉！

大明孤忠

冰心鐵骨的史可法灑盡一腔熱血；大明王朝的忠奸舞台至此落幕。

崇禎十七年（西元一六四四年）三月十九日，李自成的大順農民軍攻克北京，明思宗朱由檢走投無路，最後在煤山山腰（今北京景山）一棵歪脖子槐樹上上吊自盡。由於這年是舊曆甲申年，故史稱「甲申之變」。

四月十四日，這一凶信得到證實，陪都南京的官署中一片哭聲。南京兵部尚書史可法更是悲痛欲絕，他以頭觸柱，血流至踵，被部將和同僚死死拉住。

史可法是河南祥符縣（今河南開封）人，他自幼苦讀，中舉入仕，由一個貧寒人家的子弟成長為官居一品的封疆大吏，全賴思宗一手提拔。他的恩師、曾受閹黨迫害的東林黨著名人物左光斗也是由思宗平反昭雪，單就這一層關係而言，思宗可謂是恩重如山了。

史可法昏沉沉地躺在榻上，被部將喚醒，睜眼一看，留守南京的主要官吏都來了。

「史公，淮河以南還有我朝幾十萬大軍，國事非不可為。但國不可一日無君，存亡繼絕，功在千秋，請史公主持大計。」

一提此事，史可法頓時清醒了許多。在思宗殉難消息證實之前，他便覺得兇多吉少，所以也考慮過這一個問題，但此時他覺得還是先聽聽別人的意見，以自己的身分，一旦開口，別人就不好再說了。

張慎言先開口了：「按例應立先帝太子，但太子至今下落不明，且我輩誰也沒有見過，若不辨真偽，貿然立之，只怕會起紛爭，我看，還是從諸王中擇賢而立吧。」

史可法表示同意，其他人也紛紛贊成。

張慎言接著說：「只要是先帝的近支親族，便都有入承大統的資格，只是事不宜遲，不可捨近求遠，現在潞王朱常淓泊舟無錫、福王朱由崧逗留淮安，我看只能從中擇賢而立。」

這下子百官議論紛紛。從血統上看，福王稍近，但福王與東林黨是世仇，當年神宗皇帝想立寵妃鄭貴妃的兒子朱常洵為太子，由於東林黨堅決反對，結果朱常洵被封為福王，出封洛陽。此時朱常洵已被李自成軍處決，其子朱由崧出逃，由於有這一層關係，這第二代福王朱由崧一旦坐上皇帝寶座，對東林黨將極為不利，而此時的南京官員包括史可法在內多屬東林餘系，所以從心裡不願擁立福王。

「諸位請各抒己見，國事如此，自應以社稷為重，知無不言才是。」史可法接著說：「呂公有何高見？」

呂大器經史可法一鼓勵，便直言道：「立福王有七不可：貪、淫、酗酒、不孝、虐下、不讀書、干預有司，潞王賢明，當立。」

一番話說得史可法連連點頭，「我意如此，不過當國家用兵之時，前方將領的意見也很重要，馬士英不是在鳳陽嗎？聽說福王也在他那兒，所以今日會議的內容切勿外傳。」

提起馬士英，便不能不交代阮大鋮。清朝著名戲曲家孔尚任的《桃花扇》，寫的就是阮大鋮迫害東林黨人侯方域和秦淮名妓李香君的故事。思宗即位，閹黨垮台，阮大鋮也被削職為民，流落南京，結識了同樣落魄的馬士英，二人一見如故，臭味相投。崇禎十四年（西元一六四一年）阮大鋮運動復起不成，就順便推薦了馬士英。次年，馬士英當上了兵部左侍郎兼右僉都御史，總督盧州、鳳陽。馬士英十分感激阮大鋮，發誓要報答大恩，此時他的奸臣嘴臉尚未充分暴露。另外，還有一筆須做交代，馬士英、阮大鋮雖屬閹黨，但他們並不是太監。

福王朱由崧逃到馬士英的防區，馬士英便覺奇貨可居，立即接到鳳陽，滿足他的一切要求。其實福王也沒什麼太多的要求，只要兩樣：酒、女人。

馬士英主張擁戴福王，主要受阮大鋮的影響，馬士英也是仇視東林黨的，他看到福王與東林黨格格不入，一旦登基，肯定沒有東林黨的好日子過。再則福王昏庸無能，只會吃喝玩樂，而自己又有擁戴之功，將來這天下還不是馬家的嗎？於是他召集了鳳陽一帶的明軍將領，把用意一說，這些「丘八爺」一聽如此容易就會當上「開國元勳」，自然表示支持。

接著馬士英便向南京方面表達了他的主張，他認為擇立嗣君不可糾纏「賢否」，而應注重「親否」，議賢則亂，議親則一，因為賢否的標準不像親否即血統的遠近那麼好辨。這一論調自然遭到南京一派的反對。

最後，馬士英撕下了偽裝，索性表示：「不論是賢明，還是血統，福王都是最合適的人選。」接著不顧南京的反對，親率大軍護送福王去南京，一則造成既成事實，一則向反對者示威，擺出了一副兇惡的架勢。

南京方面無力阻擋，但群臣咽不下這口氣，一時群情激昂，找史可法商議。史可法沉思片刻，沉痛地說：「先朝黨爭紛紜，大傷國家元氣，如今國難當頭，不可再起紛爭。事已至此，只好順之自然。我輩以身許國，已置生死禍福於度外，諸位顧全大局吧！」

四月二十七日，南京官員出城迎接福王。不久，福王在南京稱帝，年號弘光，這便是歷史上「南明」小朝廷的第一個政權。接著，福王決定馬士英留朝輔政，命史可法出鎮淮揚。這個決定一發布，滿朝嘩然，但誰也沒有回天之力。

西元一六四四年五月十八日，史可法淚灑告別南京，滿腔忠憤地奔赴江北前線。

史可法駐守揚州，直接指揮「江北四鎮」，這四支大軍分別由高傑、黃德功、劉澤清、劉良佐指揮。四鎮各有防區，彼此矛盾重重，現在都來爭揚州這塊肥肉，當史可法到達時，高傑已包圍揚州，正準備攻城。

史可法以他的威望和毅力居間調停。諸將中最跋扈的是高傑，所部戰鬥力也最強，他本是李自成手下的一員驍將，因與李自成之妻私通，事發後投降明朝。史可法前來調解時，竟被高傑軟禁起來。在長達一個多月的軟禁中，史可法向高傑講君臣大義，講國仇家恨，以人格和魅力感染著高傑，解決了糾紛，不料到了九月，高傑又與黃德功發生衝突，雙方劍拔弩張，準備決一死戰。史可法又一次苦口婆心，直勸得唇乾舌焦，雙方才平息下來。

史可法最大的憂慮還是軍餉不足。當時，江南縉紳很希望朝廷能夠重整旗鼓，收復河山，馬士英便利用這種心理，派人到各地去搜刮錢糧，並抬高賦稅。秀才的功名也不用考試了，只要交錢就可取得。官職也定了價，例如武英殿中書一職出資九百兩即可買到。於是錢糧源源不斷運到南京，但都流入了馬士英的私囊，一點也沒有用於軍餉。史可法憤然道：「豈有不食之卒可以殺賊乎？」

此時的南京城裡，則是一片太平的景象。福王整天躲在深宮，一邊飲酒，一邊欣賞著「萬事何如杯在手，百年幾見月當頭」的對聯。他是每天必飲，每飲必醉，所以總是在醉鄉之中。在這種情況下，馬士英總攬朝政，為所欲為。

當時朝臣紛紛獻計獻策，上疏福王，希望他「臥薪嘗膽」，一時造成很大的聲勢。福王知道後，不知他出於什麼興趣，竟找來了馬士英，要問問「國事」。

「皇上別聽他們的，這些人都是東林黨，國家吃他們的虧還少嗎？」馬士英開口便堵上了福王的嘴。他見福王一時無從開口，便接著說：「陛下盡可安心；國家大事，雖經緯萬端，但不外和戰二事，若說起和，臣已派左懋第到北京議和，讓山海關以東土地，每年納銀十萬兩；若言戰，我據長江天險，北虜不善水戰，輕易不敢來犯。臣以為目下國家之患不在外而在內，所以很想提拔幾個忠臣，以固朝綱。」

「你想提拔誰？」福王問。

「阮大鋮，此人頗通兵法，又有迎立陛下之功，是難得的人才，只因得罪了東林，以致被冷落了多年，臣想用他為兵部右侍郎。」馬士英回答。

「可以，你去辦吧！」福王同意了。

馬士英剛想告辭，不料福王把他叫住了，「朕尚無皇子，這都是後宮未充之故，這事，你得留心點！」

馬士英知道福王讓他找女人，連聲說：「臣馬上就辦、馬上就辦。」

「切記，挑選淑女，別讓太監去辦，這些人有眼無珠。」福王叮囑道。

這時史可法經不懈的努力，基本上穩住了揚州周圍的局勢，諸將也能協調起來。他又設館禮賢，招攬人才，形成了一個抗敵的中心。馬士英看在眼裡，急在心上，他設法挑撥諸將，不斷給史可法製造麻煩。

南明內憂外患不斷，清軍已準備攻明。

清軍入關之初，由於事出突然，加之與明末農民軍作戰，故暫時未對南明發動攻勢。但此時已初步站穩了腳跟，便準備大舉攻明，史可法部首當其衝。清軍希望史可法能作洪承疇第二，由多爾袞作書，勸降史可法。史可法將勸降信送往南京，然後回信多爾袞，表明自己「鞠躬盡瘁，光復神州」的決心。不久，前鋒便與清軍接仗，由於史可法指揮得當，明軍略有斬獲。當戰報傳到南京，馬士英正在下棋，他放下戰報哈哈大笑。左右問故，馬士英說：「你們當是真的嗎？這是史可法的妙計呀！年關將至，將士要敘功，錢糧要報銷，不扯個謊怎好來索餉呢？」接著，馬士英故作大方地說：「多少給一些，但不能給足，士兵發足了餉就不想打仗了。另外，要過年了，也給史可法些賞賜，就賞銀四十兩吧！」

除夕夜，朔風夾著大雪，席捲著江淮大地。自臘月以來，天就少晴，史可法的情緒也隨天氣低到了極點。他深知自己處在不可為而為之的境地，只靠這區區四鎮兵馬來重新支撐起明王朝坍塌的大廈，不啻是癡人說夢。成敗只有付之天意，但忠臣的大節不可移，國難當頭，只有一死以報君王。想到殉難的先帝，想到新年之際獨處的老母、妻子，他不禁大放悲聲。

「閣部，喝點酒吧。」幕僚們知道史可法善飲，故以此勸道。

「將士們都喝過了嗎？」史可法問。

「將士們都喝過了，只是時逢年關，連點肉也沒吃上，唉！」幕僚們邊嘆息邊答道。

史可法已有七個月沒有飲酒了，他滿斟數十杯，哭罷飲、飲罷哭，不久，乘著酒力，伏案而眠。窗外風刮得更猛，雪下得更緊，千里江淮大地一片白茫茫。

南京新春，花團錦簇，各衙門早早封了印，官員們操勞一年，都回家守歲去了。或許是大家覺得甲申年晦氣太多，所以很多人都放了些爆竹，過年的氣氛由此更濃郁了。老人們都說從未見過南京城如此熱鬧過。由於馬士英從杭州選來很多美女，福王心裡也是格外高興。此前馬士英還獻了個用雀腦和蟾酥入藥的春方，福王一試果然靈驗，厚賞了製方者。馬士英也覺臉上有光，高興地回家過年去了。

形勢危急了，新年一過，豫親王多鐸率清軍渡過黃河，大舉南下。

史可法決定奮起反擊，高傑首先站了出來，願意統率數萬秦晉悍卒，北上抗敵。幾個月來，在史可法的教育下，高傑這匹害群之馬終於轉變成了一位忠勇的愛國將領。不料悲劇發生了，正月十三日，高傑在睢州被河南援剿總兵許定國設計誘殺，然後許定國降清。噩耗傳來，史可法頓足痛哭，連聲說：「中原完了！」

消息雖然傳到南京，但南明小朝廷已顧不上這事了，正忙於應付一系列的混亂。先是有個年輕人來到南京，自稱是思宗的太子，福王怕寶座被奪，便簡單地斷定為「偽太子」，投入了監獄。但很多人由於不滿福王統治，藉此大做文章，南京早已滿城風雨。

再來就是「童妃案」。李自成大軍攻陷洛陽時，福王扒牆而逃，在逃難途中與一個姓童的女人做了一夜夫妻，事後也就忘了。不料那童氏得知當年的「野男人」如今做了皇帝，千里尋「夫」來到南京，福王死不認帳，那童氏也不死心，逢人就講當時的苟且之事，福王無奈，也把她下了獄。

更大的麻煩接踵而至，由於馬士英迫害東林黨人，加上長期不發軍餉，惹得鎮守武昌的東林大將左良玉舉兵「清君側」。西元一六四五年三月二十五日，大軍浮江東進。小朝廷不顧清軍南下，軍情火急，嚴命史可法帶兵到南京阻擊左軍。史可法屢次上疏，力辭不就，結果換來一次次「切責」。無奈，只好帶兵前去，不料大軍抵達南京之際，馬士英突然醒悟：這史可法不也是東林黨嗎？於是又命他立即北返。史可法已看到了鍾山與南京的城垣，他多麼想最後看一眼年邁的母親，但君命難違，他只好遙望城闕，痛哭而拜，並口占一絕：

來家不面母，咫尺猶千里；
磯頭灑清淚，滴滴沉江底。

史可法率兵北返，這一來一往，北邊防線崩潰了。一路上難民紛紛、潰卒奔逃，史可法清醒地認識到：最後的時刻到了。

揚州，中國歷史名城，當時是江北的軍事重鎮，北伐的基地，南京的門戶。

當史可法到達揚州時，針對兵力空虛的實情，他一面向小朝廷請兵，一面調集江北部隊。結果，朝廷未發一兵一卒，江北的明軍僅有劉肇基等少數將領應命。

四月十五日，清軍前哨抵達揚州西北郊的斑竹園。十八日，開始圍城。豫親王多鐸統率的這支八旗勁旅，縱橫千里，所向無敵，根本沒有把揚州放在眼裡，只是為了招降史可法，才暫緩攻城。

這時幕僚中有人提出個建議：「決高郵湖堤，以灌清軍。」史可法斷然拒絕，他說：「民為貴，社稷次之，我史可法已經誤國，不能再害民了。」幾十年後，江南人民依然感戴史公的大德，清朝學者全祖望有詩曰：「社稷終輸民命重，江淮千里免為魚。」

揚州城防空虛，軍心不穩，朝廷坐視不救。史可法已知事不可為，在清軍攻城前夕，開始安排後事。他召集部將，說：「我已誓死殉城，但不可落於敵人之手而死，到了最後關頭，誰能助我成就大節？」

副將史德威毅然站出，願當此任。

史可法高興地說：「你我同姓，我尚無子，你如願意，我上疏太夫人，把你當作孫子看待，可乎？」

史德威泣不成聲，連連叩首。

四月十九日，史可法作遺書五封。

遺豫王書

敗軍之將，不可言勇；負國之臣，不可言忠。身死封疆，實有餘恨。得以骸骨歸鍾山之側，求太祖高皇帝鑑此心，於願足矣。弘光元年四月十九日，大明罪臣史可法書。

上太夫人書

不肖兒可法遺稟母親大人：兒在宦途一十八年，諸苦備嘗，不能有益於朝廷，徒致曠違於定省。不忠不孝，何顏立於天地之間。今以死殉，誠不足贖罪。望母親委之天數，勿複過悲，兒在九泉，亦無所恨。得副將德威完兒後事，望母親以親孫撫之。四月十九日不肖兒可法泣書。

遺夫人書

可法死矣！前與夫人有定約，當於泉下相候也。四月十九日，可法手書。

遺史德威書

可法受先帝厚恩，不能復大仇；受今上厚恩，不能保疆土；受慈母厚恩，不能備孝養。遭時不遇，有志未伸，一死以報朝廷，固其分也。獨恨不早從先帝於地下耳。四月十九日，可法絕筆。

遺伯叔兄弟書（略）

這些書信字字血淚，表達了史可法慷慨捐軀的堅毅決心。

自揚州被圍以來，清軍便多次勸降，當著清軍信使的面，史可法一言不發，一眼不看，便把勸降信投入火中。多鐸又派明朝降將李遇春來到城下，挑撥說：「公忠義聞於華夏，而獨不見信於朝，死何益也？」史可法大怒，下令發箭射之，嚇得李遇春落荒而逃。

四月二十二日，清軍砲擊揚州，史可法指揮應戰。當夜，剛剛入援不久的兩支隊伍出城投敵，史可法既不能以武力制止他們，又怕留在城內發生內訌，索性聽之任之了。這下揚州守城兵力減少了一半，僅剩下四千人了，叛將向多鐸報告了城中虛實，從而堅定了清軍攻城的信心。

西元一六四五年四月二十五日，這是江南人民數百年不忘的日子。清晨，在隆隆的砲聲中，八旗勁旅向揚州城發起了總攻擊。人喊馬嘶、矢飛如雨，第一次攻擊在揚州軍民的反擊下潰退了。多鐸戰刀一揮，八旗軍再次發起狂濤般的衝鋒。當清軍擁至城下時，城上磚石齊下，清軍死傷累累。清軍踏屍登城，潮水般地湧上城頭。最後的時刻到了，史可法以刀加頸，被部將一把拉住，但鮮血已染紅了一片戰袍。

「德威！」史可法雙目圓睜，怒吼著呼喚他的義子。

史德威雙手執刀，淚流滿面，不能下手。

一群清軍擁至，史可法大呼：「我是史可法！」

史可法被押至清軍大營，多鐸一見起身相迎，開口說：「我累次以書信相招，而先生不旨屈就，現在你已經盡了為臣的忠心，你若能為我收拾江南，我定不惜以重任相委。」

「負國罪臣豈可偷生，今日之事，惟求速死。」史可法冷冷地說。

「史公不見洪承疇乎？那才是識時務的俊傑。」多鐸還不死心。

「洪承疇受先帝的厚恩，反而叛國投敵，真不知他是何肺腑。」史可法輕蔑地說。

一些降將也紛紛來勸，史可法不屑一顧。

「好男子！你要做忠臣，我就成全了你的名節，你還有什麼話？」多鐸咬牙切齒地說。

「城亡與亡，吾意已決，即劈屍萬斷，甘之如飴。但揚州百萬生靈，即屬於你，當示以寬大，萬不可殺。」

史可法心繫著百姓。

史可法一腔熱血噴灑在揚州那斑駁的城牆上，同時殉難的還有很多文武官員。在此後的十天裡，揚州人民的生命把這座古城變成了血海。

五月初一日，清軍以保全忠臣後嗣的名義釋放了史德威。史德威跑遍了全城，到處都是屍體枕藉，在烈日下蒸變難識，史德威找不到史可法的遺體，痛哭而返。

「史可法沒有死！」「嗣三吳兵起，咸曰可法尚在，競藉其聲相慰奮」。直到西元一六四九年，馮宏圖還托史可法之名起兵抗清，類似舉動不一而足。連降清的洪承疇也覺得真偽難辨，一次居然向被俘的明軍將領打聽史可法到底有死沒死。不料明將反唇相譏，「您從北邊來，我正要問你，在松山被俘的洪承疇到底死了沒有？」洪承疇被俘之初曾生死不明，故而明將以此相譏。洪承疇大怒，急命部下推出去斬首。

在揚州陷落之際，馬士英依然趾高氣揚，不可一世。有人向他報告清軍準備渡江時，他竟把報告者打了一頓。當情報得到證實後，他立即嚇癱了。福王向他問計，半晌無語。再一追問，回答只是一個「避」字。回家之後，馬士英拋棄福王，自己出逃而去。所到之處，人民或群起而攻，或惡言相加。後來他還想投奔另一個剛成立的南明小朝廷——隆武政權，也被拒絕。他死於西元一六四六年，至於死法則人言不一，有一點較為一致的，是死於清軍之手。

與馬士英相為表裡的阮大鋮沒有逃，他投降了清軍，每日不辭勞苦，為清軍帶路、誘降。有一次，他化裝進入金華，假作投奔他的老朋友金華守將朱大典。朱大典信以為真，收留了他。不料他引來清軍，攻克了金華，朱大典氣得大罵不止，含恨自殺。不久阮大鋮也暴死在軍中，死因不詳。清軍把他的屍骨拋到路旁，揚長而去。

西元一六四六年清明時節，史可法家人設祭招魂，然後將他的衣冠袍笏葬於揚州城外梅花嶺。當時南國未靖，只好一杯清酒、一把熱土，草草安葬。

史可法是一位悲劇性人物。在其一生的四十四個歲月中，二十七歲以前在飢寒困頓中度過，二十七歲後中舉入仕，又一直處在兵荒馬亂的環境裡。他為人誠懇，為官清廉。甲申之變後，他欲為先帝復仇，恢復明室，以一介書生，受命於危難之際，折衝馳騁。他兼具諸葛亮和文天祥的品格，所以後人讚曰：「生有自來文信國，死而後已武鄉侯。」

史可法欲恢復明室，實際上是不可能的，一則經過明末農民大起義的打擊，明王朝已不可救藥，在新興的清王朝面前更是不堪一擊；再則南明建立之初，昏君奸臣兩惡相濟，強臣悍將爭訌不止，史可法安撫內部尚且不暇，怎能全力對外。正如清人評價：「先生當傾覆之天，而欲以一手擎之，其志則壯，其心可悲矣。」

福王的擁立、馬士英的得勢，史可法也不能說沒有責任。他自稱「大明罪臣」、「亡國庸臣」、「負國之臣」，便說明了他心中的負疚。哀莫大於心死，史可法是心死了，他在就義前四天寫給母親、岳母、夫人的信中就流露了這種情緒。信中說：「北兵於十八日圍揚城，至今尚未攻打，然人心已去，收拾不來。法早晚必死，不知夫人肯隨我去否？如此世界，生亦無益，不如早早決斷也……書至此，肝腸寸斷矣。四月二十一日法寄。」

但是，史可法選擇了一種壯烈的歸宿。史可法的獻身並不是沒有意義的。諸葛亮曾說過：「鞠躬盡瘁，死而後已。至於成敗利鈍非臣之明所能逆睹。」他不計私利，以身許國的精神激勵著後人捨生取義，鼓舞著南國軍民堅持抗清二十餘年。清代學者全祖望在《梅花嶺記》中曰：「百年而後，予登梅花嶺上，與客述忠烈（史可法）遺言，無不淚下如雨。」他的魅力永遠感染著後人。

史可法就義一百三十一年後，即乾隆四十一年（西元一七七六年），清政府為了「勵萬古疾風之節」，特為史可法修墓建祠，並贈以「忠正」的稱號。這正是：一代興亡歸氣數，千秋義烈壯河山。

千秋功業

左宗棠歷盡艱辛，踏遍坎坷，拾得金甌一片，造就千秋功業。

大西北的三月天氣，變幻莫測，剛才還是風和日麗，忽然間，狂風大作，天昏地暗。風捲著砂礫，吼叫著在戈壁灘上橫衝直撞，翻翻滾滾地向古城蘭州壓了過來。人們紛紛關閉門窗，慌忙地鑽進屋內，雞犬驚恐得亂叫狂奔。巍峨的總督衙門，頓時被滿天瀰漫的飛沙包裹起來，彷彿茫茫大海中的一座孤島，動盪飄搖著……。

大學士陝甘總督左宗棠，在衙門的後廳裡憑窗而望；數月來，他與大學士直隸總督李鴻章一夥人就要不要收復新疆的問題展開了一場激烈的「塞防」與「海防」大爭論。淒厲的風吼，蔽日的沙塵，使他憂憤已久的心情更增添了幾分壓抑。自道光二十年（西元一八四〇年）鴉片戰爭以來，大清朝屢屢受挫於洋人，一次次的戰敗，一次次的割地、賠款、議和、開放口岸……說不盡的辛酸，道不盡的恥辱，每想到此，左宗棠便淚流滿面，義憤填膺。

左宗棠自青年時代便負報國之志：「身無半畝，心憂天下；讀破萬卷，神交古人」，常以鞠躬盡瘁，死而後已的諸葛武侯自期。而今他身居陝甘總督，怎能坐視新疆的大片國土被敵人宰割肢解呢？

原來，十年之前（同治三年，西元一八六四年），天山南北發生了回族、維吾爾族等反對清朝封建統治的暴動，一些民族和伊斯蘭教的上層頭目乘勢而起，先後建立了五個封建割據政權。他們爭人奪地，互相廝殺，征戰不休。中亞浩罕國將領阿古柏（Yakug Beg）乘新疆大亂之機，於同治三年十二月（西元一八六四年十二月）率軍入侵，相繼攻占了喀什噶爾（今新疆喀什市）、庫車、阿克蘇、英吉沙爾、葉爾羌、莎車、和闐（今新疆和田市）等地。同治六年（西元一八六七年），竟然在大清朝的領土上建立了「哲德沙爾汗國」。繼而又攻占了達坂城、吐魯番、烏魯木齊、瑪納斯等地。

俄國、美國早就對新疆這片熱土垂涎三尺。阿古柏政權在南疆出現以後，他們都力圖把這個政權置於自己的控制之下，使之成為肢解新疆的工具。

俄國搶先下手。同治五年（西元一八六六年），俄國官員與阿古柏的守邊官員訂立協議，約定雙方互不干涉對方的行動。同治十年（西元一八七一年）三月，俄國出兵侵占了新疆伊犁九城地區，設官置戍，開路通商，「曉示伊犁永歸俄轄」。俄軍的入侵，遭到了伊犁地區各族人的強烈抵抗，俄軍獸性大發，在一個月中，將當地維、回、漢等族人「剿殺一半」。俄國侵略軍並不滿足對伊犁地區的占領，還對新疆腹地虎視眈眈。

在阿古柏和俄國的侵奪之下，新疆僅有塔爾巴哈台、古城、哈密一帶的狹小地區尚在清軍手中。國土淪陷，山河易色，大清朝的西部邊疆再次面臨被宰割的嚴重危機。

舉國震驚、朝野沸騰，紛紛要求朝廷出兵新疆，征討阿古柏，驅逐沙俄，收復失地。

在西北形勢岌岌可危的時候，左宗棠以垂暮之年挺身而出，毅然提出要擔負起收復新疆的重任。在與友人的信中，他說「俄人侵占黑龍江北地，形勢日迫，茲復窺吾西陲，蓄謀既久、發機又速。今既有此變，西顧正殷，斷難遽萌退志，當與此虜周旋到底。」同治十二年（西元一八七三年）春，他致書總理衙門，精闢分析了敵我雙方的形勢，詳細地提出了收復新疆的具體方案。

可是，對新疆的具體情況，清政府的當權者很不了解，甚至連阿古柏入侵的來由和現狀也知之甚少，對俄國的野心更是估計不足，天真地以為打幾場官司，經過幾次談判，阿古柏就會退出南疆，沙俄也會把伊犁拱手讓出。然而奉命去和俄國談判的署伊犁將軍榮全帶回來的信息，卻使得這些當權者大失所望。

原來，俄國的志向還不只在伊犁，而是企圖吞併整個新疆。他們連忙召開緊急會議，商量對策，經過一番認真地討論之後，得出結論：俄國此舉蓄謀已久，斷非空言所能有濟，中國必須兵力強大足以起震懾作用，並先發製人，方能得心應手，「杜其覬覦之漸」。於是下令：哈密幫辦大臣景廉、烏魯木齊提督成祿、直隸提督劉銘傳各率所部軍隊，即刻由肅州（今甘肅酒泉）出關入疆。可是成祿畏葸不前，劉銘傳稱病不至，景廉師久無功。無奈之餘，清政府只好又調金順、張曜兩軍出關。

同治十三年（西元一八七四年）七月，清政府任命景廉為欽差大臣，督辦新疆軍務，金順為幫辦，左宗棠督辦關外糧餉轉運，開始了收復新疆戰鬥的籌劃和部署。

正當舉國上下同仇敵愾，力主收復新疆還我故土的時候，有一個人卻一直躲在幕後悶悶不樂。此人就是文華殿大學士直隸總督李鴻章。多年來官居要職的李鴻章始終把他的老師曾國藩的諄諄告誡「淮軍固，閣下安」牢牢記在心頭，想方設法地擴大自己的淮軍力量。聽說朝廷要用兵新疆，李鴻章的心中打起盤算：出兵新疆必然要增加塞防經費，削減海防開支，這對東南沿海一帶的淮軍極為不利，再說，新疆戰事一開，必然開罪英俄兩國，萬一兩國交相要挾，豈不是禍患連接，永無了期了嗎？李鴻章越想越怕，用兵新疆，對自己對淮軍太不利了。不行，不行，絕對不能讓朝廷出兵新疆，可是總得找個機會，尋個理由，名正言順，堂而皇之地表達反對意見才行。李鴻章苦苦地等待著，機會終於來了……。

原來恰在這時發生了日本侵略台灣的事件。大清帝國用五十五萬兩白銀作代價總算換取了東鄰小國日本從台灣撤軍。為此總理衙門的大臣們感到羞愧難當，更害怕「以一小國之不馴，而備禦已苦無策，西洋各國之觀變而動，患之瀕見而未見者也」。於是於同治十三年（西元一八七四年）九月二十七日上奏同治皇帝請求加強海防，並具體提出練兵、簡器、造船、籌餉、用人、持久六條應變措施，以防異日之不虞。同一天，軍機處轉發「上諭」，命地方督撫們就總理衙門的奏摺，詳加籌議，一個月內復奏。

李鴻章大喜，準備連夜上奏，反對出兵新疆。恰在這時，一個意想不到的陌生人突然來訪，打斷了他的思路。還未及坐下，來人便自報家門，他叫梅輝立（William Frederick Mayers），是英國駐華公使威妥瑪

（Thomas Francis Wade）的漢文參贊（顧問）。原來自從阿古柏政權建立之後，一直夢想把侵略勢力從印度擴大到新疆的英國便加強了和阿古柏的聯繫。同治十二年（西元一八七三年）一支經過精心篩選的由三百人和四百頭牲畜組成的一支類似小型軍隊的英國使團在弗賽斯（Thomas Douglas Forsyth）的率領下，來到了喀什噶爾。他們給阿古柏帶來槍支、小砲，還有女王的親筆信等禮物。阿古柏大喜過望，不知如何是好，連忙撲倒在英使的腳下，一聲「讚美真主」之後，便討好獻媚道：「你們的女王是一位偉大的君主，她的政府是一個強大仁慈的政府，她的友誼是值得希求的。因為她總是將源源不絕的好處，給予得到這種友誼的人。女王就像太陽一樣，在她溫和的陽光裡，像我這樣可憐的人，才能夠很好地滋長繁榮。」不久，雙方訂立了《英國與喀什噶爾條約》，阿古柏給予英國通商、低稅、領事裁判、購買租用土地、房屋等特權，而英國則承認「哲德沙爾汗國」獨立。從此英國巨大的保護傘覆蓋了阿古柏的整個「國家」。

聽說清政府要進兵新疆，征討阿古柏，英國著了急，立即電令威妥瑪設法從中阻止。透過多年和李鴻章打交道，威妥瑪深知在對外交涉中，李鴻章一向沒有骨頭，最好對付，便想透過李鴻章向清政府施加壓力。於是他派梅輝立連夜來天津走李鴻章的「後門」。

一陣寒暄之後，梅輝立向李鴻章建議，把伊犁讓與俄國，天山南麓割給阿古柏，以緩和英國與俄國的矛盾，並卵翼阿古柏政權。這正是李鴻章的一貫主張，見英使的意見竟和自己不謀而合，李鴻章像找到了救命的稻草，頓時神氣起來。

同治十三年（西元一八七四年）十一月初二日，李鴻章上《籌議海防折》，公然主張放棄新疆。在奏摺中李鴻章寫道：「臣李鴻章涉歷洋務頗久，聞見稍廣，於彼已長短情形之處，知之較深。今阿古柏據有南疆，北鄰俄國，西界土耳其，南近印度，實力頗強。以目前中國之力量，實不及專顧西域，即勉圖恢復，將來斷不能久守，且猶恐滋生他變。況且新疆不復於肢體元氣無傷，海疆不防則腹心之大患愈棘。竊以為，不如招撫喀什噶爾等回酋，准其自為部落。對已出塞或備出塞各軍，可撤則撤，可停則停，其停撤之餉即勻作海防之餉，此乃萬全久遠之策。」這樣，一場「塞防」、「海防」之爭首先由李鴻章挑起來了。

奏摺遞上以後，李鴻章的心中仍感到不安，他知道在一片出兵新疆的聲浪中，自己的主張定然會引起非議，遭到上下一致的反對，看來還須如此這般一番。於是李鴻章提起筆來寫信給和自己私交甚好的河南巡撫錢鼎銘，慫恿他抗疏直陳，調回塞防前線的宋慶部豫軍，以削弱西征軍力。正當他得意之時，忽然有消息傳來，自己的老部下署江西巡撫劉秉璋竟然贊同收復新疆。李鴻章大為不滿，立即去信大加責罵：「尊意豈料新疆必可復耶？復之必可守耶？此何異盲人坐屋內說瞎話？大肆簧鼓，實出期望之外。」

這樣，在李鴻章的唆使和鼓譟之下，一時間「邊疆無用論」、「得不償失論」、「出兵必敗論」……紛紛出籠，大有黑雲壓城城欲摧之勢。李鴻章心滿意足，便躲到了暗處，用手捻著僅有的幾根髫鬚，洋洋自得，愜意漣漣。

新疆的命運如天空中一朵飄浮不定的雲，不知要被這一陣陣的冷風吹向何方……。

李鴻章的奏摺和一片放棄新疆的主張，把清廷的決策者們弄得暈頭轉向，左右為難：雖已調兵出關，但能否一舉復疆，實在是心中無底。這時他們想到了戰功顯赫的陝甘總督左宗棠。

光緒元年（西元一八七五年）二月初三日，清政府密諭左宗棠，令其就如何統籌全局，關外將帥、軍隊能否勝任，如何調度等發表自己的意見，詳細密陳。

左宗棠手捧著密諭，感到萬千沉重。因事關新疆的存亡，左宗棠不得不慎之又慎。一陣沉思之後，左宗棠在奏摺中寫道：「竊惟時事之宜籌，謨謀之宜定者，東則海防，西則塞防，二者並重。以國勢論，重新疆者，所以保蒙古，保蒙古者，所以衛京師。西北臂指相連，形勢完整，自無隙可乘。若新疆不固，非特陝甘、山西各邊時虞侵軼，防不勝防，即直北關山亦將無晏眠之日。事機之急，莫此為甚。豈有海疆無事，先棄新疆，停兵撤餉，自撤藩籬，壞我萬里長城之理乎？」

左宗棠的奏摺，彷彿給在一片放棄新疆的鼓譟聲籠罩下那死一般沉靜的湖水中投下一塊石子，一石激起千層浪，立即引起軒然大波。四川總督丁寶楨，山東巡撫文彬，江蘇巡撫吳元炳，湖南巡撫王文韶等都堅決支持左宗棠的主張，力主收復新疆。

這樣，一派以李鴻章為代表，一派以左宗棠為代表，圍繞是否應收復新疆，加強塞防還是海防，針鋒相對，互不相讓，展開了激烈的爭論和鬥爭。

由於左宗棠和李鴻章二人的爭論直接關係到新疆的存亡，實在是事關重大，且二人都是大學士、總督，重兵在握，權力、地位、資格不相上下，朝野輿論嘩然。清政府的中樞決策機構更是左右為難，莫衷一是。為調解二人的矛盾，結束爭論，尋求江山永固之策，決策者們決定立即召開緊急會議，慎重對待二人的爭論。

光緒元年（西元一八七五年）四月二十日，由親王、郡王、大學士、六部、九卿等參加的關於應否收復新疆的廷議正在緊張激烈地進行著。會議整整開了大半天，仍沒有結果。疲倦、沉悶的氣氛籠罩著會場，有的大臣已漸漸昏睡起來。這時，光緒皇帝的父親醇親王奕譞慢吞吞地站起來，清了好一陣嗓子說道：「沙俄裂我疆土，防禦沙俄是不刊之論，而李鴻章之請暫罷西征也不失為最上之策。」大臣們以為醇親王會有什麼高見，誰知聽了半天，也沒弄明白親王是贊成還是反對用兵，不免大失所望。恭親王奕訢的心中是主張放棄新疆的，便說：「也許新疆丟了不會真的有什麼後患，花費數百萬取回不毛之地，怕不是幸事。」大臣們見主持會議的恭親王最後定下了基調，於是紛紛爭先恐後地表態：出兵新疆禍大利小，絕非善策。

這時，執政的武英殿大學士、軍機大臣文祥站了起來，他環視一下四周，望著一個個肥頭大耳、怯懦無為、膽小怕事的朝臣們，心中既氣惱又悲傷：「想我大清創業之初，國力強大，雄揚四方，何其輝煌，何其榮耀；而時至今日，到了危難之時，竟然沒有一個人敢站出來，救國難於水火。可嘆啊可嘆！看來只有老夫力排眾議死命抗言了。」於是文祥憤憤地說道：「倘西寇數年不剿，養成強大，一旦破關而入，陝甘內地皆震。即馳入北路，蒙古諸部落皆將叩關內徙，則京師之肩背壞矣。烏魯木齊為重鎮，南鈐回部，北撫蒙古，以備禦英俄，實為邊疆久遠之計，豈能置之不問？當選一得力將帥，全力進剿！」在文祥的堅決主張下，清政府終於下了收復新疆的決心。

光緒元年三月二十八日（西元一八七五年五月三日），清廷發出六百里加緊諭旨，任命左宗棠為欽差大臣，督辦新疆軍務，擁有籌兵籌餉、指揮軍隊的全權。手擎諭旨，左宗棠感激涕零，喜不勝收，向著京師的方向遙拜了許久，決心不負皇恩，誓死收復新疆，即使「馬革桐棺」、「老死西域」也在所不惜。

作為一個功成名就、權高位重的封疆大吏，在國家危難之際，有如此強烈的愛國之心，並為此不惜甘冒敗則家破人亡的風險去馳騁疆場，這是何等可歌可泣的精神啊！和李鴻章相比，誰忠誰奸，誰愛國誰賣國，不言自明，二人之別何啻霄壤！

左宗棠接到朝廷的任命之後，興奮異常。然而擺在他面前的是一條坎坷不平、荊棘叢生的道路，困難萬千，阻礙重重，險象環生。既要在國庫空虛，財政拮据的條件下籌辦巨額經費，又要在軍糧無著、路途艱險的條件下籌糧、籌轉運；既要在政敵攻訐、謗聲四起的逆境中據理力爭，又要與狡詐兇惡的阿古柏、英國和俄國進行堅決的鬥爭。特別是西土苦寒，許多將領都不願前往……難啊！但左宗棠沒有被重重困難所嚇倒。「西事無可恃之人，我左宗棠斷無推卸之理，我不承擔誰承擔！」他開始了艱難的西征準備工作。

打仗必須統一意志，統一指揮，上下一致，同心協力。可是甘肅新疆的現實卻使左宗棠感到力不從心，牽制太多。幾個滿洲統兵大員，烏魯木齊提督成祿、督辦蘭州軍務穆圖善、欽差大臣督辦新疆軍務景廉、哈密辦事大臣文麟……，倚仗自己是朝廷所倚重的達官顯貴，胡作非為，和左宗棠「同役而不同心」，「同床異夢」。雖然左宗棠深深地知道：「與旗員鬧口舌，是吃虧事，與前任爭是非，非厚道事。」可是事關君國大事，關係到新疆的存亡，他再也不能顧及什麼吃虧不吃虧了。於是左宗棠提起筆來堅定而巧妙地逐一上奏彈劾以上人等。不久清政府將成祿、穆圖善、景廉、文麟等或革職拿問或調京供職。左宗棠長出了一口氣：終於事權歸一，得心應手了！

之後，左宗棠開始大刀闊斧地裁併整編軍隊。令所部將領志願出關，凡官兵不願出關者，絕不勉強，資遣回籍；撤換庸懦畏葸的將領；嚴明軍紀；嚴格訓練……。從此，軍心大振，士氣旺盛，上下一心，一支由漢、回、滿等族人民組成的西征軍正式誕生了。全部兵力如下：劉錦棠部老湘軍二十五營，張曜部嵩武軍十六營，此為西征軍兩大主力；金順部四十餘營，徐占彪部蜀軍七營，之後又增金運昌部卓勝軍十營，易開浚部湘軍四營，譚上連部湘軍四營，徐萬福部湘軍四營，全軍總兵力達七、八萬人。

西征軍出關作戰，戰線長達數千里，經過浩瀚的沙漠，翻越峻峭的天山。軍糧的籌集和運輸都極為艱難。為了保證軍隊有充足的給養，左宗棠絞盡腦汁，費盡了心機。經過一番仔細的分析思考之後，左宗棠分別於南北兩路加緊採集軍糧。北路於歸化設西征採運總局，包頭設分局；南路於河西走廊的涼州、甘州、肅州等地也設專局採辦軍糧。由於西北地區連年戰亂不堪，田野荒蕪，人民困苦不堪，故又不能不顧老百姓死活，竭澤而漁。所以，往往無糧可買，左宗棠的籌糧工作遇到了困難。

恰在這時，俄國總參謀部軍官索斯諾夫斯基（Iulian A. Sosnovskii）一行五人突然來到了左宗棠的蘭州官邸。原來阿古柏政權一出現，立即引起了俄國的極大興趣，為了使阿古柏成為俄國侵略中國戰略棋盤上的一枚小卒，俄國立即採取了緊張的外交活動。同治十一年（西元一八七二年），喀什噶爾阿古柏的王帳內，歌聲悠揚，舞姿翩翩，笑語殷殷。阿古柏正以最熱烈的方式盛情款待來自俄國的使節。席間最美好的食物，最甘美的奶茶，最純香的瓊漿，應有盡有，豐盛無比。阿古柏極盡阿諛，獻媚地說道：「噢！親愛的朋友，請坐在你們所喜歡的任何地方，因為你們是上天送到這裡來的貴賓。」俄使考爾巴斯（Alexander Kaulbars）也連連舉杯致謝，一唱一和，好不親熱。酒足飯飽之後，阿古柏請俄使觀看閱兵，並自作多情地說道：「我把你們俄國人看作是最親愛的朋友，不然，我會把我的軍事力量給你們看嗎？」考爾巴斯故作受寵若驚地表示：「俄國永遠是阿古柏最可信賴的朋友。」第二天雙方簽訂了《喀什噶爾條約》，俄國承認「哲德沙爾」為獨立王國，阿古柏則給俄國通商、旅行、設立商務代表和商館的特權。可是不久俄國就發現，條約所規定的俄國的權利幾乎沒有實現的可能，一則因為阿古柏對俄國吞併了他的祖國浩罕而懷恨在心，二則阿古柏又找到了新的主子——英國，並正打得火熱，對俄國漸漸冷淡起來，並設置種種阻撓，不履行條約。俄國氣得要死，他們希望中國出兵征討阿古柏。可是又怕中國兵力強大後對自己構成威脅，為此，俄國急於想知道中國的實力。帶著這種急切心情，索斯諾夫斯基率領所謂「科學貿易考察隊」拜見了左宗棠。

光緒元年（西元一八七五年）五月，左宗棠在總督衙門熱情地招待了這位俄國軍官。從此他們每隔一天會見一次，索斯諾夫斯基在蘭州共住了二十七天。一天，左宗棠在和索斯諾夫斯基用餐時，他突然發問：「請問左公，敝國想與貴國在關外通商，不知尊意如何？」左宗棠爽快地說：「兩國通商和好，實乃幸事。但新疆戰亂未平，不妨等新疆克復之後再進行。」俄官一心想透過軍糧來控制左宗棠，便試探著問道：「大軍出關，糧草耗多，鄙人可代為採買五百萬斤。」本來左宗棠正為買不到糧食發愁，聽俄官這麼一說，便高興道：「果真如此，實為我西征軍之福也。」當下接受了這筆糧食交易。俄官舉杯祝酒之後得寸進尺：「貴軍如要軍火，吾國亦可全力供給，並可派兵助剿。」左宗棠怕過多依賴俄國，受制於人，便一口回絕道：「軍火所儲已久，不需補充。中國邊防，中國自有辦法，無須幫助。」俄官尷尬無言。沉默了許久之後，左宗棠笑著問道：「假如有一天中國和俄國開戰，尊意以為誰可取勝？」索斯諾夫斯基萬萬沒想到左宗棠會如此發問，頓時臉色發紅，虛汗驟生，一時不知所措，支支吾吾道：「這……這是不可想像之事。」左宗棠用手捋著鬍鬚笑道：「不必拘忌，但說無妨。」被逼無奈，索斯諾夫斯基只好吞吞吐吐地說：「俄國也許不會失敗。」至此俄國終於明白了，左宗棠遲早要和俄國打仗。恐懼之餘便暗中把糧草武器接濟給烏魯木齊的白彥虎，叫他和左宗棠對抗，消耗左宗棠的實力。

但不管怎樣，左宗棠卻由此買到了一筆軍糧。之後，左宗棠又開始興修水利，興辦軍屯、民屯等，終於籌集到了足夠的軍糧。

採集軍糧困難，要把採集到的軍糧運到前線，同樣是困難重重。左宗棠經過一番苦心思考，決定關內以車運為主，關外以駝運為主，運輸方式上採取「節節轉運」，短途運輸的方法。一時間，從涼州、甘州、肅州，出嘉峪關，過玉門、安西至哈密，從包頭、歸化經烏里雅蘇台、科布多至巴里坤、古城，從寧夏經定遠營、察罕廟、巴尚圖素、合歸化、包頭至巴里坤……。左宗棠的運糧大軍車拉，駝馱，人背……浩浩蕩盪，絡繹不絕，到光緒二年初夏，左宗棠在安西、哈密、巴里坤、古城等地共集中了約二千四百八十萬斤軍糧，足以解決西征軍的吃飯問題。

對於其他軍需，左宗棠也用盡了苦心：在上海設立採辦轉運局，購買槍砲彈藥，籌借外債，收集情報；在漢口設立後路糧台，轉運上海採購的軍需物資；在西安設立總糧台和軍需局，在蘭州成立製造局，改造舊式火器並仿造德國的來線炮和七響槍；又設立火藥局，以就近供應軍火……，萬事俱備，只欠東風。

光緒元年（西元一八七五年）夏，雖已夜幕深沉，但蘭州陝甘總督衙門內仍是燈火通明，人聲鼎沸。老湘軍分統以上將領參加的關於西征戰略問題的軍事會議激烈地進行著，將領們慷慨陳詞，各抒己見，熱鬧非凡。一番爭論之後，左宗棠根據新疆地形、地勢特點和敵軍防守的情況制定了戰略計畫——先北後南。先打力量最弱的北路烏魯木齊，並藉以大量擊斃敵之援兵，然後乘勢南下，以期「致力於北而收功於南」。作戰原則，「緩進速戰」，即戰前充分準備，戰時則以雷霆萬鈞之勢一舉殲之，不打曠日持久的消耗戰。

光緒二年（西元一八七六年）二月二十二日，西征軍在前敵總指揮劉錦棠的率領下，分批由肅州出關，雄赳赳、氣昂昂地踏上了收復新疆的征途。

樹欲靜而風不止。這時又發生了「馬嘉理事件」。英國不但百般以武力要挾，欲取得更多的利益，更希望中國停止西征，使阿古柏政權長命永固。為了動搖西征軍心，英國便透過《申報》造起了謠言，宣稱：「英國有打通西路之意，俄國人也有進攻甘肅的可能，使中國首尾不能相顧等等。」

受命辦理此案的李鴻章心中更是樂開了花。自從和左宗棠爭論失敗後，李鴻章整日悶悶不樂，總想找機會報左宗棠的一箭之仇。現在不就是天賜的良機嗎？既然英使不斷以武力要挾，何不藉機大造戰爭輿論。這樣一來可以顯示海防的重要，爭取到更多的海防經費，又可以給左宗棠來個釜底抽薪。一舉兩得，何其妙哉？想到這裡，李鴻章立即從後台跳到前台，興風作浪。他大肆散布：「此案其曲在我，如不妥協，英國必然派兵攻打各海口，戰事一開，兵連禍接，其害有不可測者。」

對於《申報》的謠言和李鴻章的所為，左宗棠早已洞察其奸，為此他不得不於百忙的戰事中分神出來與之進行針鋒相對的鬥爭。在奏摺中，左宗棠一針見血地指出，英國的謠言在於瓦解西征軍的鬥志，而李鴻章的所為更是叵測居心：「英人虛聲恐嚇，當事者（李鴻章）藉以把持重餉，其根本用心在於欲籠軍餉歸之洋防。」

光緒二年（西元一八七六年）七月二十六日，《煙臺條約》簽訂。中國增開口岸，減免英貨厘金。左宗棠敏銳地感到「從此餉源日窘」，各省的協餉將更加困難。他又氣又恨，大罵李鴻章是「孱禽為急弦所下，不能掙扎片時」。

果然，從此之後，沿海沿江的督撫們都少解、緩解、停解西征的協餉，致使西征軍餉奇缺，一年中竟發不出一月滿餉。西征各項所需，添購駱駝、馬匹、皮棉衣褲、鑼、鍋、皮碗、口袋、篷帳、旗幟、號褂、應更換的軍械、火器、火藥……均無著落。望著狂風呼嘯中仍著單衣被凍得渾身發抖的士兵，看著官兵沒鍋做飯只好啃著生紅薯聊以充飢的悲慘情景，左宗棠心如刀絞，欲哭無淚，欲喊無聲。無奈之餘，只好奏請借洋款一千萬兩，以解燃眉之急。

不久，清政府批准左宗棠借洋款五百萬兩，戶部撥銀二百萬兩，各省協餉提前撥解三百萬兩，「以足一千萬兩之數」。熱切盼望中的左宗棠，接到上諭後，驚喜異常，感激涕零，不能自已，跪在地上一連把上諭看了三、四遍，連連說道：「大軍有救矣！新疆有救矣！」

按慣例，向洋商借款，都要由海關出票，督撫加印。在所有的海關中兩江海關的收入最大，而兩江總督沈葆楨又是左宗棠一手扶植起來的。於是左宗棠寫信給沈葆楨，請其一手代為辦理借款事宜。誰知沈葆楨卻第一個公開站出來反對左宗棠借洋款。

原來，聽說左宗棠要借洋款，李鴻章氣得咬牙切齒，在被召對時極力表示反對。直到軍機大臣文祥「力駁之，並上疏直陳」後才不敢再進言。但明的不行，就來暗的，不管用什麼手段，總要把左宗棠置於死地。

這時，李鴻章想起了沈葆楨，於是提筆寫信說：「左帥擬借洋款千萬以圖西域，可謂豪舉。但冀利息稍輕，至多不得過七厘，各省由額協項下分還，亦未免吃力，何可獨委諸執事耶？」其陰險之用心，不言自明。

兩天後，沈葆楨果然不負李鴻章之所望，公開上奏反對借洋款。李鴻章欣喜若狂，立即去信大加讚賞：「奏稿『剴切詳明，詞嚴義正，古大臣立朝風采，復見於今，大足作敢言之氣，傾服莫名』。」

為了堵住左宗棠的借款通道，李鴻章又暗中拜訪了總稅務司英國人赫德，讓其設法使英商拒絕借巨款給左宗棠。一切辦妥之後，李鴻章心滿意足，便躲到了陰暗的角落裡，冷眼觀看著荊棘叢生中的左宗棠如何動作。

左宗棠畢竟是左宗棠，鐵骨錚錚，誓不妥協：你兩江沈葆楨與我作對，不出票不蓋印，沒關係，我可以請浙海關、粵海關出票，閩粵總督蓋印；你英商不借，我向別的洋商去借，其奈我何？

終於，左宗棠從德國泰來洋行借到了五百萬兩，緩解了餉缺。

光緒二年（西元一八七六年）六月二十九日，左宗棠的西征大軍以排山倒海之勢一舉收復了烏魯木齊，九月克復瑪納斯，拔掉了阿古柏在北疆的全部據點，並揮師南下，準備征討阿古柏，收復南疆。

這下可急壞了英國侵略者，他們再也忍耐不住了，急忙衝到前台來為阿古柏乞降立國。

一天，英國駐華公使威妥瑪來到天津，祕密訪晤了李鴻章。威妥瑪告訴李鴻章：「中國收復新疆，征討阿古柏，必然會兩敗俱傷，給俄國造成入侵機會，這樣不光害了印度，於中國也無益。為此英國願出面調停，但中國必須允許阿古柏為屬國，不必朝貢。」本來，放棄新疆是李鴻章的一貫主張，現在聽威妥瑪這麼一說，頓時心領神會，於是急忙跑去拜見奕訢，轉達威妥瑪的意見說：「阿古柏不敢深信左帥，欲向朝廷乞命，囑為密致鈞處。」

聽說英國竟然替阿古柏乞降，左宗棠怒不可遏，憤然駁斥：「新疆南八城自乾隆二十四年入中國版圖至今，與印度無絲毫之損，豈阿古柏居此地，則於英有益，中國復此地，反於英有損乎？」「原來英人此舉，非為安集延，乃圖保其印度腴疆也。」

之後，左宗棠急忙告誡劉錦棠：「戰陣之事，權在主兵之人，非他人所可參與。」只要南路「節節順手」，英國自然無所措施。

為了徹底摧垮阿古柏政權，左宗棠決定打開通往南疆的門戶——達坂城、吐魯番、托克遜這一三角地區。令徐占彪、張曜攻吐魯番，劉錦棠攻達坂城，兩處得手後，合攻托克遜堅巢。之後，清軍馬步近五十營，兩萬餘人從北東兩個方向對達坂城、吐魯番、托克遜地區展開了鉗形攻勢。

阿古柏聞風喪膽。十幾年來，他怕的就是有一天，清軍會來找他算帳。為此他曾做過多番苦心努力，和英國、俄國、土耳其以及其他回教國家交好。可是到頭來，還是誰也幫不上忙。看來只有硬著頭皮拼了。於是阿古柏拼湊了二點七萬人。令大通哈愛伊得爾呼里駐守達坂城，次子海古拉屯紮托克遜、艾克木汗、白彥虎、馬人得等駐守吐魯番，自己於喀拉沙爾督戰，企圖憑藉天山之險負隅頑抗。

光緒三年（西元一八七七年）三月初六，天剛濛濛亮，達坂城突然間槍聲大作。守城的敵寇早晨睜開睡眼一看，大驚失色，不知何時整個達坂城已被清軍圍得水洩不通。只見清軍個個手握槍支，環列圓陣，勻布整齊，虎視眈眈。敵寇慌忙開槍射擊，企圖驅散清軍，誰知十幾名清軍中彈倒下之後，整個隊伍仍然堅立如故。守城的敵寇個個驚得目瞪口呆。忽然間炮聲轟隆，撕天裂地，清軍環城安置的開花大砲連番轟擊起來。砲彈擊毀了敵人的砲台，轟坍了幾處城牆，最後一顆砲彈擊中了城內的彈藥庫，頓時山搖地動，火光衝天，大風驟起，火借風勢，愈燒愈烈，整個達坂城處在一片火海之中，城內守敵，肝膽俱裂，狂亂已極。清軍乘勢一舉攻克重鎮達坂城，阿古柏的軍隊無一人一騎返還。之後清軍順利攻克了吐魯番、托克遜二城。

這場戰鬥，使阿古柏遭到了毀滅性的打擊，阿古柏損失兵力兩萬多人，占這一地區總兵力的五分之四，占其總兵力的一半。從此南疆門戶大開，清軍形成破竹之勢。

五月二十九日，驚恐萬狀的阿古柏見大勢已去，服藥自斃於庫爾勒，哲德沙爾政權陷入分崩離析的狀態。

左宗棠聞捷訊，喜不勝收，連聲稱讚該役「實西域用兵以來未有之事」。

阿古柏死後，英國生怕阿古柏政權從此壽終正寢，於是又玩起了為其乞降立國的把戲。光緒三年（西元一八七七年）五月二十七日，英國外交部照會清駐英公使郭嵩燾，要求中國軍隊停止進攻，允許安集延人繳還北部數城，留有喀什噶爾數城，使其可以立國。

左宗棠聞言，不禁怒髮衝冠，憤然質問英國：「喀什噶爾即古代之疏勒國，自漢代已隸中華。阿古柏本浩罕國安集延人，非無立足之地，何待英人別為立國？既欲別以立國，則割英地與之，或割印度與之可也，何乃索我腴地以市恩？」

接著左宗棠在奏摺中寫道：「現在大軍連克達坂等城，勢如破竹，敵寇一片驚慌，又值阿古柏仰藥自斃，如不乘勝直前，畫地自守，何以固邊圉而示強鄰？異時追究貽誤之人，老臣不能任也。」總之大軍不能止，盡復南疆，勢在必行。

光緒三年（西元一八七七年）十月下旬至十二月底，在不到三個月的時間內，左宗棠的西征大軍以秋風掃落葉之勢，長驅西進，連克拜城、阿克蘇、烏什、喀什噶爾、葉爾羌、英吉沙爾等地。十一月二十九日，清軍收復和闐。至此，侵占南疆達十四年之久的阿古柏勢力，除伯克胡里和白彥虎率少數殘匪竄入俄境外，悉數被殲。南疆又重新回到了祖國的懷抱。普天同慶，萬民歡騰。左宗棠更是手捋鬍鬚，其喜洋洋，樂不可支。

然而，有一個人卻沮喪得很，那就是李鴻章。在整個西征的過程中，李鴻章連做夢都盼望左宗棠被阿古柏打得丟盔棄甲，潰不成軍，但這一天不但始終沒有來到，左宗棠卻總是春風得意，捷報頻傳。既然始終不能如願，那也就只好多造幾句謠言，多罵幾聲左宗棠以求得那久以失去的心理平衡吧！

於是，李鴻章顫顫悠悠地操起一支破筆，給同一個戰壕中的難友——兩江總督沈葆楨寫起了信：「聞西征軍已經收復喀什噶爾，紅旗捷報不久到京，然白彥虎、伯克胡里，不投俄人便歸浩罕，終無了期。」

李鴻章是多麼希望白彥虎、伯克胡里永遠不被消滅，能時常出來給左宗棠搗亂一番啊！

隨著左宗棠西征大軍消滅阿古柏收復了新疆，中國從俄國人手中收回伊犁的事提上了日程。

同治十年（西元一八七一年），俄國侵占了伊犁後，認為清政府再也沒能力收回了，便虛偽地透過駐華公使館照會總理衙門說：「俄國此舉完全是為了安定邊疆秩序，只因回亂未靖，代為收復，權宜派兵駐守。等到關內外肅清，烏魯木齊、瑪納斯各城克復後，即當交還。」然而，當左宗棠的大軍收復烏魯木齊、瑪納斯後，沙俄卻無動於衷，總理衙門雖想和駐華公使畢佐夫（Евгéний Кáрлович Бюцов）就收回伊犁問題進行交涉，但卻被拒絕。整個南疆克復後，俄國仍然默不作聲，並再次拒絕清政府要求派使節和左宗棠直接談判的建議，賴在伊犁不走。

伊犁，位於新疆的西北部，物產豐饒，富庶無比，是著名的糧倉；地勢險要，易守難攻，為進入北疆的門戶。試想，這樣一個在經濟上和軍事上都具有重要地位的地區，沙俄已吞入口中，怎會輕易吐出來呢？

清政府心中萬般著急而無奈，既然約人家談判，人家不來，那也只好深入「虎穴」了。於是清政府經過再三的挑選之後，決定派吏部右侍郎、署盛京將軍崇厚為全權大臣，便宜行事，赴俄都辦理收回伊犁之事。臨行前千叮嚀萬囑咐：必當權其輕重，未可因急於索回伊犁而轉貽後患，於「割地斷不可許」。可是這位號稱「向能辦事，於中外交涉情形亦俱熟悉」的清朝大員，卻對國際外交上錯綜複雜的情況和伊犁的地理狀況一無所知。在抵達俄都後，被俄國人的軟硬兼施弄得暈頭轉向。

原來，自從清政府出兵征討阿古柏後，中國和俄國的關係也隨之複雜而微妙起來。俄國為了永遠霸占伊犁，希望中國永遠也不能打敗阿古柏，但是阿古柏和英人打得火熱又使俄國妒火中燒，帶著這種矛盾而複雜的心理，沙俄一面支持中國西征，一面又暗中派人教阿古柏如何與中國人進行戰爭。然而在蒐集到了大量的左宗棠備戰和阿古柏的軍事實力的情報之後，俄國人驚訝地發現：曾經令他們感到難以制服的阿古柏，最終將被中國人打敗，「只不過是時間問題」。

俄國人的心中感到很不安：阿古柏一倒台，中國必然要索回伊犁，看來好夢終難圓。於是沙皇亞歷山大二世立即任命一個特別委員會，專門就伊犁問題研究對策。可是直到光緒四年（西元一八七八年）十二月三十一日，崇厚到達聖彼得堡時，他們還沒有就是否應交還伊犁問題取得一致意見。無奈之際，只好一面強裝笑臉，好生款待崇厚，一面抓緊時機，商量對策。

光緒五年（西元一八七九年）三月，特別委員會關於伊犁問題的專門會議在聖彼得堡舉行。陸軍大臣米留金首先站了起來，用手指著地圖，態度堅定地說：「大家來看，這塊向東延伸的伊犁地區，像一座堅固的城堡，合併了這裡，會給我們在防禦上帶來很多的利益，相反卻給中國造成了很大的軍事威脅。因此，無論如何我們不能從這裡撤出。」外交大臣助理格爾斯更是不可一世，惡狠狠地說：「對，我們絕對不能放棄伊犁。對於中國人，只要我們痛打他們一頓，他們就會老實下來。」眾人也都隨聲附和，大有不惜發動戰爭之勢。這時，只見財政大臣格里格有氣無力地站了起來，哭喪著臉說道：「可是諸位不要忘記，戰爭將是耗費巨大而沒有止境的，這對我們早已涸竭的財政來說是十分困難的。」原來，剛剛結束對土耳其的戰爭，已使俄國背上了五千多萬盧布的財政赤字，此時的俄國根本拿不出錢來準備和中國再打一場新的戰爭。最後，經過一番激烈的爭吵，大臣們達成一致意見：「在得到中國人的積極讓步之前，伊犁絕對不能交還。」

這時，已在聖彼得堡等待多時的崇厚早已心煩意亂，特別是幾天前還對自己笑容滿面，畢恭畢敬的這些藍眼睛、高鼻樑、黃頭髮的俄國人，不知何故突然一反常態，變得橫眉冷對、面目猙獰起來。崇厚感到侷促不安，毛骨悚然，看來還是及早離開這塊是非之地為妙。於是便和俄國人草草締結了《里瓦吉亞條約》，並滿懷著終於收回伊犁的喜悅把條約的內容迅速電告了北京。

哪知恭親王奕訢一看電文，頓時兩眼發直，渾身戰慄起來：只見這十八條條款，除了第一條「俄國願將伊犁交還中國」、第十八條「換約程序」外，其餘十六條都是中國要履行的義務。諸如：中國賠償兵費五百萬盧布；中國割讓伊犁自西以南一千數百里的土地給俄國；中國允許俄商貨物往來天山南北路免稅，俄商可自嘉峪關通商西安、漢中、漢口等地……。

驚駭之餘，恭親王急忙電令崇厚，千萬不要在條約上簽字。可是此時的崇厚哪裡還敢再找那些可怕的俄國人再行交涉之事呢？便回電稱「約章定明，勢難再議」，擅自在條約上簽了字。

總理衙門見狀，深感事情不妙，連忙奏請令左宗棠、李鴻章、沈葆楨等酌議密奏。

可是，還未及三人的復奏到京，條約的內容已為外界知曉。頓時舉國震驚，朝野義憤，一致聲討沙俄的侵略行為，「街談巷議，無不以一戰為快」。然而人們更痛恨庸臣誤國。一時間，參劾崇厚賣國的奏摺接二連三，如雪片般從各地飛往北京。翰林院侍讀黃體芳參奏崇厚「專擅誤國」，應「重治其罪」；司經局洗馬張之洞更是驚呼「不改此議，不可為國」，要求將崇厚處斬，以示中國不承認該條約之決心，縱然訴諸戰爭也在所不惜；接著伊犁將軍金順，四川總督丁寶楨，修撰王仁堪，太僕寺少卿鍾佩賢，尚書萬青黎，侍郎尚敘、錢寶廉，司業周德潤，少詹事寶廷，中允張楷，給事中盛昱、郭仁矩、余上華、吳鎮、吳聘之，御史孔寬谷、葉蔭昉、黃元善、田翰墀、鄧炳麟、鄧承修，員外郎張華奎，贊善高萬鵬，侍讀烏拉布、王先謙，編修于蔭霖，肅親王隆懃，檢討週冠等都「先後奏陳」，痛斥崇厚賣國，「大多主戰」，……舉國上下沸沸揚揚，掀起了參劾聲討崇厚賣國的軒然大波。

正當朝野同仇敵愾之際，李鴻章卻吹來了一股冷風：放棄伊犁。此時的李鴻章為了擴大淮系的實力，正忙著組建北洋海軍，巴不得左宗棠早日停兵撤餉，好把塞防經費挪入海防，同時也害怕一旦交涉不成，雙方大動干戈，而損傷自己的利益。因此在接到密諭後，李鴻章急忙上了《籌議交收伊犁事宜摺》，大肆兜售其賣國論調，公然主張放棄伊犁，奏云：「崇厚為出使全權大臣，有便宜行事之權，不可謂無立約定議之權，若先允後翻，其曲在我，侮必自招。中俄接壤萬里，一旦開戰，防不勝防；那時，俄人的要求，恐有照現議而不可得者。竊以為收回伊犁，尚不如不收回之為愈。」一副投降賣國自甘沉淪的嘴臉躍然紙上。

和李鴻章相反，左宗棠得知條約的內容後，氣得搥胸頓足，暴跳如雷。本來收復伊犁是左宗棠的一貫主張，南疆克復後，左宗棠預感到收回伊犁的交涉必然會錯綜複雜，糾纏萬千，便暗中加緊準備，打算有朝一日，以武力收復伊犁。即使不打仗，以外交方式來解決也要注意「與外人交涉，當強者不可示弱」。誰知，這位一向傲慢無能的崇大使卻簽訂了如此荒唐至極的條約，真是令人痛心不已。左宗棠滿懷激憤，揮筆上書，歷陳崇約之危害：「今一矢未聞加遺，乃遽捐要地，饜其所欲，譬猶投犬以骨，骨盡而噬仍不止。目前之患既然，異日之憂何極？今若不急起為爭，不但新疆全境將有日蹙百里之勢，甘肅、山西、河北邊防亦將因此而危急。若此，再議籌邊，正恐勞費不可殫言，大局已難復按也。當此時事紛紜，主憂臣辱之時，苛心知其危而復依違其間，欺幽獨以負朝廷，耽便安而誤大局，臣具有天良，豈宜出此？就事勢次第而言，先之以議論，委婉而用機，次決之以戰陣，堅忍而求勝，臣雖衰庸無似，敢不勉旃？」「烈士暮年，壯心不已」。在國難當頭，備受凌辱之際，左宗棠和李鴻章，一個揮戈上陣，氣勢如虎；一個畏敵如鼠，一味退縮，二人相比是何等的涇渭分明！

為了堅定清政府收回伊犁的決心，在一片聲討賣國投降的浪潮中，左宗棠又上書總理衙門：以我西征之軍力，只要積極備戰，早為籌劃，一旦沙俄挑起戰爭，我檄南路之兵，分道急進，直取伊犁，兼索白逆，均有把握，「臣雖年老力衰，但誓與西事相終始」。有左宗棠撐腰，愛國力量受到極大的鼓舞，愛國的聲浪一浪高似一浪，大大超過了投降派。

李鴻章仍在拼死支撐門面。一陣絞盡腦汁搜盡枯腸之後，他又幹起攻擊謾罵、造謠中傷之能事，奏云：「中俄交涉之事始於張之洞等慷慨陳詞，直至今日節節貽誤，其源自左帥發之。左帥主戰，倡率一般書生腐官，大言高論，未免不知彼己，不顧國家安危。一旦開釁，俄國不必大動干戈，只消令所屬之哈薩克、布魯特、安集延之眾入境肆擾，左公即首尾不能自顧也。」李鴻章是多麼希望朝廷能聽聽他的這番「苦口良言」，採納他的「深謀遠慮」之計啊！

可是事情的發展總是和李鴻章的願望相反。

光緒五年（西元一八七九年）十二月，清政府將崇厚革職，交刑部治罪。光緒六年（西元一八八〇年）

正月，清廷命大理寺少卿、駐英法公使曾紀澤前往聖彼得堡重開談判，並照會俄國，崇厚違訓越權，所訂條約作廢。

眼看到口的肥肉又要失去，俄國惱羞成怒，瘋狂已極，一面急令駐京代辦凱陽德（Александр Иванович Кояндер）到總理衙門虛聲恫嚇，一面調兵遣將，大搞軍事訛詐。一時間，俄國幾萬大軍雲集於和中國相毗連的整個邊境地區，一支由二十多艘軍艦組成的艦隊也由黑海開來，準備封鎖中國海面……烏雲密布，戰爭大有一觸即發之勢。

清政府也不甘示弱，急令左宗棠、沈葆楨、李鴻章等加緊籌辦防務，準備打仗。

左宗棠聞令備受鼓舞，連夜擬定了一個三路出擊收復伊犁的計畫：金順一軍一萬人扼精河為東路，阻俄軍東犯；張曜一軍七千人出阿克蘇，由冰嶺之東沿特克斯河直驅伊犁為中路；劉錦棠一軍一萬人取道烏什，由冰嶺之西經布魯特游牧地向伊犁進發為西路。

為了就近指揮，左宗棠不顧多病的身體，決定進駐哈密，親臨前線。

光緒六年（西元一八八〇年）五月二十六日，由肅州通往哈密的黃沙古道上，出現了一支龐大的隊伍，兵強馬壯，旌旗飛揚。隊伍排成兩列，個個肩荷洋槍，步伐整齊。但它與通常的行軍隊伍以大旗開道不同，走在隊伍最前面的是八個人抬著的巨大棺材。緊跟著棺材的是大帥左宗棠，他騎著一匹高頭寬胸的黑馬，衣穿黃綾馬褂，頭戴雙眼花翎，面色堅毅凝重。身後大書「恪靖侯左」的帥旗迎風飄揚。左宗棠抱著必死的決心，「不斬樓蘭誓不還」，定要與俄虜一決高下，收回伊犁，否則不成功便成仁。將士們在左宗棠敢死必勝精神的鼓舞下，鬥志旺盛，求戰心切。行軍的隊伍，如同一股滾滾鐵流，銳不可當……。

然而左宗棠萬萬沒有想到，就在他前往哈密途中的時候，一個不速之客突然來到了北京，向清政府進言放棄伊犁。此人就是鎮壓太平軍、曾任洋槍隊頭目的英國強盜戈登（Charles George Gordon）。戈登此次是受清政府之聘來京對伊犁問題進行「調停」的。光緒六年五月，戈登首先到天津祕密會晤了自己的「戰友」李鴻章，一番徹夜密談之後，戈登到了北京，拜會總理衙門的各位大臣，威脅說：「中國一日以北京為都，則一日不可與外國開釁。若要開戰，就當把北京的近郊焚毀，把政府檔案和皇帝都從北京遷到中心地帶去，並且準備作戰五年。」戈登深知要清政府遷都，無異於讓其滅亡，清政府絕對不敢再言戰爭，而自己也就達到了幫助李鴻章聯合朝廷妥協派擊敗主戰派的目的。果然，大臣們聽後都膽戰心驚，不知如何是好。

光緒六年六月二十一日，清政府在北京召開緊急會議，在李鴻章的煽動下，協辦大學士宋慶、工部尚書翁同龢、禮部尚書徐桐、南洋大臣兩江總督劉坤一等都極力贊成委曲求全，與俄妥協。二十六日，清政府發出上諭，決定寄希望於談判。

對於左宗棠的軍事部署，沙俄早就有所耳聞，感到惴惴不安。他們把左宗棠視為眼中釘，必欲拔去而後快。不久《塔什干報》發表了一篇評論：「必須牢牢記住，俄國最厲害的武器是在北京搞陰謀，可能有一個能幹的特使在撥弄左宗棠和李鴻章之間的傾軋對立……伊犁問題在中亞是很難得到和平解決的，但在北京的宮殿裡要比在北疆和土耳其斯坦進行大規模的戰爭可以得到容易得多、有效得多的解決，可能俄國會採用這一方法，消滅來自左宗棠的危險，使中國人最近的勝利化為烏有。」

沙俄急於「消滅來自左宗棠的危險」，而李鴻章更希望看到左宗棠聲名狼藉，威信掃地。他說：「左相擁重兵巨餉，又當新疆人所不爭之地，飾詞欲戰，不顧國家全局，稍通古今者，皆識其奸偽。」

於是一個外國強盜和一個中國內奸，為了一個共同的目的——除掉左宗棠，而勾結在一起，罪惡之手伸向了左宗棠……。

光緒六年八月十一日，清廷諭旨：「調左宗棠回京供職，備朝廷顧問，欽此。」左宗棠手捧諭旨淚流滿面，悲痛萬分：「俄事尚未定議，而先以兵船東行，為恐嚇之計，譔謀諸公便覺無可置力，國是混淆，計抵京時，錯將鑄成矣。奈何，奈何，為之奈何？」

蒼天啊！為何不言？大地啊，為何無聲？左宗棠的滿腔熱血，付之東流，縱有千言萬語更向誰人訴說……。

光緒七年（西元一八八一年）二月十二日，曾紀澤與俄國簽訂了《伊犁條約》，爭回了崇約劃失的伊犁南境特克斯河流域約兩萬平方公里的土地。但俄國仍割占了伊犁西境霍爾果斯河以西約一萬平方公里的土地。「兵費」由五百萬盧布增加到九百萬盧布。

消息傳來，左宗棠憤憤不平，傷心地說：「伊犁僅得一塊荒地，各逆相庇而安，不料和議如此結局，言之腐心。」對於一個真正的愛國者來說，在沒有戰敗的情況下，竟然割地又賠款，這是怎樣的一顆難以下嚥的苦果啊！

正當左宗棠為喪權失地而憂心忡忡的時候，李鴻章卻喜形於色，找到了對愛國派大加攻伐的理由：「舉朝議戰，東西水陸各路不得不調兵遣將，以圖抵敵，戰雖未戰，而自我發難……可見去年冬迄今攘臂而爭國是者，貽害不小矣。」投降賣國自有投降賣國的邏輯。李鴻章儼然成了一個憂國憂君的功臣，而左宗棠等愛國官吏卻成了貽害國家的千古罪人！真是黑白顛倒，是非混淆。

可是，歷史最終要由人民來譜寫。左宗棠收復新疆的千秋功業，將世代永存於人民的心中……。

「種豆」的收穫：楊惲被腰斬

他並非詩人，卻惹下了中國第一樁詩禍！

漢宣帝時，楊惲因《報孫會宗書》而被處腰斬，這是中國第一起典型的文字獄！

貶廢家居的楊惲，心中十分懊惱，常常無緣無故地發脾氣，婢女們嚇得大氣都不敢出，走起路來躡手躡腳，怕什麼事情不對老爺的脾氣，隨時都可能挨一頓鞭子！

但近來，楊惲的心情似乎漸漸好轉起來。因為他經常到本地的一些富豪鄉紳家去做客，這些富豪鄉紳，對這位被廢的大官還是非常客氣的，楊惲本是皇上跟前的紅人，因為太僕戴長樂一案的牽連被貶為庶人，說不上什麼時候就會官復原職。再說，楊惲在朝中有很多當著大官的好友，這可是個用得著的人物，因此本地的豪富鄉紳都把楊惲奉為上賓，並且熱情款待他。因此楊惲經常喝得醉醺醺，然後由僕人攙回自己家中。

這些富豪鄉紳，雖然沒有官位，卻是富甲一方，廣有勢力，家裡豪華得難以想像。楊惲為官多年，也頗有積蓄，但再看一下這些富豪的宅第家院，自己的宅院就顯得太寒酸了。楊惲的心中老大不自在：「我乃堂堂的平通侯，難道還比不上這些土財主？反正是貶官在家，莫不如廣積家資，以為子孫之遺。」

楊惲找到一、兩個富商，向他們請教為商之道。這些商人知道楊惲的背景和勢力，於是便請他一起經商。楊惲的任務主要是打通官府專賣機構，獲利之後和商人分成。沒有幾年的光景，楊惲就成了個大富豪。

有了錢，楊惲開始修建新的府第。新的府第修成了，果然是壯麗輝煌，超過了其他富豪的宅院。高門大院中，說不盡的富麗氣派，院子專門有看戲的戲台，室內還有數個聽歌觀舞的房間，後花園裡，亭台閣榭，小橋流水，令人豔羨不已！

看著自己的新府，楊惲感到滿足。先前自己為官時，廉潔無私，很多送上門來的厚禮，都被自己推出去了，當時頗有清譽，但又有什麼用呢？因為說了幾句沒遮攔的話，差點沒掉腦袋。現在沒有官位了，反倒自由多了。官場的那些規矩不能干涉我。看如今，聲色狗馬，紙醉金迷，我可以盡情享用。

楊惲是個講義氣、愛交友的人，過去經常端別人的酒杯，現在自己有了大錢，何不把這些故人請到自己家裡做客呢？一盡友情，二顯風光，何樂而不為？於是，楊府中三日一大宴，兩日一小宴，經常是高朋滿座。各色朋友，官商士紳，輪流到他家中赴宴，門前車馬如流，院裡燈火如畫。喝過酒後，楊惲又常陪著客人觀看女樂表演的歌舞，盡興而散。

客人散盡之後，楊惲回到自己房中，侍女獻上香茶。楊惲一邊品茶，一邊思前想後。放下茶杯，他閉上眼睛，躺在榻上養神，過去的一幕一幕不斷地閃現在眼前。

楊惲的父親叫楊敞，是陝西華陰縣人氏。楊敞先在大將軍霍光的幕府中當軍司馬，大將軍霍光對楊敞格外愛重，到哪裡都帶著他。後來因為霍光的薦舉，楊敞升遷為大司農。昭帝元鳳年間，稻田使者燕蒼得知上官桀等人的謀反計畫，向楊敞報告。楊敞是個謹慎小心、遇事躲著走的人，聽了這個消息，他自己先嚇壞，哪裡敢向皇上報告，於是便裝病不起。燕蒼一看上司如此無用，只好去報告諫大夫杜延年，杜延年馬上把這個情況報告給昭帝。反叛者被一網打盡，而燕蒼、杜延年都受到皇上的封侯之賞，楊敞作為九卿卻不報告，所以不得封侯，以後楊敞升遷為御史大夫，代替王沂為丞相，封安平侯。

第二年，漢昭帝駕崩，昌邑王即位。昌邑王荒淫無度，大將軍霍光和車騎將軍張安世在一起策劃要廢掉昌邑王另立新主。商議已定，便派大司農田延年來報知楊敞，徵得他的同意，並請他一起行動，楊敞聞言，十分驚懼，張口瞠目，不知該說什麼好，冷汗從脊背滲了出來。

田延年起身上廁所，楊敞夫人馬上拉過楊敞來低聲耳語：「廢立乃是國家大事，現在大將軍等決策已定，派九卿來向君侯通報，君侯如果不馬上答應與大將軍同心，恐怕首先就要誅殺君侯！請君侯萬勿猶豫不決了，趕快表態。」楊敞聽了夫人之言，如夢方醒，說：「夫人之言甚是，倘非夫人提醒，幾至大禍臨頭，就按夫人的意思回答大司農。」

田延年回到客廳，楊敞便應允同意大將軍的決策，聽從大將軍的一切安排。於是，以霍光為首的群臣，廢了昌邑王，擁立漢宣帝即位。宣帝即位一個多月，楊敞便死了，宣帝贈謚號為「敬侯」。楊惲的哥哥，就是楊敞的長子楊忠，襲封了侯爵，加封為三千五百戶。

楊惲的生母，是大史學家司馬遷的女兒。對於自己的外祖父，楊惲是極為崇拜的。楊惲從小便反覆閱讀外祖父的名著《史記》，深為外祖父的史筆所折服，同時也為《史記》中那些栩栩如生的歷史人物所感動。記得少年時讀《項羽本紀》，就不止一次地為項羽這個失敗的英雄掬一捧淚。讀《李將軍列傳》，似乎老將軍不堪凌辱、橫劍自刎的情形就在眼前。讀外祖父的《報任安書》，更為外祖父的不幸遭遇憤憤不平，對於外祖父那種發憤著書的精神深深敬佩。因此在楊惲性格中，似乎繼承了司馬遷那種耿介高傲的性格因素。

由於哥哥楊忠的薦舉和漢朝的恩蔭制度，楊惲入仕，先做郎官，後來補了常侍騎。楊惲雖是靠恩蔭當的官，但他並非昏庸懦弱無能之輩，在同僚中他是以才能見稱的。

楊惲生性爽直仗義，愛交往英俊才士，於是在朝廷中交結了許多好友。大家意氣相投，楊惲在朝官中聲名越加顯赫，後來擢升為左曹。

在這個時候，發生了大司馬霍禹謀反之事。楊惲事先得到了消息，他馬上找到侍中金安上報告了這個緊急情況，金安上馬上密報給宣帝，宣帝馬上派御林軍逮捕了霍禹以及他的同謀，這場叛亂被消滅於萌芽之中，楊惲等五個人都得到封侯，楊惲被封為平通侯，並升遷為中郎將。

中郎將是個極為重要、極有實權的官職，手下管著許多郎官。「郎」是皇帝侍從官的通稱。也是更高級官員的「儲備庫」，中郎將是郎的長官。郎官以往的慣例，讓郎出錢，這樣才能得以薦選更高的官職，因而稱為「山郎」。所謂「山」，取其喻意，是財用之所出，「山郎」的意思無非是成為財源的「郎」。古代官府，有休沐制度，類似今天的星期天。清寒的郎官，有病一日，不能上班，就要用洗沐日一天抵償，有的郎官因身體多病，沐日都充當病假，甚至一年有許多的「沐日」。而那豪富郎官，因為多出錢財，所以每天出去遊玩，卻不影響洗沐日的休假。郎官之職，各有主部，有的實惠有權，有的清寒無權，而有錢的郎官透過錢來賄通上司，選擇「善部」，這樣便可以更多地聚斂錢財。如此一來，在郎宮中養成了賄賂公行的風氣，大家都靠錢財來謀求個人的地位、利益，送上錢的，一切都好；沒有錢的，處處碰壁。那些有能力而缺錢的郎官，卻得不到薦舉。

楊惲當了中郎將，對這種風氣十分反感，他想革除弊端，於是罷除「山郎」的通例，將一年的財政費用移交給大司農，用國庫的錢來支付開支，而不再取之於郎。郎官的洗沐、病假，都依法令從事。郎官如果有罪過，馬上奏免，並且薦舉那些出身高第而又有才能的人，有的直升為郡守九卿。

楊惲採取了這些措施，杜絕了朗署中的賄賂弊端。郎官們人人自勵，靠自己的工作實績再上進，而不再靠錢財打通關係，使衙門裡的作風清廉多了。令行禁止，不再有那些特殊人物來敗壞風氣。因而朝廷裡的人，對於楊惲任中郎將時的工作評價都很高。由於官聲好，楊惲被擢升為諸吏光祿勳，成為皇上所「親近用事」的親信。

楊惲為人爽直，輕財好義。他先前接受了父親楊敞給他留下的遺產五百萬錢，待他自己封了侯以後，把這些錢都分贈給宗族中人。他的後母沒有兒子，財產也達數百萬，死的時候，都給了楊惲，楊惲又都分給了後母的兄弟。以後又得到資產千餘萬，也都分給了其他人。由此可見楊惲的仗義疏財。

楊惲廉潔無私，為人仗義，郎官稱譽他處事公平，但是楊惲性格中的弱點也是明顯的。對於自己的行為，他沾沾自喜，總自以為得意，剛愎自用，而又好發人陰私。同僚中得罪自己的，一定設計害人家。於是他在朝廷中既有一些摯友，也有一些敵人，他被罷官及被貶為庶人，就是因為與太僕戴長樂之間的嫌隙而釀成的。

楊惲想起自己被戴長樂告訐，以言論獲罪，差點沒掉腦袋，被廢為庶人的經過，至今仍憤憤不平。

戴長樂是漢宣帝在民間時的相知之友。宣帝劉詢，是武帝的太子劉據之孫，巫蠱禍起，劉詢的父祖與生母，都遭到殺害。當時劉詢出生方才幾個月，也被關在獄中。後元二年（西元前八十九年），武帝病重，望氣者說長安獄中有天子氣，武帝便派人到獄中去殺人，無論罪輕罪重，一律殺之，當時的獄監丙吉可憐劉詢才幾個月，不忍其無辜受戮，不讓使者入他的獄室，劉詢得以保全。後來丙吉便把劉詢送到外祖母史良娣家撫養，一直到長成少年了，才接回後宮，十八歲時，即位為宣帝。戴長樂是宣帝在史家時的童年好友。宣帝即位之後，就把戴長樂擢拔到朝廷為官，而且恩寵備至，用為親信。

戴長樂受到宣帝恩寵，有些得意忘形。他曾到宗廟舉行祭典，回來對掾史說：「我面見宣帝，當面受詔；並與皇上同車而乘，秺侯為車御。」這話傳出去後，有人就上書告他戴長樂說些不該說的話，自詡得寵，有損君威，此事交給廷尉進行查處。

戴長樂與楊惲原本就有些嫌隙，因此戴長樂就懷疑是楊惲指使別人告他，戴長樂心想：「你能告我，難道我就不能告你嗎？」於是，便收集了楊惲平素的一些言論，上書告他，告他有罪的一些具體事實大致有這些：

高昌侯的車馬驚了，奔入北掖門，楊惲對富平侯張延壽說：「聽說以前也有驚車奔抵殿門，門關折，車壞馬死，而昭帝崩。今天又如此，這是天時，而非人力。」

左馮翊韓延壽有罪下獄，楊惲上疏論救。郎中丘常對楊惲說：「聽說君侯上書救韓馮翊，能使他保全得活嗎？」楊惲嘆道：「此事談何容易，脛脛者未必全！（意謂剛直的人難以保全）我尚且難以自保，救別人就更難說了。」

楊惲上觀西閣上的畫像，畫像中有堯、舜、桀、紂等人。楊惲指著桀、紂的畫像對樂昌侯王武說：「天子經過此地時，如果能把他們的過錯一一指明，就知道該怎樣做天子了。」

楊惲聽匈奴降者說他們的單于被殺，議論說：「君主不肖，大臣為之參謀好計而不用，自己使自己死無葬身之地。像秦朝時那樣，任用小人，誅殺忠良，竟至滅亡；如能任用賢能大臣，秦朝國祚延續至今是不成問題的。古今之事如一丘之貉啊！」

戴長樂抓住楊惲的這些言論，告他妄引亡國以誹謗當世，無人臣之禮，悖逆絕倫！廷尉於定國受理此案，查明事實，彈劾楊惲「不竭忠愛，盡臣子禮，而妄怨望，為妖惡言，大逆不道，請逮捕治。」奏請皇上對楊惲嚴加懲處。

宣帝對楊惲本來是很賞識的，不忍對他加以誅殺，下詔免去戴長樂、楊惲的官職、爵位，把他們廢為庶人。楊惲家居以來，漸漸地興治產業，廣造宅第，過起了安樂翁的生活。他又經常招引朋友們到楊府上宴飲舞樂，過得倒是恣意快活。酒醉之後，又常常對著友人的面，大發心中的牢騷不平，對朝廷多有不滿之辭。當然這些話，自然地傳了出去，因此外面對楊惲多有議論，尤其是以往與他有怨隙的朝臣，更是抓住這些問題，積累資料，準備進一步整治他。

楊惲有個好友叫孫會宗，時任安定太守。孫會宗是個有眼光、有謀略的人，他沉靜寡言，不苟談笑，但卻能洞察形勢，預見事態發展。他聽到了一些有關楊惲的議論之後，知道這後面隨之而來的會是一場更大的風險乃至災禍，他為這個口無遮攔的朋友捏了一把汗。於是他寫了一封密信，信的大意是諫戒楊惲大臣廢退之後，更應謹慎從事，閉門惶懼，做可憐之態，這樣有利於避免更大的禍機；不應該治產業，通賓客，以博眾人稱譽。不要再度成為人們關注的中心。寫完信後，加以密封，然後派人飛馬馳送。

楊惲接待孫會宗的信使，好生款待後將其送走，打開信來細細閱讀。他看完之後，竟不以為然。他認為孫會宗不能理解自己內心的鬱憤，對自己貶黜前後的過程也未必全然了解，而隨著世俗毀譽來妄評我楊惲，他對孫會宗的建議非但聽不進去，還對孫會宗產生了很大不滿。他想：「我楊惲本是貴家之子，自己也曾顯赫一時，不過是為小人所陷才落到如此地步！現在我的日子剛剛舒服些，你孫會宗又來指手畫腳，勸我老老實實受窩囊氣。你究竟是好心呢，還是妒意呢？」

想到這些，又勾起他對朝廷、對時政的怨恨之情。飲過數杯烈酒之後，他覺得忿氣上湧，到書房裡坐下，拿過紙筆，飽蘸濃墨，寫下了一篇流傳千載的有名文章《報孫會宗書》。為不使其中韻味走樣，還是將原文錄出，更能見其「全貌」。這封信是這樣寫的：

> 惲材朽行穢，文質無所底，幸賴先人余業，得備宿衛，遭遇時變以獲爵位，終非其任，卒與禍會。足下哀其愚，蒙賜書，教督以所不及，慇勤甚厚。然竊恨足下不深惟其終始，而猥隨俗之毀譽也。言鄙陋之愚心，若逆指而文過，默而息乎，恐違孔氏「各言爾志」之義，故敢略陳其愚，唯君子察焉！
>
> 惲家方隆盛時，乘朱輪者十人，位在列卿，爵為通侯，總領從官，與聞政事，曾不能以此時有所建明，以宣德化，又不能與群僚同心併力，陪輔朝廷之遺忘，已負竊位素餐之責久矣。懷祿貪勢，不能自退，遭遇變故，橫被口語，身幽北闕，妻子滿獄。當此之時，自以夷滅不足以塞責，豈意得全首領，復奉先人之丘墓乎？伏惟聖主之恩，不可勝量。君子游道，樂以忘憂；小人全軀，說以忘罪。竊自思念，過已大矣，行已虧矣，長為農夫以沒世矣。是故身率妻子，戮力耕桑，灌園治產，以給公上，不意當復用此為譏議也。夫人情所不能止者，聖人弗禁，故君父至尊親，送其終也，有時而既。臣之得罪，已三年矣。田家作苦，歲時伏臘，烹羊炰羔，斗酒自勞。家本秦也，能為秦聲。婦，趙女也，雅善鼓瑟。奴婢歌者數人，酒後耳熱，仰天擊缶，而呼嗚嗚。其詩曰：田彼南山，蕪穢不治，種一頃豆，落而為萁。人生行樂耳，須富貴何時！
>
> 是日也，拂衣而喜，奮袖低昂，頓足起舞，誠淫荒無度，不知其不可也。惲幸有餘祿，方糴賤販貴，逐什一之利，此賈豎之事，汙辱之處，惲親行之。下流之人，眾毀所歸，不寒而慄。雖雅知惲者，猶隨風而靡，尚何稱譽而有！董生不云乎：「明明求仁義，常恐不能化民者，卿大夫意

也；明明求財利，常恐困立者，庶人之事也。」故「道不同，不相為謀」，今子尚安得以卿大夫之制而責僕哉！

夫西河魏土，文侯所興，有段干木，田子方之遺風，漂然皆有節概，知去就之分，頃者，足下離舊土，臨安定，安定山谷之間，昆戎舊壤，子弟貪鄙，豈習俗之移人哉？於今乃睹子之志矣。方當盛漢之隆，願勉旃，毋多談。

這封回信，真是一篇好文章。文筆犀利，氣勢滂沛，把楊惲心中的怨望不平抒發得淋漓盡致。對於孫會宗，作者反唇相譏，說他隨世俗褒貶，並譏其志在貪鄙，不免有些過激。而最後，又是這封信成了給他定罪的根據，是他斷送性命的禍胎。

楊惲還在一些其他場合發洩怨憤之意。某次，他的侄兒安平侯楊譚來看望這位被貶的叔父。楊譚安慰他說：「西河太守建平侯杜延年，先前因罪被貶，現在又征為御史大夫，先貶後升。像叔父您這樣的情況，罪過很輕，又有功於朝廷，早晚會得到皇上起用的。」楊惲聽了，怨氣又湧了上來，他憤憤然地說：「對朝廷有功又有什麼用？這種朝廷不值得為它賣力。」楊惲先前與蓋寬饒、韓延壽交好，而此二人皆為朝廷所誅（蓋寬饒雖是自刎，實則與誅殺無異），楊譚順勢附和著說：「的確如此啊，像蓋寬饒、韓延壽這樣盡心效力，忠直為國的人，不都是因事而誅了嗎？」

諸如此類的牢騷怨憤之語，都是在家裡說的，而這些話語，自然會進家奴的耳裡。楊惲家裡有一個男僕，因為辦事不力而且貪圖小利，被楊惲多次叱罵，最重的一次是賞了一頓鞭子，所以對主人啣恨於心。五鳳四年（西元前五十四年），日食出現，這在講究「天人感應」的漢代，被視為異變。這個家奴乘機上書告發楊惲，說日食是楊惲驕奢不悔而造成的。

此書上奏於宣帝，宣帝命廷尉于定國前往查證。于定國帶了人馬火速趕赴楊家，將楊府包圍，然後來了個徹底搜查，結果查出《報孫會宗書》的稿本，馬上將此文上奏於宣帝。宣帝覽罷《報孫會宗書》，尤為惱怒，對其中「田彼南山」一詩最為反感，認為這是諷刺朝政荒亂，直道零落。於是以腰斬之刑處死楊惲。楊惲的妻子兒女被流放到甘肅酒泉郡。楊譚因為不諫正楊惲，並與之附和呼應，有怨望之語，被免為庶人。官吏中與楊惲交厚者如未央衛尉韋玄成、京兆尹張敞以及孫會宗等，都被免官。

楊惲一案，是典型的文字獄。楊惲罹罪被腰斬的禍源主要是那封《報孫會宗書》，在此文中又主要是「田彼南山」一詩犯了忌諱。統治者採取深文周納的方法來羅織罪名。據為《漢書》作注的張晏分析是這樣的：

> 「山高在陽，人君之象也。蕪穢不治，朝廷荒亂也。一頃百畝，以喻百官也。言豆者真直之物，零落在野，喻己見放也，其曲而不直，言朝臣皆諂諛也。」

這並非楊惲的本意，也絕非張晏的發現，估計是當時斷案卷宗留下的說法。這完全是一種牽強附會的上綱上線。也許有漢儒解詩的習慣思維在其中發生作用，但卻把它推向極端。實際上是首先假定你有罪，然後順著這個思路進行推求，那麼何求而不可得呢？這種深文周納的分析方法，確實是為後世文字獄製造者提供了極有用的武器，以致於越用越熟，要置人於死地，如此解釋文字，即可構成罪名。

《廣陵散》於今絕矣：嵇康之死

至於嵇康，一看他的《絕交書》，就知道他的態度很驕傲的。——魯迅

魏晉之交的西元二六四年，秋季的一天，洛陽東市，大名士嵇康在這裡被殺。

這是一個思想的悲劇，也是一次文字之禍。

一片清爽陰翳的竹林，一條曲折蜿蜒的石板路，這是個幽靜的所在，與竹林外的燥熱塵囂形成了鮮明的對照。

這是河內山陽的竹林，竹林之中聚集了一批魏晉時期的名士，也就是「竹林七賢」。他們瀟灑倜儻的風姿，為中國的士文化平添了許多奇異的色彩。

《世說新語．任誕》篇載：

陳留阮籍、譙國嵇康、河內山濤，三人年皆相比，康年少亞之。預此契者，沛國劉伶、陳留阮咸、河內向秀、琅玡王戎。七人常集於竹林之下，肆意酣暢，故世謂「竹林七賢」。

「七賢」首指嵇康、阮籍，其下為山濤等人。

嵇、阮生活的時代，乃是一個腥風血雨的年代。司馬氏集團掌握了朝廷大權，誅殺異己。先前，曹爽專擅朝政，排斥司馬懿，司馬懿「詐疾，偽裝瘋癱」，暗中做好了充分準備，在嘉平元年（西元二四九年）出其不

意地給曹爽及其黨羽以致命的打擊，司馬氏集團進一步消滅曹魏勢力。曹魏的黨羽也伺機反撲。嘉平三年（西元二五一年）太尉王淩以淮南兵反，結果被司馬懿鎮壓。司馬懿死後，司馬師、司馬昭相繼為大將軍，他們一方面打擊曹魏勢力，一方面拉攏士大夫為其所用，對於不願合作的士大夫就藉口殺掉，因而當時政界人士如履薄冰。

而在思想文化界，魏晉之際正是玄學興起之時，玄學的基礎乃在於玄談。正因為政壇險惡，時有生命之危，所以士大夫養成了玄談的風氣。他們不敢指切現實，而是談一些有關「有無」、「本末」的哲學問題。他們手揮麈尾，聚談終日，卻不涉及現實政治問題。玄談成了一時風尚。在玄學時風中，嵇康、阮籍都是「名士班頭」。

嵇康（西元二二五年至二六四年），字叔夜，譙郡（今安徽宿縣西南）人。據說嵇康祖上姓奚，祖籍會稽（今浙江紹興），後來遷至譙國銍縣，改姓嵇。嵇康並非出身於高門大族，大概從其父輩起才開始進入仕途。《嵇氏譜》上述及嵇康先世，僅舉其父兄，他哥哥嵇喜所作《嵇康傳》，非常籠統地說「家世儒學」，沒有舉出其家先世有怎麼輝煌的人物。嵇康幼年喪父，由其母、兄撫育成人。他「少有雋才」，博覽眾書，無不賅通。而對老莊思想有濃厚興趣，「不涉經學」，屏棄司馬氏藉以標榜的「名教」，對於當時的統治思想來說，嵇康的思想具有某種反叛的色彩。

當時士流清談的一個重要內容是品藻人物，這種品藻重視人的風神容止之美。譬如《世說新語》中所記載的一些人物品藻，很能見出士人階層重視風神容止之美的風氣。

何晏「美姿儀」，面色至白。魏明帝以為他可能抹了脂粉，在暑熱的天氣裡，給他吃熱湯麵，何晏吃得大汗淋漓，一邊吃一邊用衣袖擦汗，結果「色轉皎然」。

王戎稱賞王衍：「太尉（指王衍）神姿高徹，如瑤林瓊樹，自然是風塵外物。」

時人這樣評價王羲之：「飄如游雲，矯若驚龍。」

時人看夏侯泰：「朗朗如日月之入懷。」名詩人潘岳姿容美好，年少時在洛陽大道上行走，女人們都愛其容姿，拉起手來攔住他；而另一位名詩人左思長得很醜，也模仿潘岳出遊，卻被一些女人胡亂地吐了一身唾沫，狼狽地跑了回去。

可見，當時士流對人的風神容止的重視。

在名士之中，嵇康的風神幾乎是最為秀逸的，且看《世說新語》的描繪：

嵇康身長七尺八寸，風姿特秀。見者嘆曰：「蕭蕭肅肅，爽朗清舉。」或云：「肅肅如松下風，高而徐引。」山公曰：「嵇叔夜之為人也，岩岩若孤松之獨立；其醉也，傀俄若玉山之將崩。」

可見嵇康的風神秀雅，超邁絕倫。

嵇康之所以罹禍，其深層原因在其誹毀禮法，又剛腸疾惡，對於司馬氏集團採取了剛硬固執的不合作態度。嵇、阮在精神、思想上的共同之處在於崇尚老莊，曠達不拘禮法，在這點上，阮之於嵇，是有過之而無不及的。

阮籍曠達不羈，不拘禮法，在當時就以「任誕」而著稱。

阮籍最為蔑視那些假惺惺的禮法之士，他的舉止是十分「解放」的，但他精神世界是高邁超逸的，任性自然而無矯情之處。

阮籍的嫂嫂回家去省親，阮籍從小受兄嫂撫育，與嫂嫂感情很深，他不管世俗禮法的所謂「叔嫂不通問」的「戒條」，而去送嫂嫂。別人來譏刺他，阮籍全然不在乎，他說：「禮豈為我輩設耶？」

阮籍的鄰里有一位美貌的少婦，是一家小酒店的老闆娘，當壚賣酒。阮籍和王安豐兩人經常到少婦那裡去買酒喝，而且經常喝得醉眼矇矓，醉了便倒在櫃檯旁邊少婦的腳下酣然睡去。剛開始時，那少婦的丈夫對阮籍十分懷疑，以為他對自己妻子有什麼邪念，後來經過多次觀察，發現阮籍毫無邪念，於是便放心了。

阮籍的鄰家有一位處女，才貌雙全，未及嫁人就死了。阮籍與她無親無故，素昧平生，但聽到這位姑娘的死訊後，卻前往弔喪，哭得十分哀傷。

阮籍的母親病故時，阮籍正在與人下圍棋，對弈者聽到這個消息，請求停止下棋，但阮籍不肯，留下人家，繼續下棋，然後飲酒三斗，大號一聲，吐血數升。

阮籍母親去世後，裴楷前往弔喪。阮籍散發坐在床上，盤著雙腿，卻不哭。裴楷到靈前大哭。弔唁結束後，裴楷便轉身離去。有人問裴楷道：「凡去弔喪，主人哭，客人為禮。現在阮籍自己不哭，你為什麼大哭盡哀呢？」裴楷說：「阮籍是方外之人，所以不崇禮制；我輩乃是俗人，故而以禮制自居。」當時人稱嘆為各得其所。

阮籍行止不合常禮，蔑視禮法，但其感情是真摯自然的，母親亡故，他的內心悲痛欲絕，發自肺腑。阮籍不僅蔑視禮法，而且很瞧不起禮俗之士。他對人善為青白眼，但見到禮俗之士，他就用白眼來對人家。阮母去世，嵇康的哥哥嵇喜來吊祭，阮籍素來看不起嵇喜，所以翻出白眼，嵇喜很不高興地走了。嵇康帶著酒，挾著琴來造訪，阮籍十分高興，便以青眼對之。因為他這樣，所以那些禮法之士對他十分嫉恨。據說當時的一個禮法之士，司馬氏的寵臣何曾針對阮籍的負才放誕、居喪無禮，而勸司馬昭對他嚴加懲處：「宜擯四裔，無令汙染華夏。」司馬昭以阮籍有羸病為由，沒有接受。

阮籍雖然蔑視禮法，也不願意為司馬氏集團服務，但他卻懂得如何保護自己。他說話、處世都非常謹慎，與別人談話時，從來都是發言玄遠，未嘗針砭人物，因而減少了很多麻煩。司馬氏集團想與阮籍聯姻，派人向阮籍求婚，阮籍打從內心不願應承這門「高貴」的婚事，於是便佯醉。他每天都喝得酣醉，這樣一連六十日，不得言而止。司馬氏的親信鍾會，曾經與之討論時事，想要在裡面抓住把柄，以便羅織他的罪名，但阮籍也裝成酣醉不醒，鍾會因此什麼也沒有從阮藉口中套出來，以此倖免於司馬氏的魔掌。

在思想傾向上，嵇、阮完全一致，而嵇康則更加剛直，不像阮籍那樣態度含蓄。他說自己「剛腸疾惡，輕肆直言，遇事便發」，還說：「阮嗣宗口不論人過，吾每師之，而未能及。」這些話是符合他和阮籍的實際情形。嵇康對司馬氏集團不滿，而又不善於保護掩飾自己，時而發露於言論文字，因而才被鍾會等人抓住把柄，置之於死地。

據說，嵇康有一次採藥於山中，面對氣象萬千的山川之霧，他感到一種與宇宙自然的會意，於是乎流連忘返，當時有砍樵人遇到嵇康，以為他是神仙。到了汲郡山中，見到隱士孫登，於是便和孫登一起遊山，孫登沉默不言。嵇康臨走時，孫登才對他說：「君性烈而才雋，恐怕很難免禍吧！」孫登乃是隱士中的高流，嵇康對他非常仰慕，嵇康在《幽憤詩》中寫道：「昔慚柳惠，今愧孫登。」正是指孫登所言不幸而言中了。

嵇康之得禍，直接起因是和鍾會之間的嫌隙。因而，這裡先介紹一下鍾會。

鍾會，字士季，潁川長社（今河南長葛）人，他是太傅鍾繇的小兒子，小的時候就非常聰慧，當時的大官蔣濟看到他說：「此子以後定非常人。」正始年間始受重用，備受擢拔。在魏晉交替之際，名士難以全身而退，但鍾會卻能不斷升遷，得以封侯，足見其為人了。鍾會成為司馬氏的心腹。他時常用特務手段來害賢士。如前面所提到的，故意向阮籍詢問對時事的看法，阮籍警惕性很高，不上他的當，佯醉搪塞，方才免禍。他還誣衊嵇康要幫助毌丘儉造反，極力勸司馬昭殺嵇康。鍾會與鄧艾率軍伐蜀，鄧艾部隊先入成都，平了蜀漢，鍾會為了奪取頭功，竟然誣告鄧艾造反，並殺了鄧艾。其實鍾會自己才是一個野心家。他和蜀將姜維串通起來，準備造反，失敗被殺。

鍾會也是一個玄學家，他曾經寫過一部玄學著作《四本論》。所謂「四本」是玄學命題，也就是才性同，才性異，才性合，才性離。當日玄學家傅嘏主張「才性同」，李豐主張「才性異」，鍾會主張「才性合」，王廣主張「才性離」。鍾會的《四本論》現已亡佚，但估計是綜合辨析才性問題的吧。

鍾會寫了《四本論》，想取定於嵇康，因為嵇康在當時學術界地位甚高，是士流領袖。但他知道嵇康素來鄙薄他的為人，怵於拜見嵇康。他又非常想使自己的《四本論》得到嵇康的認可，於是躊躇再三，他懷裡揣著這本書，來到了嵇康的門前，他想要敲門進去，又害怕見到嵇康的難看臉色，更害怕嵇康那犀利的談鋒。嵇康如果提出幾個問題來問難自己，會弄得自己面紅耳赤，瞠目結舌。這種矛盾的心態，使他在嵇康門外徘徊良久。他看見嵇康房間的窗子開著，嵇康正在燈下觀書，聚精會神，頭也不抬。最後鍾會還是沒敢敲門，便掏出書來從窗子擲進去，然後扭頭便走。

從這件事上可以看出，鍾會後來之所以要加害於嵇康，這其中還有學術思想上對嵇康的嫉妒。嵇康作為玄學家享有盛名，遠遠超過鍾會。對嵇康，他不得不畏服，所以除去嵇康，似乎是搬去鍾會心頭的一座大山。在精神上，嵇康也對鍾會形成一種威懾力量。嵇康品性峻潔，為人正直，而且不假辭色，對於鍾會這樣的人品，始終是不屑一顧的。有嵇康在，鍾會覺得透不過氣來，所以他不惜使用卑劣手段來害死嵇康。

嵇康與鍾會的怨隙還有另外一件事成為直接的誘因。

嵇康離開家鄉後來到都城洛陽，他在這裡曾以鍛鐵為生計之資。當時，他已結識了後來「七賢」之一的向秀。向秀，字子期，河內人，與山濤為同郡，少時即為山濤所知。向秀也是卓異超俗、不拘禮法的人物，他與嵇康在洛城相識到相知，傾心投意。他常常和嵇康一起鍛鐵。嵇康掄錘，向秀給他當助手，幫他拉風箱，或者用大箝子幫嵇康翻弄燒紅的鐵件。兩人就這麼一邊鍛鐵，一邊相談，十分親密。幹完活兒之後，兩人洗去身上的汗和灰，坐下來傾壺飲酒。

夏季裡的一天，洛陽的天氣十分乾熱，嵇康和向秀在一棵大柳樹下擺好了鐵砧，叮叮噹噹地打起鐵來。大柳樹給他們罩上了一張大綠傘，遮住了中原的酷熱。柳樹頂上，一群蟬在不知疲倦地唱，合鳴為一首沒有節奏的曲子。柳枝的微拂，時而帶來一絲涼意。

可是，火爐裡的火烤著他們，夏天在火爐邊可遠不比冬天好受，嵇康和向秀都脫了衣裳，光著膀子打鐵，旁邊放了一桶涼水，水裡有一只水瓢。嵇康不時地舀起一瓢水，揚起脖子，咕嚕咕嚕喝下去。嵇康擦了擦嘴邊的水，吟道：「日出而作，日入而息，鑿井而飲，耕田而食，帝力於我何有哉！」向秀附和道：「對，帝力於我何有哉！」兩人一起哈哈大笑起來。

這時，從大路上來了一群人，為首的穿著華麗的綢袍，騎著一匹雪白的駿馬，馬頭上有金的絡頭，這就是貴公子鍾會，他後面還跟著幾個隨從。

鍾會久聞嵇康的大名，聽說嵇康來到了洛陽，並且時常在這路旁大柳樹下鍛鐵，便有意來會嵇康。今天，他先派了人來探看一下，回報說嵇康果然在此處，便騎馬前來拜會嵇康。嵇康其實早就認識鍾會，也知道鍾會乃是司馬昭的心腹，所以對他沒有好感。遠遠地看到鍾會過來，便對向秀說：「鍾會來了，你我無須理睬他！」兩個人誰也不回頭，叮叮噹噹地鍛得起勁。

鍾會下了馬，來到嵇康他們的鍛爐旁，他滿以為嵇康會停下手裡的活計，與他相會。誰知嵇康和向秀一個勁兒地打鐵，誰都裝著沒看見他，旁若無人。鍾會站在那裡好生尷尬，他從來沒有受過如此的冷遇和有意的鄙視，他的隨從在旁邊都憤憤不平，鍾會耐著性子站了一會兒，嵇康一點也沒有停下錘來會客的意思。他實在受不了這種難堪，便悻悻地離去了。

剛要離開，嵇康卻停下手裡的活兒，轉過身來，嘴角似笑非笑，露著一絲嘲諷，問鍾會道：「何所聞而來？何所見而去？」

鍾會心裡早已憤恨不平：「洛陽城裡從來沒有誰敢這樣待慢我，今天卻栽在這個打鐵的手裡，將來必報這辱慢之仇！」聽到嵇康這種調侃的問話，鍾會又惱又羞，他的白臉氣得通紅，他甩出兩句答話：「聞所聞而來，見所見而去。」心裡說：「總有一天我會收拾掉你！」於是帶著隨從，上馬而去。這件事情，給日後嵇康被殺埋下了「伏筆」。

如果說起對禮法的蔑視、鄙棄，在實踐上阮籍是遠遠超過嵇康的。但阮籍較會韜晦，至少在表面上較為圓通。他心裡十分鄙視司馬氏，所以才有大醉六十日拒婚之舉。他登上廣武山，俯瞰楚漢戰場而嘆曰：「世無英雄，遂使豎子成名。」透露出這種心緒。但阮籍頭腦靈活，善於避禍，他能在司馬昭手下做官，甚至還和群臣一起對司馬昭呈過《勸進表》，這都是他圓通（用有些貶義的詞就是「圓滑」）的表現，正因如此，司馬氏還可以容忍他。司隸校尉何曾檢舉他不守母喪、「縱情背禮」，想拿他治罪，司馬昭還嫌何曾多事，說：「阮先生身體這樣虛弱，你就不能為我忍一忍嗎？」

嵇康在行動上比阮籍「規矩」得多，沒有什麼太多「出格」的行為。但他的思想很激烈，提出的一些觀點、議題，既有很高的理論性，同時又有很大的煽動性，如他所說的「越名教而任自然」的口號，就非常讓以名教治天下的司馬氏集團感到害怕。再說，嵇康不僅不肯在司馬政權中為官，而且還寫了痛快淋漓的《與山巨源絕交書》，把官場的齷齪黑暗抖落個「底朝天」；無論你自己如何解說，這篇文章在司馬昭看來，無非是聲明不與他合作，心毒手狠的司馬昭豈肯甘休？

山巨源就是山濤，「竹林七賢」之一，「竹林七賢」之中，嵇、阮以下，就數著山濤了。《晉書》記載他「少有器量，介然不群。性好《莊》、《老》，每隱身自晦。與嵇康、呂安善，後遇阮籍，便為竹林之交，著忘言之契。」

山濤在四十歲時方才出仕為官，正趕上曹魏和司馬氏政權爭鬥激烈的年代，因為懼怕禍患，很快就辭官而去，以後又在司馬政權中復出，位至三公。

山濤剛出仕時，先當郡主簿、功曹、上計掾等小官。他曾與好友石鑒共宿，睡到半夜，山濤想到朝廷裡的反常情形，不禁預感到時局的險惡，他用腳踹醒正在打鼾的石鑒，對他低聲說：「眼下是什麼時候了，你竟然還能睡得著！」石鑒睜開矇矓睡眼，不樂意地說：「什麼時候？半夜時候！你不睡覺還不讓我睡？」山濤很嚴肅地對石鑒說：「石鑒兄，我沒有心思和你開玩笑，眼下時局看似平靜，實則殺機已經有所顯露。你知道太傅（司馬懿）稱病不起的用意嗎？」石鑒這時也完全醒了，他披著被子坐起來說：「那有什麼，宰相（指司馬懿）三次不朝，發一尺令讓他退休歸家便是，有什麼值得大驚小怪的。」山濤對石鑒的回答很不滿意，他訓斥石鑒說：「看來你對《莊子》的《馬蹄》的真諦毫無所知！」《馬蹄》是《莊子》外篇之一，用馬來比喻自然無為之旨。山濤這裡是說石鑒不讀《莊子》，不知隱身避禍之義。當時曹爽當政，排斥司馬懿。司馬懿稱病不起，實是麻痺曹爽。在暗中窺測時機，準備發動政變。山濤富有政治遠見，預察到這一點，在他與石鑒談話以後，便辭官而去。不出兩年，朝中便發生正始之變，司馬懿發動兵變殺曹爽。在政局紛亂中，山濤隱居不仕，與嵇康、阮籍等為竹林之遊。

待大局已穩，司馬氏掌定了大權，山濤又出仕了。山濤與司馬懿之妻張氏有中表親的關係，於是去投見司馬師。司馬師很歡迎山濤能投入他們的懷抱，為司馬氏政權服務。司馬師對山濤說：「呂望欲仕邪？」把他比成輔佐文王的姜子牙，可見山濤在當時已頗有名聲。

山濤很快得到升遷，他在吏部任選曹郎多年，政績很好，《世說新語》稱讚山濤說：「山司徒前後選，殆周遍百官，舉無失才。凡所題目，皆如其言。」

山濤將要從選曹郎任上升官，這個位置由誰來做呢？山濤自然立刻想到好友嵇康，於是他向司馬昭推薦由嵇康擔任選曹郎，又寫信給嵇康，請他出來做官。

嵇康本來就對司馬政權毫無好感，也從來沒想過為這個政權當官。嵇康娶的是曹操之子沛王曹林的孫女兒，與魏宗室通婚，在曹魏時期官銜是中散大夫。在感情上，嵇康自然與曹魏更加親近。高貴鄉公曹髦不堪忍受司馬昭的「廢辱」，進行了最後的掙扎，率領侍從去進攻司馬昭的相府，被司馬昭殺死。司馬氏篡位禪代已成定局，當時朝野士人紛紛投入司馬昭的懷抱。嵇康的剛直性格決定了他的悲劇命運，他是決意不和司馬氏合作的。現在山濤舉薦他出任司馬政權的選曹郎，本來並非出於惡意，但嵇康覺得這是對他的莫大汙辱。山濤的舉薦倒成了導火線，嵇康一怒之下，奮筆疾書，寫下了星耀千古的《與山巨源絕交書》，也惹下了殺身之禍。

信是寫給山濤的，自然罵的對象是山濤。其實，嵇康把他對司馬集團的憤怒、鄙視都潑灑於其中，罵了個痛快淋漓。

他直接了當地對山濤的高升表示「惕然不喜」。對於山濤舉薦他以自代，感到莫大的恥辱。他做了這樣的形象比喻：「恐足下羞庖人之獨割，引屍祝以自助，手薦鸞刀，漫之羶腥。」意思是你自己獨自當這樣骯髒的官感到羞愧，還要拉上我給你幫忙。就像廚師羞於一個人屠宰，想拉祭師去幫忙一樣，讓我手執屠刀，也沾上一身羶腥之氣。

這豈止是罵山濤，簡直就是痛斥司馬政權以屠殺為事業。拉自己去當官，無異於是為虎作倀，和統治者一起幹壞事，這其中的「話外音」是很明顯的，難怪司馬昭看了要火冒三丈呢。

嵇康又說自己個性倔強，不喜羈束，「又縱逸來久，情意傲散，簡與禮相背，懶與慢相成，而為儕類見寬，不攻其過。又讀《莊》、《老》，重增其放。故使榮進之心日頽，任實之情轉篤。此由禽鹿，少見馴育，則服從教制；長而見羈，則狂顧頓纓，赴蹈湯火；雖飾以金鑣，饗以嘉肴，逾思長林而志在豐草也。」嵇康用鹿來比擬。如果鹿從小就捉來馴育，那就會服從主人的管教和約制；如果鹿長大後而被束縛，那麼一定會瘋狂四顧，亂蹦亂跳地掙脫羈繩，即使赴湯蹈火也在所不顧。這不等於說自己堅決不服從司馬氏的管束約制嗎？

嵇康還在《與山巨源絕交書》中列舉了他做官有「七不堪」、「二不可」，歸納起來，其基本內容是：一、「非湯武而薄周孔」，說自己的思想意識不合那些傳統的聖賢之道，而且還鄙薄否定，這是對統治思想公開挑戰；二、「不喜俗人」，不願與禮法之士「囂塵臭處」，也不會「揖拜上官」，阿諛逢迎；三、說自己脾氣剛毅暴躁，「剛腸疾惡，遇事便發」。總而言之，我行我素，不向權貴低頭，不與司馬氏合作。

《與山巨源絕交書》非同小可，不僅表明了不合作態度，而且戳傷了司馬氏的致命處。其中「非湯武而薄周孔」是最致命的，與官方的意識形態大相逕庭，司馬昭抓住這點就可以問罪。魯迅先生分析得很中肯：「非薄了湯武周孔，在現代是不要緊的，但在當時卻關係非小。湯武是以武定天下的；周公是輔成王的；孔子是祖述堯舜，而堯舜是禪讓天下的，嵇康都說不好。……在這一點上，嵇康於司馬氏的辦事上有了直接的影響，因此就非死不可了。」（《魏晉風度及文章與藥及酒之關係》）當時，朝野士人一片頌揚之聲，司馬氏準備受魏禪讓，嵇康卻出來大唱反調，這不能不引起司馬昭的震怒，所以要把嵇康殺掉。

鍾會聞此，藉此機會向司馬昭進讒言，他說：「嵇康是一條臥龍，早晚會成為大患。公不必擔心天下，但對這個嵇康，卻須時時提防著。」過了兩天，鍾會又跑去見司馬昭，還是給他火上加油，促使他下決心殺嵇康。他無中生有地捏造謊言，並以思想罪來論處嵇康。鍾會說：「嵇康陰謀幫助毌丘儉造反，後由山濤勸阻方才作罷。古時齊王殺華士，魯國誅少正卯，都是因為他們害時亂教，有害於世道人心，所以聖賢才要除掉他們。嵇康、呂安等人言論放蕩，非毀典謨，這是為帝王者所堅決不能容忍的。」說到這裡，鍾會往司馬昭身邊湊了湊，壓低了聲音：「不過，光憑這個來殺他們，理由未必充分，還須找個適當的藉口，主公以為如何？」司馬昭聽了，點頭稱是，眼裡露出殺機，鬍鬚裡鑽出一聲獰笑。

藉口找到了，這就是呂安事件。

呂安也是當時名士，為人超邁不群，與嵇康、向秀志同道合，十分投契。嵇康隱居山陽，常和呂安一起種菜，澆灌菜園。呂安十分欽佩嵇康，無論是一起談玄說理，還是品藻人物，兩人爭論一番以後，常能達成共識。他們一起辨析玄義，一起飲酒，無所不談。而嵇康對呂安十分看重，欽佩他那種淡泊高潔的品格。

呂安有個哥哥叫呂巽，此人卻是一個卑劣狠毒的偽君子。他表面上也是一副名士派頭，倜儻瀟灑；談玄論道，實際上卻是酒色淫邪之徒。

呂安的妻子徐氏非常美貌，俏麗動人，呂巽對這位弟媳早已垂涎三尺，只是未得機會下手。一次呂安外出不在家，呂巽裝模作樣去「關心」弟媳，到了晚上還賴著不走，軟硬兼施，姦淫了徐氏。徐氏受的刺激特別大，待呂安回來，發現了妻子的異常，就問她究竟是怎麼回事，妻子本來就感到十分委屈，聽丈夫一逼問，就把呂巽逼淫的事情一五一十地對呂安說了。呂安一聽，怒火萬丈，立即找到其兄呂巽，痛斥他的獸行，並要告發呂巽。呂巽嚇得跪在弟弟面前，磕頭如搗蒜，左右開弓打自己的嘴巴，一邊打一邊說：「我不是人，我是畜牲。看在手足弟兄的份上，饒了我這一次吧！」呂安淚流滿面，扭頭就走。

呂巽惟恐弟弟告發，就跑去找弟弟的至交嵇康，請嵇康勸阻弟弟。嵇康聽到此事非常驚訝，也十分憤怒，對呂巽痛加斥責，但又答應了他的請求，勸阻呂安告發哥哥。呂巽千恩萬謝而去。

呂安受了這樣的奇恥大辱，鬱憤難平，找到自己最要好的朋友，自己最為信賴的兄長嵇康，一吐心中的委屈，他決意要告發哥哥呂巽的獸行。嵇康按住他的肩膀，讓他坐下，百般撫慰，並對他說了一番「家醜豈可外揚」的道理。最後，呂安終於同意不去告發呂巽了。

但是，呂巽並沒有停止活動，他琢磨著：「如果弟弟一旦把我告發，那我在士流中就無顏見人了。不如來一個『先下手為強』，反過來先告呂安。」呂巽是鍾會的親信，鍾會又是司馬昭的心腹，所以呂巽覺得有恃無恐。於是他便「惡人先告狀」，到官府去告呂安，罪名是「不孝不悌」，打罵兄長。並且先與鍾會通好關係。鍾會拍著呂巽的肩膀說：「呂兄放心，有我鍾士季在，你儘管大膽幹吧！大將軍也會給你做主的。」

送走了呂巽，鍾會顯得格外興奮：「這下好了，除掉嵇康，就在今日！」他搓著手，在廳裡來回踱步，把陷害嵇康的步驟想好了，天色已晚，他顧不上這些，吩咐僕人：「馬上備車，到大將軍府。」

大將軍府裡，一片絲竹舞樂之聲。司馬昭靠在榻上，左右各擁著一個肌膚豐盈的妙齡美女，在欣賞舞伎表演。忽然，侍從來報：「大將軍，鍾士季求見，說有急事！」司馬昭全神貫注地觀舞，壓根沒有聽見。侍從在旁邊候了片刻，待一曲終了。又上前稟報：「主公，鍾士季求見，說有急事。」司馬昭這才從舞蹈中「走」出來：「哦？這麼晚了，他來一定有要緊事，請他到客廳裡坐。」

司馬昭揮手讓舞女們退下，自己更了衣，來到客廳，鍾會已經等了良久，見司馬昭出來，鍾會馬上施禮，司馬昭示意他坐下：「家裡何必拘禮。士季深夜至此，必有要事見教？」鍾會便把呂巽告發呂安「不孝」的事稟報給司馬昭，並且建議馬上逮捕呂安，然後藉機除掉嵇康。

司馬昭聽完，哈哈大笑：「原來如此，就依你計，說幹就幹，明天就把呂安抓起來，然後再抓嵇康！」

呂安被捕入獄，罪名就是「不孝」。呂安讓嵇康為他作證，嵇康當然為他辯白無辜。但是「欲加之罪，何患無辭？」司馬氏屠刀在手，還容你多加辯解嗎？而且，他們的主要目標是對準嵇康的，鍾會早就處心積慮準備除掉嵇康了，這次，遂將嵇康一起下獄。

鍾會又跑到司馬昭那裡，促使司馬昭下殺掉嵇康的決心：「嵇康此人，素有異志，萬不可留，留必生患。」司馬昭沉吟片刻，用手比了一個砍頭的手勢。嵇康下獄，並將被處死的消息不脛而走，傳遍了京城洛陽，引起了士人們的普遍不滿，許多豪俊之士，都來到牢獄，要和嵇康一起坐牢乃至同死，最後被一個個地拉回家裡去了。太學生們聽到這個消息，更是群情激奮，三千太學生跪在宮門前，請求釋放嵇康，讓嵇康當他們的老師。儘管黑壓壓的太學生跪了滿地，司馬昭堅決不允。於是一代名士嵇康，就只能慘死於司馬氏的屠刀之下了。

洛陽東市，觀者如堵，很多人唏噓落淚。天上愁雲慘澹，陰霾蔽日。嵇康被帶到了刑場之上。他對監斬官說：「我無辜受戮，不能受綁，亦不能背插死囚牌，我自隨你們去受刑便是。」監斬官請示司馬昭，司馬昭說：「一個文弱書生，他能夠怎麼樣？姑且從他！」於是，嵇康昂然走在前邊，兩手倒背，劊子手尾隨其後，不像嵇康去受斬刑，倒像是嵇康領他們逛洛陽大道。

臨刑之前，嵇康從容自若，神氣安閒。他對來到刑場的哥哥嵇喜說：「我的琴給我帶來了嗎？」嵇喜流著眼淚說：「帶來了。」嵇康接過那張伴隨他多年的琴，箕踞坐在地上，把琴橫置於腿上，認真地調了調琴絃，對準音調，奏了一曲他從未在人面前彈過的曲子——《廣陵散》。這樂曲十分美妙，如同仙樂，人們從未聽過這支曲子，而恰恰是在這樣一種特殊的場合聽到了它，人人都屏息靜聆，連劊子手都聽得呆了。《廣陵散》的曲調真是動聽極了，它優雅古遠，而又明麗清揚，一會兒如深山松風迴響，一會兒如飛瀑流下，琴聲迴蕩在東市的上空，縈繞不已……。

一曲《廣陵散》彈畢，嵇康緩緩站起身來，不無遺憾地說：「袁孝尼曾請求向我學習此曲，我卻一直沒有答應他；而今康將辭世，《廣陵散》於今絕矣！」言罷，即請行刑。

嵇康不肯與司馬氏一起「手執鸞刀，漫之羶腥」的結果，就是被統治者所殘害。嵇康的死，主要是因為在政治上不肯和統治者合作，而在思想意識上的「異端」精神也是統治者所無法容忍的。司馬氏標榜禮教，嵇康則公開打出「非湯武而薄周孔」的旗幟，在思想界裡公開與統治者對抗，造成廣泛的影響，同時也是對司馬氏虛偽禮教的一個很有力的揭露，司馬昭當然惱火。所以《與山巨源絕交書》是嵇康被害的主要根由。因而在文字獄的範疇中，這也是一個有名的例子。

史碑之悲

北朝一代名臣，在滿頭尿液的屈辱中被砍頭，這是為什麼？

北魏太武帝時的名臣崔浩，因立史碑而被太武帝誅殺，這是北朝的一樁著名的文字獄。

太武帝神麛年間，北魏都城大同郊外，出現了一群規模浩大的碑林。這個碑林可以說是從古以來未有的奇觀，上面刻的是宰相崔浩主編的大型當朝史志《國書》三十卷，以及崔浩所作的《五經注》。碑林占地圓方百公尺，甚是壯觀，又是建在離京城僅有三里的近郊大道旁邊，引來了無數的觀眾。路過此地的人，無論文化高低，都要到碑林中觀賞一番。也有很多人特意從很遠的地方來觀摩碑林。一時間，這個碑林成了人們關注的中心。

碑刻在北魏極受重視，到今天魏碑也是中華文化寶庫中極有價值的瑰寶，在書法界，魏碑的藝術價值很高。崔浩本人就是著名書法家，碑文大概是他自己書丹，也不知刻了多少塊石碑，總之是用了三百萬工，終於建起了這處碑林。

紳士淑女都把碑林當作一個景觀來覽勝，來往行人，都繞著碑林看看碑的內容。碑的內容是北魏當朝國史，而且記載本朝事「備而不典」，鉅細皆載，善惡俱收，所以統治者內部不乾不淨的事也都在《國書》中記錄下來。如果僅是在書中，影響還不至於如此廣泛，現在刻成了規模宏大的碑林，加上崔浩那一手漂亮的字跡，吸引了許多觀覽的人，碑的內容自然也就不脛而走。

《國書》所記載的，多是北魏統治者的一些史實，也包括了北魏開國前的一些情況，北魏統治者是鮮卑族，是北方遊牧民族。鮮卑族在文化上自然比當時已很發達的漢族要落後許多，有許多陋俗，比如，妻後母、報寡嫂等等。

《國書》的這位大主編崔浩，是漢人士族，他是帶著正統的儒家文化眼光來編纂北魏國史的，對於鮮卑文化習俗有著或隱或顯的鄙夷眼光，《國書》中也記載了北魏統治者的「家醜」祕事。這些東西僅在書中影響還有限，現在刻成石碑，立在通衢大道旁，傳揚甚為廣遠。那些鮮卑貴族本來就對崔浩沒有好感，現在看到史碑上這些「暴揚國惡」的東西十分憤怒，便對崔浩群起而攻之，以致於釀成了這樁著名的史禍。

關於崔浩作為漢族士人的代表人物與鮮卑貴族之間的矛盾，這裡不妨從頭介紹一下。

崔浩，字伯淵，北魏清河武城（今山東武城西北）人，家族貴盛，乃是北方著名的高門大姓。從魏晉以來，代代都有名臣。

崔浩的父親崔宏，在道武帝時，也是股肱重臣，任吏部尚書，封為白馬公。死的時候是魏明元帝泰常三年（西元四一八年）。病篤之時，明元帝派侍臣問疾，一夜數返。死後喪禮十分隆重，皇帝詔命群臣及附國渠帥都來會葬，親王以下，都受命拜送。

崔浩長得白皙纖弱，眉清目秀，如同一個弱柳扶風的美婦人，但此人卻是胸有大略，深諳兵機。他從小就好學多思，博覽經史，對於陰陽百家之言，無不觀覽。弱冠時就已被任為通直郎，後遷至著作郎。因他書法精湛，道武帝經常讓他隨侍左右。

崔浩出身名門，且又才華出眾。太原的大士族郭逸便把女兒嫁給他。郭逸的夫人王氏，也是出身於士族之家，她對崔浩極為看重，認為他是個奇才，對這個乘龍快婿十分滿意。崔浩娶郭氏女時間不長，妻子便因病而亡，他的岳母王氏深以為憾，又要把小女兒嫁給崔浩，郭逸和其他親屬都勸阻她，認為這樣不好。王氏不聽，非要把自己的小女兒又嫁給了崔浩。這樁婚姻本身，便說明了漢族士族之間，以門第互相認同的情形。

魏晉南北朝時期主要是門閥政治，人們的門第觀念十分嚴重，士族與庶族差距甚大，有兩句很有名的話可以概括這種政治：「上品無寒門，下品無士族。」從漢朝開始，便以「九品中正制」論人選官，而士、庶之分是劃分品第的重要依據。寒門不可能進入上品，士族也不會流入下品，二者涇渭分明。寒門並非是經濟上貧困，士族也未必傢俬萬貫，經濟狀況不是主要標準。士族主要是那些所謂高門大姓，如王家、謝家。西晉、東晉的政治都是士族壟斷。像王導、謝安，都是著名的士族領袖。

北朝的漢人也深受士庶觀念的影響，也同樣有士庶之分。如崔、盧、郭、王，這都是北方著名的貴族，他們彼此聯姻，互為援結。同時這些北方士族總是把羨慕的眼光投向南方（東晉、南朝），因為南朝是士族政治的核心，士族具有至高無上的地位。北朝的統治者是北方少數民族貴族，在文化上遠較漢族士族落後，因而北方的士族在心靈深處對北朝統治者並不佩服，在文化上也很鄙夷他們；反過來，北朝統治者及其貴族集團對漢族士族，一方面要利用，另一方面是防範、敵視，尤其是少數民族貴族集團，從他們的利益出發，對漢族士人多方排擠打擊。如北魏的鮮卑貴族，對崔浩等人就是極力傾軋排詆的。

崔浩本人出身名門高姓，這種士族意識是與生俱來的。與崔家結成姻親的，也都是北方的大士族，如崔浩的母親，便是盧諶的孫女。盧諶也出身士族，曾為劉琨的主簿。盧諶是范陽人，范陽盧家，是北方著名的大姓。這些北方的著名士族互為姻緣，聲氣相應，形成了一個門閥士族集團，他們的正統意識、種族意識都是很深厚的，崔浩也是如此。這種意識有意無意地流露，必然傷害鮮卑貴族的某種自尊感。

例如，崔家與太原王氏的結親，崔浩對王慧龍出身的認定，曾引起鮮卑貴族的強烈不滿。

太原王氏是西晉以來的顯貴，東晉末年，王慧龍從江南出走，來到北方。崔浩的弟弟羨慕主家的門第，把自己的女兒嫁給他。有人說，王慧龍並非王家人。崔浩見了王慧龍，見到他的鼻子生得很大，就讚嘆道：「這才是真正的王家人，是個貴種。」原來王家人在生理上有一個特點，世代都出酒糟鼻（當時叫做「齇」，音渣）。南方把這一家王姓稱為「王」。崔浩對士族的家史、譜系都相當熟悉（這在當時是一門學問，即所謂「譜學」。王慧龍一經崔浩的「鑑定」，便被證實真是「貴種」)。

崔浩對王慧龍的讚譽，激怒了鮮卑貴族，鮮卑貴族只承認自己是「貴種」，不能容忍其他「貴種」的存在。北魏前期，統治者的民族意識、種族意識相當強烈，皇帝也是如此。於是鮮卑貴族便抓住這件事到皇帝那裡去告他的狀，說他貶損鮮卑。太武帝聽了大怒，把崔浩叫去訓斥了一頓，崔浩嚇得出了一頭冷汗，連忙跪下，向太武帝承認了錯誤。

這是崔浩作為北方士族的代表，和鮮卑貴族之間產生的一次矛盾。這種矛盾並非偶然，而是由來已久，後來崔浩因史禍而被殺身，其根本原因也在於此。

雖然崔浩為鮮卑貴族所忌恨、排詆，但皇帝對崔浩還是非常器重的，這是因為崔浩深諳兵法，料事很準，參贊軍事，多能取勝；而當皇帝不聽崔浩建議時，往往致敗。所以太武帝對他深服其言。

泰常元年（西元四一六年），東晉的將軍劉裕進攻姚泓，要沿黃河西上，向北魏求借道，太武帝讓群臣商議。大臣們都說：「函谷關乃天險，劉裕如何能夠西進？」揚言伐姚，實際上意圖難測。應該先發兵斷黃河上流，不讓裕軍西過。」大家都同意這個計策，太武帝將聽此計。

崔浩不同意這種意見，他向太武帝進言道：「此絕非上策。司馬休擾亂劉裕的荊州，劉裕早已切齒痛恨。現在姚興死了，其子尚未成人，乘其危亡而伐之，我觀察劉裕此舉，必定是真的入關。像劉裕這樣的勁躁之人，幹起事來是不顧後患的。」

「現在如果堵塞了他的西進之路，劉裕必然上岸北侵，那樣的話，姚泓反倒平安無事，受敵的是我們。現在柔然內犯，如果我們發軍赴南，那麼，北寇必然進擊；如果救北，則南州危急。如此看來，不如假之以水道，讓劉裕西進，然後再興兵斷了他的東歸之路，正所謂『卞莊刺虎，兩得之勢』也。假如劉裕勝了，必然感恩戴德；如果姚氏勝了，我們也不失救鄰之名。縱使劉裕得了關中，懸遠難守。他難以守住，那早晚是我們的囊中之物。現在如能不勞兵馬，坐觀成敗，使兩虎相爭，我們坐收長久之利，此乃上策。」

太武帝沒有採納崔浩之計，而依眾臣之見，派大將長孫嵩去攔擊劉裕。雙方在畔城展開激戰，魏軍被晉將朱超石所擊敗。太武帝深恨沒有聽從崔浩之言。

還有一次，太武帝派將軍奚斤等南伐，制定南伐的戰略部署。究竟是先攻城，還是先掠地？在這個問題上展開爭論。奚斤主張先攻城池。崔浩不同意這種戰略計畫。他說：「南人長於固守，如苻堅攻打襄陽，久攻不克。現在以大國的軍力，攻他們的小城，倘不能按時攻下，會挫損軍威，此乃危險之道，並不可取。不如分軍掠地，到淮水為限。設置官府，收斂賦稅。這樣，滑台、武牢反在我軍之北，成了後方。」而公孫表則請先攻城。奚斤的部隊渡過黃河後，先攻打滑台，結果久攻不下，公孫表請求太武帝再發援兵。太武帝大怒，遂率軍御駕親征，封崔浩為相州刺史，讓他隨軍參贊軍務，當太武帝的高參。

太武帝聽從崔浩的策劃，結果大勝班師。在北歸的路上，崔浩陪著太武帝巡幸了西河、太原。崔浩下臨黃河，縱覽山川，慨然有感。於是和同僚論郡縣制之是非得失，縱談秦皇、漢武的闕失，大家都深服其言。

崔浩懂天文，善觀星變之象，太武帝常常親自駕臨崔浩宅第，向他詢問一些異變之事，有的時候崔浩來不及整頓衣冠，倉促出迎。皇帝時常不打招呼，突然駕臨，弄得崔浩手足無措，也來不及準備什麼精美食品，只是一些日常吃的東西奉進於皇上。太武帝有的時候站在那裡嘗一口就返駕回宮了。可見太武帝對他是十分寵愛，非常隨意的。

皇上還經常引崔浩到寢宮中議事，給他加封為侍中、撫軍大將軍、左光祿大夫，以嘉賞他的運籌帷幄之功。皇上與崔浩閒談時說：「卿才智深博，事朕父祖三代，功勞不小，所以朕才讓卿常在身邊。朕如有什麼闕失，卿一定要盡忠規諫，無須顧慮。朕即便一時衝動而遷怒，不用卿言，時間久了，朕豈能不深思卿言？」太武帝還把新投降過來的高車軍隊頭目數百人召來，賜酒食給他們，並指著崔浩對他們說：「你們不要看此人貌似纖弱，手不能彎弓持矛，但他胸中所懷，過於數萬甲兵。朕時有征討之志但卻猶豫不決時，都是他幫助朕下決心的。前後克捷，都是此人導引於我。」於是對諸尚書說：「凡是軍國大計，卿等不能決定，可以先向崔浩諮詢而後再行！」可見，太武帝對他是相當賞識、器重的。

作為士族利益的代表，崔浩依然念念不忘士族的利益。士族提出要「整齊人倫，分明姓族」，目的就是要分清士、庶，保持士族在社會上的特殊身分和政治上的壟斷地位。太武帝提倡「文治」以後，崔浩也躍躍欲試，和盧玄商量，打算再搞這一套。

崔浩不斷推薦士族出身的人在朝廷當官，有一次他要任命幾十個士族人物當郡守，太子拓跋晃不同意，他就和太子爭了起來，最後還是照崔浩的意見辦了。雖然他一時占了上風，但鮮卑貴族們心底卻對崔浩越發不滿，這就引發了後來的史碑事件。

以前，道武帝曾經詔命祕書郎鄧彥海，撰述《國記》十幾卷，從開國寫到明元帝年間，但此書並未最後完成，中途而廢了。《國記》大概是《實錄》一類的史書。到了太武帝神𪊲二年（西元四二九年），史事又被重新提起。太武帝命司徒崔浩和他弟弟崔覽，還有高允、高讜、張偉、鄧穎等一群文官續修此書，指定要崔浩負責，要求這部史書的撰述「務從實錄」。

由於有原來《國記》的基礎，加之這些人又都是文筆敏捷的文人，所以沒用多長時間，便寫成了《國書》三十卷。這是一部載事詳賅、直書史實的編年體史書。書成之後，自然大家都很高興，於是舉行了一個規模很大的宴會，來慶賀《國書》的完成。

參與修史的人，除了上述幾位以外，還有一些人當然都來參加宴會。其中有兩位著作令史，一位叫閔堪，一位叫郤標，他們平時就諂侍崔浩，在宴會上表現得最為慇懃，一個勁兒地給崔浩敬酒，說了許多恭維崔浩的話，崔浩聽了後飄飄然，拈著一綹美髯微微笑。

喝得酒酣耳熱之際，閔堪靈機一動，高擎酒樽，走到崔浩面前，說：「司徒大人翰墨文采，蓋世無雙，而書道墨寶，亦是古今罕見，卑職有一建議，不知可否行得？」

崔浩今天格外高興，吩咐他快講。閔堪說：「倘能將《國書》三十卷都刻於石碑之上，立於通衢之側，乃是不朽之盛事！」

崔浩聽了，以為甚好，與宴群僚，都說這個主意極妙，郤標又請司徒大人把他的《五經注》也一同刻出，人們又是一片贊成聲。

宴會之後，崔浩便把這個想法報告給皇太子，因為當時掌管政務的主要是太子。太子聽了，也很感興趣，吩咐馬上辦理，於是在都城大同郊外劃出一塊百公尺見方的地盤來創建史碑碑林。

崔浩本來就以書法聞名於世，這次要把自己主編的史書刻成碑林，只好不辭辛苦，奮筆疾書，把《國書》的內容通通地書寫了一遍。

用工三百萬，碑林刻成，果真是古今未有的大奇蹟，把一部歷史刻在了碑上，前無古人，後無來者。

崔浩欣賞著自己的傑作，非常得意，手下的官員也都絡繹不絕地參觀史碑，然後紛紛稱頌司徒大人的宏才偉略。

那些鮮卑貴族也來觀看史碑，與其說是觀看，毋寧說是挑剔。他們的心裡都對崔浩十分牴觸，不斷地到太武帝那裡告崔浩的狀，但因崔浩是個有用之人，太武帝對他的才華很是欣賞，所以一般情況下，不過是把崔浩教訓一頓而已。但這回，鮮卑族的權貴們認真地觀看了路邊的史碑，找到了一處又一處「暴揚國惡」的地方，他們把這些地方記下來，然後串連在一起去面見太武帝，聲淚俱下地「控訴」崔浩的罪行，說他汙辱拓跋氏，罪不容赦！

太武帝是個情緒易於激動的人，聽了這些以後勃然大怒，一拍龍書案，大叫：「漢兒安敢如此無理！馬上拿下！」於是，命令把崔浩逮捕治罪。

崔浩被逮入刑部。辦案的正是鮮卑人，他們早就想整治崔浩了。現有皇帝詔命在此，如何折磨崔浩就隨他們便了。崔浩身體纖弱，根本受不了「大刑伺候」，被打得慘叫不止。審理過程中，崔浩又招認了在修史過程中從他所薦引的寫史人員那裡收受的賄賂。太武帝聞之，更為惱火，於是下令誅殺崔浩，崔氏家族以及與之通婚的范陽盧氏、太原郭氏、河東柳氏，同時被族誅，參與修史的官員胥吏一百二十八人也都被處死，一時間，人頭滾滾，哭聲震野。

太平真君十一年（西元四五〇年）的六月，崔浩被載入囚車，拉往北魏都城南面的刑場。這個歷仕三代皇帝的名臣，此刻再也沒有了原來的風度神采，他已是白髮蒼蒼，關在獄中多時，更加顯得憔悴不堪。

不知是哪個衛士帶頭，幾十名衛士開始了惡作劇。他們輪流向囚車裡的前司徒大人傾洩膀胱裡的尿液，享受著解除膀胱之脹和凌辱一個大人物的快感。可憐的崔浩，被淋得嗷嗷直叫，不堪其苦。古往今來，宰相一級的人物被誅戮，從來沒有誰受過這樣的凌辱。

崔浩因文字而被殺了，這是南北朝時期一樁著名的文字獄。但是這場文字禍有著很深刻的歷史原因，崔浩本人在文字方面並非疏忽大意或放手亂寫，而是頗為謹慎的。他因工於書法，經常受人之託寫《急就章》，從小到老，不憚其勞。他所書寫的文字中遇到「馮漢強」三個字，就一定改寫為「馮代強」。「馮漢強」三個字是隨意組合，不成文句，但「漢強」二字容易被挑剔的人演繹為「漢族強大」。而「代」是北魏的別稱，寫成「代強」，總該沒有問題了。由此事可見，崔浩在文字方面是小心謹慎的。

《國書》撰寫之初，太武帝有「務從實錄」的旨意。人們指摘這部史書「暴揚國惡」，無非是如實記載了北魏統治者一些不大光彩的事蹟。崔浩因史罹禍，不單純是文字之災，而是更為深刻複雜的政治背景所決定的，實際上，這是鮮卑貴族集團打擊漢族門閥士族的一次嚴重事件。

在北魏時期，漢族士族和鮮卑貴族既有共同利益，也有不同的利害，雙方之間，有許多明爭暗鬥。皇帝作為鮮卑貴族的最大代表，對於漢族士族既要利用，又要防範，同時他又不能不受本民族貴族集團的影響，所以才有史碑慘劇的發生。

北魏越來越走著一條漢化的道路，對於漢文化，鮮卑貴族越來越加認同，後來孝文帝進行了較為徹底的漢化。而在崔浩的時代，種族意識、民族意識的鬥爭還是很強烈的，以致於使崔浩做了「刀下之鬼」。

「平生文字為吾累」：烏台詩案

文字構築了他博大精深的世界，也成了他命運的災星！

「心似已灰之木，身如不繫之舟。問汝平生事業，黃州、惠州、瓊州。」這是大詩人蘇軾對自己貶謫生涯的寫照。黃州、惠州、瓊州，是蘇軾後半生的主要貶所。黃州，是他貶謫生涯的「第一站」！

貶謫黃州，與其說是不幸，毋寧說是萬幸。因為他是從殺頭之罪中又撿回了一條命，摸摸腦袋，恍如再生。

黃州貶謫，是「烏台詩案」的處理結果。而這「烏台詩案」，卻是北宋第一號的文字獄！

「烏台詩案」的背景牽涉到「王安石變法」這樣一個重大歷史事件。蘇軾是變法的反對派，蘇軾被捕入獄的罪名即是作詩譏諷新法、謗訕朝廷。但是「王安石變法」的歷史評價是非常複雜的，遠非可以一概而論，而且也並非本書力所能及。但是可以肯定的是，變法與反變法、新黨與舊黨之爭，已逐漸蛻變為權力傾軋的朋黨之爭。

「烏台詩案」發生的元豐二年（西元一〇七九年），王安石已經第二次罷相，退居於鍾山。而朝中的「新黨」，多是一些已經蛻化的「變法派」。因為王安石推行新法，遭到朝中一些元老重臣的激烈反對，只能起用一班新進之人，這些人資淺位卑，現在有了升進的機會，於是拚命表現，他們不管新法推行的實效如何，總是望風承旨，說新法如何如何受百姓歡迎，王安石是位個性十分倔強、聽不得不同意見的政治家，他當然只願意聽這些「讚歌」。因此當時的新黨之中，頗有一些品行不端、為士林所鄙薄的人。譬如呂惠卿，本是王安石一手拔擢起來的，後來為了攫取權勢，竟不惜出賣王安石，把王安石排擠出朝，自己占據了相位。一手製造「烏台詩案」的李定、舒亶等人，也都是聲名狼藉、為士大夫所不齒的小人。

「烏台」也就是御史台。所謂御史台，是朝廷的糾察機構，權力甚大，當時任御史中丞的是李定，這個御史中丞是御史台的長官，李定原是王安石的門生，中了進士以後當過定遠尉、秀州判官等地方官。當時王安石推行新法正需要人才的時候，孫覺便推薦他，因善於逢迎所以很得王安石信任。李定的母親去世，按封建禮制，為人子的應辭去官職，守喪三年，而李定貪戀官位，匿喪不報，這在封建社會尤其是禮教盛行的宋代，可以說是很卑鄙的行為，因而當時議論紛紛。另一個和李定一起羅織蘇軾罪名的御史台官員是舒亶，時任監察御史里行，此人也以善於深文周納、置人於罪而著稱。他們在蘇軾的詩文中找到了許多譏諷新法的內容，於是萬分興奮，具本參奏，彈劾蘇軾侮慢朝廷，甚至有不臣之心，參本上奏後，神宗皇帝下詔逮問蘇軾，一場文字獄由此而興。

離開京師已是八、九年了。從杭州到密州，從密州又到徐州，這一年（元豐二年，西元一〇七九年）三月，東坡奉調為湖州知州，遠離了政治鬥爭漩渦中心的朝廷，身為太守的東坡並未全然超脫。當年王安石推行新法，蘇軾和司馬光等人堅決反對，兩派人物政見不同，朝中充滿危機，蘇軾兩次給神宗皇帝上疏，力辯新政之不可行，措辭十分激烈，現在想來，都不禁滿身冷汗。

「陛下自去歲以來，所行新政，皆不與治同道。立條例司，遣青苗使，斂助役錢，行均輸法，四海騷動，行路怨咨，自宰相以下，皆知其非而不敢爭。……自古存亡之所寄者，四人而已，一曰民，二曰軍，三曰吏，四曰士，此四人者一失其心，足以生變。今陛下一舉而兼犯之。青苗、助役之法行，則農不安，均輸之令出，則商賈不行，而民始憂矣。並省諸軍，迫逐老病，至使戍兵之妻，與士卒雜處其間，貶殺軍分，有同降配，遷徙淮甸，僅若流放，年近五十，人人懷憂，而軍始怨矣。內則不取謀於元臣侍從，而專用新進小生，外則不責成於守令監司，而專用青苗使者，多置閒局，以擯老成，而吏始解體矣……。」上書的時候，東坡甚至懷了必死的決心，「俯伏引領，以待誅殛」。但皇上是寬厚的，並沒有把東坡治罪，但王安石的親戚謝景溫（當時任侍御史知雜事），藉機彈劾蘇軾，說他丁憂歸蜀的途中，濫用政府的衛兵乘舟商販。王安石於是派人窮究此事，但終無所得，只好不了了之。東坡心裡明白，這場風波，當然是因他反對新法的態度引起的。他覺得在朝廷裡很難做下去，於是便自請外放，熙寧四年（西元一〇七一年），他被派做杭州通判，於是帶著眷屬來到了人間麗都——杭州。

杭州也好，密州也好，徐州也好，東坡改變不了他那外向的性格，也改變不了對朝政的關心。他時常把酒臨風，夜泛西湖，笑聲朗朗地吟誦著新作的詩篇，西子湖畔，望湖樓上，他留下了多少千古傳誦的秀句佳什：

水光瀲灩晴方好，山色空濛雨亦奇。
欲把西湖比西子，淡妝濃抹總相宜。
《飲湖上初晴後雨》

黑雲翻墨未遮山，白雨跳珠亂入船。
卷地風來忽吹散，望湖樓下水如天。
《六月二十七日望湖樓醉書五絕》

這些詩作幾乎可以說是家喻戶曉。作為一個詩人，杭州給了他那麼多揮之不去、寫之不竭的詩材，而東坡也沒有辜負這上蒼的賜予。

然而，東坡並非僅是一個詩酒流連的文人，並不是我們印象中那個總是舉著酒杯，吟著「明月幾時有？把酒問青天」的「謫仙人」，他還是一個深切關心民生疾苦的地方官，在幾任知州的位上，他為百姓辦了許多實事。在徐州，他組織軍民抗洪搶險，修建防洪堤壩，深受百姓愛戴。

作為父母官，他不時地深入鄉村，考察百姓的生計與生產狀況。「青苗法」等新法的一些政策，由於有關官員為了邀功請賞，爭取政績，在推行中採取了強行分配的硬性規定，給百姓造成了很多痛苦。和著對新法的不滿，蘇軾在他的詩中屢屢排遣這種情緒。如果說「諷刺新法」，像《吳中田婦嘆》這樣一些詩是並不冤枉的。

今年粳稻熟苦遲，庶見風霜來幾時。
霜風來時雨如瀉，杷頭出菌鐮生衣。
眼枯淚盡雨不盡，忍見黃穗臥青泥！
茅苫一月隴上宿，天晴獲稻隨車歸；
汗流肩頳載入市，價賤乞與如糠粞。
賣牛納稅拆屋炊，慮淺不及明年飢。
官今要錢不要米，西北萬里招羌兒。
龔黃滿朝人更苦，不如卻作河伯婦！

這裡不僅描繪出青苗法、免役法所造成的流弊，而且用漢朝的龔遂、黃霸這樣恤民寬政的好官來反語譏刺推行新法的官員，這自然難免使新黨諸人如芒刺在背了。

蘇軾是天下聞名的大詩人，他的詩一寫出來便不脛而走，很快便傳到京師。新黨人物對蘇軾的詩文中的「刺」深為不滿，也多方留意。於是他們一天天在收集蘇軾的把柄。

蘇軾口無遮攔，蘇軾當然也「筆無遮攔」，他對胞弟蘇轍說過：「我如果覺得某件事情不對，就像飯菜裡發現一隻蒼蠅，非吐出來不可。」而且，他經常大開玩笑，語涉譏刺，常常使用雙關語，使一些謹慎的人聽了都覺得提心吊膽！

剛到湖州任上，他就給神宗皇帝上了一份謝表，表中寫道：「伏遇皇帝陛下，天覆群生，海涵萬族。用人不求其備，嘉善而矜不能。知其愚不適時，難以追陪新進；察其老不生事，或能牧養小民。而臣頃在錢塘，樂其風土，魚鳥之性，既自得於江湖；吳越之人，亦安臣之教令。敢不奉法勤職，息訟平刑。上以廣朝廷之仁，下以慰父老之望。」

這份謝表也惹出了麻煩，謝表中所說的「新進」，就是指李定這類新黨中的得勢新貴。這個字眼當然不無嘲諷之意，李定得知，甚為惱火。「這不明擺著是罵我們嗎？豈可忍之！不除此人，不解我心頭之恨！」於是，李定、舒亶、何正臣這幾個御史台官員，便摘出謝表中的幾句，還有蘇軾所作《靈壁張氏園亭記》中「古云君子，不必仕，不必不仕。必仕則忘其身，必不仕則忘其君」等語，鍛成罪狀，說蘇軾「侮慢聖上」，奏請逮捕治罪。

御史台的差吏，奉了皇帝的詔命，策馬飛奔，直往湖州。而湖州太守蘇軾，還在書房裡吟詩，哪裡知道大禍即將臨頭！

七月上旬，剛剛下過幾場暴雨，壓住了暑熱；現在天氣轉晴，太陽出來，轉眼間又熱了起來。蘇軾想起來自己珍藏的那些字畫，自從到了湖州以後，從未拿出來晒過，只恐連日陰雨，使書畫受潮，於是便命人把它們都拿出來，放在院子裡曝晒。

眼前這幅墨竹，是文與可的手跡。文與可即文同是當朝著名的大畫家，湖州畫派的開創者。這位名畫家是蘇軾的表兄，兩人情誼甚篤。蘇軾也善畫墨竹，老師恰正是文與可。文與可不僅是一位畫家，在為官任上也是一位體察民瘼的好官。在政治傾向上，和蘇軾是相同的，不過文與可不像蘇軾那樣外溢，所以表面看來較為超脫。文與可也以蘇軾為知己，他說：「世無知我者，惟子瞻一見識吾妙處。」

蘇軾一邊看著文與可的墨竹，一邊想起先前的趣事。文與可畫竹，開始時不自貴重，無論誰請他作畫，他都馬上給人家畫；後來求畫的人太多，都拿著縑素求他的墨竹。文與可畫得太累了，便把這些縑素扔在地上，罵道：「乾脆拿這些東西做襪子吧！」後來文與可從洋州太守任上罷職回來，蘇軾正在徐州當太守，文與可給東坡寫信告訴他：「我近來告訴那些士大夫：『墨竹一派，徐州蘇軾所作甚佳，可往求之。』這些襪材，這回可要堆到你那裡去了。」

又在信尾題詩一首，其中有「擬將一段鵝溪絹，掃取寒梢萬尺長。」蘇軾覆信說：「竹長萬尺，應當用絹兩百五十匹，知兄倦於筆硯，就把這些素絹給我吧！」文與可看了以後，笑道：「我是隨便寫的，真有二百五十匹絹，我就用它來買田歸老了。」可是，就在當年的正月二十日，文與可病逝於陳州，蘇軾想到此處，手撫畫卷，有淚如傾。

蘇軾正在怔怔地想著心事，家人忽來報說弟弟子由派人來了。東坡把他請進客廳，那個人氣喘吁吁，身上沾滿了灰塵，急急地向蘇軾報告說御史台派人來逮他，請他速作準備。原來蘇軾的好友王詵駙馬先在朝廷聽到了消息，連忙派人到南京找到子由，請他設法通知蘇軾，於是子由派來的信使提前一步趕到了。

聽了這個消息，蘇軾愕然，半天說不出話來。李定那些人的敵意，蘇軾是知道的，但沒有想到災禍來得如此之速。家裡人勸他：「老爺，還是暫避一時為好，收拾一下，趕快走吧。」蘇軾長嘆一聲道：「普天之下，莫非王土。縱使躲到天涯海角也無濟於事，徒然連累家人和朋友，不如泰然受之吧。」

不到兩個時辰，御史台的差吏到了。根本不容通報，這位御史台的官差皇甫遵帶著士兵便闖了進來。登時庭院裡充滿了緊張、恐怖的氣氛，四個士兵分立兩旁，手裡握著腰刀，真是如臨大敵一般。蘇軾身穿太守的官服迎了出來。因為有了思想準備，他的臉色很鎮定。皇甫遵當堂宣布了皇帝的詔命，要蘇軾跟他即刻動身。

蘇軾說：「我知道我冒犯了朝廷，早晚有此一劫，恐怕難逃一死，請允許我與我的家人告別。」

老爺被朝廷逮捕，全家人驚懼萬分，無不哭泣，蘇太太哭得最是傷心，看到官差如此凶悍，大家都感到老爺此一去是凶多而吉少，恐怕成了永別。

蘇軾自有蘇軾的幽默，即便是在如此嚴峻的時刻，他仍然不失這種幽默的性格。他用手為太太拭去眼淚，笑著說：「夫人，臨別我給妳講個故事聽吧。宋真宗東封泰山，歸來途中，遍訪天下隱者，得到杞人楊朴，楊朴本以能詩著名。真宗召見楊朴，問他能否作詩，他回答說：『不能。』真宗又問他：『臨行有人作詩送你嗎？』楊朴又回答說：『也沒有。惟有臣妻寫了一首絕句：且休落拓貪杯酒，更莫猖狂愛詠詩。今日捉將官裡去，這回斷送老頭皮。』真宗大笑，賜還歸山，並且給其一子官做，以為養資。那麼現在夫人難道不能也像楊處士妻子一樣，寫一首詩送我嗎？」聽了丈夫的趣話，蘇太太忍俊不禁，破涕為笑了。

長子蘇邁，陪同父親一起隨押解的官差到京師去，父子踏上這凶險的路程，家人望著他們的背影，止不住又哭聲一片……。

剛剛行到宿州，御史台的命令又下，搜查蘇軾家中文稿。於是州郡長官望風希旨，派遣如狼似虎的吏人。到了蘇府，團團圍住，把蘇府上下翻了個底朝天，將所有詩稿、文稿盡行搜去。蘇軾家人幾乎被嚇死。差人走後，蘇太太氣得哭罵：「就是因為好著書，才惹出來這些災難，把人嚇得這樣！」於是把書燒了大半。待案件結束後，蘇軾回到家中，搜尋整理，已經損失了十之七八了，詩人禁不住跌足嘆息。

押解赴京的路上，蘇軾以為這次自己必死無疑了，便起了自殺的念頭，過揚子江時，便要自投江中，一死了之，但是差吏看管甚緊，使他沒有死成。到了御史台的監獄裡，他又要以絕食求死，後來神宗派使者到獄中，對獄吏有所叮囑約束，獄吏對蘇軾較為客氣，才使蘇軾打消了這個念頭。

聽到這位大詩人被朝廷逮捕拿問，湖州、徐州、杭州一帶百姓無不憂慮。於是他們為蘇軾作解厄齋一個多月。

蘇軾從七月二十八日被捕，八月十八日關進御史台監獄，然後便開始了長達三十多天時間的審訊。

昔為太守，今為囚徒。李定看著坐在被告席上的蘇軾，心中不禁一陣得意，不過表面上裝得十分嚴肅。

李定拿出蘇軾在杭州時期前後的詩作百餘首，要詩人承認是在惡意攻擊朝廷，最明顯的要數寫在杭州的《山村五絕》了。如第二首：

煙雨濛濛雞犬聲，有生何處不安生。
但令黃犢無人佩，布穀何勞也催耕。

御史們指摘這是諷刺朝廷鹽法峻刻，不便於民，當時販私鹽者多帶刀仗，詩中取西漢時龔遂故事，意謂但使鹽法寬平，令人不帶刀劍而買牛買犢，則自力耕耘不勞勸督。這不是嘲諷鹽法之苛嗎？如第三首：

老翁七十自腰鐮，慚愧春山筍蕨甜。
豈是聞韶解忘味，邇來三月食無鹽。

御史們指出，這首詩的諷意更為明顯。詩中意謂：山中之人飢貧無食，雖老猶自採筍蕨充飢，當時鹽法太峻，僻遠地區沒有鹽吃，動經數月。古之聖人，能夠聞韶樂而忘味，山中小民，又怎可淡而無鹽？其實，蘇軾所寫，乃是當時實錄。蘇軾曾記述說：「私販法重，而官鹽貴，則民之貧而懦者，或不食鹽。往在浙中，有數月食無鹽者。」（《上文侍中論榷鹽書》）這是當時朝廷鹽法峻刻所致。如第四首：

杖藜裹飯去匆匆，過眼青錢轉手空。
贏得兒童語音好，一年強半在城中。

御史們指出，這是諷刺青苗法、助役法之不便。詩中說農民得了青苗錢，馬上就在城中胡亂花了。

再如《游風水洞二首》中「世事漸艱吾欲去，永隨二子脫譏讒」之句，是誹謗朝中大臣為小人爭進；《八月十五日看潮五絕》其四有句：「東海若知明主意，應教斥鹵變桑田。」諷刺朝廷水利之難成；《戲子由》詩中有云：「讀書萬卷不讀律，致君堯舜知無術」，是諷刺新法之法律不足以致君堯舜。諸如此類，不一而足，前後所摘，有七八十處。

蘇軾渾身有口也無法辯解，只好承認詩中多有批評譏刺新法之意。

有些詩作，並無深意，只是即興之作，但也被深文周納，指為「謗訕」。如《和陳述古十月開牡丹四絕》之一：

一朵妖紅翠欲流，春光回照雪霜羞。
化工只欲呈新巧，不放閒花得少休。

御史指為此詩乃是譏諷當時執政大臣，以比化工但欲出新意，使小民百姓不得休養生息。

還有更可怕的羅織，御史們摘出蘇軾的《王復秀才所居雙檜二首》其二，作為置他於死地的「殺手鐧」。詩云：

凜然相對敢相欺，直幹凌空未要奇。
根到九泉無曲處，世間惟有蟄龍知。

他們拈出這個「龍」字，說蘇軾有「不臣之意」。因為「龍」象徵在位的皇帝，應該只能說龍在天上，不能說龍藏在地泉裡。御史王珪說這是「不臣孰甚」！這個罪名倘然成立，蘇軾的頭又安可保全？這是李定他們最為毒辣的一招，如果說前面所述那些詩還有批評時政的蛛絲馬跡，那麼這首《雙檜》中的「蟄龍」被御史說成是侮慢皇帝，有不臣之意，這可純粹是無端的羅織罪名，「欲加之罪，何患無辭？」

蘇軾可並沒有給嚇糊塗，他當然知道這個罪名的份量。御史聲色俱厲地問：「快說，『蟄龍』究竟有無諷意？」蘇軾徐徐答道：「王安石詩中有『天下蒼生待霖雨，不知龍向此中蟠』，我詩中的『蟄龍』，便是此龍！」御史聞之，瞠目結舌，半晌說不出話來。

李定、舒亶他們下決心置蘇軾於死地，他們整理好案卷上報給皇帝，列舉了蘇軾許多詩文中的「罪證」，說他侮慢皇帝，嘲諷大臣，不尊敬朝廷，舉出數點理由論證蘇軾該殺。「臣叨預執法，職在糾奸，罪有不容，豈敢苟止。伏望陛下斷自天衷，特行典憲，非特沮乖慝之氣，抑亦奮忠良之心，好惡既明，風俗自革。」李定的意見再明確不過了，那就是一個字：殺！現在，只等著神宗皇帝的批覆了。皇上的態度究竟是怎樣的呢？御史們還不清楚。

蘇軾在獄中已是兩個月了，連續的審訊，使他身心極為疲憊。好在宋朝優遇士大夫，沒有肉刑，不然他早就被打得體無完膚了。審訊已近尾聲，案子快要完結了，朝廷究竟會如何處置他呢？李定、舒亶這些小人，早就對他切齒扼腕，審訊中又處處羅織，栽以「欺君」罪名，御史台的意見必是死刑。皇上只是照准，自己的「老頭皮」就非斷送不可了！蘇軾躺在台獄的木板床上，呆呆地望著鐵檻，不免一陣陣胡思亂想。月光清冷，獄室內外一片黯淡。已是深秋十月了，蘇軾感到了秋風的侵逼，身上一陣陣發冷，就著月色，看看自己的手臂，一條條青筋凸現出來，倘若照照鏡子，一定是「斯人獨憔悴」吧。想著想著，蘇軾又發出了一高一低的鼾聲……。

早晨，陽光射進了獄室。獄門開了，「噢，是給自己送飯來的。」自從進了台獄，都是長子蘇邁來回送飯，在親戚家裡做好，然後走很遠的路送到獄中。蘇軾與蘇邁約好，平日無事，送飯時只送肉與青菜，萬一有了凶信，便送魚做為信號。蘇邁一直是按這個約定給父親送飯的。

最近，糧食吃光了，蘇邁到陳留去取，便把送飯的事委託給親戚。蘇軾聞到了一股香味，打開蒙在籃子上面的毛巾一看，不禁怔住了，菜盤裡放著一條鮓魚。這豈不是告訴他，朝廷已經定下把他處死嗎？蘇軾腦袋「嗡」的一下，一片空白……（蘇軾哪裡知道，這是一場虛驚。親戚一時忘了蘇邁的囑咐，想給他烹條魚換換口味，卻把蘇軾驚呆了。）

東坡自忖必死，不免前思後想，自己的前半生經歷，一幕幕在頭腦裡映過。他思念家人，想到蘇太太臨別時的淚水，不免唏噓再三。他想見子由一面。子由是他最親愛的弟弟，兩人情感之深篤，遠遠勝過一般的兄弟。他和子由一起離開家鄉，赴京趕考，又一起金榜題名，當時傳為一時佳話，真可謂是「兩枝仙桂一時芳」，後來又一起宦海浮沉。可是由於官所異地，他們卻很少見面，更多的是書信往來，詩詞唱和。兄弟倆政治觀點始終相同，但性格卻明顯有別。

子由內向、謹慎，不易衝動，遇事冷靜；子瞻卻豪放、樂觀，有什麼吐什麼，心中的祕密掩飾不住。子由的性格倒更像個穩健的兄長，子瞻反倒似一個活潑的弟弟。弟弟子由無論是在書信裡還是當面，都不斷地提醒他，倒像他的保護神！

蘇軾時時懷念子由，他給子由的詩詞中留下了千古不朽的雋永傑作。嘉祐六年（西元一〇六一年），兄弟倆在鄭州分手，子由寫了《懷澠池寄子瞻兄》，蘇軾的和詩寫出了「人生到處知何似？應似飛鴻踏雪泥；泥上偶然留指爪，鴻飛那復計東西」的名句；熙寧九年（西元一〇七六年）的中秋佳節，蘇軾在密州任所，面對天上皎潔的皓月。他舉杯遙思子由，寫下了家喻戶曉的《水調歌頭》：「……轉朱閣，低綺戶，照無眠。不應有恨，何事長向別時圓！人有悲歡離合，月有陰晴圓缺，此事古難全。但願人長久，千里共嬋娟。」現在，東坡想到自己恐怕命不久矣，提筆寫下了兩首給子由的詩，以為絕筆：

聖主如天萬物春，小臣愚闇自亡身。
百年未滿先償債，十口無歸更累人。
是處青山可埋骨，他年雨夜獨傷神。
與君世世為兄弟，又結來生未了因。

柏台霜氣夜淒淒，風動琅璫月向低。
夢繞雲山心似鹿，魂飛湯火命如雞。
眼中犀角真吾子，身後牛衣愧老妻。

百歲神遊定何處，桐鄉知葬浙江西。

《予以事系御史台獄，獄吏稍見侵，自度不能堪，死獄中，不得一別子由，故作二詩授獄卒梁成，以遺子由，二首》

寫罷這兩首詩，把它疊好，交給獄卒梁成，求梁成轉交給子由。梁成素來敬重蘇軾的學問人品，因而對蘇軾十分客氣，處處照顧他，每天還弄來熱水，讓蘇軾燙腳。蘇軾覺得梁成可靠，把這兩首詩託付於他。梁成鄭重收好，對蘇軾說：「先生儘管放心。萬一先生不測，我一定會把它交給子由先生的。」

神宗這幾天悶悶不樂，心中頗為煩躁，御史台送上來的案卷他已翻閱了再三，但他難下決心來殺蘇軾。蘇軾固然對新政不滿，處分是必然的；但如果按御史台的意見處以極刑，恐怕也太過分了吧。御史以「世間惟有蟄龍知」為主要罪狀之一，說蘇軾有「不臣之心」，這明顯是深文周納。

御史台的態度，反倒引起了神宗的不滿。前幾天王珪來呈送案卷時，特意指摘《雙檜》詩，說這是「不臣孰甚！」神宗聽了，拂袖站起，冷冷地搶白說：「詩人之詞，怎能這樣分析！蘇軾自詠檜樹，與朕有何相干？」王珪聽罷，方才不敢言語。昨天，神宗暗中派一個小宦官到獄中去查看蘇軾的起居之狀，小宦官回來稟報說：「蘇軾適才睡下，鼻息如雷。」神宗對左右說：「朕知道蘇軾心中沒有什麼大的虧心之處，故此能安睡如常！」

幾天前，下面呈來故相王安石的親筆急信，這位退隱鍾山的故相，聽說蘇軾被捕下獄，且有性命之虞，十分著急，馬上給神宗上書，請皇上赦免蘇軾死罪。信中有言：「安有盛世而殺才士乎！」這更提醒了神宗，國朝以來，優遇士人，未嘗有殺士大夫之先例，何況又是蘇軾這樣的天下奇才呢？平心而論，神宗深為欣賞蘇軾的才華。

可是，御史台諸卿非要堅持他們的判決，態度十分堅決，說倘若寬貸蘇軾，就是廢弛國法，使整個變法前功盡廢。舒亶前日又來請示，說蘇軾與眾人勾結，「公為朋比，可置而不誅乎？」無異於是催促神宗趕快下詔處蘇軾以極刑。

神宗的臉色陰鬱，在宮中踱來踱去。

年事已高的太皇太后曹氏，看到神宗不悅之狀，問他究竟有何心事，神宗回答祖母（曹后是仁宗的皇后，英宗即位，曹後垂簾聽政。神宗即位，尊位太皇太后）說：「現在廷臣中有人謗訕朝政，御史準備處以極刑，等待最後的裁處。」太皇太后說：「莫非說的是蘇軾吧？昔日仁宗策士，得軾、轍兄弟，大悅，說：『我今又為子孫得兩個太平宰相！』蘇軾、蘇轍，是仁宗皇帝給你留下的人才啊！我近來不豫，你說要大赦天下，為我祈禳，可嘉你一片純孝之心。可是無須你赦天下兇殘之徒，只要赦免了蘇軾，我願足矣！」神宗聞之，慌忙給祖母叩頭，說：「皇孫即依太皇太后之旨！」

神宗下詔，貶蘇軾為黃州團練副使，本州安置，不得簽署公事。

蘇轍、張方平、司馬光、范鎮等與本案有關者，或貶謫，或罰銅。

至此，「烏台詩案」宣告結案。

蘇軾年底出獄，真是恍如再生，他摸了摸自己的後脖梗，自言自語道：「不意老頭皮尚在！」

正是元豐三年（西元一〇八〇年）的元月一日，蘇軾離開了京師，踏上去貶所黃州的征程。

路漫漫，風蕭蕭，還有多少磨難、坎坷在等著這位大詩人！

「平生文字為吾累」，蘇軾一生，果如斯言！

「烏台詩案」是北宋最有名的文字獄。它的政治背景，是王安石變法時期的新舊黨爭，蘇軾在政治上屬於舊黨，而且是舊黨的一員幹將，御史台的官員舒亶、李定等都屬新黨的營台。這場詩禍的根源便在於黨爭間的傾軋。

御史台指摘蘇軾之詩以為「罪狀」的，其中果真有對新法譏諷「謗訕」的（如前所舉），從這點上看，蘇軾未必有多大的「冤枉」。但是因為詩中對新法有所諷刺便投入大獄，並欲置以重刑，這本身就是文字獄的惡劣行為。而在一般沒有政治內涵的寫景抒情之作中，挑出個別字眼來，深文周納，鍛鍊成罪，指為有「不臣之意」，這就更為惡毒了。舒、李等人雖為新黨，但其人品之卑下，不為士林所齒，於此事足見一斑。由此可見，北宋中後期的新舊黨之爭，固然有變法與反變法的內容，但其中的朋黨色彩是較為明顯的。幸好北宋的政治環境相對來說是較為開明的，宋神宗也比較清醒，所以這場詩禍的結局不至於太慘。

《車蓋亭》詩：蔡確的厄運

詩文箋注，並非僅是學者的專利，也成了「文悵」製造他人罪狀的法寶！

北宋黨爭的一個重要武器，就是文字獄。「烏台詩案」風波剛息，《車蓋亭》詩案火焰又起。不過，受害人由舊黨的骨幹蘇軾，變成了新黨的中堅蔡確，而用文字獄來陷人以罪的手法卻如出一轍。

北宋元祐元年（西元一〇八六年），年甫十歲的哲宗趙煦即位，由高太后代為攝政。太后在政治上傾向舊黨，深惡新黨，因而她一操政柄就貶黜新黨人物，舊黨的骨幹紛紛得到重用。

司馬光被任為門下侍郎，等於副相。蘇軾從貶所召回，幾個月內迅速升遷，從七品升到三品，任翰林學士知制誥，差一步就可以拜相了。其他舊黨人物也都得以重用，朝政面目全非，新法已經全部廢止。儘管蘇軾為了堅持新法中的合理部分而與司馬光力爭，但司馬光堅執不聽，將新法統統廢掉。為此，蘇軾氣得在家裡大喊：「司馬牛！司馬牛！」

新黨人物被黜，首當其衝的是宰相蔡確。

蔡確（西元一〇三七年至一〇九三年），字持正，泉州晉江（今福建）人。此人有智數謀略，尚氣敢為，不護細行。登進士第後，仕途頗為得意。當時王安石推行新法，正需要得力人才，受王安石、鄧綰等人的薦引，不斷升遷。元豐五年（西元一〇八二年），拜尚書右僕射兼中書侍郎，登上相位。當時他與王珪同居相位，雖位在王珪之後，但他名為次相，實專大政。王珪以左僕射兼門下，居正相，卻只是「拱手而已」。蔡確一時間權勢炙手可熱。

蔡確當政時，對於士大夫也屢興羅織之獄，打擊異己力量，而當他失勢外貶之後，自己又飽受文字獄的搆陷，令人覺得可嘆可悲。

蔡確被貶，出知安州（今河北新安）。他的心情是苦悶而無聊的。翻手之間，朝政全然變異，新黨人物七零八落，貶於四方，他也從相位上跌了下來，感到人生是如此慘澹。雖然是盛夏酷暑，他卻覺得心裡十分悲涼。

安州的西北角有一座亭子，名車蓋亭，顧名思義，亭如車蓋。車蓋亭在山環水抱之中，在亭上俯瞰，一條蜿蜒清亮的河水從亭子腳下流過，那便是溳溪。亭子有八個飛簷，宛如八隻展翼欲飛的鳥兒。在盛夏的火熱之中，這車蓋亭無疑是人們願意遊憩的所在。

蔡確公事之餘，時常漫步到此。望著重巒疊嶂和清漪碧水，他似乎忘卻了許多煩惱，但這些煩惱又時而冒了出來。安州畢竟不是朝廷之上，雖然身為貶官，卻遠離了官場的紛囂，那些相互之間的傾軋、攻訐，此刻似乎都變成了山那邊飄渺的雲霧。他感到了一種從未有過的輕鬆與釋然。難怪陶淵明當年對自己的隱居生活是如此津津樂道，原來山野之間果真蘊含著人生「真意」啊！

蔡確畢竟不是陶潛，在官場沉浮中，他歷練得刻薄、老辣，有許多對手敗在他的手下，他常常感到一種勝利者的快感。但是這次他輸了，而且輸得很慘，這並不說明他沒有能力，沒有智慧，而是時運變幻，太后當權，新黨人物的黜退，是情理之中的。儘管宣布處分的時候，都有一個冠冕堂皇的理由，但是誰都明白「欲加之罪，何患無辭」的道理，並非今日，自古而然啊！

在安州，他心靈的傷痕，似乎得到了大自然的撫慰。公事不多，客亦稀少，他常常一個人踽踽而來，坐在亭子裡往山間眺望，飄然出岫的雲朵，時時喚起這位知州的靈感，於是他一口氣寫下了十首絕句，這就是著名的《夏日登車蓋亭》詩。為使讀者了解詩的原貌，不妨全錄於此。

公事無多客亦稀，朱衣小吏不須隨。
溪潭直上虛亭裡，臥展柴桑處士詩。

一川佳景疏簾外，四面涼風曲檻頭。
綠野平流來遠棹，青天白雨起靈湫。

紙屏石枕竹方床，手倦拋書午夢長。
睡覺莞爾成獨笑，數聲漁笛在滄浪。

靜中自足勝炎蒸，入眼兼無俗物憎。
何處機心驚白鳥，誰人怒劍逐青蠅。

西山彷彿見松筠，日日來看色轉新。
聞說桃花岩石畔，讀書曾有謫仙人。

風搖熟果時聞落，雨滴余花亦自香。
葉底出巢黃口鬧，波間逐隊小魚忙。

來結芳廬向翠微，自持杯酒對清暉。
水趨夢澤悠悠過，雲抱西山冉冉飛。

矯矯名臣郝甑山，忠言直節上元間。
古人不見清風在，嘆息思公俯碧灣。

溪中曾有戈船士，溪上今無佩犢人。
病守翛然唯坐嘯，白鷗紅鶴伴閒身。

喧豗六月浩無津，行見沙洲束兩濱。
如帶溪流何足道，沉沉滄海會揚塵。

蔡確寫畢這十首絕句，胸臆略覺舒坦。但他何嘗想到，這十首詩又給他帶來更糟糕的厄運，而透過箋注此詩來羅織罪名，使他遭到更大劫難的是吳處厚。

吳處厚是福建邵武人，登進士第，大概還比蔡確年長幾歲。吳、蔡之間，本來還有一段師生之誼。年輕時，蔡確曾經跟吳處厚學賦。吳處厚在皇祐五年（西元一〇五三年）中了進士，當時他的詩賦都已經很有名氣。那時蔡確尚未登第，他住在陳州，陳州通判鄭毅夫在士林中秀出群倫，深得學子欽慕。蔡確向鄭毅夫學賦。吳處厚與鄭毅夫乃是「同年」（同科進士）好友，時任汀州司理，他來訪問鄭毅夫，因與蔡確相識，蔡確也從吳處厚那裡學到了作賦的門徑。他們幾個都曾互有交往，毅夫得閒時，幾人曾一起飲酒作詩，登山臨水，頗有雅興。

次年，蔡確金榜題名，中了進士，從此仕途暢達，在朝中越來越有地位。他受到王安石的賞識、薦舉，在新黨人物中脫穎囊錐。蔡確遇事敢言，不苟且因循，令人刮目相看。譬如當時宰相吳充屢次向神宗說新法的不便，提出要廢止新法中較為激進的部分，蔡確據典力爭，他說：「漢朝時曹參與蕭何有矛盾，彼此不睦，但曹參接替蕭何為相後，仍沿用蕭何的法度章程。現在，新法乃是陛下所立，豈能容一人挾怨沮止便加廢除！」於是新法得以維護實施。而蔡確在神宗心目中也有了更重要的位置，所以在元豐五年（西元一〇八二年）得以拜相。

蔡確與王珪同時為相。吳處厚透過薛師正的關係，見知於王珪，王珪對吳處厚也極力揄揚。蔡確登上相位，吳處厚以為故人當了宰相，自己的前程會更加「光輝燦爛」，他滿懷深情地給蔡確寫了一份賀啟，除了吹捧，主要的意思是希望得到汲引提攜。如賀啟中說：「處厚早辱埏陶，竊深欣躍，豨苓馬勃，敢希乎良醫之求；木屑竹頭，願充乎大匠之用。」搖尾乞憐之態，躍然紙上。

哪裡想到，這位新登台的宰相老爺，對自己的這位「故人」並無多大興趣。他輕蔑地一笑，把賀啟扔過一旁，就再也沒有下文了。今非昔比，蔡某人再也不是幾年前的青衿學子，而是堂堂大宋朝的宰相了，吳處厚這樣的小官，不值得他多加理睬。

吳處厚還是靠了王珪的薦引，當上了大理寺丞，大理寺是中央司法機關，相當於最高法院。吳處厚任職於大理寺，又在處理舒亶一案時與蔡確結下了怨隙。

舒亶，字信道，浙江慈溪人，他也是著名的新黨人物。王安石賞識他敢於彈劾大吏，無所畏避的態度，而提拔他為得力幹將。如他奉命逮捕畫《流民圖》的鄭俠，在鄭俠篋箱中搜出了所錄的名臣諫草，其中有涉及新法的。舒亶一鼓作氣，按姓名審查治罪。於是他被擢升為太子中允，舒亶用文字獄手段，羅織罪名，彈劾蘇軾，製造了有名的「烏台詩案」，因此而惡名遠颺，士大夫恥之。

舒亶曾糾彈尚書左丞王和甫，王和甫乘間反擊，說他自盜為贓。舒亶當時頗受神宗賞識，以為有恃無恐，力請將此案交付大理寺推治審理，神宗本來沒想怪罪舒亶，但他自己這樣要求，便下詔交送大理寺審理。

對舒亶一案的審理，牽涉到複雜的黨爭。從王和甫彈劾舒亶的事實來看，本來並非什麼大的過錯。舒亶當時以中丞兼直學士院，按神宗改革後的新官制來說，只能從一處領取俸祿及用品供給，但舒亶仍用學士院的名義，兩處領取。王和甫以此攻擊他「自盜為贓」。此事後面有著盤根錯節的黨爭背景。當時王珪和王和甫都屬舊黨人物，他們合謀要整倒舒亶。當時的情勢很明顯：舒亶得以辨明無罪，皇帝會更加信任，讓他參與大政；如果獲罪，那麼王珪便會薦王和甫登相位，取代蔡確。吳處厚對此事當然是傾向於王珪、王和甫這一邊的。他千方百計，將舒亶鍛鍊成罪，堅持認定舒亶乃是自盜貪贓。當時，大理正王吉甫等二十餘人，都說舒亶只是「夾誤」，並非「贓罪」。但吳處厚秉承王珪旨意，堅持將舒亶定罪。王珪、王和甫又為之操縱策應，終於將舒亶下獄，定了除名之罪。

蔡確與舒亶都是新黨的中堅，又兼氣味相投，自然不能坐視，當吳處厚堅持將舒亶定罪時，蔡確暗中派人致意，請吳處厚「高抬貴手」。吳處厚本來就對蔡確心中怨恨，心想：「你蔡丞相也有求於我了，『一夫當關，萬夫莫開』，我就是揪住舒亶不放，看你能奈我何？」終於將舒亶定罪。

舒亶雖然得罪，但王和甫並未因此而升遷。御史張汝賢、楊畏等朝臣，先後上疏，論王和甫「以有司陷中司」等罪，將王和甫黜為江寧知府，弄了個兩敗俱傷，新舊黨之間，溝壑更深。

蔡確對吳處厚十分惱恨，大罵吳處厚是「狂妄小人」，決心給他點顏色看看。蔡確指斥吳處厚「一芥小官，竟敢規勸朝廷，離間大臣」，要將他貶職外放。但由於王珪的阻止，此事未成。這個時期，皇上的子嗣屢有夭折，吳處厚趁機上奏：「臣曾經讀《史記》，考察趙氏興廢的過程，在屠岸賈之難時，程嬰、公孫杵臼盡忠節，獻生命，保全趙氏孤兒，大宋王朝擁有天下四海，這二人忠義卻未得彰表，應該訪其墓地，建祠紀念。」皇上覽罷奏疏十分激賞，誇獎此人「有見識」，敢建言。王珪趁時請皇上提拔此人，使之居於館閣之職。蔡確堅決反對，奏言於神宗說：「處厚乃是反覆小人，萬不可近。」王珪每每推薦，蔡確堅決阻撓，所以神宗在位時，吳處厚一直未得擢用，吳處厚對蔡確啣恨久之，發誓有機會必當報復。

神宗駕崩，哲宗即位。王珪任山陵使，擢用吳處厚掌管表箋。時間不長，王珪去世，蔡確繼為山陵使，到職第一天，便罷免了吳處厚。後來，在吳處厚的任職問題上，蔡確處處作梗，使得兩人積怨越來越深。

蔡確丟了相位，先知陳州，不久移知安州，此時吳處厚正在漢陽當知州。兩州之間又發生了矛盾，使原有的積怨又加上了新的內容。靜江指揮卒應當出戍漢陽，蔡確以沒有兵器為由，不予派遣，吳處厚於是移文加以督責，催促快點發兵到位。蔡確又致函給荊南帥唐義問，請他留住不派，唐義問果然不讓靜江指揮卒出戍漢陽。吳處厚聞知蔡確在其中阻撓此事，大為惱怒。以往，蔡確是朝廷宰相，吳處厚即使受其壓抑也敢怒不敢言；現在不同了，兩人都是知州，誰也不受誰的轄制，吳處厚當然大光其火。他在知州衙門裡大罵蔡確：「你過去身居廟堂高位，可以害我；現在你被貶斥下來，和我一樣作郡，難道還敢如此嗎？」

漢陽的一位僚屬出差到安州，蔡確召見此人，並打聽吳處厚的近況。那位僚屬吟誦了吳處厚的詩作《秋興亭近詩》中的兩句：

雲共去時天杳杳，雁連來處水茫茫！

蔡確聽了，露出嘲諷的笑，說：「這位吳兄還是如此胡言亂語！」那位僚屬回到漢陽後，立刻把蔡確的話告訴了吳處厚。處厚恨恨地說：「蔡確竟敢如此譏笑我的詩作，氣煞我也！他忘了當年是如何向我討教了！」不久，安州有位舉子吳擴，從漢江販糧到漢陽去，州裡派縣令陳當到漢口接洽。吳擴袖著名刺去謁見陳縣令，兩下攀談起來。吳擴說：「我近日離開鄉里時，蔡丞相作了《車蓋亭》十首詩，舟中有其詩本，待我歸船後抄寫一份，奉送於您。」陳當聽了自然高興。

雙方交換糧食時，吳擴把詩本送給陳當，陳噹噹時忙於秤糧，無暇來讀，暫且置於袖中，帶了回去。吳處厚在秋興亭置酒，派人去召陳當。陳當得到太守召見，不敢停留，當天從漢口馳往，一看，太守已經擺酒等候，陳當驚喜交加，連忙感謝太守厚愛。

吳處厚示意陳當不要拘謹，開懷暢飲。接應糧食，勞苦功高。陳當跑得很熱，於是，寬衣解帶，放懷吃喝，吳處厚恰好看到了陳當懷裡帶的詩本，問道：「陳縣令懷中何書？」陳當不經意地說：「適才一位安州舉子所贈在下的蔡丞相之詩。」

說者無心，聽者有意。吳處厚眼珠一轉，心裡已有了主意。他請陳當把詩本拿出來給他看看。陳當豈有不讓太守看之理？連忙把詩本呈上，讓太守過目。吳處厚接過詩本，放下酒杯，一首一首地吟誦，讀一首叫一聲：「好詩！好詩！」便再呷一口酒，然後又反覆讀了兩遍，此時，胸中已有成竹，知道何處可以做文章，可以挑出毛病，都盤算得八九不離十了。之後，他又一本正經地對陳當說：「蔡丞相這十首詩，俱是佳作，既饒風骨，且具意境，大有陶潛之風味！陳縣令可否將此詩本借我一觀，我當手書之，朝夕吟詠，以快吾意！」

陳當說：「太守要看，這有何難？拿去就是了。」

吳處厚說：「豈敢奪人之美？抄寫完畢，自當璧還。」

當天晚上，吳處厚就把自己關進了「冬青堂」，插上門，開始「用功」。他要用文字獄這把不見血的刀，來報復蔡確。他的辦法是對蔡詩進行「箋注」，也就是進行政治性的曲解。他找出詩的「言外之意」，說它們都是謗訕朝廷，且看他是如何「箋注」的：

「何處機心驚白鳥，誰人怨劍逐青蠅！」以譏讒譖之人；

「葉底出巢黃口鬧，波間逐隊小魚忙」，譏新進用事之人；

「睡起莞爾成獨笑」，方今朝廷清明，不知確笑何事？

「矯矯名臣郝甑山，忠言直節上元間。」按：郝處俊，封甑山公，唐高宗欲遜位天後，處俊上疏諫，此事正在上元三年，今皇太后垂簾，遵用章獻明肅故事，確指武后以比太后；

「沉沉滄海會揚塵」，謂人壽幾何，尤非佳語。

這樣一箋注，十首《車蓋亭》詩，就足夠送蔡確進詔獄了。吳處厚寫完了這幾則箋注，好好地吃了一頓夜宵；然後上床去睡了，這一夜，他睡得特別香，夢裡竟然有了蔡確被斬首的情景。

次日，吳處厚迫不及待將他的「箋注傑作」上報於朝廷，告訐蔡確「譏謗君親」。主持朝政的高太后本來就反對新法，對新黨人物大加排斥，眼下舊黨人物都重登要津，現在有人來告新黨的骨幹分子蔡確的狀，恰逢其時，一告一個準兒。

文字獄果真是整治對立面、打擊異己的好武器。有了這樣的把柄，舊黨人物個個摩拳擦掌，一定要治蔡確的重罪。左諫議大夫梁燾、右諫議大夫范祖禹、左司諫王安世、右司諫王岩叟、左正音劉安世等，連上奏章，「乞正確罪」。一時間，對蔡確問題的態度，成了檢驗朝臣是否忠正的標準。不肯附和重治蔡確的，如御史李常、盛陶、翟恩、趙挺之、王彭年、中書舍人彭汝勵等，都被罷黜貶官。因為蔡確一案，朝廷上熱鬧起來了。尚書右僕射兼中書侍郎范純仁，在這個問題面前頗為清醒，他是堅決反對以文字罪人的。他力陳己見，結果被視為蔡確一黨而遭貶黜。

太后詔蔡確自己辯明，蔡確大叫冤枉，卻難以洗刷得清。他指出吳處厚是「於詩外多方箋釋，橫加誣衊」。可惜「詩無達詁」，怎麼解釋似都有理，加之漢儒解釋《詩三百》力求「微言大義」的傳統在中國綿綿不絕，有心無心都扯到政治上。吳處厚對「矯矯名臣」一首早下斷語，說是「譏謗朝廷，情理切要」，又說：「蔡確謫守安州，便懷怨恨，公肆譏謗，形於篇什。」太后早已有了這種先入之見，聽不進蔡確的辯解。蔡確的辯解也有底虛之處，如說「臣以涓溪舊有郝處俊釣台，因嘆其忠直，見於詩句，臣僚（指吳處厚）謂臣譏謗君親，此一節中傷臣最為深切！」對於緬懷郝處俊的原因雖已講清，但詩中說郝「忠言直節上元間」的用意無法辯明，這在高太后面前，等於默認自己是指桑罵槐了。總之，蔡確的辯解不甚得力，「終不自明」。

其實，辯與不辯，結果不會有什麼兩樣。封建時代的司法，先以認定有罪為前提，有了這個前提，何求不得。那麼多舊黨人物早已瞪著眼睛等著清算新黨呢，有了這樣一個好題材，文章豈肯不作？

於是，太后詔下，蔡確因有「訕上」之罪，遠貶新州。這在當時，就是對大臣最重的處罰了。相對而言，宋代君主，待士大夫較寬，不開殺戒，有罪則貶，罪益重而貶益遠。新州在今廣東，在大庾嶺以南。貶到嶺南，這算是極重的處罰了，一個當過宰相的人，遠貶嶺南，這在宋代還是第一次！

聽到將蔡確遠貶嶺南的詔命，范純仁對這種以文字罪人的做法深以為憂。他去拜謁太后，在太后簾前，純仁懇切而言：「聖朝務為寬厚之政，不可以語言文字曖昧不明之過，誅竄大臣，此事不可開端。」但是，太后哪裡肯聽？於是范純仁反被指為「確黨」，受到劉安世的彈劾。范純仁自請外放，明年知潁昌府。

蔡確欲哭無淚，只好邁著沉重的步履，踏上了去新州的迢迢長路。

新州遠在嶺南，海陬天隅，山荒水僻，蔡確心情極為沮抑，到元祐八年（西元一〇九三年），他就死在新州貶所了。臨終之時，他手指北方，悵恨無極，到黃泉路上去望京城了。

製造這場文字獄的「文倀」吳處厚，卻因為舉發有功，徙知衛州，他感到心滿意足，不單是因為有了更好的任所，而且是滿足了他的報復心理。他在家裡大宴三天，張燈結綵，得意地奸笑：「看你蔡確還能把我怎樣？看誰笑到最後？」

但是，士大夫們對於吳處厚充滿了厭惡感，因為他「首興告訐之風，為搢紳復仇禍首」，對這種以文字構陷人的小人，士大夫們當然要退避三舍，惡而遠之了。

不用說別人，他自己的兒子對這種行為都深以為恥。他把《車蓋亭》詩箋註上奏朝廷，等著回音的那幾天，兒子柔嘉進士及第，授太府司戶，回家來探望父母，吳處厚興高采烈地迎出門去，將柔嘉接到堂上。柔嘉有些意外，覺得父親如此興奮，恐怕不僅是因為自己中第授官吧？於是，便探問其故。吳處厚對兒子說：「我二十年深仇，今報之矣。」柔嘉又問其詳細情況，吳處厚便把自己如何為蔡詩箋釋，誣之以譏謗君親，然後上告朝廷的經過對柔嘉講了一遍。

柔嘉一聽，大吃一驚，他立身站起，正色對父親說：「果真如此，恐非人所為，父親大人平生學業精深，而今為何出此下道？將來何以立於世間？柔嘉既為您的兒子，又何面目見人於天地之間！」說罷，柔嘉馬上辭別父母，離家而去了。

由此可見，文字獄該是如何不得人心！以文字害人，連自己的兒子都鄙夷唾棄。

《車蓋亭》詩案，在北宋是著名的文字獄，文字獄的特色較為典型。吳處厚用箋釋的手法來「發掘」他人詩中的「言外之意」，捕風捉影，深文周納，這也是一大「發明」。詩禍是文字獄中非常突出的一類。宋代文人素質較高，而且政治意識很強，語涉時政者不為少數，因詩而得禍者也就並不稀罕了。但從蔡確這十首絕句來看，並非有意譏謗之作，更多的是抒寫閒適之意，間或也有抑鬱心情的流露。但像吳處厚那樣把「波間逐隊小魚忙」解為「譏新進用事之人」，則純屬牽強附會以為陷害了。

《車蓋亭》詩案與「烏台詩案」相距未遠，都有明顯的黨爭背景，案主一為新黨骨幹，一為舊黨中堅，但因詩得禍的情況十分相近，製造文字獄的人，使用的手法也頗相似。在北宋，文字獄已成為黨爭的重要武器，置人於罪的「殺手鐧」。

詩人皇后：生命在詩禍中凋謝

縊殺一代契丹女傑的素練，竟然是用文字獄的毒藤編織而成。

蕭觀音，遼代傑出的契丹女詩人，道宗的懿德皇后。在宮廷政治鬥爭中，她被權臣耶律乙辛害死，乙辛為她設下了惡毒的文字陷阱！

「鐵馬秋風塞北」，草原和大漠，不僅造就了北方民族的剽悍粗獷，也誕育了許多少數民族的女傑。在契丹王朝中，更以述律平、蕭燕燕這樣殺伐果斷、叱咤風雲的女政治家成為其歷史上不可磨滅的特殊風采。

契丹族女人沒有漢族女人所受那麼嚴重的禮教束縛，她們在草原上馳騁，也在馬上放歌，在契丹的生產生活方式下，她們和男性一樣「鞍馬為家」。因此，遼朝的后妃在政治生活中扮演著更為重要的角色。可以說，在某種程度上，遼朝政治是皇族與后族的聯合壟斷。作為后族代表的后、妃，自然有著更強的政治責任感和使命感。

蕭觀音是這樣一位契丹女性：既不乏清醒的政治頭腦，又有如水的柔情；蕭觀音是這樣一位皇后：既關切王朝的長治久安，又渴望君主的眷愛。然而她卻成了政治鬥爭的犧牲品，三十五歲時便香消命殞了！

遼朝的天下，可以說是耶律氏與蕭氏兩家的天下，蕭氏就是后族。遼朝的皇后都姓蕭。蕭觀音的父親蕭惠，是聖宗欽哀皇后蕭耨斤的弟弟。蕭惠在興宗朝任樞密使，北府宰相，總領天下兵馬，又娶了興宗的姐姐秦晉國長公主，拜駙馬都尉，封為魏王。蕭惠雖然位重權大，但卻性情寬厚，自俸節儉。

蕭觀音容貌極美，真可以說是光彩照人。既有一種攝人的魅力，又有說不出來的高雅氣質，真如王荊公在《明妃曲》裡所形容的「意態由來畫不成」。而且，蕭觀音還是一位傑出的女詩人，說到遼詩，頭一個就須提到她的詩歌傑作。誰知，最後得禍也竟在詩上！

還是在道宗耶律洪基被封為燕趙國王的重熙年間，就納蕭觀音為王妃——那時，蕭觀音還只是一個幾歲的小姑娘。待耶律洪基繼承大統，當了皇帝，就立蕭觀音當了懿德皇后。

蕭觀音本來深受道宗寵愛。道宗即位的時候，還是位二十五、六歲的英俊青年，而蕭觀音此時十五、六歲，正是「荳蔻梢頭」、「裊裊婷婷」的妙齡。道宗不僅被蕭觀音的美麗所吸引、所打動。而且，他們還是詩歌唱酬的詩友呢！蕭觀音寫了詩，道宗總是嘖嘖稱賞。蕭觀音又善彈箏，每當她撫琴的時候，道宗常常站在她身後，情不自禁地點頷擊節，進入美妙的境界……。

年輕時的道宗，很有一番宏偉的抱負，他不僅想守住祖上留下的這份基業，他還想併吞天下，做一個萬方一統的中原之主。清寧三年（西元一〇五七年），道宗曾寫了一首《君臣同志華夷同風》的詩，呈獻給他的生母仁懿太后，詩中表達了這種願望，蕭觀音隨即應制和了一首同題的五律詩：「虞廷開盛軌，王會合奇琛。到處承天意，皆同捧日心。文章通谷蠡，聲教薄雞林。大寓看交泰，應知無古今。」這並非一般的應制之什，而是有著很深刻的政治含意。太后、道宗讀了之後，都激賞不已。

道宗的性格中，帶著許多契丹貴族的民族特徵，他特別愛好狩獵，後來也因耽於畋獵，荒弛朝政，受到皇后的勸諫，乃至於成為夫妻漸致疏遠的一個原因，這是後來的事情。清寧二年（西元一〇五六年）的八月，道宗圍獵於秋山。塞北的陰曆八月，已是暮秋時節，秋山蕭索，秋風颯颯。年輕的皇帝，此時心情很好，他騎在一匹雄駿的馬上，身著獵裝，背著一副用了多年的強弓。他的馬跑得很快，衛士們的馬緊緊跟隨在後面。蕭觀音率領著宮中的妃嬪，也都去掉了宮中的濃妝豔抹，與聖上一起出獵。

道宗和他的大臣們、嬪妃們、衛士們所組成的射獵隊伍，到了伏虎林。伏虎林是有名的獵場，在現在內蒙古巴林右旗西北察罕木倫河源的白塔子西北，是遼朝皇帝的「四捺缽」之一。所謂「捺缽」，就是皇帝的行在地。傳說遼朝的第四代皇帝景宗親率數騎到此狩獵，虎伏林間而不敢動，因此得名「伏虎林」。

道宗對自己的騎射本領相當自信。他望著身邊的皇后，敕命皇后賦詩一首為他壯威。蕭觀音受旨，應聲而吟道：

威風萬里壓南邦，東去能翻鴨綠江。
靈怪大千俱破膽，那教猛虎不投降！

六宮粉黛之首的皇后竟然吟出如此雄壯的詩篇，論氣勢不亞於漢高祖的《大風歌》，真個是直欲壓倒鬚眉。且詩中之意豈止是詠嘆狩獵，正是一派威鎮四方、一統天下的氣象。皇后的詩大副上意，道宗聞之大喜，把皇后的詩寫下來遍示扈從的文武群臣，高興地連連稱許：「皇后真是女中才子！」翌日清晨，道宗裝束停當，踏著早霜就入林射獵。過了不到半個時辰，林中忽然一陣聲響，如同疾風捲起。真有一隻色彩斑斕的東北虎躥了出來。道宗屏住呼吸，滿引強弓，對準老虎咽喉一箭射去，正中老虎致命要害，那虎咆哮一聲，倒地而亡了。道宗興高采烈，他扔下弓箭，大聲笑道：「朕射得此虎，可謂不愧后詩！」群臣歡呼「萬歲」，聲震林莽。皇后更是笑得開心了。

清寧四年（西元一〇五八年），蕭觀音為道宗生下了皇子濬。濬在八歲時被冊為太子。濬非常聰穎好學，深得道宗喜愛，道宗常對臣下誇耀：「此子聰慧，乃是天授也！」太子濬不僅知書能文，而且也十分愛好騎射武藝。道宗帶他出獵，濬曾三發三中，遇到了十隻鹿，被他射獲了九隻，道宗非常高興，對左右大臣說：「我朝祖宗以來，騎射絕人，威震天下。現在太子雖幼，卻是不墮祖風，此乃社稷之福啊！」到大康元年（西元一〇七五年）六月，太子濬兼領北南樞密院事，開始參與朝政，且一開始就表現出明察忠奸、法度井然的政治才能。

太子濬初出茅廬，開始接觸朝政，使當時朝中一個炙手可熱的權臣寢食難安——這就是道宗朝有名的奸相耶律乙辛。此時的道宗，並沒有隨著年齡的增長而變得成熟，倒是越變越昏庸了，他委權於耶律乙辛，自己卻耽於畋獵酒色，任意縱恣，荒弛朝綱。蕭觀音對他多次勸諫，苦口婆心，他非但無所警醒，反而疏遠冷落了皇后。耶律乙辛乘勢結黨營私，恃寵不法，權傾朝野。現在太子參與朝政，而且是非清楚，使他不得上下其手。於是，陰險狠毒的耶律乙辛精心策劃了誣害蕭觀音母子的陰謀。

這些日子，耶律乙辛心神不寧。對他的屬下，甚至對他的家人都不時地無端發火。前天一個他平素很喜歡的侍婢不慎失手灑了人參燕窩湯，燙了耶律乙辛的手，他一怒之下竟砍去了侍婢的雙手，手下人這些天越發怕他。他那白皙的面皮上常常掛著焦躁，他的眼睛裡時時竄出殺機。他夜裡幾次夢見太子登基，曆數他的罪惡，處他以寸磔之刑。每次從夢中醒來，都是滿身冷汗，然後就再也難以入睡，眼前一幕幕掠過往事……。

耶律乙辛，字胡睹袞，出身於契丹的一個部族五院部。父親耶律迭剌是部族裡有名的窮光蛋，人家送他的綽號是「窮迭剌」。可是，耶律乙辛的命相卻不錯。他娘懷他的時候，夜裡夢見自己用手搏一頭黑色的公羊，竟然拔去了羊的犄角和尾巴。醒轉過來，覺得好生奇怪，不知是凶是吉，於是便請占夢先生為此夢占解。占夢先生說：「此乃吉兆。羊字去了角、尾，正是一個『王』字。妳的兒子將來貴不可言，必當封為王侯。」生耶律乙辛時，恰在行途路上，無水洗浴，正在困窘之時，忽見路上乾涸的軌轍中突然湧出清泉。當然這只是傳說而已。

耶律乙辛雖然出身寒門蓬戶，卻極為聰明狡黠，善於察言觀色，討人喜歡。到了成人以後，出落得一表人才，為人狡詐，表面上十分和善，實則城府很深。興宗重熙年間，作為文班吏陪詩入宮。由於他心眼兒靈活，處事乖巧，興宗和仁懿後對他都頗為喜愛，累遷至護衛太保。道宗即位後，也對他相當信任，清寧五年（西元一〇五九年）當上了南院樞密使，後又改知北院。

乙辛在政治漩渦中善於觀風轉舵，瞅準機會下注，因而能夠左右逢源，扶搖直上。清寧九年（西元一〇六三年）的平定「重元之亂」成為乙辛爬上權力頂峰的契機。乙辛在這次險惡的宮廷內爭中大大地撈了一把，打開了專權擅政的大門。

耶律重元（即宗元）是興宗的同母胞弟，聖宗死後，欽哀皇后稱制，曾經密謀立重元。重元卻把這個「密謀」報告給興宗，興宗十分感激，封他為皇太弟。興宗臨崩之前，並沒有傳位給這位「皇太弟」，而是傳給了趙王耶律洪基，是為道宗。重元沒能當上皇帝，心中十分怨恨。而道宗為了穩定自己的皇帝寶座，一上台便尊「皇太弟重元為皇太叔」，表面上是給重元更高的榮寵，實際上卻是免去了他以「兄終弟及」、奪取皇位的可能性，重元更為不滿。重元父子組成了一個陰謀叛亂的集團，準備起兵叛亂。清寧九年（西元一〇六三年），道宗駕獵灤水，重元和他的兒子涅魯古、同黨蕭胡睹等率領四百人，伏於行宮之外，準備弒殺道宗。

重元發動叛亂之前，道宗思想很麻痺，但是耶律良、耶律仁先等重臣卻有所察覺，因而早有防範。亂起之際，道宗命仁先以全權討賊，仁先臨危不亂，環車為營，率近侍三十餘人與賊搏殺。重元亂黨多數投降，涅魯古中矢墜馬，重元受傷而逃，北走大漠，看大勢已去，橫劍自刎於途中了。這場鬧劇宣告結束。

耶律乙辛在平亂中發揮了什麼作用呢？他留仁先在朝有功。在此之前，重元的同黨蕭胡睹忌憚仁先，恐其在亂起時成為重元亂黨的「剋星」，於是想法排擠他出朝，奏請道宗授任仁先為西北路招討使。道宗准奏，而乙辛則奏請道宗將仁先留在朝中，說：「臣新參國政，未知治體。仁先乃先帝舊臣，不可遽離朝廷。」道宗又同意了乙辛之請，把仁先留在朝廷。待重元亂平，道宗想起前因後果，覺得多虧有仁先在身邊，才使自己免遭劫難，於是厚賞乙辛，賜為「匡時翊聖竭忠平亂功臣」，並下詔云：四方有軍旅之事，乙辛可以便宜從事，專擅殺伐。

乙辛抓住了這個機會，掌握了朝廷的軍政大權，當時勢傾中外，門下賄賂不絕。順我者昌，逆我者亡。凡是阿諛、順從自己的人，一律加以薦拔；忠直不附的，一律斥逐。又與張孝傑、耶律燕哥、肖十三等朋比勾結，形成了以乙辛為首的奸黨。道宗後來廢弛朝政，委權於乙辛，於是時政越來越腐敗。乙辛的權勢達到了極點，他利用手中的權柄迫害了許多正直之士，殺了許多，也放逐了許多。「現在太子參與朝政，且領北院樞密使，以東宮之重行此威權，太子又正直明察，那麼以後還會有我乙辛的好下場嗎？」乙辛想到這些，不免惴惴不安，於是他處心積慮地琢磨搬掉自己的障礙的辦法。對了，就先從懿德皇后身上打主意。皇后也是乙辛的眼中釘，她屢次勸諫道宗親賢遠佞，實質上指的便是我耶律乙辛，好在現在聖上對皇后有些厭煩了，除了畋獵、佞佛，就是臨幸那些更為年輕風流的嬪妃，皇后已被冷落多時了。

想到這裡，乙辛的眼睛在黑暗中放出兩道凶光，他獨自獰笑了，一個陰險毒辣的計畫，在這獰笑中已經「創造」出來了。

夜是這般的漫長。北方的秋夜，又送來了如許的無聊與寂寞，寢宮裡燈火依舊明亮，但卻顯得如此空空蕩蕩。牙床上的錦被鋪得整整齊齊，被子上繡的龍鳳圖案卻又似乎在嘆息女主人的孤單。身旁的宮婢已經伏在香案邊睡著了，嘴角還流著一條涎水……。

夜已深深，蕭觀音卻難以入眠。

覽鏡自照，她的容貌依然美麗，但魚尾紋不知什麼時候爬上了眼角，兩滴清淚慢慢地從眼圈裡滾了出來。

聖上已經多時沒有臨幸皇后的寢宮了，從咸雍年間開始，聖上就幾乎不和蕭觀音在一起同寢，而且臨幸的次數愈來愈少，最近的一二年裡，皇上只是象徵性地來過一兩回。皇上現在戀著的是鄭淑妃、蕭美人，還有其他幾位年輕貌美、香豔無比的嬪妃。只要不是正式的場合，皇上總是左擁右抱，把鄭淑妃、蕭美人摟在身邊，和她們一起飲酒作樂。皇上已經對朝政越來越沒興趣——一切都聽任耶律乙辛處置，但那乙辛明明是個獨擅專權、陷害忠悃的邪佞之輩，皇上卻認為他忠實可靠。皇上依然愛打獵，而且越來越頻繁，然而聖駕出獵再也不帶著蕭觀音了，當然也不用她以詩助威了。取代蕭觀音的是鄭淑妃、蕭美人，她們不會吟詩，卻會撒嬌。想起這些，蕭觀音心中不免湧出一陣陣哀怨。

皇上久已不來臨幸，究竟為的是什麼？蕭觀音相信自己雖然已經三十有五，但仍不失當年的風姿美態，皇上對自己也不失客氣，自己也還是堂堂正正的皇后。朝廷慶典，還是自己和皇上並肩而坐，接受百官的朝賀。但是皇上顯然是對自己有些厭倦，客氣中使人感到一種說不出的冷淡。上個月的太后誕辰，宴飲之際皇上對蕭觀音表示：「過幾日朕去宮中看望皇后。」蕭觀音聽了，心中一陣激動。回宮以後，讓宮婢把宮室收拾得裡外一新。她對著銅鏡反復梳妝，心中不免一陣陣狂喜，把龍鳳呈祥的錦被鋪了又鋪、展了又展，把鴛鴦戲水的兩對枕頭並了又並，挨了又挨，從日落開始盼聖駕的到來，一直到深夜。第二天、第三天，又復如是，……蕭觀音的心涼了。靜夜中卻傳來緊鄰的鄭淑妃宮中傳出的浪笑，以及為鄭淑妃伴舞的絲竹管弦之音……原來皇上又在淑妃宮中！

蕭觀音感到一陣陣委屈，卻又是無可奈何。眼下的境遇，自己不又是一個幽閉在長門宮裡的陳阿嬌嗎？千金縱買相如賦，脈脈此情誰訴？除了侍奉她的宮婢而外，偌大的寢宮只有形單影隻的皇后。蕭觀音覺得白天是那麼漫長，日影移動得很慢很慢；蕭觀音覺得夜晚是那麼漫長，漏聲使人煩躁不安。

夜中難寐，蕭觀音想了許多、許多。難道是自己做錯了什麼？使皇上龍心不悅？蕭觀音不是那種只會以女色邀寵的皇后，蕭觀音不做趙飛燕、楊玉環。蕭觀音雖是胡家女兒，卻自幼飽讀詩書，深明大理。她敬慕唐太宗的妃子徐惠，時時對太宗進諫，諫阻對外用兵、大興土木，深得太宗的讚賞，在青史上留下芳名。前幾年，皇上常來臨幸的時候，蕭觀音時常趁機進諫朝政得失。勸皇上自己抓住朝政大事，不可使別有用心的大臣擅權，只恐壞了朝綱。「皇上豈不聞太白詩云：『君失臣兮龍為魚，權歸臣兮鼠變虎』，還望皇上多多留意。」皇上大不以為然。蕭觀音更為擔憂的是，皇上耽於畋獵，時時出圍。皇上的御騎號為「飛電」，可見其奔騰起來，宛如風馳電掣一般，瞬息百里，隨從們的馬，哪個也趕不上。皇上騎著「飛電」，常常一馬當先，馳入深林邃谷，衛士扈從們找都找不到。皇后最擔心如此下去，怕什麼時候會發生不測，那該如何是好？她曾數次對皇上口頭進諫，皇上頗有厭煩之態。但蕭觀音對此深為憂慮，甚至夢見皇上在伏虎林中墜馬，摔得血流滿面，驚醒之後，蕭觀音掌起燈來，讓燕哥拿來筆硯，披衣坐起，連夜寫了一封《諫獵疏》。疏中諫道：

妾聞穆王遠駕，周德用衰。夏社幾屋，此游畋之往戒，帝王之龜鑑也。頃見駕幸秋山，不閒六御。特以單騎從禽，深入不測。此雖威神所屆，萬靈自為擁護；倘有絕群之獸，果如東方所言，則溝中之豕，必敗簡子之駕矣。妾雖愚，竊為社稷憂之。惟陛下尊老氏馳騁之戒，用漢文吉行之旨，不以其言為牝雞之晨而納之。

道宗覽畢諫疏，心中十分不悅。他是遼道宗，而非唐太宗，他沒有納諫的雅量，更沒有改過的毅力，皇后的《諫獵疏》文采倒是不錯，可是話裡話外把我比做穆王、太康，說我游畋無度，這不是輕視於朕嗎？我契丹祖宗，以弓馬而創大遼基業，騎射一道，是萬不能荒廢的。朕飽參經史，深通儒、道、釋典籍，不亞於中原天子；朕縱騎如飛，百步穿楊，不敢說武藝絕倫，卻又是古今帝王幾個能比的？皇后多慮，喋喋不休，甚是心煩！道宗表面上接受了諫疏，並且煞有介事地在朝堂上嘉納幾句，但心中實實不以為然。從那以後，皇上就很少到皇后宮中來了。而那豔冶的鄭淑妃、蕭美人，趁時爭寵，把皇上哄得如入醉鄉，左右聽的全是纏綿的情話，滿是阿諛順從之詞，哪裡還願意去聽皇后的逆耳忠言呢？

想到這裡，蕭觀音無可奈何地嘆了一口氣。貴為皇后，卻不能主宰自己的命運，無非又是一個「陳皇后」，古往今來，這長期冷落的處境不是從我蕭觀音開始，大概也不是在我這裡結束吧。當年唐玄宗時楊貴妃和梅妃江采蘋爭寵，梅妃失寵，遂命其宮院為「回心院」，盼望玄宗能夠回心轉意，眷愛如初，蕭觀音又何嘗不盼望道宗的重新眷顧、歡愛如昨呢？觀音抹去淚痕，展開素箋，用她那娟秀的筆跡寫下了千載流傳的《回心院詞》十首。詞云：

掃深殿，閉久金鋪暗。游絲絡網塵作堆，積歲青苔厚階面。掃深殿，待君宴。

拂象床，憑夢借高唐。敲壞半邊知妾臥，恰當天處少輝光。拂象床，待君王。

換香枕，一半無雲錦。為是秋來轉展多，更有雙雙淚痕滲。換香枕，待君寢。

鋪翠被，羞殺鴛鴦對。猶憶當時叫合歡，而今獨覆相思塊。鋪翠被，待君睡。
裝繡帳，金鉤未敢上。解卻四角夜光珠，不教照見愁模樣。裝繡帳，待君貺。
疊錦茵，重重空自陳。只願身當白玉體，不願伊當薄命人。疊錦茵，待君臨。
展瑤席，花笑三韓碧。笑妾新鋪玉一床，從來婦歡不終夕。展瑤席，待君息。
剔銀燈，須知一樣明。偏是君來生彩暈，對妾故作青熒熒。剔銀燈，待君行。
爇薰爐，能將孤悶蘇。若道妾身多穢賤，自沾御香香徹膚。爇薰爐，待君娛。
張鳴箏，恰恰語嬌鶯。一從彈作房中曲，常和窗前風雨聲。張鳴箏，待君聽。

蕭觀音浸染在一種自己營造的幻覺之中，恍惚之間，皇上突然而至，揮去黃門侍者，扶皇后坐在繡帳裡，聽她吟詠自己的新詩，輕輕撫弄著她的雲鬢，把她緊緊地擁在懷中。觀音閉上眼睛，用濡濕了淚水的睫毛去迎接皇上那厚實的嘴唇……。

皇上，你在哪裡？蕭觀音睜開雙眼，還是空空的宮，煢煢的她，只有燈火若明若暗，只有更漏一聲一聲地咬齧著她的心！

耶律乙辛已經盤算好了多時，只是等待一個張網的機會，一個下手的藉口。他害起人來，從不手軟，也從不寬緩，必欲置之死地。他已安排好宮婢單登探聽皇后的消息。單登本是耶律重元妻婢，重元之亂平定後，入宮為婢。單登雖然年紀輕輕，卻十分乖覺且機靈狡詐，她長得俏麗豐盈，很能使人神魂顛倒。她見乙辛勢大，早就委身於他，而且當了乙辛在宮中的「耳目」。乙辛叮囑單登這些天密切注視皇后的起居動靜，尤其是皇后的心情。單登跑到乙辛這裡，告訴他，皇后新作了《回心院詞》十首，極為纏綿悱惻。宮中伶官無人能演奏此曲，只有伶官趙惟一有這樣的音樂才能。因此，皇后近來數次召趙惟一進宮演奏《回心院詞》。趙惟一年輕英俊，在諸伶中技藝超群。乙辛聞之，得意地笑了。在他眼珠轉動的瞬間，一個害人陰謀的實施方案已經想好了。他拿出兩錠金子賞給單登，把單登抱在自己腿上，捏著她那動人的鼻尖，說：「我的小美人，妳可幫了本王的大忙。事成之後，本王還有重賞。這齣戲還真離不了妳這個角兒！」單登摟著乙辛的脖子，嗲聲嗲氣地撒嬌：「奴才哪裡敢望厚賞，王爺不要卸磨殺驢，已是奴才萬幸了！」乙辛連忙起誓：「本王豈敢如此！倘是這樣，天誅地滅。」單登摀住乙辛的嘴：「誰叫王爺咒誓來著？只望王爺別忘了奴才便是！」乙辛抱起單登，進了床帳……。乙辛命手下文士，寫下了《十香》淫詞，十分豔冶逸蕩，以此作為誣陷皇后的「釣餌」。《十香》詞云：

青絲七尺長，挽出內家裝。不知眠枕上，倍覺綠雲香。
紅綃一幅強，輕闌白玉光。試開胸探取，尤比顫酥香。
芙蓉失新豔，蓮花落故妝。兩般總堪比，可似粉腮香？
蝤蠐那足並，長鬚學鳳凰。昨宵歡臂上，應惹領邊香。
和羹好滋味，送語出宮商。定知郎口內，含有暖甘香。
非關酒兼氣，不是口脂芳。卻疑花解語，風送過來香。
既摘上林蕊，還親御苑桑。歸來便攜手，纖纖春筍香。
鳳靴拋合縫，羅襪卸輕霜。誰將暖白玉，雕出軟鉤香？
解帶色已戰，觸手心愈忙。那識羅裙裡，消魂別有香？
咳唾千花釀，肌膚百和裝。元非噉沉水，生得滿身香。

乙辛「造」了這《十香詞》，就唆使單登拿著它去騙取皇后手書。單登帶著《十香詞》拜見皇后，騙皇后說這是宋朝的皇后所作，希望能得到懿德皇后的親筆御書，那便堪稱「雙絕」。

蕭觀音拿過《十香詞》，觀覽一過，說：「此詩文辭倒還工緻典麗，只是意思過於豔冶了吧？既是宋朝皇后所為，我就抄寫一遍吧。」於是，蕭觀音便飽蘸筆墨，手書了《十香詞》。她哪裡知道這是耶律乙辛設下的陷阱。書寫完畢，蕭觀音猶然覺得這首詩過於豔冶，不甚合於后妃之德，於是又在紙尾寫下自己所作《懷古》七絕一首，以示對《十香詞》的分析批判態度。《懷古詩》曰：

> 宮中只數趙家妝，敗雨殘雲誤漢王。
> 惟有知情一片月，曾窺飛燕入昭陽。

這首七絕，明明是借懷古以寓諷喻之旨，言趙飛燕以女色而誤國，亦是針對《十香詞》而發。乙辛得之，連讀三遍，正欲在雞蛋裡挑骨頭，讀來讀去，恰好在詩中尋得「趙惟一」三個字，正中他的下懷。乙辛如獲至寶，高興萬分，拊髀而笑：「吾事成矣！」他的眼前似乎出現了皇后被皇上賜死，素練勒住皇后雪白脖頸的悽慘情景，他咬著牙根說：「蕭觀音，看妳還能活上幾日？妳死之後，我再圖太子，一個一個地收拾！」

耶律乙辛一面指使單登和教坊的朱頂鶴，拿著皇后手書的《十香詞》作為證據，誣告皇后與趙惟一私通；一面又親寫密奏進行誣陷。奏疏編造謊言，把「莫須有」的「宮廷緋聞」寫得活靈活現。奏疏中說：

「於時皇后以御製回心院曲十首，付惟一入調。自辰至酉，調成，皇后向簾下目之。遂隔簾與惟一對彈。及昏，命燭，傳惟一去官服，著綠巾，金抹額，窄袖紫羅衫，珠帶烏靴。皇后亦著紫金百鳳衫，杏黃金縷裙，上戴百寶花髻，下穿紅鳳花靴，召惟一更入內帳，對彈琵琶，命酒對飲。或飲或彈，至院鼓三下，內侍出帳。登時當直帳，不復聞帳內彈飲，但聞笑聲，登亦心動，密從帳外聽之，聞后言曰：『可封有用郎君。』惟一低聲言曰：『奴具雖健，小蛇耳，自不敵可汗真龍。』后曰：『小猛蛇，卻賽真懶龍。』此後但聞惺惺若小兒夢中啼而已。院鼓四下，后喚登揭帳，曰：『惟一醉不起，可為我叫醒。』登叫惟一百通，始為醒狀，乃起，拜辭。後賜金帛一篋，謝恩而出。其後駕還，雖時召見，不敢入帳。后深懷思，因作《十香詞》賜惟一。惟一持出誇示同官朱頂鶴。朱頂鶴遂手奪其詞，使婦清子問登。登懼事發連坐，乘暇泣諫。后怒，痛笞，遂斥外直。

但朱頂鶴與登共悉此事，使含忍不言，一朝敗露，安免株坐，故敢首陳，乞為轉奏，以正刑誅。臣惟皇帝以至德統天，化及無外，寡妻匹婦，莫不刑於。今宮帳深密，忽有異言，其有關治化，良非渺小，故不忍隱諱，輒據詞並手書十香詞一紙，密奏以聞。」

道宗覽罷乙辛密奏，登時勃然大怒，下詔命北府宰相張孝傑和耶律乙辛審理此案。乙辛得旨，喜不自勝，正欲假此以害皇后。張孝傑是個貪婪奸詐的邪佞之輩，他久在相位，謀私舞弊，無所不為，常說：「無百萬兩黃金，不足為宰相家。」他早就和乙辛沆瀣一氣。乙辛專權罔上，橫行一時，張孝傑處處附和乙辛。他受命治獄，當然是按乙辛之意窮治其獄。他們以《十香詞》和《懷古詩》為物證，鍛成此獄，上報導宗。道宗稍稍冷靜一下，對案情略有疑竇，還沒有下決心處死皇后。道宗指著《懷古詩》問張孝傑：「此詩乃是皇后罵趙飛燕，如何便作十詞？」張孝傑奏道：「此詩正是皇后懷念惟一，故有此作。」道宗又問：「卿何以知之？」孝傑對曰：「『宮中只數趙家妝』，『惟有知情一片月』二句中包『趙惟一』三個字。」他這樣一說，道宗怒火又燃，遂決意處死皇后，於是令皇后蕭觀音自盡。

蕭觀音接旨，如雷擊頂。她無罪於聖上，無罪於社稷，她賢德仁淑，深明大義，雖無大功於國家，亦可問心而無愧，一片清白，日月可鑑，而今被人搆陷，因詩得禍，又背以淫肆之名，何其冤耶？蕭觀音自盡之前，乞請面見道宗，以為訣別，竟然不得龍恩准許。於是，蕭觀音望帝所而拜，飽蘸血淚，寫下了讀之令人腸斷的《絕命詞》。詞云：

嗟薄祜兮多幸，羌作儷兮皇家。承昊穹兮下覆，近日月兮分華。托後鈞兮凝位，忽前星兮啟耀。
雖釁累兮黃床，庶無罪兮宗廟。欲貫魚兮上進，乖陽德兮天飛。豈禍生兮無朕，蒙穢惡兮宮闈。
將剖心兮自陳，冀迴照兮白日。寧庶女兮多慚，遏飛霜兮下擊。顧子女兮哀頓，對左右兮摧傷。
共西曜兮將墜，忽吾去兮椒房。呼天地兮慘悴，恨今古兮安極？知吾生兮必死，又焉愛兮旦夕？

皇后的宮門緊緊地閉上，一條白練結束了蕭觀音的華年。風蕭蕭，雲慘慘，聞者莫不冤之，一代詩人皇后含冤而亡。

大康三年（西元一〇七七年），耶律乙辛又謀殺了太子濬與太子妃。

大康九年（西元一〇八三年），耶律乙辛奸黨失勢，罪惡敗露，謀逃入宋及私藏兵器事發，被誅殺。

乾統元年（西元一一〇一年），追謚蕭觀音為宣懿皇后，合葬慶陵。

這是遼朝歷史上僅為我們所知的一場「文字獄」。顯然，蕭觀音成了遼廷內部政治鬥爭的犧牲品。對《懷古詩》的羅織不過是「文字獄」的「初級」手段，皇帝的昏庸與殘忍專橫，才「成全」了這惡毒的誣殺！

一代詩人皇后，遼代的詩史因她而煥異彩，她卻因詩而致禍。那慘麗的《絕命詞》伴著詩魂飄搖而上重霄！

「罪己」與殺人

一面下「罪己詔」，一面殺人，絕妙的諷刺！

金熙宗皇統九年（西元一一四九年）四月的一天夜裡，烏雲密布，沒有一顆星斗，漆黑的夜色傳來了無邊的隱隱雷聲。忽然狂風大作，雷鳴電閃，暴風雨以摧古拉朽之勢席捲了整個京城。

連續兩三天的大風雨，毀壞了無數的民居、官舍，上百年的老樹連根拔起，瓦木人畜都被捲走了十幾里遠；很多人家因為暴風雨的災害而流離失所，在這場暴風雨中，京城一帶死傷了數百人。

不僅是民居，連皇帝的寢宮都遭到了雷電風暴的襲擊。在暴風雨之夜，雷電震壞了寢殿的飛簷，有一個大火球飛入熙宗的寢宮，竟然燒了熙宗的幃幔。熙宗被這種情形嚇壞了，連忙跑到別的殿裡暫避一時。

中國封建時代的統治者，對於這種意外的自然災害是很敏感的，往往視之為「天譴」，也就是上天的警告。自從漢代大儒董仲舒提出「天人感應」、「人副天數」的一套理論，對於統治者的思想發生了深遠影響。董仲舒說：「凡災異之本，盡生於國家之失。國家之失，乃始萌芽，而天出災害以譴告之。」（《春秋繁露・必仁且知》）認為天用災害和怪異對人君敲警鐘，說明上天關懷人君，使之不要鑄成大錯。這種觀念在某種意義也有積極的一面，使統治者能夠有所戒懼，有所收斂。

熙宗完顏亶是金王朝的第三代君主，是道地的女真貴族。但他深受漢文化濡染，很熟悉儒家傳統中的「災變天譴」的思想觀念。夜裡的火球穿過寢宮，使他餘悸在心。於是他便召來翰林學士張鈞，詢問這場暴風雨與火穿寢宮的原因與徵兆。張鈞便稟奏說：「如此災異，乃是上天的警示。現在國中財力匱乏，言路堵塞，朝中有奸小弄權，惟望陛下察之。」

熙宗便問張鈞：「依卿之見，當做何處？」

張鈞沉吟片刻說：「陛下仁被四海，百姓知恩感戴。然上天既有譴意，似應下詔罪己，以釋天怒。」

熙宗聽了，深以為然，於是就命張鈞草擬「罪己詔」。張鈞是漢族儒士。他覺得既然是為皇上代擬「罪己詔」，便應按漢族君主的慣例來寫。「罪己」便當「深自貶損」，方能感動上天。於是，在文中出現了「惟德弗類，上干天威」以及「顧茲寡昧，眇予小子」等語。這些本來都是罪己詔裡濫用了的制式，卻惹來了殺身之禍。

熙宗身邊有個寵臣蕭肄，本是奚人，他善於逢迎諂諛，很受熙宗的青睞，一步步升到參知政事（副宰相）。他雖然不是道地的女真人，但在政治上卻代表著女真貴族集團的利益。對於漢人儒士，他抱著仇視的態度。他不像那些女真軍事貴族那樣無所顧忌，劍拔弩張，而是採用非常陰險卑劣的手段，找機會整治漢族士人。張鈞慘死於劍下，便是蕭肄搆陷的結果。

這是一場很典型的文字獄，但這文字獄只是最後的結果，之所以產生，有著深刻的歷史原因。

作為金朝統治者的女真貴族，在文化上經歷了很大的發展躍遷。女真文化迅速提高，主要是接受漢文化滲透影響的結果。在開國前和開國之初，女真人民風純樸，文化落後，沒有漢人的那種等級森嚴的封建秩序，君臣之間，也沒有天壤相隔的界限。

太祖阿骨打時期，君臣雖然有這種名分，實際上卻沒有什麼尊卑等級的嚴格區分。有樂同享，有財同用，乃至不分彼此。至於房舍、車馬、衣服、飲食之類，都沒有什麼差別，看不出誰是君，誰是臣。太祖阿骨打所享受的特權只有一所房子，叫「乾元殿」。這個「皇宮」的周圍，栽上了一些柳樹，就算是禁圍。「皇宮」的裡面，繞牆都是大炕，沒事的時候，這個「皇宮」就鎖上，有的時候，把它打開，太祖便和臣下盤腿混坐炕上，那些后妃躬侍飲食。太祖常常自己到臣下之家，君臣毫無隔閡，攜手握臂，咬頭扭耳，至於同歌共舞，不分尊卑，所謂君臣關係是原始而純樸的。

太宗完顏晟時期，也仍然是保存了女真民族的純樸文化形態，在君臣關係上與太祖時期所差無幾，太宗本人就常常在河裡野浴，甚至和別人一樣在草原上放牧，當然也就談不上什麼尊卑關係。

太宗之後，便是金熙宗完顏亶，情況與太祖、太宗時期就大不一樣了。熙宗小的時候，金人已經入侵中原，滅遼之後得到漢族儒士韓昉作為熙宗的老師。韓昉等漢族士人向熙宗灌輸的是漢族統治者的一套尊卑秩序，等級觀念。熙宗非常欣羨漢族皇帝的威儀尊嚴。處處仿效中原王朝的典章制度。對於漢族文士，他也多加倚重，如宇文虛中出使金朝後被留下，因此仕於金朝，被尊為「國師」。當時的一些典章制度，都請宇文虛中參與制定，參用唐宋之法加以修改、增損。

熙宗受漢文化的影響，倚重於漢士如韓昉等。與原先女真族尊卑不分的純樸人際關係越來越遠。因此，引起那些老臣們的強烈不滿。由於等級森嚴的尊卑秩序，不是特定的慶典等，臣下見到皇帝都很難了。於是那些女真貴族首先就對熙宗嘖有煩言。他們看熙宗「宛然一漢家少年」，而熙宗對這些舊貴族也很鄙視，把他們看成「無知夷狄」，君臣之間有了很大的隔閡。

由於熙宗對漢文化的羨慕，對漢族儒士的倚重，引起了女真貴族的嫉恨。他們對一些有影響的漢士，往往羅織罪名，以達到排擠打擊的目的，如宇文虛中與女真貴族之間就存在著很深的矛盾。他對女真人以「礦鹵」目之，所以那些女真人的「達官貴人」往往「積不能平」，於是便想盡辦法進行構陷，構陷的方式也是利用文字獄。

女真貴族在製造文字獄方面並非高手，但他們利用了熙宗的矛盾心態。熙宗崇尚漢文化，在輿服典制方面都仿效漢族皇帝。而在文化上，他有一種深層的自卑感，他雖然與漢族文士多所游處，但又惟恐這些漢士在內心裡瞧不起他這位女真皇帝，所以他變得頗為多疑；而且他畢竟是女真人，代表的是女真貴族集團的利益，容易聽信女真貴族的挑撥。熙宗雖然欣賞漢文化，對於弈棋戰象、品茶論畫很是嚮往，但他的漢文功底畢竟相當有限，再加上別人的教唆與他自己的多疑，就製造了以文字殺人的悲劇。

宇文虛中本是南人，在宋朝就已大有文名，北宋徽宗年間任過起居舍人，國史編修官。仕於北朝後，雖與韓昉俱掌辭命，地位很高，但熙宗對他並不放心。宇文虛中為皇帝宮殿撰寫榜署文字，本來都是頌揚嘉美的文字，但有人卻摘出其中個別字加以曲解，說他謗訕朝廷，於是周納以成罪狀。

皇統六年（西元一一四六年）二月，女真貴族唐括酬斡的家奴杜天佛，受主子的指使，誣告宇文虛中謀反，熙宗命刑部審理，結果拿不出證據，便羅織虛中家裡的圖書為「反據」，硬說他私藏逆書，圖謀不軌。虛中感到既冤枉又可笑。便說：「死，對我來說，是在情理之中的，但以家存圖書為謀反證據，實在令人不解。南來的士大夫家家都有許多藏書，像高士談家的書就比我更多，難道他也謀反嗎？」虛中這樣一說，反而把高士談也牽連進來。虛中與高士談一同被熙宗殺害了。宇文虛中的死，已經具有了文字獄的特點。

熙宗後幾年更為多疑嗜殺，張鈞之死，便是蕭肄利用了熙宗這種性格特徵而進讒言的結果。

張鈞為熙宗代擬的「罪己詔」寫完之後，熙宗對其中一些古奧的詞語難以理解，便讓蕭肄來翻譯解釋。張鈞平素恃才自傲，對於那些女真貴族不理不睬，對於蕭肄的人格品行尤為鄙薄，有時甚至當面揭穿蕭肄的諂媚嘴臉包藏的禍心，因而蕭肄對張鈞早就懷恨在心。現在皇上讓他來解釋張鈞代擬的「罪己詔」，機會來了，蕭肄禁不住心花怒放，他要趁此機會除掉張鈞，以洩心頭之恨。於是，他就開始「編排」了。

「弗類，就是『大無道』的意思，寡者，就是孤獨無親」，蕭肄一邊這樣胡亂解釋，一邊用眼角偷覷著熙宗的表情。聽了第一句，熙宗的眉頭就皺了起來，聽到第二句，眉毛開始立了起來，熙宗好生惱火：「張鈞，朕待你不薄，你怎敢如此欺朕？」蕭肄一看收到了效果，又故意停頓了下來，來了個「欲擒故縱」。

熙宗發現蕭肄吞吞吐吐停頓下來，不耐煩地說：「快講，張鈞還說些什麼？」蕭肄故意裝成一副誠惶誠恐的樣子：「臣恐觸怒天顏，故此不敢往下細講。這『罪己詔』中多有悖逆文字，臣不知該不該照張學士的原意來說？」

熙宗揮了揮手：「朕赦你無罪，照直來講便是。」但從熙宗的表情來看，心中的怒火，已被蕭肄煽起來了。

蕭肄聽聞此言，就更添油加醋地解釋起來：「『昧』，就是『人事弗曉』，不明人間事理，『眇』，就是『目無所見』，如同瞎子，對一切都茫然無知。『小子』，是嬰孩之稱，竟敢把陛下比做三歲孩子，陛下，臣實在不忍往下解釋了。這都是漢人托文字來罵主上，果真好生歹毒！」

熙宗心中的怒火越燃越烈，聽到此處，他禁不住熱血上湧，把手中的茶杯往御書案上猛立一摔，茶杯碎成幾塊，茶水濺了龍袍，蕭肄連忙給皇上擦拭。熙宗高聲喝道：「來人！去把翰林學士張鈞帶來，朕要親自問他，因何如此侮慢於朕？」

不多時，張鈞被御林軍押到堂前，跪在熙宗面前，熙宗怒問：「這『罪己詔』裡都說些什麼東西，句句都是對朕的侮罵輕蔑之詞？」

張鈞聽了，目瞪口呆，心想：「這是從何說起？」「罪己詔」是皇帝對於上天的「賠罪」，用來回答「天譴」，消弭災異。當然要說一些自我貶損的話，不然，還叫什麼「罪己詔」呢？這在漢人的朝廷裡，也不過就是一種「例行公事」，寫的都是制式，沒有什麼個人的想法、寫法。他想解釋，但龍顏大怒，使他在廷上縮頸股慄，結結巴巴解釋了幾句，熙宗早就不耐煩了，根本不聽他的解釋，命衛士把張鈞廷杖一百。

一百大棍打下來，張鈞已經皮開肉綻，血肉模糊，昏死了幾次，又被冷水澆醒。他看到蕭肄在熙宗耳邊嘀嘀咕咕，心裡頓時全都明白了，他手指著蕭肄，趴在地上，有氣無力地說：「你這欺君罔上的奸臣，我到陰間也饒不了你！」

熙宗本想就此作罷，把張鈞削職為民也就算了。蕭肄在旁邊拖著哭腔給熙宗火上加油：「陛下聽到張鈞之語否？他豈止是在辱罵臣下，更是在罵陛下，請陛下早斷，除此逆黨！」說罷，跪在熙宗腳下，使勁磕頭。

熙宗見此情形，火又復起，他雙眉倒豎，牙咬得咯咯直響，一轉身，從衛士腰間抽出一口雪亮的寶劍，把劍插進張鈞口中，嘴裡氣咻咻地嚷著：「看你還罵朕不？看你還敢罵朕？」寶劍從張鈞口中刺進，一直豁到耳根，然後又一翻腕，張鈞的左邊面頰，全被割了下來，慘叫之聲縈繞在皇帝的宮廷之中。熙宗還覺得不解心頭餘怒，又讓衛士把張鈞剁成肉醬。

翰林學士張鈞因為代熙宗擬寫「罪己詔」而慘遭殺身之禍，而以文字搆陷儒士罪名的蕭肄，卻因之受賞升官，熙宗賜給他通天犀帶，對他格外褒賞。

熙宗到此尚不肯罷休，還疑神疑鬼，以為張鈞還有幕後指使者，於是便加以追查。左丞相宗賢進讒言，說幕後的人可能是太保完顏亮，因而將完顏亮等貶謫為領行台尚書省事。

完顏亮就是弒殺熙宗而奪帝位的海陵王。熙宗完顏亶是太祖嫡孫，完顏亮也是太祖之孫，對於皇帝的寶座，他是久懷覬覦之心的。熙宗對完顏亮也頗有防範之意。張鈞草詔獲罪遭到殘殺，熙宗還因此而懷疑完顏亮，這就使這場文字禍有了皇室之間互相傾軋，爭奪帝位的背景。

完顏亮被貶出京城至良鄉，忽然又被熙宗召還。完顏亮心中恐慌，不知熙宗為什麼這麼快就召回自己，惟恐遭到不測，到了朝廷上，原來是又將他復職為平章政事。雖是一場虛驚，但完顏亮也十分驚懼，更加快了篡位的準備。皇統九年（西元一一四九年）十二月，完顏亮和他的黨羽裡應外合，弒殺了熙宗。完顏亮登上了皇帝的寶座，同時很快就消滅自己的反對派，殺了曹國王宗敏，左丞相宗賢，並將自己的黨羽一一加官晉爵。

蕭肄在熙宗朝一直受寵，他憑恃皇帝的恩倖，傲視同列，與完顏亮不睦。完顏亮即位當了皇帝，給大臣們加官爵，也給蕭肄加封為銀青光祿大夫。過了不幾天，完顏亮突然召見蕭肄，質問他：「學士張鈞所犯何罪而被誅殺？你又有何功勞受賞？」蕭肄嚇得汗如雨出，口不能言。完顏亮又說：「朕殺你易如反掌，只是這樣做，會有人認為我挾私報復。」於是，下詔將蕭肄除名，放歸田裡，禁錮起來，行動不得出於百里之外。

張鈞代熙宗草擬「罪己詔」而慘遭屠戮，蕭肄對其文字斷章取義，妄加曲解，羅織罪名，這個事件有較為典型的文字獄意義，但又不止於文字獄，而是牽涉到一系列複雜的政治問題。這其中有女真貴族集團與漢族士人的互相爭鬥，也有皇室成員之間的彼此傾軋。張鈞因文字而被殺，不過是個偶然的契機而已。

文字獄，權奸的武器

賣國和弄文字獄，是秦檜的兩項「特長」！

被人萬世唾罵的南宋第一號大奸臣秦檜，以出賣民族利益、向敵人苟和投降為其「畢生事業」，他永遠被釘在歷史的恥辱柱上！

無論誰以何種名義、何種角度要為這樣一個奸臣翻案，也無論是誰打著一種怎樣高深的理論旗號，人民都不會認同的。秦檜是被人民所不齒的敗類。用不著以什麼「先進的」理論去為秦檜「正名」，這是徒勞的，因為他陷害、打擊忠良義士的手段太歹毒、太卑劣了！

終秦檜一生，用來打擊、迫害主戰派的最主要武器，就是文字獄！

在秦檜的宰相府中，有一座別緻而壯觀的閣子，閣上有一個醒目的黑漆橫匾，匾上有五個燙金的大字：「一德格天閣」。這是炙手可熱的當朝宰相秦檜經常在此讀書、休憩之所。在閣的頂上，寫著趙鼎、李光、胡銓三個人的姓名，秦檜常常飯後坐在閣中，盯著這幾個名字出神，心裡盤算著如何除掉這三個人。因為這三個人都是主戰派的有名人物，也是堅決反對秦檜賣國求榮醜惡行徑的大臣，秦檜把他們視為眼中釘，一定要置之死地而後快。最先受到秦檜迫害的是胡銓。

在南宋的愛國志士中，胡銓是名聲極響的一位。胡銓（西元一一〇二年至一一八〇年）字邦衡，號澹庵，吉州廬陵（今江西吉安）人。建炎二年（西元一一二八年），高宗以策問取士，胡銓所得御題為：「問治道本天，天道本民。」胡銓的回答出語驚人。他在策論中寫道：

湯武聽民而興，桀紂聽天而亡。今陛下起干戈鋒鏑間，外亂內訌，而策臣數十條，皆質之天，不聽於民。……今宰相非晏殊，參政非韓琦、杜衍、范仲淹。

胡銓的策論有一萬多字，精警深刻。高宗看後，很是嘆賞，要把他圈為第一，但高宗身邊的人忌妒胡銓的剛直，向高宗進讒言，把胡銓排在了第五，授撫州軍事判官。紹興五年（西元一一三五年），兵部尚書呂祉以賢良方正推薦他，被任命為樞密院編修官。

紹興年間，秦檜逢迎高宗之意，加緊投降議和，他用陰謀手段排擠了另一位宰相呂頤浩，自己獨攬朝政。然後便推行賣國投降政策。金主完顏亮死後，撻懶主持金國朝議，秦檜以十分屈辱的條件與金人達成和議。紹興七年（西元一一三七年）正月，何蘚使金歸來，帶回宋徽宗和寧德皇后死在金國的噩耗，高宗慟哭發喪，當天便任命秦檜為樞密使。四月，高宗派王倫出使金國迎還梓宮（皇帝的棺材）。王倫是秦檜的親信，當然是奉行屈辱投降的政策。

王倫本是市井無賴，出身貧寒，為任俠之舉，往來於京、洛之間，屢次犯法，但都逃脫了法網。汴京失守的時候，京城人大亂，朝廷手足無措，王倫乘此機會闖到欽宗面前說：「臣能彈壓這種局面。」欽宗正在無可奈何之時，忽然有人自薦說能彈壓動亂，如久旱而逢甘霖，甚是高興，立刻解下腰間所佩的夏國寶劍賜予他，說：「卿能為此，功莫大焉！朕定要厚賞於卿！」

王倫的目的是乘機要官，不趕快伸手，還待何時？於是，王倫「撲通」給欽宗跪下，磕頭說：「臣乃布衣，沒有官職，豈能彈壓？」

欽宗正在用人之際，眼下京城都亂了套，那些平時高談闊論的朝臣到了有事的時候，都面面相覷，沒人敢出來安定局面，飢不擇食，當時拿過一張紙片，親筆寫道：「王倫可任兵部侍郎。」就這樣，王倫從一個市井無賴一下子平步青雲。當下王倫領命帶劍下樓而去，帶著一些惡少，撫定亂民。王倫手仗尚方寶劍，大喊：

「皇上有旨，有亂者斬！」都城的騷亂真的平息下來，這便成為王倫發跡的起點。

從建炎元年（西元一一二七年）起，王倫就充任南宋對金國的使臣，往來於宋、金之間。紹興七年（西元一一三七年）春天，徽宗與寧德皇后的訃聞到臨安後，高宗派王倫為迎奉梓宮使，出使金國。金人以還梓宮與河南舊地為釣餌，誘使高宗稱臣納貢。

到紹興八年（西元一一三八年），金主派張通古、蕭哲為江南招諭使，許歸河南、陝西地，與王倫一起南來。金國的條件是南宋向金稱臣，受金的冊封。兩位金使態度極為倨傲，到了泗州，傳語州縣長官都要出城拜謁，平江知府向子諲堅決不肯出拜，並且掛冠而去，奏請致仕。到了南宋都城臨安，又要百官備禮。金使以「詔諭江南」為名，不稱宋國而稱「江南」，不稱「通問」而稱「詔諭」，實際上是把南宋當作藩屬。

秦檜命禮部侍郎兼直學士曾開，草答國書，體制與藩屬相同。曾開堅決不肯起草，秦檜以名利地位為誘餌，說：「皇上虛執政的位置以待君，君盡可起草。」曾開不買他的帳，高聲回答：「開只知有義，不知有利，敢問我朝對待金人，究竟用什麼禮節？」秦檜囁嚅道：「如高麗之於本朝。」高麗是宋朝的附庸國，向宋朝稱臣納貢，秦檜把宋對金的關係比作高麗對宋朝，就是明確這種稱臣納貢的關係。曾開聽了勃然而怒，他正色說：「主上以盛德當大位，公應富國強兵，尊主庇民，為何出此喪權辱國之策？」秦檜惱羞成怒，對曾開說：「皇上主意已定，還有何言？公自取盛名，那就不要前程了？」曾開始終不肯草詔，自請罷職。曾開又與同僚張燾、晏敦復、魏矼等數十人聯名上疏，極言不可議和。於是朝野上下，一片反對苟和之聲。

胡銓得知秦檜、王倫攛掇高宗向金國稱臣乞和，氣得劍眉倒豎，連續三日，寢食難安，一團怒火憋在心中，不吐不快。對於秦檜、王倫這些投降派，這些賣國賣主的小人，恨不能食肉寢皮，方解心中之恨。堂堂大宋王朝，豈能向番邦俯首稱臣？思來想去，他決心向高宗上疏，力陳己見，請斬秦檜、王倫這些奸臣之頭，然後整軍備戰，收復神州！

胡銓也知道，此疏一上，高宗不會高興，或許會大發雷霆，而秦檜就更不會饒過自己，但他不能不寫，即使貶官，即便殺頭，也在所不惜！「我胡銓一人倒霉，喚醒天下人的民族正氣，值得！」胡銓命家人把一壺烈酒送到書房，他熱血沸騰，除去袍帽，在書房裡來回走著，一排排燃著怒火、挾著雷電的犀利字句，在他心中奔突而來。他覺得渾身有些顫抖，把筆墨蘸飽，鋪開箋紙，奮筆疾書：

臣謹案，王倫本一狹邪小人，市井無賴，頃緣宰相無識，遂舉以使敵，專務詐誕，欺罔天聽，驟得美官，天下之人切齒唾罵。今者無故誘致虜使，以「詔諭江南」為名，是欲臣妾我也，是欲劉豫我也。劉豫臣事金人，南面稱王，自以為子孫帝王萬世不拔之業，一旦豺狼改慮，猝而縛之，父子為敵。商鑑不遠，而倫又欲陛下效之。夫天下者，祖宗之天下也，陛下所居之位，祖宗之位也。奈何以祖宗之天下為仇敵之天下，以祖宗之位為仇敵藩臣之位！陛下一屈膝，則祖宗廟社之靈盡汙草萊，祖宗數百年之赤子盡為左衽，朝廷宰執盡為陪臣，天下士大夫皆當裂冠毀冕，變為異服。異時豺狼無厭之求，安知不加我以無禮如劉豫也哉？

寫到此處，胡銓站起身來，把筆擱下，自己給自己斟上一杯烈酒，一飲而盡。他的情緒更加激動，眼睛通紅，把座椅拍得「啪啪」作響。門外侍候的書僮聽到響聲，以為出了什麼事情，急忙推門進來，看到主人這副樣子不知說什麼好，胡銓揮了揮手，示意讓他出去，自己又坐下來寫：

……今內而百官，外而軍民，萬口一談，皆欲食倫之肉。謗議洶洶，陛下不聞，正恐一旦變詐，禍且不測。臣切謂不斬王倫，國之存亡未可知也。

胡銓覺得王倫似乎已被押赴刑場，公開處決，千萬軍民往他身上扔石頭，吐唾沫，「解恨！解恨！非斬這個壞蛋不足以平天下人之心。」

不僅是王倫，更壞的是秦檜，還有那個完全隨著秦檜轉的參知政事孫近。這兩個人是罪魁禍首，更該斬！

於是，他又寫道：

雖然，倫不足道也，秦檜以腹心大臣而亦為之，陛下有堯、舜之資，檜不能致君如唐、虞，而欲導陛下為石晉。……孔子曰：「微管仲，吾其披髮左衽矣。」夫管仲，霸者之佐耳，尚能變左衽之區，而為衣裳之會。秦檜，大國之相也，反驅衣冠之俗，而為左衽之鄉。則檜也不惟陛下之罪人，實管仲之罪人矣。孫近付會檜議，遂得參知政事，天下望治有如饑渴，而近伴食中書，漫不敢可否事。檜曰敵可和，近亦曰可和；檜曰天子當拜，近亦曰當拜。臣嘗至政事堂，三發問而近不答，但曰：「已令臺諫、侍從議矣。」嗚呼！參贊大政，徒取充位如此。有如敵騎長驅，尚能折衝禦侮耶！臣切謂秦檜、孫近亦可斬也。

揭露了秦檜、孫近的醜態，胡銓覺得特別痛快。對這種竊踞高位、禍國殃民的人，舉國上下都切齒痛恨。胡銓為人們喊出了心聲，自己感到興奮，就是自己下地獄，也是值得的，胡銓又滿飲一杯，揮筆寫道：

臣備員樞屬，義不能與檜等共戴天，區區之心，願斷三人頭，竿之藁街，然後羈留虜使，責以無禮，徐興問罪之師，則三軍之士不戰而氣自倍。不然，臣有赴東海而死爾，寧能處小朝廷求活邪！

胡銓寫罷擲筆，高聲吟誦一遍，覺得很滿意。他又想到，此疏一上，必會引起皇上震怒，奸梟秦檜，也會不遺餘力地迫害他，胡銓很清楚自己面臨的處境，他要對妻子說清楚。於是便叫書僮把妻喚到書房。

每逢胡銓把妻子喚到書房談話，總是有很重要的事情。胡銓的妻子不僅姿容秀美，而且知書達理，深明大義。她來到書房，把門掩上，問道：「夫君何事喚我至此？」胡銓將這份寫好的上疏拿給她看，妻子看了一遍，又看一遍，放上此疏，對胡銓說：「秦丞相賣主求榮，乃千夫所指，且正掌權要，炙手可熱。夫君上疏，乞斬秦檜、王倫，想必曉得其中利害吧？」

胡銓對妻子說：「此疏一上，必然震動朝野，然禍亦不遠矣。只恐連累於妳和全家！」妻子臉色變得嚴肅起來：「夫君所為，乃是正義堂堂的大事，妾無所畏懼！君能為烈士，妾亦甘為烈士妻也！」胡銓又拿過一只酒杯，倒滿杯酒，他和妻子深情對視，兩人一飲而盡。

胡銓抗疏上奏，果然震驚朝野。有人已將此疏刊刻，在臨安城裡，廣為傳布。人們奔走相告，拍手稱快，人們心裡想說而又不敢說的話，都讓胡銓寫出來了。一時間，很多人都能背誦這篇名文。

秦檜看到此文，卻氣得渾身發抖，他知道這篇檄文的厲害，眼下臨安城裡有誰不知，有誰不曉？這對於議和，對於自己的名聲都極為不利。秦檜躲進他的內書房，思謀了半天，想了一條「以退為進」的計策。

次日一早，他自戴枷鎖，上朝去見高宗，拜伏在高宗腳下，請皇上賜他一死。秦檜一邊哭一邊說：「臣為陛下披肝瀝膽，為宗廟晝夜籌劃，然思慮不周，致有疏虞。今胡銓上疏乞斬臣頭，勢在必得。誠能以謝天下，臣又何惜此頭？臣帶臣頭來矣！」

高宗被秦檜這一套搞得心亂如麻。方今與金人和議，正賴此人。宋使到金，金主每問秦檜近況，又說要想議和，必須秦丞相出面。要想議和求安，秦檜乃是第一要害人物。胡銓的上疏，高宗看了，殊為氣憤，竟要斬我大臣之頭，又說南宋是「小朝廷」，狂妄至極！但是，天下軍民之心被胡銓這篇文章煽動起來了，高宗覺得甚是被動。

高宗俯身扶起秦檜，御手為秦檜拭淚，又命人趕快為秦丞相除去枷鎖，讓秦檜坐在一旁椅子上，撫慰秦檜說：「愛卿與王倫代朕受過，朕心中豈能無感？卿儘管忠心為朕辦事，朕對卿全然信賴！南北講和，休養生息，乃是朕之策也。」

秦檜對高宗說：「多謝陛下洪恩，臣敢不盡心竭力！然胡銓破壞和議，該作何處呢？」

高宗說：「胡銓之事，一付愛卿處置，不勞卿上奏於朕了。」

秦檜有了高宗的旨意，更加有恃無恐，他立即傳訊胡銓，說他「狂妄凶悖，鼓眾劫持」，胡銓據理力爭，痛斥秦檜。秦檜更加惱怒，他把胡銓除名，編管昭州。然後，以皇帝詔書的形式播告中外。

消息傳出以後，台諫官與其他朝臣很多人都出面疏救胡銓，一時間許多諫疏堆到了高宗的御案上。秦檜迫於公論，將胡銓改為監廣州鹽倉，後來又改為簽書威武軍武官。

臨行之時，很多同僚都來為胡銓送行，朝士陳剛為胡銓寫了送別文字，其中有這樣的句子：

屈膝請和，知廟堂禦侮之無策；張膽論事，嘉樞庭謀遠之有人。身為南海之中，名若泰山之重。

這裡對胡銓高度評價，並且抨擊了朝廷的「屈膝請和」政策。秦檜得知之後，對陳剛加以迫害，將他貶為虔州安遠縣（今江西）的知縣。

秦檜對胡銓一直耿耿於懷，一有機會，便進行打擊迫害。紹興十二年（西元一一四二年），秦檜又唆使諫官羅汝楫彈劾胡銓「飾非橫議」，然後將胡銓除名，編管新州（今廣東新興）。

秦檜這幾年來的橫行霸道、殘害忠良，給南宋朝野蒙上了一層黑暗陰沉的氣氛。抗金名將、民族英雄岳飛被害，宰相趙鼎等人遭到秦檜的搆陷而被流放。所以士大夫們對於秦檜的所作所為是敢怒不敢言的。這次胡銓被遠貶新州，很少有人敢來送行或寫詩文相送的了。但也有不怕危險來以詩詞慰送胡銓的士大夫。最有名的是王庭珪和張元幹，他們也都遭到秦檜文字獄的迫害。

王庭珪（西元一〇七九年至一一七一年），字民瞻，號瀘溪，他是南宋的著名詩人。胡銓臨行之際，王庭珪作了《送胡邦衡之新州貶所二首》來為胡銓送行：

囊封初上九重關，是日清都虎豹閒。
百辟動容觀奏牘，幾人回首愧朝班。

名高北斗星辰上，身墮南州瘴海間。
不待他年公議出，漢廷行召賈生還。

大廈元非一木支，欲將獨力拄傾危。
痴兒不了公家事，男子要為天下奇。
當日奸諛皆膽落，平生忠義只心知。
端能飽吃新州飯，在處江山足護持。

這兩首詩對胡銓稱頌備至，說他「名高北斗」，同時，又指秦檜等人為「奸諛」，浩然正氣充溢字裡行間。秦檜一夥看到這兩首詩恨得直罵。他們的爪牙歐陽永安告王庭珪「謗訕朝政」，但當地的守臣曾慥、王玟等都不加追究。一直到紹興十九年（西元一一四九年），洪州知州沈昭才又將此案翻起，將王庭珪送往辰州編管。

胡銓赴新州貶所，一路山高水迢，艱難萬分，路過福建時，卻得到一位忘年知音，七十六歲的老詞人張元幹的熱情接待。此次遠謫新州，大多數士大夫都被秦檜的淫威嚇怕了，「畏罪鉗舌，莫敢與立談」，因為他們看到原來讚賞、同情胡銓的人，都遭到了秦檜的打擊迫害，所以，除了七旬詩人王庭珪以詩相送而外，胡銓這一路是走得十分寂寞無慰的。現在白髮蒼蒼的前輩詞人張元幹熱情備至，將胡銓接至家中，不能不使這個硬漢感動得熱淚盈眶。

張元幹雖然年事已高，但卻精神矍鑠。他鬚髮皆白，但面色紅潤，真當得住「鶴髮童顏」四個字。張元幹性格爽朗，笑起來聲音極響。他手挽胡銓，到客廳坐下，命家僕給胡銓泡上武夷山的新茶。胡銓感動地對張元幹說：「銓負罪遠竄，淒風苦雨，今蒙老前輩如此熱誠相接，銘感不置。」張元幹哈哈笑道：「邦衡何罪之有！君乃天下正氣之所鍾，中華士人，引以為豪。老夫今日與君相會，乃三生之幸！」兩人縱談國家大事，可恨豺狼當道，山河破碎，神州陸沉，不禁感嘆唏噓再三。

晚上，張元幹擺下酒席，為胡銓接風洗塵，酒過三巡，兩人又忍不住縱談國事，痛罵權奸秦檜禍國殃民，渴望能有克復神州之日。胡銓放箸置杯，離席站起，向張元幹要過牆上寶劍：「晚生舞劍一回，以佐酒興。」就在酒席之前舞起劍來。劍光閃閃，風聲呼呼，胡銓將滿心的憂憤都聚集在劍尖上，要用這寶劍斫去那佞臣之頭。

胡銓收式，張元幹拍案叫絕：「舞得好，壯哉！」張元幹說：「老夫適才吟得一首壯詞，以為今日之念。」說著，讓家人拿過筆硯，就在旁邊的桌上，寫下了炳耀千古的名作《賀新郎．送胡邦衡待制赴新州》：

夢繞神州路，悵秋風、連營畫角，故宮《離黍》。底事崑崙傾砥柱，九地黃流亂注，聚萬落千村狐兔。天意從來高難問，況人情老易悲難訴，更南浦，送君去。

涼生岸柳催殘暑。耿星河，疏星淡月，斷雲微度。萬里江山知何處？回首對床夜語。雁不到，書成誰與？目盡青天懷今古，肯兒曹恩怨相爾汝？舉大白，聽《金縷》。

這首詞慷慨悲壯，道出了這位愛國詞人的心聲，抒發了對投降派的滿腔憤怒，尤其是把矛頭對準了投降派的後台——高宗，「天意從來高難問」，就是隱指趙構本人的投降心理。胡銓讀罷，擊節叫好，高聲吟誦三遍，又抄錄了一份帶在身邊。

是夜，張元幹與胡銓同住一室，秉燭夜談，直到漏斷星稀……。

張元幹的這首詞同樣被秦檜所記恨，到紹興二十一年（西元一一五一年），便藉故把久已致仕的張元幹再行革職除名。但秦檜的這種報復，對於耄耋之年的老詞人來說，已經無所謂了。

胡銓到了新州貶所，秦檜並沒有放過他，文字之禍也就總是像魔影一樣尾隨而來。新州守臣張棣承風希旨，看秦檜眼色行事，時時注意調查胡銓的動靜，以求抓住把柄，進一步置之以死地。

胡銓在山荒水僻的新州，沒有知己，也不便自由行動，甚是寂寞無聊，只能以詩自慰。而秦檜一夥慣用的整人伎倆就是文字獄，他們不斷尋找他們的迫害對象的文字毛病，更多的是「莫須有」！胡銓在新州曾有一聯詩被張棣所深文周納。這聯詩如次：

萬古嗟無盡，千生笑有窮。

這本來是一種人生感慨，並無影射。「無盡」與「有窮」相對為文，不過虛指。張棣為了向秦檜討好，竟然在這聯詩中找到了「問題」。張棣也步吳處厚的後塵，來個箋注，說「無盡」是指宰相。徽宗時有個宰相叫張商英，自號為無盡居士。「有窮」是古所謂有窮后羿也。再加以引申，借張商英來比宰相秦檜。那麼，這兩句就變成影射秦檜了，實在是過於不倫不類。但這也是文字獄常用的羅織方法。

張棣「鍥而不捨」，抓住了更為明顯的「罪證」，那就是胡銓在新州的詞作《好事近》，這首詞如是寫道：

富貴本無心，何事故鄉輕別？空使猿驚鶴怨，誤薜蘿秋月。
囊錐剛要出頭來，不道甚時節。欲駕巾車歸去，有豺狼當轍。

張棣看到這首詞，如獲至寶，這「豺狼當轍」是什麼意思？不是分明指著丞相嘛！東漢順帝時，梁冀當權，張綱斥之為「豺狼當路」，當今之世，非指丞相，還能指誰呢？於是，張棣便將此詞和上面那聯詩一起上奏給秦檜，說胡銓以詩詞譏訕朝廷，辱罵當朝丞相。

秦檜覽罷，越發大怒，下令將胡銓再貶吉陽軍編管。這吉陽軍是現在的海南崖縣，胡銓再一次被遠貶到海南蠻荒之地。

張棣告訐胡銓後，即升遷，但不久他就暴卒於車中，人們拍手稱快，說這是害人的報應。

秦檜作惡多端，一直用文字獄來迫害胡銓，到秦檜死去之後，胡銓才得量移衡州。孝宗即位後，胡銓得到復職重用，一直活到八十多歲。這位正氣浩然的愛國志士，深受文字獄的荼毒，卻堅強地挺了過來。

再看秦檜對趙鼎的迫害，也有相當的文字獄成分。

趙鼎（西元一〇八五年至一一四七年），字元鎮，解州聞喜（今山西）人。被稱為南宋的「中興賢相」。趙鼎在朝為相，秦檜開始時惟鼎是聽，所以趙鼎非常信任他。秦檜挑撥趙鼎與張浚的關係，使趙鼎對張浚不滿，而信任於秦檜。待秦檜拜相後，便千方百計排擠、傾軋趙鼎。秦檜主張投降議和，並向高宗請求「若陛下決欲講和，乞專與臣議，勿許群臣預。」高宗答應他：「朕獨委卿。」於是秦檜獨攬朝綱，並將趙鼎排擠出朝。趙鼎執政時的局勢是，南北分立形勢已成，兩敵相持，如果沒有特殊的機會可乘的話，是難於取勝於對方的。根據這種形勢，趙鼎主張「專以固本為先」，富國強兵，而後再圖收復故土。他堅決反對秦檜的投降政策。罷相以後，秦檜仍一再貶斥他，先是謫官居興化軍，又移漳州，再貶為清遠軍節度副使，潮州安置，最後放逐到吉陽軍（今海南崖縣）。

趙鼎到吉陽軍後，向朝廷上了一封謝表，謝表中表現了他堅強不屈的性格。表中有言：

白首何歸，悵餘生之無幾；丹心未泯，誓九死以不移。

秦檜見到這份謝表，一讀之下，十分惱恨，他惟恐趙鼎東山再起，又恨趙鼎整治不垮，氣得他說：「此老倔強如昔。」於是，便暗下決心，準備徹底除掉趙鼎。

紹興十七年（西元一一四七年），秦檜專門給吉陽軍下令，要按月申報編管人員存亡名單。趙鼎明白，這是秦檜要對自己下毒手了，他做好了自盡的準備，這樣可以不牽連子孫。他託人對兒子趙汾說：「秦檜必欲殺我。我如果先死了，你們就沒有危險，不然，禍及我趙家一門。」他在銘旌上寫下這樣一聯令人讀之感慨萬千的詩句：

身騎箕尾歸天上，氣作山河壯本朝。

這是趙鼎最後的遺言。之後趙鼎就絕食而死。朝野上下，國中百姓，聽到趙鼎的死訊，無不悲憤萬分。

趙鼎死後，秦檜仍不甘心，他自己雖也老病在身，但仍做垂死前的掙扎，又把趙鼎之子趙汾打成「大逆」之罪，且將與趙鼎、趙汾有關係的人都牽連進此案，最後，弄了個五十三個人的黑名單，並準備把這些人都處死。然而，這最為狠毒的一招未及實行，秦檜本人便一命嗚呼了。

李光也是秦檜的主要打擊目標，秦檜迫害李光的主要手段也是文字獄。

李光（西元一〇七八年至一一五九年），字泰發，越州上虞（今浙江）人。崇寧五年（西元一一〇六年）登進士第。南渡後，地位漸顯，紹興八年（西元一一三八年），任參知政事，在朝中有很高威望。

秦檜要與金人媾和。朝士反對和議的人非常之多，議論洶洶，秦檜要用李光的名義壓制朝議，所以建議高宗任用李光。不久後秦檜要取消淮南的軍備，陰謀剝奪諸將兵權，李光開始認識到秦檜的醜惡嘴臉，與之力爭說：「金人狼子野心，議和不可恃，軍備不可撤！」秦檜看到李光不肯阿附自己，於是開始排擠打擊李光。秦檜薦引自己的親信鄭億年為資政殿學士，李光當面反對他這樣做。李光又在高宗面前痛斥秦檜說：「觀檜之意，是要壅蔽陛下耳目，盜弄國權，懷奸誤國，陛下不可不察。」秦檜自然大怒。李光第二天便自請外放出朝，但秦檜唸唸不忘整治、迫害李光。

紹興十一年（西元一一四一年）冬，秦檜的爪牙万俟卨承奉秦檜之旨，誣告李光「陰懷怨望」，貶光為建寧軍節度副使，藤州安置。四年以後，再貶海南瓊州（今海口），接著秦檜又製造了李光《小史》的文字獄。

在荒僻遼遠的瓊州，李光無所慰藉，遂以文字自慰。他在簡陋潮濕的住所裡撰寫《小史》，卻不知道朝廷明令嚴禁野史，他的家鄉在此命令下已經焚書萬卷。李光撰寫《小史》，以填充空寂無聊的時光，他覺得心中很充實，很安適。

他的兒子李孟堅，不諳世事，把父親寫作《小史》的事宣揚了出去。那些躲在暗處隨時準備「攫人而食」的鬼蜮正愁無處下口，這下有了把柄，於是，李光被誣以「私撰國史」，還有與胡銓詩賦唱和，「譏訕朝政」，再貶昌化軍（今海南昌江）。

李光的弟弟李寬、長子孟傳、三子孟醇、四子孟津都受株連，次子孟堅因為宣揚《小史》語涉「謗訕」，處罰尤重，被押到峽州（今湖北宜昌）編管，把李光一家弄得七零八落，殘破不堪。

李光的性格是堅強的，他在貶所，論文考史，怡然自適，年逾八十，仍然筆力精健。

秦檜不僅以「私撰國史」為罪名，一再迫害李光，同時，還透過文字獄來迫害與李光有聯繫的人。

南宋文學家胡寅，時任徽猷閣直學士，他因與李光通信，「朋附交往，譏訕朝政」，被秦檜處分，罷除官職，送新州編管。

程瑀，龍圖閣學士，因與李光通信，並向李光贈縑帛，在信中說：「近來朝官吸取教訓，都不敢說話，令人嘆息」，被貶三級。

潘良貴，徽猷閣待制，提舉江州太平宮，因給李光寄茶葉，寫信，也被貶三級。

王躍（官職不詳），因上書為李光求情，被除名送辰州編管。

除上述這些人而外，還有一些人因與李光通信，有文字之交而得禍。可見，秦檜當朝時文網之密，專以文禍害人。

秦檜不僅是一個賣國賊，也是一個專搞文字獄來害人的「專家」。宋朝採取右文崇士的政策，朝臣絕大多數都是士大夫。秦檜要推行投降路線，以售其奸，面臨的障礙主要是大多數有愛國意識與正義感的士大夫。秦檜對於他們，不遺餘力地加以打擊迫害，而最主要的武器，就是文字獄。秦檜本人是進士出身，深諳其中奧妙所在；他所搆陷打擊的對象，大多是士大夫，這就決定了南宋初年文字獄的必然性與普遍性。

秦檜製造文字獄的主要手段是「莫須有」。他以「莫須有」的罪名殺害了民族英雄岳飛，也同樣用這種辦法來炮製文字獄。「莫須有」說到底，也就是「無中生有」，通常是把詩文書信的某些「言內」之詞引申為「言外」之義。「言內」並無悖逆之意，引申出來的意思被強加上悖逆之意。如此羅織，何求不得？只要想整你，你是難以逃掉的。

秦檜搞文字獄有一個突出特點是其「綿延性」（姑妄名之吧），因為宋朝對士大夫優容，處理犯官的形式是貶謫，而無殺頭之痛，罪越大貶得越遠。所以對於要整的對象，難於一次達到整死的目的。秦檜製造的文字獄，往往不是一次性的，而是盯住不放，多次下手，不斷地抓住同一個人，找他的文中之「錯」，一貶再貶。趙鼎案、胡銓案、李光案，都體現出這樣一個特點。

再來就是株連的普遍性。比起明朝朱元璋、朱棣，動輒禍滅九族、滅十族的野蠻殘酷來，宋朝的文字獄不能不說是相對文明的。對案主本人都不誅殺，對於家屬的株連也是有限的，而且要找個藉口。但是，秦檜搞文字獄仍具有廣泛性或普遍性的特點，株連的對象主要是寫案主本人有文字交往的朋友、同僚。誰如果與案主略有聯繫，或是書信往來，或是詩詞唱酬，即受株連，降職、除名、編管，搞得人人自危，「萬馬齊喑」。這種株連似乎沒有「滅九族」那樣野蠻，其實是更深刻、作用更壞的。

趙翼論及「秦檜文字之禍」時說秦檜當政時，「第語言文字，稍觸其忌，即橫遭誣害，更不可數計矣。矣檜又疏禁野史，許人首告，並禁民間結集經社，甚至司馬伋自言《涑水記聞》，非其曾祖光所著，李光家亦舉光藏書萬卷悉焚燒之。其威焰之酷，真可畏哉！」（《廿二史箚記》卷二十六）概括了秦檜時期文字獄的情況與特點，的確使人感到「可畏」。文字獄成為秦檜殘害忠良的主要武器，南宋初年也形成了中國文禍史上的一個高峰！

朱元璋的「文字學」

明太祖朱元璋竟然成了「文字學家」，但他的「文字學」，卻是殺人的把戲！

出身貧苦，當過和尚的朱元璋，登上了皇帝寶座，成了大明王朝的開國之主。當了皇帝後，並非以往的「流寇」、「禿賊」，但對於自己的出身與經歷，這個洪武皇帝並不覺得光彩，時時怕被人提起。

馬上打天下，可是不能馬上治天下。那些隨他南征北戰的生死弟兄——大明王朝的開國功臣，都被朱元璋一個一個收拾掉了，天下是我老朱家的，不許別人有非分之想。「狡兔死，走狗烹，高鳥盡，良弓藏。」留著這些猛將，搞不好會危及我朱氏江山！朱元璋開始重用文臣，徵辟儒士，求才納賢，網羅大批士人進入統治機構，幫助這位皇帝興禮樂、定制度。許多士大夫到朝廷裡為官。但是朱元璋在士大夫中間，總是心理上有些不自在。因為自己以農民起義起家，這被士大夫階層視為「盜賊」；自己當過僧徒，也覺得不怎麼光彩，心靈深處不免對自己的出身有一種自卑和壓抑。

偏偏有些士人對這個當過「盜賊」的太祖皇帝，心裡面並不以為然。再看到朱元璋殺功臣，心狠手辣，所以不願出仕，敬而遠之。皇上徵召，很多士人拒不赴闕。太祖對於這些不願意為他服務的士人也毫不客氣，大加誅戮。趙翼談到明初文人入仕以後多被屠戮的情形時說：「文人學士，一授官職，亦罕有善終者。」所以在明初太祖時期，形成了一波文字獄的高潮。

洪武初年，太祖開科取士，目的是網羅文士，表現出重視文士的傾向。那些功勛重臣對此嫉恨不平，於是便認為太祖偏向於文士了。太祖對大家說：「世亂需用武，世治要靠文，這並非偏私於哪一面。」那些功勛大臣又乘機對太祖說：「固然如此，陛下所言甚是。但這些文人們很會譏訕嘲弄人，而且讓你不知不覺。比方說張九四對文人儒士十分重視禮遇，於是便請文人給他起個雅一點的名字。文士便給他起名為：『士誠』。」太祖聽了，不解地問：「這個名字不是很美嗎？難道有什麼不妥之處？」進言者說：「《孟子》中有『士誠小人也』之句，他哪裡知道呢！」這個進言的「諸勳」中人，乘機挑撥朱元璋，曲解《孟子》，玩了一點小小的文字遊戲。朱元璋對於《孟子》不熟悉，但卻對《孟子》中的民主傾向又很反感，他對《孟子》的內容很少了解。現在聽別人這麼一說，心有所悟。他便找來《孟子》，翻到《公孫丑》下篇，查對一下原來的意思。太祖的文化素養不高，從小也沒念幾天書，對文義理解淺薄。當時的書又沒有標點符號，所以他就按照「譏訕」的思路來看，讀成了「士誠，小人也」，不由得對讀書人大起疑心，深加戒備。其實，《孟子．公孫丑》中的「士誠小人也」一語，乃是齊人尹士聽到孟子一番話以後所作的自我批評，應讀為「士，誠小人也」，而句讀一變，就成為一句譏訕之語了。

經人這麼一挑唆，太祖似乎開了「竅」，他也學會了用這種手法去解釋文字。這一解釋不要緊，許多文士便紛紛掉了腦袋。

太祖時期的文字獄，從表箋之禍開始。表箋之禍前代文禍所無，乃是朱元璋的一大發明。

何謂表箋之禍？明初制定：凡遇正旦（歲首）、冬至、萬壽聖節（皇帝生日）等節日，以及為皇太后、太皇太后上尊號和冊立太子等慶典，官府必須上表箋祝賀。此外，遇有恩典賞賜依例須上謝恩表。這些本來都是官樣文章，但是朱元璋卻望文生義，用獨特的眼光去解讀，往往從字形、字義、字音、文法上歪曲原意，給作者羅織罪名。

略舉表箋禍的幾例。

浙江某府學教授林元亮，為海門衛長官作《謝增俸表》（當時各地方官所作表箋多是由教官代筆的），表中有「作則垂憲」一句，這當然是吹捧朱元璋的。哪會想到，朱元璋讀了大怒，因為「則」與「賊」音近，他就疑心作者是藉機譏他曾經當過「盜賊」，於是便下令殺了作者。

賀表中有「則」字的很多，作者一開始誰也不會想到一個「則」字能被聯想為「賊」字，從而招來殺身之禍。

北平府學訓導趙伯寧，為都司作《萬壽表》，其中有「垂子孫而作則」的字句，同樣，被太祖所殺。

福州府學訓導林伯璟，為按察使寫《賀冬表》，表中有「儀則天下」字句，也被太祖所殺。

桂林府訓導蔣質，為布政使、按察使作《正旦賀表》，表中有「建中作則」一語，被太祖所殺。

澧州學正孟清，為本府作《賀冬表》，有「聖德作則」一語，也被太祖所殺。

這些都是以「則」音嫌於「賊」，算是「賊」的忌諱。

還有關於「僧」的忌諱，也大致上是以諧音法來罪人。有的是直接諧「僧」字，有的是與「禿」、「髠髮」等意思相關連的諧音。

常州府學的訓導蔣鎮，為本府作《正旦賀表》，表中有「睿性生知」一語，被朱元璋所殺。朱元璋認定「生」字就是譏他曾經為「僧」。

尉氏縣教諭許元，為本府作《萬壽聖表》，其中有「體乾法坤，藻失太平」的話，也被朱元璋所殺。朱元璋讀到這份賀表，覺得「法坤」兩字格外刺眼。用他的「文字學」方法來解讀，「法坤」諧音「髮髠」，「髮髠」也就是沒有頭髮，這不是譏刺自己當過和尚嗎？於是，下令馬上將作者斬首。

杭州教授徐一夔，在賀表中寫了這樣幾句：「光天之下，天生聖人，為世作則。」朱元璋讀了以後，大怒不止，他拍著桌案說：「這不是句句都在罵朕嗎？生就是『僧』，因為我曾經為僧。光，就是薙髮；則，不就是說我是賊嗎？馬上把寫表的人殺了！」於是，便把徐一夔斬首了。

這真是一種十分新穎的文字學，脫離具體的語境，牽強附會，硬扯到他的特殊忌諱上。還有更為奇妙的文字獄殺人，思路之怪，真是常人難以想像。

兗州知州盧熊，看到印文上篆體的「兗」字很像「袞」字，便上表請求改正，不曾想朱元璋拍案大怒，說：「秀才無理，便道我『滾』哩！」盧熊的學問、道德在當時都很有名，朱元璋覺得不好輕易殺他，於是硬按住火氣，過了不幾天，便借個別的理由把他殺掉了。

還有，書法家、中書舍人詹希原奉命書寫太學集賢門的匾額，寫「門」字的時候，右邊一豎收筆稍重，朝內勾起。朱元璋看了看，突然大發雷霆，說：「我正要開門納賢，詹希原卻要把門堵死，阻塞我的進賢之路。」下令把詹希原殺死。

懷慶府學的訓導呂睿，為本府作《謝賜與表》，表中有「遙望帝扉」一句，被朱元璋意會為「帝非」，他就只有掉腦袋這條路了！

亳州訓導林雲，為本府作《謝東宮賜宴箋》，有「式君父以班爵祿」一句，結果也受到朱元璋的屠戮。朱元璋把「式」意會為「弒」，那就成了「弒君父」。

朱元璋這樣隨意殺人，殺人的根據就在於他的那套胡亂聯繫的「文字學」。天下的教官被他殺了許多，誰也不知道哪個字犯了皇上的忌諱，毫無疑問地腦袋搬家。於是大家都不知這表箋文字該怎麼寫了，大家只好上疏，請求皇上頒發一套標準的表箋用語和格式，大家照著一抄便是了。太祖還真的弄了一套格式、用語，自己親自動筆寫了文章，作為範文，頒行天下，使大家都能遵守。這套東西「出籠」之後，表箋文章就省事多了。其實，不用另外打稿，抄下來簽上名字就行了。教官們有章可循，總算是少了一些掉頭的機會。

表箋之禍雖然稍有緩解，但是太祖的「文字學」還在繼續深入。而其他的文字形式，無心中也觸發了朱元璋的忌諱與猜疑因此被殺的例子還有很多，其中有些十分荒唐可笑，根本風馬牛不相及，朱元璋居然能扯到一起，結果可想而知，無非是人頭落地。

有一個和尚，為了給朱元璋拍馬屁，獻了一首謝恩詩，詩中寫道：

金盤蘇合來殊城，玉碗醍醐出上方。
稠疊濫承天下賜，自慚無德頌陶唐。

這是感謝皇上賞賜之恩的，絕無他意。他把太祖時代比作「陶唐之世」，極盡稱頌之情，哪知道這首詩竟惹了大麻煩。朱元璋居然把個「殊」字解為「歹朱」，即「歹徒朱元璋」之意，又把作者的自謙「無德」，看作是罵他「無德」，大怒道：「你用『殊』字，是指我為『歹朱』；又說什麼『無德頌陶唐』，是諷刺我無德，雖然想以『陶唐』來頌我而不能。」於是，便下令殺了這個獻詩謝恩的和尚。

還有一個和尚，法號一初，是元朝末年的高僧，明初受太祖的征辟到了南京，在僧司裡做官。有一天，看到籠中的翡翠鳥，忽然來了詩興，遂題詩一首云：

見說炎州進翠衣，網羅一日遍東西。
羽毛亦足為身累，那得秋林靜處棲。

一初大師的本意無非是看破紅塵，但是朱元璋讀了此詩，別有「詮釋」，他指責一初和尚說：「你這首詩的意思無非是不願為我朝服務，說我法網太密吧？」於是，把一初殺掉。

另一位高僧止庵的命運和一初頗為相似。止庵在西園漫步，吟成《夏日西園詩》七律一首：

新築西園小草堂，熱時無處可乘涼。
池塘六月由來淺，林木三年未得長。
欲淨身心頻掃地，愛開窗戶不燒香。
晚風只有溪南柳，又畏蟬聲鬧夕陽。

朱元璋讀到此詩，還是用他那種獨特的眼光、獨特的心態進行「闡釋」，他喝斥止庵，說這是諷刺時政：「你詩中的『熱時無處可乘涼』，不是說我刑法太嚴嗎？你又說『六月由淺』、『三年未長』，是說我立國規模太淺，不能大興禮樂。『頻掃地』、『不燒香』，是說我恐人議論而濫開殺戒，不肯積德修善嗎？」這全都是挨不上邊的牽合，連一點蹤跡都沒有的事，倒是朱元璋心虛，怕別人如此看他、議論他。這個事情的結局自然是止庵又賠上一條性命。

朱元璋當過和尚，自然對佛教有感情，明朝開國後崇興佛教，自然與此有關；但是，他以文字罪人，以文字殺人，卻毫不顧惜同類，和尚們都被他殺怕了。據說，朱元璋一日偶然到一處寺廟裡去遊玩，飲過主持獻上的香茶，便到寺院各處去轉轉，當他轉到塔林的外牆邊上，看到牆上有一首題壁詩，詩是題詠布袋佛的，但是朱元璋看了，又起了疑心，很是惱怒，原來詩是這樣寫的：

大千世界浩茫茫，收拾都將一袋藏。
畢竟有收還有散，放寬些子也何妨！

這首題壁詩也許本無寓意，朱元璋看了以後，如芒刺在背，他認為詩的作者是借布袋和尚來影射自己，勸他放寬法網。於是，再也沒了遊興，把全寺的和尚們召集起來，追查此詩的作者，結果無人承認，於是便下令把全寺僧眾殺了個一個不留，偌大個寺院，橫屍滿地，慘不忍睹！

因詩得禍的還有一些人，死得都非常冤枉。譬如御史張尚禮，曾寫過一首宮怨詩，詩云：

庭院沉沉晝漏清，閉門春草共愁生。
夢中正得君王寵，卻被黃鸝叫一聲。

宮怨詩是中國古典詩歌中的傳統題材，描寫宮女被冷落的幽怨。這類詩本來多是泛詠，並非都切近當世。

這首詩在藝術上也是很高妙的，沒有正面寫宮女的被冷落，而是寫夢中受到皇帝的寵幸，卻被黃鸝的啼聲驚醒，美夢化作灰煙而去，留下的只是無盡的悵惘。朱元璋讀了此詩，甚為不樂，認為這首詩是諷刺他宮中的隱情，於是便把張尚禮下蠶室，受宮刑，最後弄死。

還有一個官員陳養浩，是僉事，寫了一首詩，其中有慨嘆之語：「城南有嫠婦，夜夜哭征夫。」朱元璋讀後，非常惱火，認為這是譏刺朝政，於是便把陳養浩投入水中淹死。

狀元張信，被太祖任用教諸王子寫詩。他舉了杜甫的「舍下筍穿壁，庭中藤刺簷。地晴絲冉冉，江白草纖纖。」這四句詩作為學詩的法式。太祖不學無術，根本不知是杜詩，卻妄猜張信是以詩譏誚「天朝」。他拍堂狂叫：「堂堂天朝，何譏誚如此！」不由分說，就把他腰斬了。

還有一位詩人叫孫蕡，在胡藍黨獄中，因題畫詩而株連受死。朱元璋製造了駭人聽聞的胡惟庸、藍玉案，株連被殺的有四萬多人，在查抄之中，發現了孫蕡為藍玉寫的一首題畫詩，於是便把孫蕡作為「藍黨」判處死刑。孫蕡被押到刑場，行刑前，態度自若，信口吟了五絕一首：

鼉鼓三聲急，西山日又斜。
黃泉無客舍，今夜宿誰家？

這是五代詩人江為的《臨行詩》。孫蕡被斬以後，朱元璋問監殺指揮：「孫蕡臨死時說了什麼話沒有？」監殺指揮就把孫蕡所吟之詩向他複述一遍。哪知朱元璋聽後大叫：「何不早奏？」他覺得此詩甚好，如果及時把孫蕡的好詩報告給他，孫蕡就不會被殺了。朱元璋自以為愛才，其實孫蕡所吟也並非己作。盛怒之下，朱元璋下令殺了監殺指揮。這些文字殺人案血跡斑斑，卻又都映出朱元璋的愚蠢和淺陋無知，可悲中又有可笑。

在太祖時期的文字獄中，高啟之死，對於詩壇，對於文學史的損失是最大的。

高啟（西元一三三六年至一三七四年），字季迪，號青丘子。他很小便有才名，博學工詩，與楊基、張羽、徐賁齊名，人們比之為「明初四傑」，高啟為其冠冕。高啟元末隱居於青丘，洪武初年，召修元史，授翰林院國史編修。

在明代詩人中，高啟是最有成就、最有才華的一位。明代文壇領袖李東陽評價高啟在詩界的地位時說：「國初稱高、楊、張、徐。高才力聲調，過三人遠甚。百餘年來，亦未見卓然有過之者。」高啟才華橫溢，清新俊拔，尤其是七言歌行和律詩，更是雄豪奇放，個性十分鮮明。

高啟的文才、史才，為朱元璋所欣賞。洪武三年，高啟被擢升為戶部右侍郎。但高啟堅辭不就，他自陳年少，難堪重任，因而不受其辭，回青丘教書度日。這種態度，朱元璋當然是不太高興的。他後來以文字獲罪見殺，禍根其實便是在此時種下的。

高啟先有一首《題宮女圖》已經惹了麻煩。詩云：

> 女奴扶醉踏蒼苔，明月西園侍宴回。
> 小犬隔花空吠影，夜深宮禁有誰來？

此詩詠嘆宮闈之事，但是非常含蓄隱約。洪武初年，宰相李善長的子侄與宮女有曖昧關係，此詩可能是有所指而發。朱元璋看了以後很不高興，但是又難指實，因為詩的末句，完全可作兩種解釋。一可解釋為，除了熟人以外，誰還會在如此深夜到宮中來呢？另外，還可以解釋為，在這樣的深夜裡，還能有誰來呢？朱元璋感到心裡彆扭，但又無法定罪，於是隱忍未發。

高啟回到蘇州以後，本以為可以遠禍全身了，誰知禍患仍然躡蹤而至。

蘇州曾是張士誠稱王的所在，所以朱元璋對蘇州甚是注意。他委任精明強幹的魏觀為蘇州知府。高啟本是魏觀的好友，魏觀到蘇州後，經常邀集高啟等。魏觀把蘇州治理得很好，整頓風俗，興辦事業，百姓都很稱讚這位知府。

地方上的事情辦得很有個樣子，初具規模以後，魏觀看到蘇州府的衙門很是低窪狹小，反覆考慮後，決定把蘇州府衙門遷回到張士誠故宮的舊址。同時，魏觀還主持興修水利，疏濬了淤塞已久的錦帆涇——是春秋時吳王行舟的水道。

魏觀在蘇州頗有作為，卻引起其他官員的嫉恨。有人便以這兩件事——「復宮」、「開涇」作為口實，誣告魏觀是「心有異圖」，所謂「異圖」，無非是說你要謀反。朱元璋本來就是一個氣量狹小、猜忌心特強的人，他既用人，又疑人，還大肆殺人。聽了對於魏觀的告訐，朱元璋立刻派御史去進行調查。派去的御史草率隨意地坐實了魏觀的罪名，同時，便把高啟、王彝等作為魏觀的同黨一同定罪。魏觀在重建府衙時，按照傳統風俗舉行了上樑儀式，特請高啟寫了一篇《上樑文》。文中有「虎踞龍盤」的制式，用來形容蘇州的地理形勢。而魏觀的仇家抓住了這一句無限上綱，告魏觀有不臣之心。

從特定的含義來說，「虎踞龍盤」是與南京聯繫在一起的。三國時諸葛亮評論南京的地形說：「鍾山龍盤，石頭虎踞，此帝王之宅也。」以後「龍盤虎踞」就成為一個成語，說「龍盤虎踞」，便使人想到南京。南京當時又是明王朝的國都。好猜疑的朱元璋便認為在別的地方使用這個成語，就是犯了忌。其實，從廣泛的含義來說，「龍盤虎踞」無非是形容地勢的險要雄偉，高啟用它來形容蘇州，又有何不可？但朱元璋本來已對高啟不滿，有了這個「罪證」，又豈能輕易放過。於是等待高啟的，便是殘酷的結局。

高啟被腰斬於南京。魏觀也被活活腰斬，王彝也因魏觀案被處死。

明太祖朱元璋，是瘋狂製造文字獄的能手。在他的屠刀之下，不知有多少屈死的冤魂！洪武時期形成了一個前無古人、後無來者的文禍高峰。而受害者絕大多數是全然無辜的。

朱元璋對於文人學士，一方面要用，一方面又疑，而疑的後果就是：殺！他對茹太素說的話「金盃同汝飲，白刃不相饒」，最能表現他的心態。一方面可以和你開懷共飲，一方面可以毫不留情地砍下你的腦袋！

朱元璋製造文字獄的手段，是很荒唐可笑的，也可以說，在文字獄史上也是格調最低的。朱元璋用他荒謬的「文字學」手法來歪曲原意，羅織罪名，只要你寫文章，就無法逃脫他那「豐富的想像力」。一是望文生義。比如「門」字稍微勾起，朱元璋會說他「閉門」，「塞我賢路」。二是任意拆字。像把「殊」字拆成「歹朱」等。三是強作諧音，然後再任意聯繫。如用「則」來諧「賊」，以「法坤」諧「髮髡」。有些是朱元璋從他的安徽口音出發來胡亂聯繫的，使你防不勝防，諸如此類，荒謬至極。但是刀把子操在朱元璋手裡，這個斗大的字不識幾籮的皇帝，卻用他可憐的一點文字知識胡亂「說文解字」，出發點便是他的疑心。

明朝太祖時期，是文字獄史上最荒謬而又最血腥的一頁！

波瀾迭起的萬曆文禍

大風起於青萍之末，文禍起於國本之爭。

為了立儲之事，明神宗傷透了腦筋。神宗的皇后無子，在王妃生子朱常洛和鄭妃生子朱常洵之間，選擇哪一個立儲，一時成了焦點。

按封建時代的常例，皇帝立嗣以立長立嫡為原則。常洛和常洵皆非嫡生，按道理應立皇長子常洛。但是神宗對皇后、王恭妃等都較為冷落，只對這個鄭妃眷愛不衰，大有「三千寵愛在一身」之勢。萬曆十四年（西元一五八六年）鄭妃生下常洵，神宗馬上即晉封鄭妃為貴妃。而王恭妃生下常洛已是五年，卻未聞加封，很明顯見出鄭貴妃的專寵。

鄭貴妃自然知道自己在神宗心目中的至上地位，她何嘗不想讓自己的兒子當上太子？兒子如果當上太子，將來就可繼承大統，登上皇帝寶座，那自己就是太后，終身有了倚靠。

鄭貴妃又不禁想到自己的現在和將來。眼下雖得皇上的專房之寵，但是朝臣卻把自己看成禍國的尤物，比之於妲己。神宗迷上自己之後，已經多年不朝，不理朝政，朝廷諸臣意見很大，不斷上疏切諫。儘管上疏的官員屢遭斥逐，但還是有不怕死的朝臣進諫。有朝一日，山陵崩塌，自己可就……。想到這些，鄭貴妃不禁不寒而慄。為常洵謀立太子，成了鄭貴妃最大的心病，在皇上的懷抱之中，一邊撒嬌，一邊懇請立常洵為太子。

對於鄭貴妃，神宗所喜愛的也許並非僅是她的天姿國色，還包含了她的性格。因為在紫禁城內外，皇上都是獨一無二的至上權威，同時他也是一尊偶像，別的嬪妃在他面前是誠惶誠恐的百依百順，而這非但不能引起神宗的興趣，反而覺得有些乏味，他感到一種精神上的孤獨。

而這個鄭貴妃，她和皇上有共同的讀書興趣，又深知這位萬曆皇帝的心中苦悶，她敢於大膽地走進皇上的心靈世界。雖然是姬妾，她並不把自己僅僅當作皇上的肉慾工具，而實際上，她已經是皇上的精神支柱。鄭氏在萬曆十一年（西元一五八三年）由淑嬪升為德妃，次年又進為貴妃，成為萬曆皇帝生活的重心。萬曆多年疏於政務，不能不說他溺愛鄭貴妃是個重要的原因。

面對躺在自己臂彎中的鄭貴妃，皇上越發憐愛不已。可是對於這位千嬌百媚的愛妃提出的這個重要要求，卻不敢貿然答應。他抹去鄭貴妃臉上的兩滴清淚，不由得嘆了一口氣。作為一個從小深受封建傳統教育的皇帝，他當然深知立長立嫡乃是天經地義的規矩，廢長立幼給王朝政治將會帶來什麼樣的影響與波動，他不能不加思量。他雖然貴為天子，但是朝臣的輿論，不能不對他構成一種制約力量。有些朝臣，尤其是那些諫官，常常依據孔孟大義對皇上的行為提出規諫。儘管自己貶逐了一些多事的朝臣，但輿論卻對自己很不利，所以對於鄭貴妃的要求，他感到十分為難。自從晉封鄭妃為貴妃，內外臣工已大有輿論，說陛下有可能廢長立幼，而且均以為不可。面對立儲問題，萬曆皇帝感到陷入了尷尬的僵局。

鄭貴妃不依不饒，見皇上不敢痛快答應，她撅起嘴來，轉過身去，不許皇上碰一下。皇上只好含糊答應，以博鄭貴妃的破顏一笑。

自從皇上冊封鄭妃為貴妃，朝臣們對此事相當關注。皇長子常洛年已五歲，生母王恭妃並未得以晉封；而鄭妃剛生下常洵不久，便晉封其母為貴妃，這預示著什麼呢？一是對鄭貴妃的專寵，二是廢長立幼之可能。貴妃的地位僅次於皇后，而在其他嬪妃之上。按照倫理和習慣，這種尊榮應該首先授予皇長子的母親恭妃王氏，而皇三子的母親德妃鄭氏卻後來居上，在朝臣們看來，正是本末顛倒。

以首輔大學士申時行為首的朝臣們，對於此事深感憂慮。立儲之事乃是「國本」，關係到王朝命運。廢長立幼，在他們看來，乃是萬萬行不得的。其實，對於常洛和常洵，朝臣們倒無法說出孰賢孰愚，但是長幼秩序乃是不可廢棄的大統，這一點是不能造次的。更重要的是，常洵的生母乃是鄭貴妃，這是朝臣們側目而視的人物。皇上視之為掌上明珠，愛之不倦，而正因為專寵此女，竟對朝政心灰意懶，乃至於多年不朝。因此，在朝臣們的眼中，這鄭貴妃與唐玄宗的楊貴妃無異。如果立了常洵為太子，鄭貴妃的勢力恐怕就更加穩固，難以動搖，就會更多染指朝政，甚至危及大明江山。這該如何是好？朝臣們商議一下，決定上疏請立東宮太子，當然是請求冊立皇長子常洛。上疏中這樣奏道：

臣等聞早建太子，所以尊宗廟，重社稷也。自元子（皇長子）誕生，五年於茲矣，即今麟趾螽斯，方興未艾，正名定分，宜在於茲。祖宗朝立皇太子，英宗以二歲，孝宗以六歲，武宗以一歲，成憲具在。惟陛下以今春月吉，敕下禮部，早建儲位，以慰億兆人之望，則不勝幸甚！

萬曆皇帝看了此疏，正中心病，他心裡不想立皇長子，但又不能馬上逆情悖理提出立常洵為太子，那樣馬上會在朝臣中引起軒然大波。萬曆皇帝皺了皺眉頭：這件事拖下去再說吧。如何批答呢？只好這樣說：「元子嬰弱，少待二三年，冊立未遲。」他以為這樣一拖，群臣也就無話可說了。

批旨發下，群臣仍然緊盯此事，而且越來越直截了當。戶科給事中姜應麟、吏部員外郎沈璟，又上疏抗奏：

竊聞禮貴別嫌，事當慎始，貴妃所生陛下第三子（萬曆皇帝第二子常溆，生下不到一歲便夭折了），猶亞位中宮，恭妃誕育元嗣，翻令居下，揆之倫理則不順，質之人心則不安，傳之天下萬世則不正，請收回成命，先封恭妃為皇貴妃，而後及於鄭妃，則禮既不悖，情亦不廢。陛下誠欲正名定分，別嫌明微，莫若俯從閣臣之請，冊立元嗣為東宮，以定天下之本，則臣民之望慰，宗社之慶具矣。

這封上疏語言比較激烈，直捅到事情的實質要害。指責萬曆封鄭妃為貴妃於理不順，於人心不安。並請皇上收回成命，先封恭妃為貴妃。而且直接籲請冊立皇長子為東宮太子。如此直率的指責，萬曆自然難以接受。

這疏一上，萬曆看了幾句，便勃然作色，把它拋在地上：「冊封貴妃，與立儲有何相干？臣下怎得妄言謗朕？」當時便手下詔令：「鄭貴妃侍奉勤勞，特加殊封；姜應麟妄議朕非，貶降至極邊荒地；沈璟降級外調。敕令閣臣知之。」申時行、王錫爵等，接奉敕命之後，又入朝面請，擬減輕姜應麟罪名。神宗怫然不悅：「朕將他們降處，並非為了冊封，只恨他無故推測，疑朕廢長立幼。我朝立儲，自有成憲，朕亦不能壞了祖宗規矩。」申時行等聽了，唯唯而退。

對於立儲之事，慈聖太后也頗為關心。萬曆皇帝對自己的生母慈聖太后（李太后）頗為敬畏，而太后對他也督導甚嚴。在萬曆大婚之前，他與母親慈聖太后同住於乾清宮，太后對皇帝能否克盡厥職和勤奮學習都極為關懷，皇帝的其他行動也經常得到她的指導。

萬曆當皇子時陪伴的馮保，在萬曆登基後擢升為司禮監太監，成為宮中職位最高的太監。馮保經常向慈聖太后報告宮內外、包括皇帝本人的各種情況，太后因此能夠耳目靈通，萬曆皇帝卻因此而漸生畏懼。慈聖太后教子極為嚴格，如果「大伴」馮保作出對皇帝不利的報告，在太后的盛怒之下，皇帝就會受到長跪的處罰。關於立儲和冊封的事，慈聖太后自然也了解到了朝臣們的態度和議論，她準備找個機會對萬曆教導一番。對於皇帝的這種做法，她是頗為不滿的。

一天晚膳之時，萬曆侍膳，也就是與母后一同用餐。太后忽然放下調羹，正色問皇帝說：「朝廷眾臣請求立儲，你為什麼不立皇長子？」萬曆答道：「他是個都人子，不便冊立。」太后突然大怒，把筷子往桌上一摔，厲聲反問：「你難道不是都人子嗎？」萬曆嚇得避席伏地，久不敢起。所謂「都人」，是內廷對宮女的稱呼，太后也是由都人而進，所以太后才如此反問。直到太后怒氣漸平，萬曆方才起立。

待到萬曆十八年（西元一五九〇年）正月，皇長子已經九歲了，萬曆親御毓德宮，召見申時行、許國、王錫爵等，商議立儲之事。申時行等自然是援「立嫡以長」四字，奏於帝前。萬曆說：「朕無嫡子，長幼自有次序，這個朕何嘗不知？但是長子還很幼弱，所以稍遲。」申時行等乘間請奏：「元子已經九齡，蒙養豫教，正在今日。」萬曆頷首稱善。

申時行等叩首而退，剛出宮門，忽見司禮監追出留住他們：「皇上已經宣皇子入宮，與先生們一見。」申時行等再返入宮。皇長子、皇三子先後到來。萬曆召過皇長子，在御榻右面，讓他向著光亮站好，讓申時行等觀看，並問：「卿等看此子狀貌如何？」申時行等仰觀片刻，齊聲奏道：「皇長子龍姿鳳表，岐嶷非凡。」又道：「皇長子春秋漸長，理應讀書。」王錫爵也說：「皇上前正位東宮，時方六齡，即已讀書，皇長子讀書已晚呢。」萬曆說：「朕五歲便能讀書。」說著時，又指著皇三子說：「是兒亦五歲了，尚不能離乳母。」於是，又把皇長子的手拉到膝前，撫摩嘆惜。申時行等又叩頭奏道：「有此美玉，何不早加琢磨，使其早成大器？」萬曆說：「朕知道了。」申時行等方才退下。

誰料此事被鄭貴妃探聽到了，心中十分懊惱，對著萬曆皇帝含嗔撒嬌，弄得萬曆無可奈何，只好低首下心，求她息怒。貴妃於是乘勢要挾，拽著萬曆同到大高元殿，拜謁神明，設了密誓，約定將來必立常洵為太子，又由皇上親筆，寫明誓言，緘封玉盒交與鄭貴妃。

鄭貴妃初步達到了目的，變嗔為喜，對於皇上竭力奉承，千嬌百媚。萬曆自此更入情魔，沉湎於酒色，對於朝政不聞不問，也不上朝，每天日高三丈，大臣俱已待朝，卻不見皇上出來。時常派宦官出來說皇上聖體違和，著即免朝，以後竟然循為慣例，不再上朝了。甚至於舉行郊祀廟享的大禮，萬曆也不出來，都是派官員替代。對於朝臣上的奏疏，也不批答，朝廷和地方上缺官也不補，想要辭官也沒有得請之路，朝綱久廢。朝臣們心灰意冷。

對於這種情形，正直的言官覺得忍無可忍，只好採取激烈的言辭來刺激惰性十足的萬曆皇帝，於是，便引來文字之禍。大理評事雒於仁，憂憤於皇上的昏惰，上《酒色財氣四箴》，直接攻擊皇帝的過失，十分激切尖銳，箴前有疏云：

> 臣聞嗜酒則腐腸，戀色則伐性，貪財則喪志，尚氣則戕生。陛下八珍在御，觴酌是耽，卜晝不足，繼以長夜，此其病在嗜酒也。寵十俊以啟倖門，溺鄭妃靡言不聽，忠謀擯斥，儲位久虛，此其病在戀色也。傳索帑金，括取幣帛，甚且掠問宦官。有獻則已，無則譴怒，李沂之瘡痍未平，而張鯨之資賄復入，此其病在貪財也。今日榜宮女，明日杖中宮，罪狀未明，立斃杖下；又宿怨藏怒於直臣，如范儁、姜應麟、孫如法輩，皆一詘不申，賜還無日，四者之病，膠繞身心，豈藥石所可治？……陛下之溺此四者，不曰操生殺之權，人畏之而不敢言；則曰居邃密之地，人莫知而不能言。不知鼓鐘於宮，聲聞於外，幽獨之中，指視所集。且保祿全軀之士，可以威權懼之；若懷忠守義者，即鼎鋸何避焉？臣今敢以四箴獻，若陛下肯用臣言，即立誅臣身，臣雖死猶生也，惟陛下垂察。

雒於仁可真是「捨得一身剮」了，他直接批評萬曆皇帝「嗜酒」、「戀色」、「貪財」、「尚氣」，毫不客氣，直捅病根，並且點名批評鄭貴妃，指責皇上因溺愛鄭妃而擯斥忠謀，這麼激烈的指斥抨擊可以說是古今罕見。

萬曆皇帝見了這《酒色財氣四箴》，如芒刺在背，氣得大發雷霆，非要處死雒於仁不可。但時值歲暮，馬上就要過年了，不便濫動刑殺，只好將疏留下，待到過年之後再行處置。

過了元旦之後，皇上在毓德宮召見閣臣申時行等，一定要將雒於仁判以死罪。申時行反復勸解，但皇上之意難以回轉，申時行便改換策略，這樣對萬曆皇帝說：「這篇東西不能公之於外，恐外人會信以為真。希望陛下對於仁曲賜優容，令於仁去位就是了。」萬曆聽了這番話，認為有理，於是便頷首同意了。過了沒幾天，即將雒於仁謫為庶民。

雒於仁雖被貶黜，但是「爭國本」的風波並未完全平息。中國封建社會還真有一些忠鯁之臣，為了統治階級更為長遠的利益，不怕坐牢，不怕殺頭，以死諍諫，留下了凜然風節。萬曆時期的「國本之爭」，也頗能見出一些朝臣的忠正之氣。雖於仁而外，仍有許多大臣不斷上疏，請立太子以固「國本」。但是都被皇上「留中」不發，不置可否。

到萬曆二十年（西元一五九二年），禮科給事中李獻可看到皇帝久久沒有立儲的朕兆，心中甚為憂慮，但又不敢再明言立儲之事，上疏請求對皇長子進行「預教」（出閣讀書）。疏中說：「元子年十一矣，豫教之典，當首春舉行。」萬曆對此十分敏感，他是把「預教」和立儲聯繫起來看待的，而實際上，李獻可的疏請「預教」，也是「醉翁之意不在酒」，也是把「預教」作為立儲的先聲的。

對李獻可提出的「預教」，萬曆沒有辦法治之以罪。皇長子已經十一歲了，難道能這樣一天天混下去，不接受教育嗎？這於情、於理都說不通，所以人家提出「預教」這個問題來，是蠻有道理的。但是「預教」不無潛台詞所在，請「預教」實際仍是「爭國本」的組成部分，這使萬曆十分惱火，卻又無法治罪。於是他便反覆閱讀這份奏疏，企圖在文字上找到毛病。

這一找果然有所收穫。他在疏中摘出了誤書的弘治年號，憑這個來治李獻可的罪，說李獻可是「違旨侮君」，下令將他貶官外調，隨他上疏的六科諸臣一律奪俸半年。

這份不講道理的「御批」一下，馬上便在群臣中激起了風波。大學士王家屏率先封還御批，極力勸諫。給事中孟養浩再上疏切論皇上此舉不妥，為李獻可辯護，孟養浩的上疏激切明快，慷慨陳詞，疏中有言：

> 一字之誤，本屬無心，乃遽蒙顯斥，臣愚以為有五不可：
>
> 元子天下本，預教之請，為宗社計，不惟不聽，且從而罰之，是坐忍元子失學而敝帚宗社也。不可者一；長幼定序，明旨森嚴，天下臣民，既曉然諒陛下之無他矣，然預教冊立，本非兩事，今

日既遲回於預教，安知來歲不游移於冊立。是重啟天下之疑。不可者二；父子之恩，根於天性，預教有益元子明甚，而陛下罪之，非所以示慈愛。不可者三；古者引裾折檻之事，中主能容之。陛下量侔天地，奈何言及宗社大計，反震怒而摧折之。天下萬世，謂陛下何如主？不可者四；獻可等所論，非二三言官之私言，實天下臣民之公言，加罪獻可，是所罪者一人，而實失天下人之心。不可者五。

不僅是孟養浩，很多朝臣都上疏抗議。萬曆愈加惱怒，他認為孟養浩「欺君惑眾」，必須懲一儆百，於是命錦衣衛把孟養浩廷杖一百，打得股開肉綻，然後削籍為民。

這廷杖的刑罰乃是非常殘酷的，被打的都是廷臣。無論多大的官員，只要皇帝一不高興，下令廷杖，便拖到午門之外，用專用的木棍來打。打時的情形是這樣的，眾官穿著朝服陪列在午門外西墀之下，左面是中使，右面是錦衣衛的校尉，各三十員。下面站立旗校百人，都手執木棍。宣讀完皇帝的廷杖命令之後，一個人用麻布兜，把犯官從肩膀、脊背以下束住，左右不能動，另一人縛住兩腳，四面牽拽，只露出臀部來受杖。受刑人頭面觸地，地上的塵土塞滿口中。

被杖的人，大半事前知道，都先吃點藥來準備挨打，這樣才能得以不死。而如果事先沒有心理準備，倉促間受杖刑的，打上十杖就難以活命了。倘先有意待杖，打一百杖也未必能死，但多數落下了嚴重的殘疾。被杖人的輕重死活，也和行仗、監杖的特務關係甚大，錦衣衛校尉行杖時，看監杖的司禮太監的兩隻靴尖。如果兩隻靴尖向外成八字形，那麼，他們還不致於將人打死，如若兩隻靴尖向內一斂，那麼被杖者就休想活命了。

孟養浩被打成重傷，僅存一息，又被削官為民，無非是因為上了這「五不可」的奏疏，拂了皇帝的龍麟。

不僅孟養浩遭此慘毒，還有其他許多諫官，也因之受累，同時被罷免的諫官有十一人之多，朝臣無不駭嘆，一時間朝廷沉寂，無人再敢言事了。然而，「爭國本」的風波一直在延續，朝臣們仍在為立儲之事呼籲。

萬曆二十一年（西元一五九三年）正月，萬曆下手詔給王錫爵，命冊封皇長子與兩個弟弟（常洵及周端妃所生子常浩）同時冊封為王。大學士王錫爵只好奉詔擬旨，而朝臣因喧嘩，對王錫爵大不滿意。三子並封為王，那麼，皇長子能否立為太子就很難說，常洵就有建儲立嗣的可能，這抑或便是皇上的意圖所在。由於朝臣輿論強烈，此事只好暫時擱置下來。

到萬曆二十二年（西元一五九四年）二月，皇長子方出閣講學。萬曆二十八年（西元一六〇〇年）十月，給事中王德完又上疏請求建儲，結果再受廷杖，除名削籍。

萬曆二十九年（西元一六〇一年）十月，皇長子常洛終於被立為太子，而鄭妃之子常洵被封為福王。福王的婚費和府邸，十倍於常制，表現出皇帝對他的特殊寵遇。而按照明代的制度，皇子封王之後，要到自己的封地去，雖然可以窮奢極欲地享受，但不能干預地方行政事務，也不能隨便離開自己的封地。這實際上是怕藩王坐大，養成羽翼，危及皇權。但福王受封後，萬曆並未讓他「之國」，也就是到自己的封地去。這樣，就隱含著福王「奪嫡」的危機——至少朝臣們是這樣憂慮的。於是又鬧出了《憂危竑議》和《續憂危竑議》兩場接踵而至的文禍。

起因是這樣的：刑部侍郎呂坤，撰了一部書叫《閨範圖說》。所謂《閨範圖說》，顧名思義，是講婦德「閨範」的，並以插圖解說。太監陳矩把它購入宮禁之中，萬曆便把它賜給了鄭貴妃。鄭貴妃對《閨範圖說》的內容很感興趣，竟自「對號入座」，覺得自己很合「閨範」，可以借此提高自己的聲名。如果把它重新刊刻，再把自己加進去，不是更好嘛！

鄭貴妃把自己的想法對哥哥鄭國泰透露了，國泰拍手稱好，十分贊成，並且主動把這件事承擔下來。於是，鄭國泰又重刻《閨範圖說》，首列漢朝的明德皇后，最後把鄭貴妃的姓名，也刊入其中。

鄭貴妃一看，十分高興，樂得手之舞之，足之蹈之，並且親為撰序，其中有「儲位久懸，曾脫簪待罪，請立元子，今已出閣講學，藉解眾疑」等語，大有「此地無銀三百兩」的風味，令人啼笑皆非。

這部書傳出宮禁，明眼人一看便知是為鄭貴妃樹碑立傳。於是，有人撰寫了《閨範圖說跋》又叫《憂危竑議》。此文托為朱東吉問答。東吉，意即東朝，這篇文章託名朱東吉來駁斥呂坤原著，大意說《閨範圖說》中，首載明德皇后，實際是借諛鄭貴妃。明德皇后由宮人進位中宮，鄭貴妃也將援此例。鄭貴妃重刊此書，實際是預為奪嫡。書名稱《憂危竑議》，是因為呂坤嘗有「憂危」一疏，作者借此加以譏諷。

那麼，這書的作者「朱東吉」是誰？「朱東吉」是化名無疑，真正的作者到哪裡去尋呢？於是，鄭貴妃、鄭國泰到處追查，一時間疑神疑鬼，弄得人心惶惶，真正的作者沒有查到，卻抓住了替罪羊。替罪羊便是給事中戴士衡和全椒縣知縣樊玉衡。戴士衡上疏彈劾過呂坤，說他「逢迎掖庭」，實際上是借彈劾呂坤而指斥鄭貴妃。全椒縣知縣樊玉衡，更是大膽，他直接上疏纖彈鄭貴妃，竟有「皇上不慈，皇長子不孝，皇貴妃不智」數語。鄭貴妃對於二衡懷恨在心，想來想去，這「朱東吉」定是這兩個人。鄭國泰於是反覆推究，認定這「妖書」作者必是戴士衡、樊玉衡。於是，告之於萬曆皇帝。萬曆皇帝將信將疑，鄭貴妃卻纏住他又哭又鬧，逼著皇上半夜下旨抓人，把「二衡」下獄拷問。然後，把「二衡」發配到極遠之地去充軍戍邊。這是第一次「妖書」案的結果。

豈知一波未平，一波又起。時隔不久，又出現了第二起「妖書」案。

萬曆三十一年（西元一六〇三年）十一月冬，有人又寫了《續憂危竑議》，貼在了大學士朱賡府第的門上。朱賡的僕人早上出門，發現了這份《續憂危竑議》，趕快揭了下來，交給主人，朱賡一看，非同小可，文章託名於「鄭福成」，也是問答之體。所謂「鄭福成」，無非是鄭氏之子福王當成。文中大意是：「皇上立東宮，乃是不得已，他日必當更易。」之所以用朱賡為內閣大臣，是因為「賡」、「更」同音，寓含更易之意。此文辭語詭譎，而且事關朱賡本身，朱賡嚇得渾身發冷，馬上將此文上奏於萬曆皇帝。

萬曆皇帝一看，十分氣惱，下詔大索奸人。數日之間，告訐紛起，鋃鐺旁午，廠獄中塞滿了「妖書」案的嫌疑犯。

嫌疑犯中首當其衝的是郭正域與皦生光。郭正域是太子出閣時的講官，原先曾是內閣次輔沈鯉的門生。內閣首輔沈一貫與沈鯉之間有怨恨嫌隙，同時也就啣恨於郭正域。這次借此機會將郭正域鍛成罪名，也就打擊了沈鯉。於是，沈一貫便把郭正域當作頭號嫌疑犯，加以非刑審訊。與郭正域有牽連的人，如醫生沈令譽、高僧達觀、僕人毛尚文等，都被逮捕入獄。達觀被拷打致死，沈令譽也差點沒死在獄中，都沒有半點口供。

毛尚文因受利誘，編造「妖書」的刊刻日期，但因與事實相距甚遠，偽證不能成立，郭正域的罪名無法坐實，但是刑部還是不肯放過他，認定他為「妖書」作者，要殺掉他。這時太子忍無可忍，站出來為郭正域說話：「你們為什麼一定要殺我的好講官？」手指著沈一貫，讓他講出道理。眾人一看太子動怒，不敢再加害於郭正域。於是，便又把罪名嫁接到皦生光頭上。

皦生光是順天府的生員，為人不無才學，但素行狡詐，採取卑劣手段敲詐別人錢財，因而不齒於士林。當時有個富商包繼志，乃是鄭貴妃家族的親戚，家有萬貫又欲附庸風雅，他慕皦生光的才學，讓皦生光代纂詩集，屬為己名，當然是給前者很多「稿費」了。皦生光有意敲詐，便寫了一首七言絕句，以為將來敲詐之用。詩是這樣寫的：

五色龍文照碧天，讖書特地擁祥煙。
定知鄭氏乘黃屋，願獻金錢壽御前。

皦生光以「松風狂客」來署名，隱指包繼志。此詩暴揚鄭家密謀朱常洵為太子，為將來鄭姓篡位作準備。皦生光將此詩摻入詩集，一同付印。包繼志本是商人，對詩毫無所解，任憑皦生光弄翰代筆，以為是字字珠璣，即行付梓刊行。皦生光預先將自己的寫本索回燒燬，一面又密托好友，向包繼志索詐，說他詩集中，有謀逆文字，指出「黃屋」乃是天子所居，「鄭主」二字，是指鄭貴妃及皇子常洵。若向朝廷出首，管你殺身亡家。包繼志到此，方知上了皦生光的圈套，但詩集上刻著自己的大名，跳進黃河也洗不清了，只好自認晦氣，出錢了結。皦生光又曾教書於鄭國泰家，他又將此詩呈入，恫嚇國泰，國泰也非常害怕，於是情願出錢了事。待「妖書」一出，鄭國泰便懷疑出自於皦生光之手，把他拘捕到案，加以刑訊。

問官故意問他：「你莫非由郭正域主使？」皦生光雖是狡詐之徒，然並非貪生怕死之輩，他瞋目而對：「我何嘗作此書？你等硬要誣我，我不過一死而已，為何讓我迎合宰相意旨。陷害郭侍郎？」問官只好把他押入獄中。

太監陳矩，正提督東廠事務，屢次提訊，不得要領，怕找不到作「妖書」之人，必然會惹皇帝發怒。如果輾轉攀求，必然株連更多，不如就在皦生光身上了結此案。於是便對皦生光屢用酷刑，把他打得體無完膚，皦生光熬刑不住，便決定招認：「朝廷得我一供，便好結案，否則牽藤結蔓，糾纏不休，不如承認下來，該殺該剮，聽憑處置。」這樣，「妖書」案便結在了皦生光身上。陳矩將皦生光移交刑部，按罪議斬。而萬曆皇帝仍嫌不夠，加罪凌遲，遂將皦生光磔死。「妖書」一案，是以皦生光的枉死而告終結的。

萬曆一朝，文禍迭起，卻並非單純的文字是非，而都是圍繞著「爭國本」的風波發生。可以說萬曆朝這些文字之禍，都與「國本」問題相伴相生，表現形式都以文字出現，深層的原因乃在於統治集團內部爭奪繼承權的鬥爭。這個時期的文禍明顯不同於朱元璋時期的文禍，後者是對一些個別文字牽強附會、胡亂拆解，胡攪蠻纏地殺人，體現出明太祖朱元璋的野蠻性。萬曆朝的文禍主要是諫禍，臣下在諫疏中表達的政治觀點，直接觸怒了皇帝，而如李獻可疏請預教案中誤書弘治年號，很明顯是「雞蛋裡挑骨頭」，其實癥結並不在文字之誤上。萬曆朝的文禍還在兩起「妖書」之獄。這是匿名文章引起的文禍。其實，所謂「妖書」，仍然是緊緊圍繞著「國本」問題而展開的，「妖書」的矛頭是指向鄭貴妃的。統治者把嫌疑者當作真正撰書人判罪，從重處置，釀成了兩場冤案，這是非常特殊的文字獄。

一代思想家的慘遇

「不以孔子之是非為是非」的叛逆者，用自己的生命，點燃了啟蒙之火！

明神宗萬曆三十年（西元一六〇二年），春三月，李贄在獄中用剃刀自刎。帶著異端思想強光的一顆巨星，劃破了沉沉夜空，隕落了！

在中國文禍史上，李贄一案有著更為深刻的內涵和意義。它已經超越了具體的文字，具有思想史範疇的重要價值，但其表現形式，仍是文字之禍！

李贄，號卓吾，又號溫陵居士，他是明代著名的思想家，反理學的鬥士。在統治者眼裡，他是一個最為激烈、最為危險的異端分子。

在中國思想史上，明代是一個波瀾壯闊的時代，李贄在其中是個思想解放、勇於衝破世俗觀念的勇士。在明代思想史上，王陽明心學已經奏出了與程朱理學並不諧和的曲調，王學左派諸人，更提出了適應平民需求的哲學呼聲，如王艮提出「百姓日用即道」的革命性命題，與傳統道學相左。顏山農、何心隱的學說，就帶有更強的異端色彩，正如黃宗羲在《明儒學案》中所說：「泰州之後，其人多能以赤手搏龍蛇，傳至顏山農、何心隱一派，遂復非名教所能羈絡矣。」

李贄乃是王學左派的後學，他把這種與理學思想相對立的「異端」思想推向了一個巔峰。他公開向虛偽的禮教挑戰，提倡人的真性情，反對「以孔子之是非為是非」，公開亮出批判孔孟之道的旗幟。

李贄辭去雲南姚安知府的官職以後，寓居於友人耿定理家中，後又在麻城削髮而入佛寺，寫下了《初潭集》、《藏書》、《續藏書》、《焚書》、《續焚書》等著作，表現了強烈的異端思想傾向，揭露理學的虛偽，與統治階級產生了尖銳的衝突。一些衛道士上疏朝廷彈劾李贄，認為李贄等人「背棄孔孟，非毀程朱」，要求當局懲辦李贄。於是李贄以七十六歲高齡被捕入獄，演出了他人生最後的一幕壯劇。

告別黃安耿家，李贄隻身來到鄰縣麻城，在縣城「維摩庵」安頓下來。這個前任四品知府，已經是花甲之年了。

李贄在知交耿定理家中住了多年，過著平靜的隱居生活。定理與他是志同道合的好友，這自不待言；而定理的長兄耿定向，卻因思想觀念上的分歧，而與他產生了歷久難消的隔閡，這不是個人之間的感情、意氣之爭，而是兩種根本不同的思想觀點。

耿定向先前丁憂守制在家，萬曆十二年（西元一五八四年），他以守制前的職銜起復，官都察院左僉都御史，走馬上任去了。七月間，李贄的知友耿定理溘然長逝於家中，終年才五十一歲。

李贄悲痛萬分，定理是他最為知己的好友，可以生死相托，他背井離鄉、輾轉千里來到黃安，就是奔著定理來的。誰想到，定理卻逝於壯年……。

李贄熱淚滂沱，寫下了幾首感人胸臆的詩作《哭耿子庸》：

> 我是君之友，君是我之師。我年長於君，視君是先知，……行行還出門，逝者在於斯，反照未生前，我心不動移，仰天一長嘯，茲事何太奇！從此一聲雷，平地任所施，開口問人難，誰是心相知？
>
> ——其二

……時來一鼓琴，與君共晨夕，已矣莫我知，雖生亦何益！

——其四

耿定向在八月間榮升為都察院左副都御史，得知弟弟的噩耗，立即給家中寫信，慰問親友，安排後事。其中也給李贄寫了一封信，除了寒暄問候之外，便是討論學問，對李贄的學術觀點提出批評。

李贄給耿定向回了一封長信，把自己久欲言之的不同見解和盤托出，其中最重要的，是對孔學的看法。李贄強調人的主體意識以及獨立意識，不同意依附於孔學而毫無個人建樹。他在這封《答耿中丞》信中說：「『學豈可無術歟』，這是您的『至理名言』，您所以得於孔子，深信不疑，而為家法，我又有何話說。但這乃孔子之言，並非我之言，天生一人，自有一人之用，並不取決於孔子；如果必定取決於孔子，那麼，千古以前沒有孔子，就不能成其為人了嗎？」這些話充分肯定了人的主體地位，反對把人的價值依附於孔子的價值，對於道學家來說，這不啻於是「平地驚雷」。

人不是按統治者意志運轉的工具，人是享受思考權利的萬物靈長！

在真理面前人人平等——「天生一人自有一人之用」，為什麼要廢棄眾人之思，讓大家都服從孔子，學著他的腔調講話呢？

李贄並不是蔑視貶低孔子，作為一個獨立思索的人，作為一個追求真理的人，李贄是尊敬孔子的。但如果把孔子奉為神聖不可冒犯的萬世偶像，作為封住千萬活人嘴巴的符咒，使他成為扼殺眾生性靈的法寶，他就必然成了面目可憎的泥胎木偶。李贄所要抨擊的孔子，不是春秋時期的孔子，而是「罷黜百家、獨尊儒術」以後的孔子。

這以後，耿定向幾次來信，無非是不同意李贄的觀點，以孔子之道為定天下之是非。

李贄幾次作答，與之展開了論戰，兩方的裂痕已是很明顯的了。

與此同時，鄧石陽也來信討論學問。鄧石陽是耿定向的弟子，李贄在河南任職時，他們本是老朋友，現在當了知府。鄧石陽的信中自稱是濡染心齋之學，但對於心齋之學的一些基本概念都不甚了了，在信中作了歪曲的理解。

李贄在覆信中闡述心齋之學的基本觀點——「百姓日用即道」，這是與程朱理學大相逕庭的。李贄毫不含糊地站在泰州學派的立場上，並以自己的話來闡述這種觀點，李贄明確地講：「穿衣吃飯即是人倫物理，除卻穿衣吃飯，天倫物矣。」這是泰州學派的基本觀念，不過是被李贄發揮得更為直白痛快。在李贄看來，所謂「倫理」，就是人們的基本物質生活欲求，這是與程朱理學的「存天理，滅人欲」針鋒相對的。

李贄最為痛恨朱子之學，他在回覆鄧石陽的信中指出「兄所教者，正朱夫子之學」，對於朱熹本人，他幾乎也是深惡痛絕的。尤其是官方把朱熹作為欽定的神化的專制工具更使人憎恨。

萬曆十三年（西元一五八五年），李贄離開了黃安，他把妻子女兒打發回泉州老家，將身邊所餘資財都給了家眷，自己隻身來到麻城——在麻城有幾位對他甚為敬重的朋友。其中周柳塘在麻城德高望重，很有地位，熱心地充當東道主；周的女婿曾中野出錢在縣城買下間大屋，使李贄有了棲身之所。

在麻城數月，不僅與周柳塘翁婿十分相得，過從甚密，而且還結識了劉近城、楊定見、丘長孺等一批新朋友。

李贄在麻城，除了與友人詩酒流連之外，就是閉門讀書寫作。但耿定向時常有書信來，苦口婆心地對亡弟的友人進行忠告，勸他不要不自量力地與社會傳統作對，否則將在危險的路上越走越遠。

李贄寫了一封《答耿司寇》的長信作答，把該說的話都吐出來，淋漓盡致地批判了偽道學、偽君子。他指出耿定向以「孔孟之正脈」自居，以排斥「異學」自任，是「執己自是之病」。他反對僅以孔子一人為聖，而認為千聖萬賢皆有可取。

「聖人不責人之必能，是以人人皆可以為聖。故陽明先生曰：『滿街皆聖人。』佛氏亦曰：『即心即佛，人人是佛。』夫惟人人之皆聖人也，是以聖人無別不容己道理可以示人也……耕稼陶漁之人既無不可取，則千聖萬賢之善，獨不可取乎？又何必專學孔子而後為正脈也！」李贄從心學角度出發，肯定了聖賢的廣泛性，推倒孔子的獨尊地位，這當然也是統治者斷不能容忍的。

李贄患了脾病，嚴重消化不良，痛得數月不起，多方吃藥，並聽從郎中及朋友的勸告，改變以往整日與書案為伴的生活方式，多外出活動。

於是，李贄經常和一班朋友遊山玩水，恣意所往，在自然的陶冶中，恢復人的自然天性。他對於那種「非禮勿視，非禮勿聽」的假道學，從來就是極為反感的。偶爾路過書院講堂，到室內坐坐，他也不願以前輩身分勸學或用孔孟程朱理學曉諭諸生，有那種被理學薰得呆頭呆腦的諸生，手捧著經書，拈出幾個刁鑽古怪的問題向他請教，李贄笑笑說：「這時候還不如攜著歌姬舞女，淺斟低唱。」諸生中有帶著妓女的，李贄見了，也說道：「這也強似與道學先生作伴。」

聽了李卓吾的這些話，那些「方巾之士」驚得目瞪口呆，於是謗議蜂起，說李贄「宣淫敗俗」！

其實卓吾並不反對科舉，也不真的反對儒學，而是痛恨理學對於人性的戕害，對於人的獨立意識、主體意識的閹割。

「正人君子」們對於李贄側目而視，都以「衛道者」的面目出現。閒言碎語流遍麻城。

李贄面對這種流俗的攻擊，不畏不懼，我行我素。他乾脆提出了自己的一條處世原則：「士貴為己，務自適。」而且更斬釘截鐵地宣稱：「如不自適而適人之適，雖伯夷叔齊同為淫僻；不知為己，唯務為人，雖堯舜同為秕糠。」這又是驚世駭俗之論！

我們不能把李贄的這個言論看成是利己主義，因為這不符合他思想與行為的實際狀況，他欣賞何心隱的捨生取義，痛恨耿定向為保全自己對朋友見死不救。

「士貴為己，務自適」，乃是在封建專制淫威之下，對人的權利、人的主體意志的呼喚。在封建專制制度下，只有君主的特權，沒有人的權力、人的意志，李贄反對屈己從人，主張個體的權利、個體的自由，在「衛道士」和統治者看來，都是大逆不道。

李贄索性專和禮教作對，對於封建禮教，他有意地加以褻瀆。他乾脆以「異端」的面目出現。

萬曆十六年（西元一五八八年）的夏天，李贄在麻城落髮，這成了一個駭人聽聞的事，一個六十二歲的四品命官在本地出家了。

李贄並非心血來潮，他是決意以「異端」的面目出現在世人面前。

他對好友曾繼泉很懇切地說明了自己落髮的原因：「其所以落髮者，則因家中閒雜人等時時望我歸去，又時時不遠千里來迫我，以俗事強我，故我剃髮以示不歸，俗事亦決然不肯與理也。又此間無見識人，多以異端目我，故我遂為異端，以成彼豎子之名。兼此數者，陡然去髮，非其心也。實則以年紀老大，不多時居人世故耳！」

「遂為異端」，乃是對封建道德、秩序的勇敢挑戰！

薙髮之後，他揮筆寫下了《薙髮》五絕四首，以見其情。

其一云：

空潭一老醜，薙髮便為僧。
順度恆沙眾，長明日月燈。

其二云：

有家真是累，混俗亦招尤。
去去山中臥，晨興粥一甌。

他慨然落髮，以示項羽無東歸之意，斬斷塵俗之羈，可以更為俐落地回擊一切傳統勢力的發難。落髮後不久，李贄離開了縣城，遷到距城三十里的龍潭去了。龍潭有一座規模不算很小的佛堂——「芝佛院」。這裡的產業是周柳塘的，芝佛院也是他建的私人佛寺。據說建寺挖地基時，挖出三株芝草，很像佛形，故名。這裡的主持是無念和尚，而無念和尚又以李贄為師，李贄在這裡當然是可以適意而行的了。

龍湖是個美好的所在。山巒疊翠，潭影清澈。山下瀑布流下潭中，「砯崖轉石萬壑雷」，遙看則如白練飛懸。卓吾隱居於此，一可以避世囂，二可以調精神，三可以著書立說。

《初潭集》，即寫成於此。他在該書序言中說：「《初潭》者何？言初落髮龍潭時即纂此，故曰《初潭》也。」

《初潭集》表現了「離經叛道」的精神。他拋開傳統的道德模式來評價人和事，推原抗上謀反篡位的「奸雄」之情，予以新的價值判斷。

> 夫天下強國之臣，能強人之國而終身不謀自強，而甘岌岌以死者固少也。是以英君多能臣而庸君多強臣也，故言強臣必先之以庸君也。
>
> 《初潭集》卷三

所謂「強臣」，即是世人所說「奸雄」，李卓吾的看法，不障於道德評價的迷霧。對於「道學」，李贄又擲出了慣用的投槍，仍是揭露道學之虛偽，痛斥道學先生專唱高調，言不由衷，欺世盜名：

> 道學其名也。故世之好名者必講道學，以道學之能起名也。無用者必講道學，以道學之足以濟用也。欺天罔人者必講道學，以道學之足以售其欺罔之謀也。噫！孔尼父亦一講道學之人耳，豈知其流弊至此乎！

《初潭集》卷二十

李贄所斥者，乃偽道學也，但世上的道學，幾乎都是偽道學。好名者、無用者以及欺天罔人者都必講道學，何等犀利！同時，也把孔子拉上，此乃「始作俑者」，流弊一至於今。這對於以孔子為「萬世至聖先師」的統治者來說，豈不是如掘祖墳！

李贄又批判了道學的「說」、「行」脫離，高言空論：

講道學者但要我說得好耳，不管我行得行不得也。既行不得，則謂之巧言亦可；然其如「鮮矣仁」何哉！吾是以謂之會說也，以其太說得好，實難到也。

《初潭集》卷二十

這也是道學的要害之一，說得好，做不到！

卓吾還有更為犀利、更為徹底的話：

流弊至於今日，陽為道學，陰為富貴，被服儒雅，行若狗彘然也。

今日看來，此語或許過於激烈，但不難想見當時的「轟動效應」！

從萬曆十年到萬曆十六年，李贄手不釋卷，筆不停揮，把自己的思想與見解注入著述之中，《藏書》、《焚書》、《說書》等三種主要著作，業已略具規模。

《藏書》乃其一生精神心術所繫，表現了獨到的歷史觀。深知其不容於當世，寄望於後世之理解，故名之為《藏書》，即「藏之名山，傳之後人」之意。

《焚書》是歷年來與朋友往來之信函並答問議論諸文，「大抵多因緣語，憤激語，不比尋常套語」，「頗切近世學者之膏肓」，豈不惹得世人皆欲殺？故名為《焚書》，「夫欲焚者，謂其逆人之耳也。」（《焚書・自序》）

萬曆十八年春，《焚書》初版在麻城刻印出來了，《藏書》中一些史論也已雕版付印。這些令人不安的「精靈」在湖廣一帶迅速傳播，不脛而走。

耿定向恰於這年正月告病回到黃安，《焚書》、《藏書》的印本也傳到了他的手上。《焚書》的鋒芒是對著他來的，他感到憤恨不平，開始布置反攻。

耿定向地位高，門徒眾多，耿定向專門寫了一份《求儆書》——實則是反攻動員令。他的門徒立即聞風而動，對李贄進行圍攻。耿定向自己寫了還擊文章，他的門徒也寫了許多攻擊李贄的文章，如蔡毅中的《焚書辨》等。

萬曆十九年（西元一六〇一年），六十五歲的李贄送他的忘年之交袁中道到武昌。卓吾偕中郎還有懷林等人，興致勃勃地登上黃鶴樓，俯瞰浩浩長江，茫茫九派，感懷萬端，意興遄飛。

忽然，躥出一群凶神惡煞般的打手，把李贄圍攏來，他們嚷著要「教訓教訓妖人李贄，讓你嘗嘗厲害！」

李贄從未到過武昌，當然在武昌也無任何仇家。李贄的頭腦中飛快地旋轉著：莫非是耿定向的門徒所使？這些地痞無賴乃是他們臨時僱用來的。耿定向已經指李贄為「妖人」，那麼，他的門徒「鳴鼓而攻之」也就可以想見了。在黃麻當地對這樣一個年老體衰的人大打出手，恐被輿論不容；於是，便選擇了李贄來武昌的機會，唆使流氓來行釁毆打，以便嚇住這個「遂為異端」的思想鬥士。

袁中郎、侍者常志、常聞、懷林趕緊上前護在李贄身前。

李贄並不慌張，他分開侍者，問那夥人中領頭的：「你們聲稱要教訓李贄，那麼請問：李贄犯下了什麼十惡不赦之罪？怎見得是左道？所惑何人？」

領頭的張了張嘴巴，答不上來。

袁中郎怒斥這些人在光天化日之下，不得無事生非，觸犯大明律條！

那些地痞知道面前的年輕舉人老爺，不像尋常百姓可以任意欺侮，搞不好會惹亂子，所以面面相覷，無人敢先下手。

中郎怕李贄有閃失，叫侍者們護著李贄「快走」！

那夥人見李贄等遠去，在後面嚷著：「老妖怪，今天便宜你了，改日再做計較。」

武昌受圍攻，是一個危險的信號。衛道士們拉下面皮要「整治」李贄，他們容不得異端思想的任何存在！

離開武昌，卓吾又回到他棲息的龍湖。除了讀書著述之外，他開始整修佛殿。在原有「芝佛院」的上端，就著山麓又修了一套佛殿，名為「芝佛上院」。卓吾還為自己修了藏骨塔。他選擇了這風景宜人的所在為自己的終老之所，他已經快到古稀之年了！

修好了佛殿，不能缺少佛和菩薩的塑像。其中塑了一尊西方接引佛，還有幾個菩薩像。一尊菩薩像塑得面目不端，李贄卻拍手稱好，認為這才有神。

李贄又忽發奇想：把孔夫子也請到佛堂裡來。於是，他果真在芝佛院裡供上了孔子像。在佛堂裡供孔子像，本身就有些調侃的意味，不倫不類。卓吾又從而寫了一篇《題孔子像於芝佛院》的妙文，究竟是贊孔還是譏刺道學，讀者一讀之下，自有會心。文曰：

> 人皆以孔子為大聖，吾亦以為大聖；皆以老、佛為異端，吾亦以為異端。人人非真知大聖與異端也，以所聞於父師之教者熟也；父師非真知大聖與異端也，以所聞於儒先之教者熟也，儒先亦非真知大聖與異端也，以孔子有是言也。其曰「聖則吾不能」，是居謙也。其曰「攻乎異端」，是必為老與佛也。
>
> 儒先億度而言之，父師沿襲而誦之，小子矇聾而聽之。萬口一詞，不可破也；千年一律，不自知也。不曰「強不知以為知」，而曰「知之為知之」。至今日，雖有目，無所用矣。

余何人也，敢謂有目？亦從眾耳。既從眾而聖之，亦從眾而事之，是故吾從眾事孔子於芝佛之院。

這篇文章，可說是遊戲翰墨，但卻十分辛辣。作者指出人們對孔子的崇拜不過是矮人觀場、瞎子看戲，不過是人云亦云罷了，萬口一詞，陳陳相因，千年一律，使天下之人心目廢盲而無用。卓吾似在嘲諷自己，實際是在譏刺道學的人云亦云。文中承認自己供奉孔子並非真心誠意，而只是隨大流盲目崇拜而已。

對於至聖先師，這豈不是大不敬？

萬曆二十八年（西元一六〇〇年），寒風烈烈的時節，麻城一片陰冷。

麻城城關不知誰貼出了驅李檄文，揚言要為麻城人除害。有人已將消息通報給李贄，請他小心為是，最好暫避一時。

一個風高月黑的夜晚，龍湖芝佛院燃起了熊熊大火，火借風勢，瘋狂地摧毀著佛寺的一切。下院、上院、塔屋，都毀於火中。

火勢稍斂，一群手持棍棒的人在佛院裡搜尋李贄，他們威逼小沙彌，要他交代「妖僧」李贄藏在哪裡？

李贄前此幾日，已匆匆離開龍湖，輾轉流落到北京郊區的通州。

李贄已把麻城當成了自己的故鄉，在那裡造了藏骨塔，便是他的歸宿所在。

但是，一個與社會傳統勢力抗衡的人，不能見容於那個社會，衛道者們必欲置之死地而後快！

到了通州以後，李贄受到友人馬經綸的照拂。馬經綸是北通州前御史，萬曆二十七年（西元一五九九年）春天在京郊與李贄相識，他對李贄相當敬重。當他得知李贄在麻城遭厄的消息，立刻南下，欲迎李贄到北通州。李贄終於聽從友人的勸說，北上到了通州。在通州期間，他很少出門，也很少會客。除非故人，李贄是不予接禮的。某天有一位達官貴人慕名往見，清晨開始等候李贄，李贄卻拒不會面，使這位大人物惱羞成怒。這樣的做法自然會進一步種下禍胎。

萬曆三十年（西元一六〇二年）二月，禮科都給事中張問達根據傳聞參劾李贄，說李贄所著書離經叛道，荒謬不經，蠱惑人心。誣衊李贄在麻城與浪蕩子弟同遊庵院，勾引士人妻女入庵講法，有的甚至攜帶被枕與李贄同住庵中，結果使麻城鬧得「一境如狂」。

張問達所代表的不是他自己，也不是某幾個人，而是強大的傳統勢力。李贄並非與他們有什麼私仇，他得罪的是一切衛道士。

於是，朝廷下令逮捕李贄，這位七十六歲高齡的老翁，被錦衣衛捉拿入獄。

李贄所犯何罪？思想罪、文字罪！

明神宗給李贄定的罪名是「敢倡亂道，惑世誣民」，並且明令將他的所有著作盡行燒燬。

李贄被捕入獄後，很長時間沒有結論，就這麼一直關著。皇上龍體欠安，懶得看奏章，再說，李贄的案子也有些棘手，殺他吧，沒有該死的罪；赦了吧，又覺不可，於是久而不決。

李贄雖然病魔在身，又飽經折磨，但在獄中仍然作詩讀書。

試讀他在鐵窗之下吟的詩篇之一二：

> 四大分離象馬奔，求生求死向何門？
> 楊花飛入囚人眼，始覺冥司亦有春。

《楊花飛絮》

> 年年歲歲笑書奴，生世無端同處女。
> 世上何人不讀書，書奴卻以讀書死。

《書能誤人》

> 志士不忘在溝壑，勇士不忘喪其元。

我今不死更何待？願早一命歸黃泉。

《不是好漢》

卓吾已經下決心以死來回答朝廷的迫害，以死來抗爭這黑暗的世界，「我年七十六，作客平生，死即死耳，何以歸為！」

一天，他招呼侍者給他剃頭，侍者沒有想到將要發生什麼事，也就沒有注意。瞅著侍者轉身找其他物件時，李贄一把抓過鋒利的剃刀，抹在了自己的喉管上……。

侍者聽到聲音，回頭一看，大驚失色。但為時已晚，一切都來不及了。鮮紅的血汩汩地流了出來。侍者把李贄扶到床上躺正，伏在他身邊，哽噎著問：「和尚痛嗎？」李贄已無法出聲。他用手指艱難地劃著：「不痛。」侍者又問：「和尚為何要自刎？」李贄又用手劃道：「七十老翁何所求！」

兩天之後，李贄才最後氣絕，脫離了塵世的苦海！

一代思想鬥士，結束了悲劇的一生。他以文字而啟迪人心，又以文字而罹禍，統治者對他的主張視為洪水猛獸，衛道士恨他如掘祖墳。他像一把利劍，劃破思想專制的暗夜。

李贄案也說明了明代文字獄的深化、升位！此時的文字獄，已不再停留在太祖時期那樣胡亂猜字，濫殺無辜，那顯然是文字獄最為低劣的層次。

對於李贄的迫害，主要是對其異端思想的整肅。對李贄的著作《焚書》、《藏書》、《初潭集》等，那些衛道士談虎色變，恨得咬牙切齒。這決非個別字句的謗訕，而是整個思想體系、傳統勢力面臨被炸裂的威脅。但是，思想是禁毀不住的。顧炎武慨嘆：「自古以來小人之無忌彈而敢於叛聖人者，莫甚於李贄。然雖奉嚴旨，而其書之行於人間自若也。」（《日知錄》卷十八）以文字罹禍，而以思想不朽！

鮮血飛濺的《明史輯略》案

觸忤了統治者的忌諱，換來的是血肉橫飛！

「暮春三月，江南草長，雜花生樹，群鶯亂飛。」這是南朝作家丘遲在其名文《與陳伯之書》中對江南春色的描繪。江南風光，尤其是春日的江南，果真是誘人的所在。

然而，在清朝初年，這江南「佳麗地」竟成了文字獄的重災區。因為江浙一帶乃是人文薈萃之地，「物華天寶，人傑地靈」，湧現出了許多有名的士大夫。江南一帶的文化積澱遠遠厚於北方，「華夷之辨」的正統文化觀念也是根深蒂固的。清朝統治者統一全國時間未久，前朝遺民的反清意識還很濃厚。清朝統治者對於江南士人是嚴加提防的。尤其是把江蘇的蘇州、松江，浙江的杭州、嘉興、湖州作為重要查禁地區。因此文字獄便時常發生於這一帶。在康熙初年，一場震動全國、古今罕見的文字大獄便興於此地。這就是莊廷鑨《明史》案。

江南水鄉，風光美麗的太湖之濱，有一個名聞遐邇的南潯鎮。南潯鎮所以出名，很大因上是莊廷鑨的史案在這裡發生。

南潯鎮上有一個富豪之家——莊家。莊家的主人叫莊允城，在當地可謂數一數二的富戶。但莊允城卻並非腰纏萬貫卻粗俗不堪的土財主，還頗有文才。他的兒子莊廷鑨、莊廷鉞也雅調不俗。尤其是莊廷鑨，更是胸懷大志，以修史自期。

莊廷鑨字子相，從小便非常聰慧，而且勤奮好學，十五歲便以優異的成績從縣學選拔出來，進了當時國家的最高學府——國子監。在這位年少才高的學子面前，本來是一條光明燦爛的道路，金榜題名，走馬上任，莊廷鑨也不時地幻想著這幅五彩的圖景。正當他為這幅前景孜孜以求的時候，巨大的不幸降臨到莊廷鑨頭上，他患了一場大病，在床上一臥就是三個月，幾乎到了死亡的邊緣，大病之後，莊廷鑨雙目失明了，如同一場嚴霜摧落了盛開的花朵，五光十色的人生圖景突然消逝，代之以無盡的黑暗。對他來說這個打擊未免太大了，他幾乎承受不住，不知流下過多少絕望的淚水。在一片黑暗的世界裡，還能有什麼作為呢？但他的成名願望並沒有泯滅，他時常念起司馬遷《報任少卿書》中的一段名言：

蓋文王拘而演《周易》；仲尼厄而作《春秋》；屈原放逐，乃賦《離騷》；左丘失明，厥有《國語》；孫子臏腳，兵法修列；不韋遷蜀，世傳《呂覽》；韓非囚秦，《說難》、《孤憤》；《詩》三百篇，大底聖賢發憤之所為作也。

這段名言，使他感觸最深的便是「左丘失明，厥有《國語》」，這簡直是對自己講的呀！「左丘雙目失明，尚能成為良史，寫下不朽的史書，我難道就不能像他那樣做個瞽史嗎？也可以千古流傳，萬世不朽了」。

莊廷鑨立下了「不朽」的心願，於是便一直擱心不下。可是此事想來容易，做來甚難，這一部「偉大的」史書究竟從何下筆呀！資料又在何處？一個瞎子白手起家硬要當個「良史」，談何容易！莊廷鑨為此愁得唉聲嘆氣。莊允城老先生從旁看來，也非常心疼兒子。兒子的心情他是曉得的，無奈他也沒有這份「補天」之才，不然，他可以親手替兒子來寫呀！

也是天不該絕，莊家的鄰里有一戶大有來歷的人家，那就是明朝宰相、大學士朱國楨的後代。朱國楨在萬曆年間中了進士，後來直升為文淵閣大學士。明熹宗時，他是輔佐大臣。朱國楨除了為後代留下了相當可觀的家產之外，還留下了一部沒有刊刻的《明史》手稿。這位朱國楨作為宰相，在歷史上無甚政績可言，可他的文才卻相當不錯。這部《明史》手稿，固然沒有完全成型，但卻提供了史傳的基礎。據說該書沒有志、表、帝紀、世家等，只有列傳。其中王陽明一傳，就有上下兩卷三百多頁。此書體制可窺一斑。

朱家後代非但再沒出過朱國楨這樣的大名人，連家產也守不住了。家道中衰，難以收拾，到了順治年間，到了變賣家產的地步。此時，朱家已是賣無可賣，於是便要以一千兩銀子的價錢出讓這部史稿。

莊廷鑨聞訊，喜出望外：有了這部尚未「發表」的史稿，再加以潤色加工，不就是一部很好的《明史》嘛！莫不如把它買下來，修訂之後，再以我莊廷鑨的名義刊刻，不就可以千載留名了嗎？莊廷鑨志在「不朽」，意在留名，卻又因心有餘而力不足正在煩惱之際，如今有了現成的稿本，他豈肯放過？於是，便去央求父親莊允城出錢買下此稿。莊允城聞之，欣然而喜，當下取出白銀千兩，一手錢一手稿，買下這部《明史》稿。

書稿到手了，但要作為一部史書刊刻傳世，還有相當大的差距，這一點，無論是莊廷鑨還是莊允城都是很清楚的。莊廷鑨的身體條件和個人才學，與傳世史書的既定目標都所距甚遙，有難以克服的障礙。於是，父子倆商量出一個主意，就是花錢聘請江浙一帶的一些學者名士，幫助他修改潤色。於是，莊氏父子便聘請了茅元銘、吳之銘、吳之鎔、李礽燾、吳楚、吳心一、張雋、董二酉、吳炎、潘檉章等十八位學士參加修訂。這些江南文士生逢明末清初的鼎革之際，深懷家國之恨，對於清朝的統治心中不滿，現在受到莊家的聘請修訂《明史》，大家聚在一起不免意氣昂憤，很多人並非僅為「孔方兄」而來，卻是要藉修史之機來表達自己對異族統治者的鬱憤之情。這些名士聚在莊家邊纂寫、邊交流，動輒扼腕切齒，動輒痛哭流涕，筆端紙上，自然不時地露出反清情緒。這就埋下了這場腥風血雨的文字大獄的禍胎！

立志要使「自己的」史書傳世的莊廷鑨，還沒有來得及享受成書的快樂，便又一次病倒，而且很快就無藥可治、一命歸天了！莊允城對兒子的死痛徹心脾，他深知兒子的遺願，他要把這件事做到底來成全兒子的遺願，於是便到處奔走，僱人刻印此書，定名為《明史輯略》。

南潯鎮還有一位富豪朱佑明，乃是莊廷鑨的岳父，莊允城的親家，他也是好名成癖。莊家買了朱國楨後代所藏的史稿，朱佑明則看中了朱氏後代的一塊堂匾。那堂匾上題「清美堂」三個大字，那本是名家手筆，出自於明代大書畫家董其昌之手，落款為「朱老年親台」，本是題贈給朱國楨，只因未點出名字，朱佑明覺得有漏洞可鑽，便花了許多銀子，買下這塊堂匾，扛回自己家中，懸在中堂之上，拈著鬍鬚欣賞。莊家刊刻《明史輯略》，朱佑明出資贊助，條件是每頁都刻上「清美堂」字樣，好像他真的就是「清美堂主人」了。

順治十七年（西元一六六〇年）冬，《明史輯略》刊印完成，莊允城、朱佑明都頗感欣慰。《明史輯略》的問世，卻又掀起了層層波瀾，陰險毒辣的小人，用卑鄙的伎倆，為歷史添上了一塊塊血汙！

列名於「參訂」的名士，並未都實際參加修訂工作。有些人是預感到此中所伏禍機，而採取了「劃清界限」的態度。其中的查繼佐、陸圻、范驤，他們不僅根本沒有加入「參訂」，而且擔心日後此事招來災禍，於是便在當年十二月出具呈文，向按察使衙門檢舉此事，申明備案，按察使衙門並未受理，於次年正月將這個呈文轉給學政胡尚衡，胡尚衡批轉湖州府學查明報告。湖州府學的教授趙君宋，可並非是「一心只讀聖賢書」的書呆子，而是擅長打「小報告」、以整人為晉升之階的傢伙。他正不時地窺測周圍，看看有沒有對誰下手的機會；碰到這件事他豈能放過？於是，他花了六兩銀子買了這麼一套《明史輯略》，帶回來好好「研究研究」。終於，他在書中尋繹出幾十處「不法文字」，一面出榜貼於府學之門，一面報送浙江學政胡尚衡。

莊允城對於趙君宋的舉報並沒太在意，他也不準備買趙君宋的帳，他與官場人物有很多交往，更重要的是他財大氣粗，一路上用白花花的銀子開道。銀子流進了那些官員的腰包，上面各部門如都察院、禮部等，就都不理睬趙君宋了。莊允城同時又向通政司、禮部、都察院各呈送《明史輯略》一部，覺得這樣便萬無一失了。果然，趙君宋所掀起的風浪平息了下去。

朝廷上沒有注意此案，下面卻有人早就嗅出了腥味。浙江督糧道李廷樞聽到了有關此事的一些情形，覺得有機可乘，於是便花了六兩銀子買下了一部《明史輯略》，在字縫裡挑毛病、找問題，然後找到湖州知府陳永明。陳曾是李廷樞的學生，李廷樞直言不諱地對陳講出了用《明史輯略》來敲詐莊家的主意。兩個人躲在屏風後面策劃了半天，終於有了「錦囊妙計」。陳知府滿口應允願為老師效勞，幫助老師弄來這筆「橫財」。李廷樞聞之，樂得抓耳撓腮。兩人又在後堂舉杯對酌，忘形爾汝，口耳相語。兩人都喝得半醉，李廷樞方才踏著月色，回到自己家中……。

陳知府在官場混了多年，見多識廣，他知道該怎麼辦。心裡打好了主意，臉上不禁面露得色。他讓手下人在適當的場合放風，說《明史輯略》有許多問題，有人又到上面去告狀，朝廷已經知道，知府衙門將要奉命查辦「逆書」。這個消息不脛而走，自然很快便傳到了莊允城耳朵裡。

莊允城雖然是個有主見、有膽力的人，加上財大氣粗、又幾經風浪，對這件事不太在乎，但聽到這個消息還是心中有些慌亂。他得先打聽明白再說。莊允城認識衙門裡的一個官吏叫周國泰，他親自登門拜訪周國泰，把禮物和銀子擺在了桌上，周國泰自然滿口答應幫他打探此事。

周國泰在知府衙門裡打探此事，正中了陳府的錦囊妙計。他需要的便是這種效果。周國泰於是成了雙方的使者，一來二去，「交易」達成，三千兩白銀經由周國泰的手進入陳知府的錢袋；《明史輯略》一事由陳知府壓下，並把《明史輯略》的全部刻板收回，由府衙銷毀。

三千兩白銀歸了陳知府，陳知府卻沒有拿出一兩給李廷樞，全部自己獨吞。李廷樞心中十分懊喪，卻又無可奈何。陳知府把《明史輯略》送還給老師，又說了一些好話，李廷樞氣得一句話也沒說出來。

李廷樞想到了他的兒女親家吳之榮，他深知吳之榮在敲詐勒索這方面的「才能」。李廷樞現在不只想詐取錢財，也更想借吳之榮之手好整治一下莊允城，出一口鳥氣！

吳之榮是個什麼樣的人？怎麼說他都不過分。吳之榮本是湖州府歸安縣的知縣，慣會投機鑽營、敲詐勒索。他與李廷樞本是一對仇家，後來卻戲劇性地變成了一對親家，說來真是意味深長。

李廷樞當時在浙江省任督糧道，主要職責是監督徵收糧食和押運糧船，這是一個有實權，有實惠的肥缺，各州縣的地方官都要巴結他。當時浙江省有兩個督糧道，兩人的分工是：一個押運糧船北上進京，一個留在省裡準備次年的漕糧。這一年，輪到另一位督糧道進京，李廷樞留在省裡。那位督糧道是位滿人，歸安縣知縣吳之榮有心「重點」討好他，於是備厚禮送之，而對李廷樞只是虛晃一槍。李廷樞對此十分惱怒，於是便找來歸安縣學的一位諸生名叫張辰生的，許以名利，提供了幾條吳之榮貪贓枉法的劣跡，讓張辰生以個人名義向總督和巡撫處去告。吳之榮卻掌握了張辰生的行跡，把張辰生叫來當面揭破，張辰生嚇得跪地討饒。吳之榮說：「饒你不難，你也必須給我揭發李廷樞。」此事傳揚開去，鬧得不亦樂乎。而吳之榮、李廷樞又都有貪贓枉法的諸多劣跡，兩個人咬得兩敗俱傷。李、吳二人雙雙被治罪，鋃鐺入獄，成了獄中難友。兩個人又恰好關在一個牢房。這對仇家都覺得非常後悔，在獄中握手言和。順治十七年（西元一六六〇年），趕上皇帝大赦天下，李廷樞和吳之榮都得到釋放，出獄後又成了兒女親家。

閒居在家的吳之榮，正閒得發慌，窮得無聊，做夢都在想錢。李廷樞把《明史輯略》交給他，「親家，這回看你的了，事成之後，別忘了分我一杯羹！」吳之榮捻著鬍鬚，瞇起三角眼，很自信地對李廷樞說：「李兄，你儘管放心。有我吳之榮，不怕他不出血！就是鐵公雞，也讓他拔下毛來！」說罷，兩人都嘿嘿地奸笑起來。

這個無恥小人，先對莊家施展他的看家本領：敲詐。

吳之榮揣著《明史輯略》，夜裡敲開了莊家的朱漆大門。他在客廳裡坐下，一雙三角眼往四周亂瞅，看到莊家富麗堂皇的宅院廳室，心裡充滿了一種酸溜溜的感覺，他心裡說：「一定讓你莊允城吐出油水來！不然，你就不知道馬王爺頭上三隻眼！」

一會兒，莊允城從內宅出來，看到是吳之榮，心中一陣噁心，但還是拱手揖讓：「吳知縣，何敢勞動大駕，光臨蓬舍！」吳之榮回了一揖：「莊老先生，您太客氣了。在下聽到一些不利於先生的傳聞，特來相告！」說著，便掏出《明史輯略》，狡黠地看著莊允城：「這大概是貴公子的大作吧？而且由莊老先生親自刊刻。可是，上面對此書可是頗為關注啊！據說正要嚴查此書的來龍去脈，我不過是先為先生通報一下！」

莊允城先前曾用錢鋪路，打通了朝廷中的通政司、都察院、禮部這三大衙門，並各送《明史輯略》一部備查，所以心中有底，也就不把吳之榮放在眼裡。再說，莊允城曾是明代著名的文人社團「復社」的成員，意氣甚高，對於吳之榮這樣的卑劣小人從心裡就看不起。他冷笑著對吳之榮說：「吳大人的美意，在下心中領教了，自有區處，大人就不必多費心思了。」吳之榮一看莊允城根本不買他的帳，氣得七竅生煙，他站起身來，三角眼裡放出冷光：「莊老先生，以後可不要為此事後悔啊！如果需要幫忙，在下隨時恭候！」莊允城已有送客之意：「吳大人請便！我莊某心中有數，多謝關照，後悔與否，老夫一人承擔！」吳之榮悻悻而去，隱身在黑暗之中……。

卑鄙是卑鄙者的通行證！吳之榮這樣的卑鄙小人，正在吐著噬血的舌……。

一不做，二不休。吳之榮惱羞成怒，一定要整垮莊允城。他又揣著那本法寶《明史輯略》，趕到了杭州，直接到杭州將軍府去告發。杭州將軍雖是武職，但是位高權重，一言九鼎，總督、巡撫這些高官，也要看他的眼色行事。吳之榮拜見杭州將軍柯奎，極盡阿諛逢迎之能事，柯奎被拍得很舒服，於是便把《明史輯略》留下來，告訴他，過幾天聽候傳喚。

吳之榮以為奸計得逞，心中笑道：「看你莊允城如何了斷這場官司！撰造逆書，罪莫大焉。你莊允城不肯掏錢出油，就讓你用腦袋作代價！」

過了沒兩天，將軍府派了一個下級軍官來告知吳之榮：「將軍有話：我們是武職衙門，地方上這些是非，我們不想多加過問。」說著，便把那本《明史輯略》「完璧歸趙」了。吳之榮聽罷，心涼了半截。

原來，莊家打通了關節，用大筆銀子搬動了松江提督梁化鳳，由他來勸柯奎按下此事。梁化鳳是清廷的一員猛將，曾為清廷立下汗馬功勞。被委任為江南全省提督，加太子太保左都督，晉三等男，可以說是威赫一時。他的面子，柯奎焉能不給？況且，柯奎也得到了白花花的銀子，當然樂得順水推舟，賣個人情。

吳之榮又碰了一鼻子灰，他感到要整倒莊家甚為不易，莫如另尋新路，詐得錢財再說。

像一棵毒藤，氣喘吁吁地窺視著另一棵樹！

新的敲詐對象，便是朱佑明。朱家與莊家本是姻親，又出錢贊助刻印《明史輯略》，朱佑明又不同於莊允城的滿腹經綸和見識，也沒有多高的文化，吳之榮以為用「逆書」一嚇唬他，他便會嚇得篩糠。於是，便放出風來試探，並且讓別人給朱佑明捎話，如果朱家能花上一筆銀子，吳之榮就會放他一馬。

其實，這只是吳之榮的一廂情願。朱佑明沒有那麼好捏，他和長子朱彥紹等商量好對策，又與莊家溝通，準備給吳之榮一個迎頭痛擊。

吳之榮滿以為朱佑明給他備好了賄銀，於是便哼著小調直奔朱府。待他推開朱府虛掩的大門進到院裡，卻連一個成年男子都看不到，朱佑明更是無影無蹤了，空空蕩蕩的大院裡，吳之榮覺得奇怪而又可怕，竟然連個人影子都沒有。他故意咳嗽兩聲，對面的照壁也回應了兩聲，他只好乍著膽子往一個門裡走。

正在這時，忽聽得有個年輕的女人高喊一聲：「賊來了！大家抓賊呀！」一霎間，從朱氏大院的各個房門裡衝出來上百號的婦女兒童，一下子把吳之榮團團圍住，又抓又罵，有的揪他的辮子，有的往他臉上吐唾沫，還有一個十幾歲的男孩，把雞屎抹在他的額頭上。吳之榮哪裡見過這種陣勢，他緊緊護住腦袋，把辮子纏在脖子上，拚命地衝出朱府。待他跑出一百公尺遠，聽見後面雖有叫罵之聲，但並無人追來時，方才定了定神。低頭一看，自己的馬褂上滿是汙泥，手上一道道抓痕，一隻鞋子也不知丟在哪裡，這份狼狽，就無法形容了。

吳之榮再沒有了來時路上的得意，滿臉晦氣地往前走，剛剛走出一個胡同口，忽聽得一聲斷喝：「站住！」吳之榮嚇得渾身一哆嗦，定睛一看，一隊官兵迎頭擋住了去路。為首的軍官一努嘴，呼啦上來五六個清兵，扭住吳之榮的胳膊，把他捆了個結實。吳之榮大聲叫道：「你們憑什麼抓人？我是歸安知縣吳之榮！」那軍官冷笑一聲，上前左右開弓給了吳之榮兩個耳光：「你他媽的還拿知縣嚇唬人！從大獄裡出來你就沒老實過！跑到我們烏程地面上來胡鬧，老子今天好好教訓教訓你！」說著，又是一頓拳腳。這隊官兵把吳之榮押出境外，告訴他：「膽敢再到南潯來胡鬧，小心你的狗頭！」

吳之榮本欲大撈一把，沒想到竟遭此奇恥大辱，回到家裡，便病倒了，一病數日，臥在床上。身如散架，但他卻一直盤算著如何報復。這條毒蛇要施展全部招數，非要置莊、朱兩門於死地不可。暗夜之中，吳之榮把牙齒咬得格格作響，眼睛放出凶光：「好個莊允城！好個朱佑明！我不讓你禍滅九族、滿門抄斬就誓不為人！」

吳之榮輾轉反側，想盡辦法要再給朱佑明找個足以掉腦袋的罪名。他點起燈來，拿過這部《明史輯略》再細細琢磨。書序中介紹資料來源時提到「朱史氏」，這「朱史氏」本指朱國楨，吳之榮眼前一亮，有了絕招，在「朱史氏」下面加了「即朱佑明刊」五個字。連起來就是「朱史氏即朱佑明刊」。吳之榮的病登時好了八分，第二天，他就打點行裝，帶好這部「訂補」過的《明史輯略》，到北京城去告通天大狀！

吳之榮這條惡棍進了北京，一場千條人命的文字大獄就要發生！

吳之榮到了刑部衙門，敲響了登聞鼓，他跪在堂前，向刑部尚書呈上了《明史輯略》，狀告莊允城、朱佑明私造逆書，攻擊朝廷，反清意識充斥其間，罪在不赦！

刑部受理此案，勘出此書多有「違礙」。諸如直寫清太祖努爾哈赤的名字和官銜（明建州都督）；直寫清帝國的前身「後金」國號；實錄明將李成梁殺死努爾哈赤的父祖，收養年幼的努爾哈赤等史實；斥罵降清的尚可喜、耿仲明為「尚賊」、「耿賊」，而不遵依清廷功令稱「尚王」、「耿王」（二人被分封為智順王、懷順王）；在一些列傳中有「長山釁而銳士飲恨於沙磧，大將還而勁卒銷亡於左衽」之類的語句，慨嘆明軍敗亡於遼東；貶稱滿洲人為「左衽」，寫清軍入關用了「夷寇」、「夷氛」、「奴酋」之類貶稱；記載明末歷史用明朝年號，不用清朝年號；記載了南明三王的即位、正朔，等等。如此眾多的忤逆之處，刑部不敢擅自定案，於是將案情寫成報告，連同吳之榮的告狀信，一起呈給皇帝裁處。

當時的皇帝已經不是順治，而是八歲的幼主康熙。其實，主事的是四個輔政大臣：索尼、蘇克薩哈、遏必隆、鰲拜。順治皇帝究竟是死了還是出家，至今還是一大疑案。不過民間都傳說順治皇帝上五台山，出家當了和尚。順治皇帝一直信奉佛教，曾拜木陳和玉林兩位高僧為師，取法號「行痴」，並且刻有「塵隱道人」、「懶翁」、「痴道人」等佛號鈐章。早有出家之願。加上愛之若命的寵妃董小宛之死，更使順治萬念俱灰，心如枯井，於是便悄然而入五台山。清代大詩人吳梅村曾有一詩云：

雙成明靚影徘徊，玉作屏風壁作台。
薤露凋殘千里草，清涼山下六龍來。
《清涼山贊佛詩》

「清涼山」即五台山，「雙成」乃是傳說中仙女之名，「千里草」暗含「董」字，這裡很明顯是用「董雙成」來喻指董小宛，「六龍」指順治皇帝。吳梅村乃當日之人，此詩顯然是詠嘆順治出家之事——不過此事撲朔迷離，難以坐實。

無論怎樣，清廷受理莊氏史案之時，正是年幼的康熙剛剛登基之際，內外局勢頗不穩定。順治末年，天下並非一片太平，反清復明的勢力仍然時舉烽煙。原魯王的部下張煌言率水軍沿長江活動，時時進攻沿岸城鎮，唐王部下鄭成功的戰艦也在粵、閩、浙沿海巡迴，伺機反攻。順治十六年（西元一六五九年），鄭、張兩軍會師北伐，江、浙一帶士、民積極響應，此次行動雖遭失敗，但使清廷看到江南一帶人心不穩，反清意識並未完全消失，一遇風吹草動，就可能由星火而燎原。清朝統治者對於江南漢人極不放心，對於略有反清苗頭的士、民都不惜血腥殺戮，惟恐局勢有變，江山不保。

從朝廷內部來看，康熙雖是一代英主，無奈當時年僅八歲，幼沖即位，且剛踐大統，朝野上下人心浮動。顧命四大臣彼此之間明爭暗鬥，互相防範。其中索尼資望最高，但年老多病；蘇克薩哈和遏必隆都聽命於索尼；只有這個鰲拜自恃功高，專橫武斷，久已想獨攬朝綱。這樣，索尼等人與鰲拜之間矛盾很深，互相窺伺。在處理下面呈上來的問題時，都寧嚴勿寬，以免授對方以口實。

在這樣一種政局下，莊氏史案自然是血光當頭了。

傳閱了刑部奏文與吳之榮的告狀信，四大臣都表示問題重大，不宜遲緩，於是，決定派刑部侍郎羅多速赴浙江，捉拿莊允城、朱佑明進京審問，同時提取《明史輯略》書版。

羅多晝夜兼程，趕赴浙江湖州，逮捕莊、朱二人如捉小雞，拴上鐵鏈，打入囚車，這倒十分順利，提取書版卻遇到了麻煩。因為前任湖州知府陳永明曾透過周國泰收受莊家的賄銀數千，然後把李廷樞交給他的《明史輯略》退還，並把整個書版都處理掉了。現在，陳永明已經調離湖州，現任湖州知府是譚希閔。譚知府原是浙江某府推官，前此半個多月才調來湖州，他對於書版之事，可以說茫然無知。面對中央派來的大員，譚知府實話實說，自己初來乍到，對此事毫不了解，況且陳知府交接時從未提起此事。

羅多此次來浙兩項任務之一便是提取書版，現在書版無存，不知下落，自然非常惱火。他吩咐叫來管庫的官吏，庫吏即是在莊允城和陳永明之間牽線的周國泰。眼看事情就要牽連到自己頭上，他決心死保陳永明，他一口咬定《明史輯略》書版一事，陳知府已經移交給譚知府了，現有交盤冊上的記載為憑。

羅多一看，果有記載，譚希閔卻是啞巴吃黃連——有苦說不出，面對冊子上的白紙黑字，欲辯不能。此案審結時，譚希閔被判絞刑，冤哉枉也！

莊允城被抓進刑部監獄，他本想到法庭之上與吳之榮對質，揭他的老底醜聞。其實，這都是天真的夢想。寒冬時節，獄中四壁透風，凍得他瑟瑟發抖，他年事已高，原來一直養尊處優，何嘗受過這囹圄之苦？幾次過堂，飽受酷刑，幾乎體無完膚。思前想後，怨憤滿胸，年關之前，病死於獄中。

刑部並不放過已死的莊允城，處以磔刑，把他的屍體砍成碎塊。

朱佑明也被關在刑部大獄。他太想活命了！他有錢，有數不盡的錢，他相信「有錢能使鬼推磨」的「真理」，他在絞盡腦汁想這「活命」的辦法。

趙君宋也被關了進來。趙君宋本來是首告此案的人，他只要把原委說清，也許不但無罪，而且有功，因此他在獄中並沒怎麼在意。

放風的時候，朱佑明看到了趙君宋，他彷彿抓住了一根救命稻草，悄悄地、卻又急急地對趙君宋說：「趙老爺如能搭救我一把，我願將家產一半奉送於您！」

朱佑明的豪富，誰人不知，誰人不曉？不用說一半兒，就是十分之一，也夠享受幾輩子的了。趙君宋一聽，眼光發亮：「此話當真？」朱佑明指天發誓：「倘若不真，天誅地滅！」

趙君宋心中有數。朱佑明的罪證，無非是那「朱史氏即朱佑明刊」而已。而這一條分明是吳之榮所做手腳。自己當初所買那本《明史輯略》，就沒有這「即朱佑明刊」幾個字。此書取來，即為鐵證，救了這土財主一命，朱家那數不清、用不完的家產就一半歸己了，到那時，嬌妻美妾成群，高樓大廈都歸自己，如此好事，何樂不為？於是，趙君宋打定主意，便向審判官提出報告。刑部諸位審判官商量一下，決定派官員帶一干人馬，連夜趕奔湖州。把趙君宋所藏之書務必取來對證。

兩部《明史輯略》當堂一對，果然差出這「即朱佑明刊」五個字。吳之榮有些傻了眼，趙君宋卻面露得色微微笑。

吳之榮畢竟是吳之榮。他真不愧是個「久經考驗」的訟棍無賴。他努力使自己鎮定下來，眼珠兒一轉，已經想好了對策。他理直氣壯地反咬趙君宋的那本《明史輯略》是做過手腳的，而自己手裡的這本則是真實無妄的。他靈機一動，又使出了「殺手鐧」，大聲嚷道：「假如朱佑明與《明史輯略》無關，那他為啥要在每頁書上都刻下『清美堂』三個字？『清美堂』即是他家的堂號，現有匾額依舊掛在他家，這便是鐵證如山。不信可以馬上派人去查驗，如果所言不實，甘受反坐。」

這一招兒可真叫絕！刑部立刻派得力大員率人二下湖州。結果很快從朱佑明的中堂上摘下了「清美堂」匾額，帶回到北京。大堂之上，朱佑明瞠目結舌，趙君宋叫苦不迭，吳之榮得意獰笑。

趙君宋本可摘出干係，逃脫此案，卻因貪圖發財反倒送了性命——他被判處斬刑。

吳之榮這個卑鄙者，又一次以他邪惡的「智慧」置人於死地，而他自己卻安然無恙！

前湖州知府陳永明，離任後並未馬上離開湖州。當羅多到湖州逮人並提取書版前，他聽到了風聲，預感到大事不好，收拾了最值錢的金銀細軟，連夜往北逃跑。當他跑到山東台兒莊時，此案已發，人們都議論紛紛。

陳永明知道，新任知府譚希閔儘管暫時能當他的「替罪羊」，拖延一時，但終究會追到自己頭上。他越想越怕，眼前似乎出現了自己被凌遲處死的可怕情形。還不如自己了結了吧。他插上旅店的房門，用一根絲條結束了自己的生命。但到最後結案時，他的棺材還是被拉到杭州，屍體被磔為三十六塊。受他的株連，當知縣的弟弟陳永賴最後也被殺於杭州。

朝廷派出滿、漢兩位欽差，直奔浙江，大規模地搜捕像一陣颶風捲過江浙大地。

凡是與《明史輯略》沾一點邊的，都別想逃脫厄運。主編的、參訂的、刻版的、印刷的、賣書的、買書的、作序的、審查處理過此書的，乃至於無意間說過幾句與此相關的話的……統統是全家拘捕，男女老幼，一個也不能漏網。上至八十老翁，下到懷中乳兒，都被抓進了杭州的大獄，一隊隊八旗兵包圍了一個個宅院，接著便是破門而入，挨個抓人，一片哭聲，震撼天野。幾天之間，竟然捕了幾千人。杭州的監獄為之「爆滿」，容納不下了。

殘酷的株連，一人有「罪」，全家遭殃，野蠻到了極點，何況還有許多本是完全無辜、挨不上邊兒的人呢？

接下來的便是瘋狂的殺戮。

先死而戮屍的有：莊允城、莊廷鑨父子；列名「參訂」的董二酉；前湖州知府陳永明，人雖死了，屍身也不能放過。

凌遲處死的有：朱佑明、莊廷鑨之弟莊廷鉞、作序的李令晰，列名「參訂」的茅元銘、蔣麟征、張文通、韋元介、潘檉章、吳炎、吳之鎔、吳之銘等十八人，總共二十一人。凌遲是最殘酷的死刑之一，用刀碎剮人於死地。他們的家屬或斬、或絞、或流放。

處斬的有：上列凌遲犯人的子嗣、刻書匠、書店老闆，還有許多買書的人。

處絞的有：湖州新任知府譚希閔、推官李煥，歸安縣學新任訓導王兆楨。他們的罪名是「知情隱匿」，「放縱看守」。

康熙二年（西元一六六三年）五月十六日，是一個極其悲慘的日子，《明史輯略》案的主要「案犯」都在此日受刑。朱佑明等七十餘人在杭州弼教坊同時被處死。這一天，血流成河，哭聲震野。天為之昏，雲為之慘，山為之啜泣，水為之嗚咽阻斷。在專制制度的屠刀之下，人頭滾滾落地……。

據說，一個刻字匠被處以斬刑，他臨刑哭道：「我上有八十老母，下有十八之妻，我死後妻必嫁人，老母有誰來養？」言畢就刑。他的人頭滾到自家門口，忽然豎起。這個略見誇張的事例可以說字字皆血，何其沉痛！

在莊氏史案中慘死的文士中，潘檉章與吳炎的事蹟最為人所稱道。

潘檉章，字聖木，吳炎，字赤溟，都是江蘇吳江人。他們都是晚明諸生，深受「東林」、「復社」士人氣節的影響，慷慨有大節。潘、吳二人與顧炎武為莫逆之交，莊廷鑨要把他們三人都列為「參訂」者，顧炎武不屑與莊氏同列，堅決不同意，潘、吳二位不知其事，名列其中。案發之後，二人都被關入杭州獄中。審訊之時，吳炎慷慨陳詞，大罵清朝官員，被兵丁打倒在地，仍痛罵不休。潘檉章則安之若素，不罵也不辯。二人在獄中仍然唱酬不休。吳炎曾作《營中送春》詩云：

> 一半春光縹緲過，唾壺敲缺詩如何？
> 鶯聲啼老聽難到，柳絮飛殘撲轉多。
> 畹晚斜陽連雉堞，朦朧短夢繞岩阿。
> 不堪往事成回首，總付錢壙東逝坡。

又作《懷古》四首，分詠岳飛、伍員、蘇軾、于謙，分明是借這些歷史人物以發胸中悲憤。

潘檉章留有獄中所作《漫成》四首，此處摭舉其二以見其一斑：

吳關一路作羈累，棘木庭前聽五詞。
已分殘形輕似葉，卻憐衛足不如葵。
下堂真愧先賢訓，抱壁幾同楚客悲。
從使平反能茍活，他年應廢蓼莪詩。

這些詩篇表現了他們遭此不幸的悲憤，也看出他們對統治者還抱一絲幻想，以為未必會處死他們。豈知清朝統治者比他們想像的要殘暴得多，竟然加以凌遲極刑。臨刑之前，吳炎對其弟說：「我死必定血肉模糊，你收屍時看見兩條大腿上各有一個『火』字，那就是我的屍身。」聽來令人悲惋不已。顧炎武得知潘、吳二位友人罹難，悲痛不已，作詩祭奠，詩云：

露下空林百草殘，臨風有慟奠椒蘭。
韭溪血化幽泉碧，蒿裡魂歸白日寒。
一代文章亡左馬，千秋仁義在吳潘。
巫招虞嬪俱零落，欲訪遺書遠道難。

讀來惻惻感人，對吳、潘二人的評價也十分中肯。而縱覽中國封建時代的文字獄，有多少志士仁人死於刀下，何止吳、潘呢！

這一場文字大獄，可謂古今罕見。據載死者共達千人以上。霎時腥風血雨，瀰漫江浙。五月江南，正當姹紫嫣紅之時，卻被文字獄的恐怖氣氛所籠罩。

「千村薜荔人遺失，萬戶蕭疏鬼唱歌」，而無恥的惡魔吳之榮卻大得好處。他靠告訐的卑劣手段，一手製造這麼大的血案，不僅得到莊、朱兩家巨額財產的一半，而且得到重新起用，官至右僉都御史。但是過了一年多時間，他就得了惡疾，全身糜爛，據說他骨存於床，肉化於地，頸斷而亡，這是他惡貫滿盈的報應吧！

莊氏史案，典型地體現出文字獄的殘酷性，株連九族，滿門抄抓，血流成河，把清朝統治者的野蠻暴露得十分充分。

清王朝對與莊氏史案有牽連者大加殺戮，瘋狂鎮壓，主要是針對清初普遍存在於江南士人中的抗清思想。在被處死的七十餘人中，確實有一些滿懷黍離之悲、亡國之恨的慷慨之士，如吳炎、潘檉章等，他們都有著強烈的民族意識。當時反清情緒如地火在江南大地上奔突運行，清朝統治者如芒刺在背，必欲除盡而後快，所以不惜興如此酷烈的大獄。對於稍有牽連的人都毫不留情，以至有很多人完全是冤死於屠刀之下的。清朝統治者是絕不吝惜於使用他們的屠刀的。

血染《南山集》

為了修史的念頭，他付出了生命的代價！

康熙末年，發生了又一起震驚全國的文字獄——《南山集》案。

康熙五十二年（西元一七一三年）的二月初十，一個春寒料峭、北風凜冽的日子，《南山集》的作者、「欽犯」戴名世，在京師被處斬刑。這位文章大師、桐城派的先驅，用頸項中噴出的鮮血，為其年滿花甲的生命畫上了一個觸目驚心的句號。

山環水抱的桐城，真可謂人傑地靈，清代最大的散文流派——桐城派，即以此地為搖籃。桐城一帶，大山連環，犬牙交錯，又瀕臨長江，乃是江淮間山水名區。

戴名世就生長於這桐城的佳山秀水之間。他生於清順治十年（西元一六五三年），字田有，又字褐夫，號藥身，還有個別號叫憂庵。學者們又稱他為潛虛先生。又因姓氏書上說戴氏出於宋姓，所以又稱為「宋潛虛」。

桐城戴氏一族，約在明初洪武年間從婺源遷來桐城，到戴名世之時，已是三百餘年。其祖上一直以「孝悌力田」治家，世居於南灣。戴家在名世高祖戴南居時曾為桐城顯族，「以資雄鄉里，」但到他父親這一輩時，戴氏久已式微零落了。

名世的父親戴碩，字孔萬，號霜岩，一號茶道人。戴碩是個清貧而厚道的讀書人，於詩於文都頗有造詣。他寫文章不打草稿，在庭前階下徘徊數日，然後就落筆而成，不改竄一字。尤喜為詩，詩中所發多悲思悽楚之音，共有詩稿一百餘卷。戴名世成為清一代的文學大師，與乃父的家學熏陶難以分開。

戴碩有學問，有才氣，卻一生坎坷，只以開館授徒為業，收入微薄，家境清寒，時常缺米斷鹽，家人兒女依依啼嚎。戴名世小時候身體多病，家又甚貧，六歲前未嘗從塾師學習。但他又酷愛讀書，從小養就了一種耿介孤高、不通時務的性格。父親望著他，慨然嘆道：「這孩子將來還是一個『我』呀！」

戴名世六歲開始從塾師受學，其中因為有病未能專讀，但他極為聰穎，五年之內，就精通了《四書》、《五經》。以後經史百家無不精通，極善於寫作古文。

到了二十歲時，戴名世繼承了父親的事業，也當了一名鄉村塾師，授徒養親。同時，他又遍訪名師，多有請益，手不釋卷，學問大有長進。他向當地一位學者潘江請教，又經常從潘先生手中借書來讀。康熙十九年（西元一六八〇年），戴名世二十八歲，入縣學當了諸生。這年冬天，父親戴碩客死於陳家洲。康熙十八年（西元一六七九年），戴碩授徒於舒城縣山中，到夏秋之際便打點行裝回到桐城家中。忽然，腳上生了瘡，疼痛難忍，過了一個多月稍稍好些。又過了一段時間，覺得足瘡大有好轉。這時陳家洲的吳家來請父親去坐館（指在私塾教書或在官府當幕客），戴碩便應允前去。臨別時，名世送父親到城郭之外，依依惜別，未曾想到此行竟成永訣。戴碩到陳家洲五十天便去世了。戴碩在陳家洲不到兩個月，與洲人相處極善，他死時洲人都掩面而泣：「老天不長眼睛啊！」名世對父親之死痛徹心脾，他在《先君事略》寫道：「嗚呼！人莫不有死，而先君客死、早死、窮死、憂患死，此不肖名世所以為終天之恨，沒世而不能已者也。」

又過了四年，到了康熙二十四年（西元一六八五年），戴名世的人生道路出現了轉機。這一年是從全國選拔優秀生員入國子監學習的例年，派到安徽來的督學使者李振玉早就聽到戴名世的文名，有心成全他，於是便推薦他入國子監學習。康熙二十五年（西元一六八六年）的冬天，戴名世便到了京師。在京師這段時間裡，他交結了許多天下名士，在一起討論文章，排議時政，臧否人物，越發磨礪了思想鋒芒，也看到了京城紅塵中的種種醜陋世相。

第二年，他離開了京城，應山東學使之聘，遍歷了齊魯之境。到康熙二十八年（西元一六九〇年），他又入京師住了三年。康熙三十一年（西元一六九二年），他的元配夫人李孺人去世了。後來他又遍游江浙一帶，來往於金陵、京師之間，他的足跡，踏遍了江浙山水名區，遊覽了爛柯山、雁蕩山、大龍湫、赤城山、天台山等名勝，寫下了許多遊記妙文。這期間，他在金陵的弟子門人尤鶚，把平時所藏先生的古文百餘篇整理出版，題書名為《南山集偶鈔》——也就是後來惹下殺身之禍的那本書。當時戴名世已在故里南山買宅，以為日後隱居之所，故此把文集叫做《南山集》。

康熙四十四年（西元一七〇五年），戴名世應順天鄉試，一舉成功，中了舉人。第二年的會試，他卻被黜落第，於是又從京師再到吳中、淮上等地。到康熙四十八年（西元一七〇九年），戴名世忽然時來運轉，會試中獲了第一名，殿試又欽點一甲二名進士，也就是人們所說的「榜眼」，被授予翰林院編修的官職。戴氏一族，幾代也沒有人這麼「出息」過，連戴名世也覺得這幸運降臨得很突然。但他這一年已五十七歲了。快滿花甲的老人，頭上早已華髮皤然了——活生生一個「范進中舉」。又過了二年，戴名世以《南山集》而獲罪，又過了二年，戴名世被康熙帝下令處死。

戴名世性情狂放孤傲，憤世嫉俗，在國子監時被人指為「狂生」。對於世俗的齷齪，他難以忍受，常在文中加以抨擊指斥，因此很多人說戴名世「好罵人」。他與人交接，極有原則，對於一二奇偉魁特之士，他願傾心交往，相與談論古今成敗得失，喜而相歡，悲而相泣。但他覺得這樣的人太難得到。於是，對一般的俗人，他拒絕交遊，自甘廢棄。

戴名世的名氣越來越大，很多人願意和他交遊。康熙十五年（西元一六七六年），二十四歲的戴名世正是才華橫溢之時，他一連寫了《響雪亭記》、《意園記》、《范增論》、《錢神問對》、《金正希稿序》、《左忠毅公傳》、《竇成傳》等有名的文章，在士林中享譽甚高，人們交相傳閱。這年秋天，有一個上午，平素幾位相熟的朋友敲開戴名世的門，來拜訪他，手裡還提著酒餚。賓主落座，彼此寒暄了幾句。客人中一位年齡與名世相彷彿的秀才開口說明了來意。這位秀才，面色白皙，眉目清朗，坐在名世對面的椅子上，稍稍欠了欠身，對戴名世拱手而言：「名世兄才高八斗，滿腹經綸，江淮士林，誰人不知，誰人不曉！況且吾兄不惟文章蓋世，學識淵雅，兼之人品高潔方正，也是人所共知的。我們數人平素與兄多有往還，心甚仰慕，多蒙兄之教益開導，時如醍醐灌頂。惟恐交之不誠，誼之不久，於是，想與吾兄義結金蘭，重以盟誓，不知吾兄肯否俯允？」說罷，走下椅子，彎腰欲拜，另外幾位年輕的士子也都起身欲拜。

戴名世卻不冷不熱發了一大通議論，他也拱了拱手，對諸位士子說：「豈敢！豈敢！我獨處慣了，不願相聚熱鬧，自古以來，人們因為彼此不相信任，方才結盟，所以真正的君子是不屑為盟的。況且諸位君子也知道交友之道吧！交友之道，其初慎之又慎，才會沒有『不終』之患；而交情過密，反倒是疏遠的萌芽。現在一些鄉曲之士，因為習氣相近、年齒彷彿，於是便忽然而聚，呼兄呼弟，用不了多久，便各奔東西，視同路人，甚至於反目為仇，也不在少數。所以我越來越與世隔絕，而寧願與鹿豕為群。諸君之美意，名世當面謝過了，只是難以領受。」這幾位士子滿腔熱火而來，沒想到被戴名世潑了一盆冷水，十分尷尬，你看看我，我瞅瞅你，無言以對，只好說：「告辭！告辭！」便悻悻離去了。

戴名世文名愈大，愈遭世俗之妒，加之為人耿介狂狷，得罪了許多人，甚至於在京師的桐城人，都相戒不道戴生之名。而戴名世堅持自己的做人原則，不阿附取容，不趨炎附勢，自有其風節。為此也得罪了一些達官貴人，如他指斥吏部侍郎趙士麟假借他的名字為文作序一事即可見之。

趙士麟乃是當朝的吏部侍郎，手握予奪大權，聲勢煊赫；戴名世是一代名士，文名貫耳，趙士麟常以風雅自命，以「好士」為面具，他拼湊了一部文集，覺得應該找一位名家作序，這樣才似乎提高文章的「檔次」，擴大自己的影響。找誰合適呢？他想了一下，覺得戴名世為他寫序，最能抬高自己。於是，便託了一位與戴相熟的朋友，為之說項，請戴為趙氏文集作序。戴名世從未和這位趙少宰接觸過，卻也風聞過其好士善文之名，於是便答應了為之作序。後來戴名世因事離開京城，回安徽家中，趙士麟親往送行，這也頗令名世感動。趙士麟讓大轎停在一邊，命人拿過酒盞，為名世餞行。他對名世再三說：「仁兄此去盡快回京。在下文集刊刻殆將完成，專候仁兄大序為之生輝增色了！」名世應允：「我當速去速來，以拙序為公之大著盡一分綿薄之力。」

名世走了二十幾天方才到了桐城家中，家中有許多事情待他處理，名世往返奔波，心緒不寧，也就把作序的事暫且放在一旁了，無暇為之。趙士麟等不到戴名世的親筆序文，很是焦急；現在是「萬事俱備，只欠東風」，就因為序文沒到，文集便無法刊行問世。趙士麟實在有些等不及了，便另請了一位文人「捉刀代筆」，以戴名世的口氣寫了一篇序，然後署上戴的名字，付之刊刻。趙士麟為此事特地寫了一封信告訴戴名世，說序文不及等待，已請人代作了，請仁兄原諒等等。

戴名世收到趙的來信，一讀之下，十分氣惱。他對這種行為不能接受，不能默認。不管你是多大的官，就是皇帝老子也不能假冒我的名義。於是他援筆作書，辛辣地挖苦了對方，並責其馬上把那篇「假冒偽劣」的序文撤下來。這就是有名的《答趙少宰書》，信的大意是這樣的：

> 我戴名世不過是個江淮鄙人，在朝中無官爵，在天下無聲譽，而閣下乃朝中大員，出持節鉞。為閣下之文作序者都是公卿大夫，而閣還是勤勤懇懇要求在下之文，難道不是因為在下人雖微賤而言有可取嗎？
>
> 立言之道以《易》為著。《易》中說：「君子以言有物而行有恆。」「修辭立其誠」。立誠方為言之有物，如其不然，雖是文采絢爛，工麗可喜之作，也無非如《中庸》所說「不誠無物」，這乃是君子所不取的。代人作文，他的意思我不知道，我的意思也非他的意思，我的辭語也非他的辭語。這種「捉刀」之文，是剽竊，是假冒，是欺謾，誠望閣下把此代作之文削而去之。

此信一出，已使趙士麟極為不快，戴名世又把它收入《南山集》中，公開刊行，更使趙大丟面子，當然兩個人的關係也就徹底破裂了。諸如此類的事，非止一件，無怪乎世俗之人多以「狂怪之士」以目戴氏了。

其實，戴名世與世俗的衝突，還有一個重要原因，就是他對當日士風、科舉時文的詛咒抨擊，惹得許多人大為反感。比如他在《四家詩義合刻序》中指斥當日士林對於經典斷章取義，僅僅只是為了應付科舉考試。

「當大比之年，輒取其所治之經刪而閱之，擇其可以命題者，為雷同腐爛之文，彼此抄襲，以為不如是不足以入格，……士風之苟且至於如此，而五經之不蕪沒也幾希。」這是深中時弊的。他從少學為作文，就深惡趨時之作，不肯稍有苟且雷同，所作文字不悅於世俗。戴名世早年科場失意，原因蓋在於此。後來，他也學乖了一些。明白了沒有「時文」這塊「敲門磚」不用不行；再加上他的文名越來越大，終至在五十七歲時高中金榜。但他平素為文，仍都是峻潔頓挫的古文。他的特立獨行，必為世俗所不容。

戴名世志在修史，並以良史自期。他的最大願望是修一部明代的信史。康熙朝從莊廷鑨史案後數十年內沒有大型的文字獄，言論較鬆，戴名世忘乎所以，想把有明一代全史的真面目反映出來。於是，他平時就注意蒐羅、考辨有關史料，尤其是南明幾個小王朝的史料，更是他注重蒐集的目標。他在《南山集》中採錄了方孝標《滇黔紀聞》中一些關於南明的史事，並用了南明的年號；又寫信給其門生余湛，讓他提供從僧犁支那裡得到的見聞，以便互相勘對，這些都在尤鶚為他刊刻的《南山集偶鈔》中留下了痕跡，也就埋下了災難的種子。

康熙四十八年（西元一七〇九年），戴名世高中榜眼，鴻運當頭，但他已是兩鬢蒼蒼了。

儘管如此，他仍然欣喜萬分，戴氏一族幾代都沒有過這樣的幸運，如他自己所說：「家世躬耕讀書，仕宦皆不顯」。如今一旦高中，可謂門楣生輝。雖然已近花甲，畢竟功名得遂啊！

不久，戴名世被朝廷授以翰林院編修這樣的顯要職務。戴名世走馬上任，容光煥發，但他還是那種孤高耿介的體性，對於一般苟且取容的庸官俗吏，更是不屑一顧，即便是見了宰輔大臣，他也是合手一揖，再無他話。常與幾位友人飲酒縱談，旁若無人。那種「狂士」的派頭，並沒有因為身著官服而收斂多少。在一班循規蹈矩、唯唯諾諾的官員眼裡，戴名世真是個怪人；而那些善弄權術、慣於整人的朝臣，更是伺機羅織罪名把他扳倒，再踏上一隻腳！

康熙五十年（西元一七一一年），十月的一天，左都御史趙申喬向戴名世發起了「突襲」——其實是蓄謀已久的，趙申喬據戴氏《南山集》參劾，指斥戴名世「妄竊文名，恃才放蕩。前為諸生時，私刻文集，肆口游談，倒置是非，語多狂悖。」「今膺恩遇，叨列巍科，猶不追悔前非，焚削書板，似此狂誕之徒，豈容濫廁清華！」所據的「罪證」主要是《南山集》中《與餘生書》一文。文中提到南明的小朝廷年號「永曆」。這個「餘生」，是戴的門生余湛。余湛認識一位叫犁支的僧人，犁支其實原是永曆小朝廷的宦官，自然了解永曆朝一些事件的內幕。犁支曾對余湛談及過一些南明史事。余湛自然也就對老師提到此事。戴名世有心修治一代明史，對這些史料尤為留意。而戴的友人、同鄉方孝標曾有《滇黔見聞》一書，寫的內容也有南明永曆的史事。戴名世兩相參照，發現互有異同，於是便請余湛幫助查問核對。趙申喬在《與餘生書》中找到了把柄，便把戴名世告了個「大逆」，並且引出了方孝標案。

趙申喬平素為人道貌岸然，官聲不錯，但此人城府幽深，難以測度。趙申喬想對戴名世捅刀子，已非一日，其中另有隱情。原來戴名世在會試時是第一名，殿試時得的卻是第二名，頭名狀元被趙申喬的兒子趙熊詔得去。趙熊詔的名氣遠遠不及戴名世，之所以能高中榜首，據說是乃父趙申喬的「幕後功夫」發揮了作用。趙申喬恐怕黑幕被揭破，便假藉口實、羅織罪名，企圖置戴於死地，除去這個「隱患」。他在參疏上特意說明「臣與名世素無嫌怨」，恰恰是「此地無銀三百兩」的伎倆。戴名世性情孤傲狷介，很多朝臣都不滿於他，如今有了機會，正可以「投井下石」，於是這些人積極行動起來，在《南山集》裡吹毛求疵，必欲置之死地而後快。

刑部的審訊結果連同判詞，一起上報到康熙帝那裡。刑部文件中引《與餘生書》裡「吾鄉方學士有《滇黔見聞》一篇的原文上奏，康熙帝看了好生惱怒。作為一個滿族的皇帝，對於任何否定清朝為正統的言論都較為敏感，康熙算是頗為開明大度的，但他看了刑部的報告和趙申喬的奏疏，也不免心頭火起：「朕親自擢你戴名世殿試第二名，又不顧吏部的非議，授你為翰林院編修官，不曾想竟然如此狂逆！《與餘生書》中竟然直書什麼『弘光之帝南京，隆武之帝閩越，永曆之帝兩粵、帝滇黔』，這豈不是在否定順治朝為正統？」康熙帝又見「吾鄉方學士」，以為是那個在吳三桂偽朝當丞相的方光琛的兒子方學詩。吳三桂在雲南稱帝造反，被清廷平定之後，方光琛及其子侄都被俘被殺，只跑掉了一個方學詩。在滿文裡「士」「詩」同字同音，康熙以為這「方學士」就是「方學詩」，此事竟與「叛賊」有瓜葛，自然更加引起康熙的重視，他當即詢問：「是非漏網之方學詩耶？」左右無法回答。後來，再經審問，方知是桐城的方孝標。一個是桐城的方氏，一個是歙縣的方氏，雖同姓卻不同族，並無干涉。

說起方孝標，也是經歷很複雜的一號人物，這裡須略敘數語。

方孝標，原名玄成，字孝標，後因避諱以字行，別號樓岡，是少詹事方拱乾的長子。方孝標是順治六年（西元一六四九年）的進士，曾任內弘文院侍讀學士，並兩次被任為會試同考官。順治十一年（西元一六五四年），世祖（順治帝）親自選拔了七個人「侍帷幄備顧問」，孝標即在其中。世祖呼其號「樓岡」而不稱呼他的姓名。一次，世祖對別人說：「方學士面冷，可以當吏部尚書。」可見順治帝很賞識方孝標。

方孝標因順治十四年（西元一六五七年）的江南科場案而受牽連。這一年江南鄉試，正考官是方猶，副考官是錢開宗。方孝標的五弟方章鉞中了舉。外面物議沸騰，說此次考試，錄取不公，反響最強烈的是方猶徇私錄取方拱乾之子方章鉞。很快地，給事中陰應節參奏於世祖：「江南主考方猶等作弊多端，其中最顯著者如被取中的方章鉞，是少詹事方拱乾之子，孝標、亨成、膏茂之弟，與方猶聯宗，乘機滋弊，請皇上提究嚴訊。」世祖覽此，勃然震怒，先把方猶、錢開宗及同考試官革職，並把中式舉人方章鉞等逮捕來京。順治十五年春三月，世祖親自複試丁酉科江南舉人，先將本科准作舉人七十五人，其餘罰停會試二科二十四人，文理不通革去舉人十四名。到十一月，案件處理完畢，世祖親定方猶、錢開宗處斬，同考試官均即處絞，方章鉞等八人都責打四十大板，家產籍沒入官，父母兄弟妻子一併流放寧古塔。

過了兩年，世祖每見到方孝標的舊講章，每每稱道為「才人」。孝標的兒子方嘉貞上書訴冤，於是世祖傳旨，詹事方拱乾，學士方孝標父子釋歸。

轉眼到了康熙十二年（西元一六七三年），方孝標有位好友在貴州貴陽府為官，孝標一直嚮往滇黔山水風光，於是便動身赴黔，一是往訪好友，同時也借此遊覽一路上的山水景緻。

不久，吳三桂在雲南造反，貴州巡撫附逆，於是外間來的遊客在雲、貴者都被扣留，方孝標當然也在其中。方孝標為了逃離此處，於是假裝發狂。正在吃飯時，忽然嚼碗，把牙都硌掉了。他把自己弄得滿臉烏黑，然後對著別人齜牙咧嘴做鬼臉，無論下面是汙泥還是屎溺，他都隨便坐臥，弄得身上臭穢難聞。這樣，過了一個多月，看守者以為他真的瘋癲了，對他的看管鬆多了，於是方孝標瞅個空子逃了出來，他剃髮為僧，取法號為方空。

他穿著僧服，從小路跑到了湖南衡陽，見到大將軍裕親王，親王對他的行為十分嘉許，待如貴賓，又要把他推薦給朝廷，孝標力辭道：「在下家有老母，八旬有餘，日夜望兒歸，今日得以不辱之身歸見老母足矣。」親王稱讚他說：「方先生真可謂忠孝兩全啊！」

孝標歸來之後，便追記在雲貴一帶的所見所聞，寫成了《滇黔見聞》。戴名世與方孝標同鄉。孝標晚年聲名尤著，戴名世也是一時名世，兩人曾有往還。名世在方孝標處見到《滇黔見聞》，如獲至寶，後又聽余湛說犁支事，便請余湛進一步為他採訪犁支，進一步蒐集南明軼史，這樣，便在《與餘生書》談到了「方學士」的《滇黔見聞》，使方孝標遭到了身後之辱。

與此案有牽連的還有戴名世的門生尤鶚，是他捐資刊刻了《南山集偶鈔》；為戴名世《南山集》、《子遺錄》作序的汪灝、方苞、方正玉、朱書、王源等，再加上余湛，除了王源、朱書已經病故外，一律都被逮到刑部大獄，戴、方兩家子弟都被株連逮捕。

刑部提出了判決方案，只待皇帝硃筆御批了。刑部的判決是這樣的：

> 審察戴名世所著《南山集》、《子遺錄》內有大逆之語，應即行凌遲處死；已故方孝標所著《滇黔見聞》內也有大逆之語，應開棺剉屍，戴名世、方孝標兩族十六歲以上男子，俱行立斬；其母女妻妾，發配功臣家為奴。江灝、方苞為戴名世悖逆之書作序，俱應立斬。

對於刑部的判決意見，康熙帝再三躊躇。時值他花甲華誕到來之際，他不願大開血光，使全國籠上一層陰影；但是像戴名世這樣有能量不安分的士人，殺上一兩個，也可以戒懼黨社，使士人安分守己，尤其是讓他們記住，大清朝是萬不可非議的，誰敢稍有造次必有性命之虞！於是，他緩緩提起筆來，批道：

戴名世從寬免於凌遲，著即處斬。其他議斬人犯從寬免死，依律下獄。

一代名士戴名世，慘死在「文字獄」的鬼頭刀下。他的弟弟戴輔世，收拾了兄長的遺體，從京師扶櫬歸里，腰中的白布帶，在淒緊的風中飄抖著，車輪吱呀，悠悠地唱著一曲悲傷的輓歌……。

戴名世之所以獲罪，有他孤高耿介，憤世嫉俗，個人性格的因素，引起有些人對他的嫉恨，但更主要的不在於此。它仍然與清王朝根除抗清情緒的既定方針密不可分。《南山集》中並沒有詆毀當朝的言論，不過是採錄了一些有關南明的史事，保留了南明的年號。在戴名世的觀念裡自然是認為應該給南明三朝一定的歷史地位，這放在史學範疇來說，不過是一種學術觀點而已，何至於有殺頭之罪？但在清初的統治者眼裡，並非如此單純，他們認定這是「大逆」之罪，因為它與清王朝的大一統思想有所牴觸，承認了南明存在的合理性，就意味著對清王朝的「不敬」，甚至被認為是潛藏著反清思想。所以戴名世被處以重罪，也是可以想見的。

《南山集》案是康熙朝兩大文字獄之一，與莊氏史案相比，算是寬緩多了。此案只殺了主犯戴名世一人，其他有牽連的人都從寬免死。康熙帝與雍正、乾隆相比，畢竟是較為寬仁的。再說當時離康熙的六十壽辰僅有一個多月了，康熙也不想氾濫誅殺，破壞了喜慶氣氛。這些因素合在一起，使《南山集》案的處理相對寬容一些！

飄零的大樹：年大將軍得禍於文字

飛鳥盡，良弓藏；狡兔死，走狗烹！

對清代歷史多少有點認識的，誰不知道年羹堯的大名？甚至於提起雍正帝來，就會聯想到這位年大將軍。在雍正朝，年羹堯曾是皇上最為寵信的重臣。然而，大概連他自己也未曾想到，竟然喪生於「文字獄」上。禍福相倚，天命難測，是偶然呢？還是必然？

年羹堯，字亮工，號雙峰，漢軍鑲黃旗人。他的父親年遐齡，曾任湖北巡撫，年羹堯乃其次子。年羹堯在康熙三十九年（西元一七〇〇年）中了進士，授翰林院檢討，改庶吉士，累官至內閣學士。到康熙四十九年（西元一七一〇年）他已擢升為四川撫巡。此後多次平定四川、青海叛亂，屢立戰功，顯示出很高的軍事才能。康熙六十年（西元一七二一年），年羹堯已是川陝總督，手握大權，威震一方，成為朝廷不可多得的「台柱子」。

雍正初年，雍正帝對年羹堯優寵有加，視為心腹股肱。即位之初，就把當時任撫遠大將軍的十四阿哥（皇子）允禵調回京城，而以年羹堯取而代之。雍正元年（西元一七二三年）五月，雍正帝便發出上諭：「西北軍事，全部交給年羹堯去辦理。在西北、西南的總督、巡撫、提督等官，一律服從年羹堯的指示。」又在四川提督岳鍾琪的奏摺上硃批道：「按照朕的心意，整個西部的一切事務，都全權委託年羹堯處置。」自從雍正元年（西元一七二三年）正月，年羹堯以叩謁聖祖梓宮的名義陛見雍正之後，從此寵信漸增，加官晉爵，扶搖直上。

雍正二年（西元一七二四年），年羹堯又與岳鍾琪一起，討平青海噶爾丹的大舉叛亂，更為雍正帝所倚重。十月，羹堯入覲，此時已功蓋天下，位極人臣，至此，年羹堯的事業前程已達峰巔，他怎麼也沒想到時隔不到一年，竟然丟了腦袋！

雍正三年（西元一七二五年），二月，天象出現「日月合璧，五星聯珠」的奇觀，這自然是祥瑞之兆。中國古代的封建君主，都很相信所謂的「祥瑞」之兆，以為是天命佑護，可得永祚。加之一些善於逢迎的大臣從中吹捧渲染，皇帝就更為深信不疑。雍正帝也不例外。

於是群臣上表稱賀，年羹堯身為朝廷重臣、封疆大吏，焉有不獻表之理？雍正帝從年羹堯的獻表中發現了問題：把「朝乾夕惕」寫成了「夕惕朝乾」。於是雍正帝大為惱怒，認為是對自己大為不敬，下詔嚴責。「朝乾夕惕」出自於《易經．乾卦》的卦詞：「君子終日乾乾，夕惕若，厲，無咎。」意思是說「貴人整天憂愁戒懼，晚上警惕著。雖然情況嚴重，但終無害。」後來「朝乾夕惕」就成為頌揚皇帝的制式成語，無非是稱頌皇帝勵精圖治，宵衣旰食。「朝乾夕惕」也罷，「夕惕朝乾」也罷，其實並無不同，年羹堯是進士出身，文字功夫滿好，變換一下詞序，無非是想給自己的賀表擺脫一點陳腐氣，增加一點新鮮感。不曾想卻惹得雍正帝龍顏大怒，責怪年羹堯是「有意倒置」，下諭旨說：「年羹堯不以『朝乾夕惕』許朕，那麼，你年羹堯的青海之功，也在朕許與不許之間。」認為「年羹堯自恃己功，顯露不臣之跡，其乖謬之處，斷非無心。」（三月二十三日諭）四月，年羹堯被貶為杭州將軍；六月，削太保，奪一等公爵位；七月，黜為閒散旗員；九月，下刑部獄；十二月，議政王大臣劾年羹堯犯九十二條大罪，雍正帝令年羹堯自裁，其子年富處斬，父年遐齡、兄年希堯，革職。家產全部籍沒，親族同黨或斬或流。從此年家勢力化為烏有。這位年大將軍盛極而衰，且如此之速地招致殺身之禍。

其實，「冰凍三尺，並非一日之寒」，「夕惕朝乾」不過是個導火線。年羹堯與雍正帝的關係變化，真非一兩句話所能說得清楚的。

雍正帝如何當上的皇帝？這是清史上的一樁千古謎案，恐怕只有天知、地知了。康熙末年的立嗣危機紛紜複雜，非本書所能理清。史學家們的推測，是當時的雍親王胤禛透過他的舅舅隆科多，將康熙帝留下的密詔中

「傳位十四子」改成了「傳位於四子」——「四子」正是雍親王胤禛。在康熙末年的奪嗣之爭中，胤禛，也就是後來的雍正帝，有城府，老於謀算，最後終於登上了皇帝寶座。但是康熙生前，從未表示過要立胤禛為儲的意思，其他皇子對於胤禛繼承皇位的合法性產生種種懷疑乃是理所當然。

諸皇子心存疑懼，但卻無人敢於發動政變，因為雍正在奪嗣之爭中爭取了兩個重要人物的幫助——在內有他的舅舅隆科多，據說雍正矯詔而立，全靠了他的手腳，康熙帝的遺詔就是由他來宣讀的；在外則有年羹堯，當時已是手握重兵的撫遠大將軍。年羹堯娶了雍親王的妹妹，有了這層裙帶關係，年羹堯成為雍親王奪嗣的有力助手。因此在雍正帝登基過程中，年、科是最主要的左膀右臂，擁立功勞最大的重臣。

在雍正初年，雍正帝與年羹堯關係甚密，雍正對年羹堯十分器重寵幸。因為此時，皇帝的根基尚未牢固。這個皇帝的「來頭」有些「名不正言不順」，諸皇子人心未服，皇帝需要年羹堯和隆科多這兩塊「鎮國之寶」。

密摺制度在雍正一朝達到極點，雍正帝不僅發展了它，而且使之制度化，雍正帝與大臣之間的聯繫，主要靠密摺。「密摺」，也就是「密封奏摺」，是一種非公開的君臣之間的通訊聯繫形式。哪些大臣有權給皇帝上「密摺」，那是由皇帝欽定的。比起一般的奏本，密摺不限字體，也不拘格式，運行十分快捷，不經通政司、內閣之手，直接由專人送達皇帝，由皇帝親自拆閱批行，保密性極強。雍正帝利用密摺，讓大臣之間彼此監視，各自分別向他匯報。皇帝在密摺上硃筆批答，發送臣下，臣下看到硃批後馬上再送返繳回，不得留底。雍正帝一生硃批數萬，乃是一批極有價值的材料。雍正在其初年的硃批中，一再盛讚年羹堯。雍正二年，雍正帝在年羹堯所上的謝恩折上批道：

> 從來君臣之遇合，私意之相得者有之。但未必得如我二人之久耳，爾之慶幸固不必言矣，朕之欣喜亦莫可比倫，總之，我二人做個千古君臣榜樣，令天下後世欽慕流涎就是矣！

信誓旦旦，宛如「暱暱兒女語」。

青海平定之際，羹堯即將入覲，雍正帝欣喜無比，一再在奏摺上批道：

大功告成，西邊平靜，君臣慶會，亦人間樂事！

大功告成多日，君臣慶會在邇，臨書不勝欣喜！

一路平安到來，君臣慶會，何快如之！

又在給岳鍾琪的密摺硃批中寫道：

今年羹堯暨汝二人，朕不知如何寵賜，方愜寸衷。

當時雍正帝對年羹堯似乎寵愛無比，天下第一。其中一個重要的原因，是年羹堯對皇帝來說，還用得著！

待雍正二年十月，年羹堯入覲，在京師滯留三十餘日，十二月返抵任所。此後，雍正帝對年羹堯的態度卻一天不如一天，在硃批中曾作如此嚴厲的批評：

據此不足以報君恩父德，必能保全始終。不令一身致於危險，方可謂忠臣孝子也。凡人臣圖功易，成功難，成功易，守功難；守功易，終功難。……若倚功造過，必致返恩為仇。

在這以前，雍正帝寫給年羹堯的硃批，幾乎全是恩賞、親暱之詞，這次卻大大不滿了。

年羹堯失寵了，可這究竟為的什麼？

看來，主要是年羹堯在京覲見的這一個多月，他的表現使雍正帝難以容忍了！

年大將軍得勝凱旋，又有皇帝的無上恩寵，自然是志滿意得，他不免有些飄飄然。他坐著八抬大轎，令總督李維鈞、巡撫范時捷跪在路旁送迎。到了天子腳下，京師御道，他還是目中無人，眼睛朝天。王公大臣在京郊列隊迎接，他卻傲慢無禮，這成了他被整肅的導火線。

年羹堯居邊地，握重兵，又受皇上非常之寵，所以妄自尊大，以前無人敢於指摘，即便有人敢言，也恐不會被採納。但這次覲見不但得罪了王公大臣，而且居然忘乎所以，在皇帝面前也不免放肆起來。在皇帝接見相談時，年羹堯竟然「箕坐」，這就有些太「越格」了。

雍正帝並非是那種可以讓人在他面前放肆的主子，對於年羹堯在這次覲見中的表現，他頗為不滿。在這種時候，只要誰輕輕一挑唆，就會由寵信而狐疑，認為年羹堯結黨市恩，擅權作威，於是便對年展開了圍剿。在給各位臣下的硃批中，命他們疏遠或擺脫年羹堯，奏報年羹堯的劣跡，表白各自與年的關係，查舉年被貶謫後的行跡……諸如此類。

年羹堯應該明白「伴君如伴虎」的道理，歷史上那些功臣，被君王用完後除掉的例子，自然也相當諳熟，卻不能及早收身，反而得意忘形，豈知這皇帝乃是不好侍候的，終以文字之累，而致殺身之禍，豈不悲夫！

陪著年大將軍倒霉的還有汪景祺和錢名世。這兩位都是文人，倒霉也倒在文字上。

汪景祺，錢塘人，字無已，原名汪日祺，號星堂。他出身於宦官之家，父親汪霦，官至戶部侍郎。兄汪見祺，字無亢，康熙四十八年（西元一七〇九年）便中了進士，官至禮部主事。

父兄在仕途上混得都不錯，可是汪景祺卻是「八字」不佳，命途多舛。其兄中了進士四年以後，他勉強中了個舉人，以後卻一直蹭蹬文場，連個進士的影子都見不到，當然也就與富貴無緣了。轉眼間年過半百，只好另謀出路。

於是他想到了好友胡期恆。胡期恆與汪景祺乃多年的文友，曾經常在一起詩酒流連。眼下，胡期恆發達了，正任著陝西布政使。胡是當今權傾朝野的年大將軍所賞識、所倚重之人，視為心膂股肱。年羹堯深受皇帝寵愛，「紅」透了半邊天，這是天下人都知道的。胡期恆有這樣的靠山主子，哪裡還愁什麼官運不通、仕途不暢呢？

汪景祺決定去投奔胡期恆。他想：「到了胡期恆那裡，自然會給我安排個一官半職。」但這並非最終目的，他是想要透過胡期恆的介紹，因而受到年大將軍的賞識，那樣一來，自己的後半生就不會如此委屈了。他想像著自己的詩文如何受到年羹堯的賞識，年大將軍也是進士出身，飽讀詩文，胡期恆的文才說起來也不及他汪景祺，尚能得到年大將軍的寵愛，而他汪景祺的詩名在圈子裡面也很響亮，朋友們都很佩服他的詩文，所以年大將軍一定會喜歡。想到這裡，汪景祺就得意了，腦海裡甚至出現了這樣的圖景：大將軍正在燈下夜讀自己的詩集，讀到高興處，擊案叫好，捻著鬍鬚，微聲吟誦，然後請他喝酒對詩，忘形爾汝；然後又上摺推薦，保奏汪景祺到皇帝身邊供職。……想著想著，他就不禁陶醉了！

說走就走。他打點行裝，奔陝西而來，尋訪他的朋友胡期恆。

此一番西征，雖然路程遙遠，但汪景祺心中有宏偉藍圖的鼓舞，並不覺得疲倦不堪，反倒詩興大發、文興大發。

於是，便有了這次西征文字的結集《讀書堂西征隨筆》。誰知道，這正成了惹禍的根苗，砍頭的原因。

汪景祺特意作了一篇《上撫遠大將軍年公書》。是一篇登峰而造極的「頌揚詞」，把年羹堯稱頌得無以復加，並徑直稱年為「宇宙第一偉人」！

這且不說，文中又有「功臣不可為」一條，點明當大功臣之危險，又把「狡兔死，走狗烹；高鳥盡，良弓藏」的歷史教訓，形象地展示了一遍。功臣無罪而誅，「罪魁禍首」自然是君王，不妨直錄關鍵之語：

> 彼夫猜忌之主，其才本庸，而其意復怯。當賊寇昌熾時，望烽火則魂驚，見軍書則股慄。忽有奇才異能之臣起而戡定群凶，寧謐四海，捷書一奏，喜出非常，七寶莊嚴之殊禮寵遇之。遲之既久，則轉念曰：敵人如此橫肆，兵事如此周章，而此臣竟翦滅之，萬一晉陽之甲興，誰復能捍禦者？於是而疑心生矣；

既而閱所上紀功冊，某處斬首幾十萬，某處拓地幾千里，某處招撫若干，某處虜獲若干，心膽震驚，魂魄蕩懾，於是而畏心生焉矣；既建奇功，復膺異數，位崇五等，禮絕百僚，內外臣工以其為朝廷之所重也，無不敬而奉之。諂佞小人趨承恐後，伏跪叩首，待之逾於常禮，而且題官則嫌其專擅，奏銷則防其冒濫，敘功則慽其詐偽，鹵獲則謂其私藏，觸處罣礙，爭寵者又從而構之，於是而怒心生焉矣；彼自謂受恩既深，以忠藎為報國，懷光欲去盧杞，李晟思慕魏徵。而愛暱不可遽除，忠言不能入耳，反恨其無禮於君，恃功驕橫，於是而厭心生焉矣。

疑也，畏也，怒也，厭也，以此四者待功臣，有不凶終而隙末乎？……雖由臣節之未純，亦猜暴之主有以致之也。

功臣者何許人？不正是年羹堯這樣的「大功臣」嗎？那麼，「猜暴之主」又是誰呢？雍正帝后來見到此文，焉能熟視無睹？

《隨筆》中還有一些犯忌之處，據說有詩譏訕聖祖「皇帝揮毫不值錢」。又作《歷代年號論》，非議雍正年號，說「正」字拆開來為「一止」，是不祥之兆。並舉以往年號作為論據。如金海陵王（年號「正隆」）、金哀宗（年號「正大」）、元順帝（年號「至正」）、明英宗（年號為「正統」）、明武宗（年號為「正德」）等等。這些都是後來雍正帝視為「悖謬狂亂」之處。

汪景祺曉行夜宿，到了陝西。聽說是布政使大人的友好，哪裡敢怠慢。於是，汪景祺很快見到了故人胡期恆。胡期恆雖然身為高官，執掌陝西全省政事，卻仍未忘故人之情，把汪景祺安置在客館，並設酒筵為故人接風洗塵。二人把酒吟詩，夜話契闊之情，彼此都不無傷感。

胡期恆春風滿面，容色豐潤，一副顯宦派頭，雍容風度；相形之下，汪景祺則是典型的落魄文人模樣。兩鬢星白，皺紋密布，加之一路風塵，未免寒酸。胡期恆心中亦不免頓生憐惜之意。

胡期恆揀了個機會，把汪景祺推薦給年羹堯。汪景祺心中十分激動，機會到了。切切不可當面錯過，他急急告誡自己。連忙把自己此行所著《讀書堂西征隨筆》，恭恭敬敬地呈獻給大將軍，並將《上撫遠大將軍年公書》抄寫得工工整整同時獻上。

年羹堯乃是進士出身，文墨精詣，自然賞識妙文作手，讀著《上撫遠大將軍年公書》中那些歌頌他經天緯地的頌詞，心中十分熨帖，又看到《功臣不可為》，不免暗暗點頭稱是。於是他便把汪景祺留在了自己的幕府中，當了一個幕僚，且格外客氣，另眼相看，這《讀書堂西征筆記》就放在了自己的書架之上。

「禍兮福之所倚；福兮禍之所伏」，老子不愧是智者，世上的事情往往被其言中。汪景祺正在慶幸自己得逢知遇，誰想到紅極一時的年大將軍轉眼間卻獲罪於皇上。

年羹堯被抄家，汪景祺的大著被送到了雍正帝的案頭。

皇上一覽之下，龍顏大怒，如此悖謬的文字，可見這汪景祺賊膽不小！這不是明擺著唆使年羹堯欲將不臣嘛！

皇上咬牙切齒，提起硃筆批道：「悖謬狂亂，至於此極！惜見此之晚，留以待他日，弗使此種得漏網也。」汪景祺注定沒命了！年羹堯被賜死自裁後的七天，汪景祺斬首示眾。他的妻子兒女，被發配到黑龍江，給披甲人（滿洲軍士）為奴；他的兄弟叔侄，流放到寧古塔；稍遠些的親族，在官的革職，交原籍地方官監管。

《讀書堂西征隨筆》，斷送了汪景祺的富貴夢，也斷送了他的頭顱！

同時因年羹堯案而獲罪的還有錢名世，獲罪的緣由仍在文字。不過，雍正帝對他的處置可真是出人意表，在文字獄的歷史上寫下了奇特的一筆——皇上玩弄文字獄玩出了「藝術」！

錢名世，字亮工，號鑨庵，江南武進（今江蘇武進）人，康熙四十二年（西元一七〇三年）進士，殿試一甲第三名，也就是所謂「探花」，授翰林編修，後又升為侍講學士。在當時是頗有名氣的文人。

錢名世又因何與年羹堯案牽連到一起了呢？他和年是科舉鄉試的同年（兩人都是康熙三十八年中舉，不過，一在南闈，一在北闈），科舉時代，是很講究這種「同年」關係的。同在一榜考試中中了舉人、進士的，就是「同年」，而主考官就是「恩師」，這些舉子與考官也就成了師生關係，都自稱為「門生」。師生、同年等就成了一種特殊的社會關係網。

有年羹堯這樣權勢赫赫的同年，錢名世感到自豪，感到驕傲。

雍正二年（西元一七二四年），年羹堯進京覲見，錢名世寫詩來稱頌這麼權傾朝野的「同年」，為年羹堯歌功頌德，詩的全文已佚，難窺全貌，但被雍正帝視為「罪證」的詩句是保存下來的，有「分陝旌旗周台伯，從天鼓角漢將軍」，還有「鐘鼎名勒山河誓，番藏宜刊第二碑」這樣一些詩句。前面那聯詩，是用周代的台伯和漢代的大將衛青、霍去病來比擬年羹堯。台伯，也即召公，當年武王伐紂時，他立過大功，被封於燕。周成王時官至太保，與周公旦分陝而治，他負責陝西西部一帶。衛青和霍去病在漢武帝時抗擊匈奴，為漢武帝立下了汗馬功勞。錢名世這聯詩用典還真相當恰切，把年羹堯比為台伯和衛青、霍去病，說他治陝與西征之功與這些古代大功臣相比，毫不遜色。

另一聯「鐘鼎名勒山河誓，番藏宜刊第二碑」，更犯了雍正帝的忌。錢名世光知道為年羹堯「樹碑」，卻沒有考慮到此舉惹了雍正帝的惱恨。錢名世自己還有個注解：年大將軍調兵攻取西藏，應該為他刻碑記功，和康熙皇帝的《平藏碑》放在一起。原來，康熙五十九年（西元一七二〇年），西藏發生叛亂，康熙皇帝派自己最信賴、最喜歡的十四皇子允禵去平叛。允禵受定遠大將軍印，掛帥出征，果然不負父望，大獲全勝。康熙本來就屬意於十四皇子為太子，正好藉機為之樹立威望，於是，為允禵立了一塊《平藏碑》，為其戰功之永久紀念。

雍正帝一上台，允禵便成了俎上魚肉，立即被剝奪了兵權，然後加以禁錮。

允禵在康熙末年是爭奪太子的最有力者，此人文武雙全，在諸皇子中秀出群倫，康熙兩度廢掉太子允礽，最後把希望寄託在他的身上，這從康熙對允禵的信任與厚愛中可以得到較有說服力的證明。允禵受命為大將軍，統領天下兵馬，這與康熙屬意其為儲嗣人選，二者是密不可分的。

康熙對允禵不惟信任，且頗為喜愛。允禵成婚後，皇父仍讓他和福晉破例住在紫禁城內，這當然也會加深他與皇父、生母的感情。

很明顯，十四皇子允禵是雍正奪嗣的最主要對手。雍正當皇帝，別人本不該提起這個人物，錢名世卻不知迴避，難免蹈於禍機。

年羹堯被誅，錢名世因為這些詩，也自然被株連在內。雍正帝給他加的罪名是「曲盡諂媚」，「頌揚奸惡」，「詩語悖逆」，錢名世以為這回定死無疑了。不僅自己要被砍頭，妻子兒女也不免罹難。唉，真是悔不當初！

雍正帝對錢名世的處置卻極令人意外。一律殺頭或凌遲處死未免乏味，皇上要玩一個出奇的花樣。他不讓錢名世去死，卻讓他比死更難受，讓他無法見人，一直難受到死。

皇上親手御書四個大字「名教罪人」，讓錢名世原籍的地方官製成大幅匾額，掛在錢家大門之上，然後將錢名世革職逐回原籍。

雍正這一招真是夠厲害、夠刻薄、夠陰損的了。因為讀書人好面子，講廉恥。這奇恥大辱的「名教罪人」之匾，真比一刀削去腦袋要難受多了，看你錢名世還哪有臉面做人？雍正帝笑了，笑得很得意，他在欣賞自己的傑作。

雍正隨即又下了諭旨，命常州知府、武進知縣每月初一、十五兩日到錢家查看匾額是否懸掛。

不單如此，在錢名世離京時，雍正帝又為他搞了獨出心裁的「贈行」，命京官自大學士、九卿以下都作諷刺詩「送」他，結果有三百八十五人奉詔作詩。對錢名世口誅筆伐。這些諷刺詩彙集起來，交給雍正帝審閱，然後再由錢名世出錢刻印、發行，這部詩集由雍正帝欽定書名《名教罪人詩》。

寫詩諷刺錢名世的大臣們，有的因為詩寫得刻薄，罵得狠，就討雍正帝的歡心，因之而升官、受賞；有的虛與應付，諷刺得不「深刻」，就要丟官，甚至被發配。正詹事陳萬策詩作得「夠味」，有這樣一聯：「名世已同名世罪，亮工不異亮工奸」，措意尖刻，造句奇巧。受到雍正帝的欣賞。反之，如翰林侍讀吳孝登則因詩句「謬妄」而遭了厄運，發配到寧古塔給披甲人為奴。

雍正的這個「創造」，不啻是對錢名世精神上的「凌遲」。皇帝要借錢名世來整治天下讀書人。錢名世頂著「名教罪人」的御書匾額，度過了恥辱的餘生！

雍正的「出奇料理」

活著的「現行犯」寬免，死了的思想犯戮屍，出奇料理，奇而又奇！

雍正六年（西元一七二八年），九月二十六日上午。

古城西安，殘暑的餘威還沒有褪盡，樹上仍有聒噪的蟬鳴，街市上，人來人往，今天似乎是個很熱鬧的日子。

陝西總督的衙門，坐落在離鬧市不算太遠的地方，衙前的街道，雖然行人不斷，但對於這座戒備森嚴的高大建築，人們總是懷著一種緊張的、不安的神情，卻又止不住好奇地多向裡面望上幾眼。偶然有膽大的孩子們試著往站崗的清兵身邊湊合，總是遭到斷然的喝斥，嚇得跑出老遠……。

由遠而近，一隊騎著駿馬的清兵——都是虎背熊腰的年輕勇壯之士，沿著街市兩側駸駸而來。路中間，行進著一桿八抬大轎，因為天氣很熱，轎的門簾捲了起來，轎裡端坐著一位相貌堂堂的中年男子，他就是陝西總督岳鍾琪。他現在可是雍正皇帝心目中舉足輕重的人物。

岳鍾琪，字東美，號容齋，四川成都人。他於康熙五十年（西元一七一一年）由捐納同知改為武職，由於鎮戍邊陲，屢建殊勛，由同知、游擊屢擢至總督、大將軍，又升為川陝總督加兵部尚書銜。雍正二年（西元一七二四年），岳鍾琪隨年羹堯征青海，頗獲雍正帝眷寵，加封為奮威將軍二等公。雍正帝在密摺硃批裡幾次高度評價岳鍾琪，如特諭年羹堯：

岳鍾琪著實惜而用之，一百冊畫亦不值一個岳鍾琪，至囑諭！至囑諭！

同年，雍正又在岳鍾琪的密摺上硃批道：

朕原許爾為國家梁棟，不世出之名將，今果不謬。爾之忠勤，尚未酬及一二，殊為抱歉。

雍正帝還在給別人的密摺硃批中稱許岳鍾琪：

講究武備，岳鍾琪當代第一名將，而川省營伍尤其素所練習。

雍正的這些硃批，足可以說明雍正初年岳鍾琪在皇上心目中的重要位置。岳鍾琪是漢人，但他在此時的榮寵，大大超過了一般滿員。

可是，岳鍾琪並非一個得意忘形的人。他深諳宦海風波的險惡，他時時都在戒懼政壇的陷阱，提醒自己不可大意，作為一個漢人，獲得如此榮寵，許多滿員都深懷嫉恨，尤其是近來，有些人竟然到皇上那裡告他的御狀，說他擁兵自重，培植私黨，有不臣之心。尤其是他的姓氏，更被人們說成是宋代抗金名將岳飛的後裔，更使他惶恐不安。

一年多之前，皇上特地發了一道上諭，大意是：「長久以來，不少人在朕面前告岳鍾琪的狀，說他是岳飛後代，要復辟宋明天下，推翻大清王朝，振振有詞，不一而足。這是荒謬絕倫的！我對岳鍾琪是非常了解、完全放心的。他戰功卓著，而且忠心可鑑！我付之以重兵，任之以邊陲要地，正說明我對他的充分信任！對那奸險小人造謠生事誣陷良將忠臣，我是堅決反對的，並且要追究查處！」這道聖諭，當然使岳鍾琪對皇上更加感恩圖報，感激涕零。皇上如此恩寵信賴，不信小人之言，做臣子的尚有何言！即便是變牛變馬，也要為皇上報效終生，哪怕是粉身碎骨，也在所不惜。

但是，外間傳布的那些有關自己的流言不是太可怕了嗎？如果自己哪一點稍有不慎，被人家抓住了把柄，恐怕就很難說清。因此，這位封疆大吏的為人行事是相當審慎的。他經常給雍正帝上密摺，匯報自己的近況，皇上也不斷地在硃批中對他撫慰備至。

岳鍾琪對皇上的感激與忠悃當然是無需懷疑的。但發生在這幾年的事情，又不能不使他常常在噩夢中驚醒，而且嚇得滿頭冷汗。年羹堯在雍正初年該是何等榮寵；皇上對他的恩賞、信賴真可以說是無以復加的，在本朝武將中，誰的地位能超過年大將軍！當初皇上是何等看重他！皇上在諭旨中對年反覆說，希望能和年「做個千古君臣知遇榜樣」。青海告功之後，羹堯將入覲時，皇上欣喜無比，一再在奏摺上批道：「大功告成，西邊平靜，君臣慶會，亦人間樂事！」「一路平安到來，君臣慶會，何快如之！」又在對高其倬所作硃批中說：「天下督撫，待朕之真，依朕之切者，除年羹堯外，諸敏為第一。」

這些硃批諭旨，都說明了當時皇上對年羹堯的恩寵之至！誰曾想到，年羹堯轉眼間成了罪人，被皇上處死。福禍伏倚之間，真有不測風雲。岳鍾琪雖然不敢疑慮皇上，可是他不能不覺得「伴君如伴虎」這話是有道理的。岳鍾琪也不得不去思考年羹堯獲罪的原因，想來想去，他認為年羹堯在入覲之後居功自傲，驕恣放縱，甚至在皇上面前「箕坐，無人臣禮」，皇上豈能容忍！再者說：「狡兔死，走狗烹；高鳥盡，良弓藏」的古訓，也是不止一次地證實了的，所以年羹堯的結局，岳鍾琪時時引為借鑑。現在自己的情形，與年將軍何其類似，能不深恐成為「年羹堯第二」嗎？

坐在轎裡的岳鍾琪，腦子裡正在胡思亂想，一會兒想到出征青海時在年羹堯身邊的情景，一會兒想到皇上硃批中的信賴褒賞之言，心緒很是紛亂。他微閉著眼睛，似在養神，但卻思緒萬千……。

忽然，岳鍾琪聽到轎外衛士大喝著：「站住，你是什麼人！」一個男子的聲音：「我要見總督大人。我是特意向岳大人投書的。」岳鍾琪探出頭一看，一個書生打扮的年輕人被衛士擋在轎前，岳鍾琪問：「怎麼回事？」衛士說：「此人攔轎，說要向大人投書。」岳鍾琪吩咐，將書呈上來。那人連忙從懷中掏出一封信函，封面上寫著「天吏元帥台覽」。岳鍾琪覺得十分詫異，覺得其中內容一定不平常，所以不便當眾拆閱，於是吩咐隨從把投書人帶回總督衙門。

回到府中，岳鍾琪的外衣皺褶來不及撫平，頭上的灰塵也無暇撣去，即刻打開信函，裡面還有一層封套，上書：「南海無主游民夏靚遣徒張倬上書」。信的大意是：「岳大人乃是宋朝抗金名將武穆王岳飛的後裔，與滿洲人有世代之仇。如今岳大人手握重兵，雄踞要地，卻為何甘為清廷奴僕！應該舉大義，反清廷，為宋、明王朝復仇，恢復漢人的天下。」

岳鍾琪不讀尚可，一讀之下，竟然冷汗涔涔，心驚肉跳。這是一封策反的信，他連第二遍都不敢再讀，真是怕什麼來什麼。本來朝中有些權貴已經嫉恨他青雲得意，誣他有擁兵自重、將謀不臣的跡象。此事如果處理不好，定然授人以柄，把自己整個兒栽進去。岳鍾琪思忖著如何妥善處置此事，藉此表現出對皇上、對朝廷的一片忠悃。他決定馬上審問投書人張倬。轉念一想，自己一人審問張倬，很多話沒有旁證，難說清楚。被審人如果反咬一口。自己很難吃得消。還是邀一個滿族大員會同審問，然後可以做個見證。

於是，他馬上派人到陝西巡撫西琳那裡，邀西琳來同審張倬。派去的人不到半個時辰便回來了，報告說：「西琳因署將軍印，日前去了大校場，檢閱滿洲官兵，不能馬上回來。」岳鍾琪覺得此事不能拖延，於是又喚按察使碩色前來，吩咐他坐在審問的房間旁邊的密室中監聽。

一切安排停當。岳鍾琪把張倬「請」到一間保密性能較好的房間裡。其實，碩色已坐在隔壁平心靜氣，拿好紙筆，準備邊聽邊記。岳鍾琪讓張倬坐下，顏色和悅，先請他喝茶，然後開始問話。岳鍾琪問到對方的住址及其師夏靚的住址，張倬十分警惕，立誓不說。岳又問：「我想見你的老師，應該在什麼地方，以什麼方式來接頭？」

張倬說：「關鍵看岳大人有無採納信上之言的誠意。如果真能依信上所言，我自會請師前來，與大人相見。」

岳問：「你老師今在何處？」

張答：「今在廣東。」

岳問：「你從何處而來？」

張答：「我從廣東而來。」

岳問：「你何時起身？」

張答：「我五月起身。由貴州到四川，一路打聽。都說總督去年便到西安去了，於是我又從四川追到陝西。九月十三日方到此間。」

岳鍾琪頗感奇怪，進一步追問：

「你的老師有何所見，竟敢貿然致書於我？」

張倬說：「在廣東時，我師徒都聽到這樣的傳言，說朝廷三次召您，您都拒絕赴召。我老師便猜測您為岳飛之後，一定深懷大義，不欲為清廷鷹犬。我老師對您佩服之至，於是便派我萬里投書。等到了陝西地面，方才得知所謂『三召不赴』純係烏有，並非實事；但我一想，既然我已萬里遠來，不可徒然返回，所以決意投書！」

岳鍾琪問道：「當今皇上聖明，政治清平，正逢盛世，你老師為什麼要謀反？」

張倬說：「天下百姓貧困，只為救民起見。」

岳說：「陝西百姓不窮，你知道嗎？」

張說：「陝西雖好，但湖廣一帶連年大水，積屍載道。」

岳說：「此乃天災，何與人事？且聞湖廣受災，不過幾縣，朝廷又屢加賑貸，況且各省比陝西更好的去處甚多，你卻不盡知道！」

張說：「官吏又性急，又刻薄，不知百姓苦楚。」

岳鍾琪不願再與張倬繞彎子：「你如不將你老師和你的實在姓名居處坦率地講出來，你安知我並非仇家？」

「你老師派你持信設局誘我，我豈肯輕信，誤墮於仇人陷阱之中？」張倬不肯「入彀」，對於自己和老師的真實住處、姓名，寧死不講。

此時，陝西巡撫西琳也趕到了總督衙門，和岳鍾琪會同訊問張倬。張倬見又多了一位大員，當然更多戒心，堅決不肯實供。

岳鍾琪有些急了，臉孔一翻，再無方才的和顏悅色，吩咐一聲：「大刑侍候！」於是，就在堂上把張倬打了個半死！誰知那張倬乃是一條硬漢，雖然酷刑難當，遍體是傷，卻堅不肯吐一詞。

岳鍾琪一看，這樣下去，恐怕不行，不但於事無補，而且萬一打出好歹，自己長一百張口也說不清。於是，又與西琳商議，次日再用好言撫慰，以探虛實。

次日上午，岳鍾琪又請西琳在密室中監聽，自己進一步訊問張倬。他把張倬請入署，對他慰問道歉。岳鍾琪哄騙張倬道：「昨天之舉，實不得已，尚請義士諒解。像我這種處境，如何可以不防？即如你們湖廣一帶有個叫鄒魯的人，先與年羹堯同謀，後來便去出首。對於你們這些遊說之士，誰敢輕信？安知不是有人打發你來，特地試我？所以昨晚我不得不刑訊一番，看你究竟是真還是假的？」

張倬說：「像你昨天那樣的舉動，我今天是萬不肯信了。」

岳鍾琪進一步激將對方：「你以利害說人，別人當然也用利害來試你，昨天你不該當街遞書，昭張耳目；也不該初見之時便沒有一句實話，使我懷疑至於刑訊。自古以來，設鼎鑊以待說客，實在是大有深意的。我看你不愧為一位義士，視死如歸，知道你大有氣節，非利害所能動搖。今天你我坦誠相見，你應該對我實話實說，使我心中瞭然，這才不是捕風捉影之論。」

岳鍾琪婉言相勸多時，張倬就是不吐實情。

岳鍾琪又說：「自古以來，天下多故，方才起事，現在天下承平，並無一省響動。你老師夏靚突然想讓陝西冒昧舉事，那麼，接應者是何地方何人？何處傳檄可定？何處必須用兵？現在問你，茫然一辭不吐，看來你們不過是胸無成竹而已。」

張倬說：「這有何難？但要你岳大人的確實憑據。如此，湖廣、江西、廣西、廣東、雲南、貴州六省，在我一呼可定。」

岳鍾琪覺得張倬話裡有話，遂問：「這何以見得？」

張倬說了一番大話，無非是六省人民顛沛流離，僵仆道路，人心思反而已。岳鍾琪假意說要派人往聘夏靚及意中人物。但張倬仍然不吐實情。

訊問陷入僵局，岳鍾琪只好「叫停」。

此事非同小可，岳鍾琪覺得必須馬上報告給皇上。於是長燈檠下，岳鍾琪幾乎徹夜未眠，他寫了一份長長的密摺。把這件事情的發生及訊問過程原原本本地報告給雍正皇帝，一是為了表白自己的忠貞不貳，另外也是向皇上請示機宜。

雍正覽罷岳鍾琪的飛報密摺，著實大吃一驚。光天化日之下，有人竟敢圖謀造反，看來對大清朝懷有二心的人不可以一二數啊！這些狂徒竟然對岳鍾琪這樣的大將進行策反，足見其野心不小，是以推翻大清朝為目的的，這使雍正有些衝動了。在宮中踱來踱去。他又很快抑制住自己的情緒，把岳鍾琪的密摺，復又看了兩遍。他對岳鍾琪是滿意的，並無絲毫的懷疑之處，但他覺得岳鍾琪還是太嫩了些，這件事處理得未免操之過急，以至於使事情陷入僵局。他得趕快給岳鍾琪寫一道諭旨，透過妥善的辦法使這個「張倬」吐出實情，以便順蔓摸瓜，找到他的老師還有其他的叛逆。

對於岳鍾琪的密摺，雍正寫了很長一道硃批，對「竟有如此可笑之事，如此可恨之人」甚為驚詫。他批評岳鍾琪「料理急些了」，指出投書人既有膽量幹這種事，一定是個「忘命閔不畏死之徒」，即便是把他解到京師也不過如此，不如「緩緩設法誘之」。

岳鍾琪得到皇上的硃批聖諭，如獲至寶，對於皇上的英明，他極為佩服。尤其是皇上「可從容暫緩徐徐設法誘問」的指示，對岳鍾琪來說，不啻醍醐灌頂，有極大的啟發。岳鍾琪並非笨蛋，他順著皇上的思路想啊想，終於在輾轉反側中想出了一條絕妙好計。

次日，岳鍾琪召來正在署理長安縣事的咸寧縣縣丞李元，對他面授機宜，如此這般了一番。李元化裝成岳鍾琪的僕人，以照顧張倬為名，與張倬同住一室。李元對張倬十分慇勤熱誠，待若上賓，張倬自然認為這是岳鍾琪的意旨，心中非常疑惑。幾天之後，二人廝混已熟，彼此都較隨便了，張倬開始試探李元，意在把握岳鍾琪的真實心態。

李元開始故作驚慌，欲擒故縱，繼而閃爍其詞，這樣反而使張倬更為著急，他急於知道岳鍾琪的真實意向，他更渴望借助岳鍾琪之手幹一番驚天動地的大事業。李元見時機已經成熟，便放出了香餌：「如此重大的事情，我家主人豈能不慎？哪能隨便相信別人呢？但又看你視死如歸，義薄雲天，覺得你是一個可以舉大事的人，並非奸險之徒，心中頗為感佩；眼下，我家主人依違其間，正是進退兩難呢！」

張倬信誓旦旦地表白自己的心跡，他實在有些按捺不住了。

李元趁機說：「我家主人這幾天念叨：除非張倬敢與他對天盟誓，以昭心跡，否則他斷然不肯輕信於人。」

張倬有些急不可待了，他請李元轉告自己的意思：情願與岳鍾琪對天起誓，昭明自己的心跡。

岳鍾琪暗喜，這回該「請君入甕」了！

在總督府的一間密室裡，擺了一個香案，屋子裡香煙繚繞。這裡進行著一場煞有介事的結盟儀式，大名鼎鼎的陝西總督、堂堂的朝廷從一品大官和一個沒有任何品級的布衣，在香案前雙雙跪倒，對皇天后土信誓旦旦，而且歃血為盟，發誓互不欺瞞，永結同心。岳鍾琪將手指割破，讓鮮血滴入酒碗裡，滿臉莊重，雙手捧起酒碗，一飲而盡；張倬對於岳鍾琪已不再懷疑，心中暗喜：「不愧是岳飛後代，果然有忠肝義膽。」於是，他也割破手指，將大碗的血酒仰脖飲入。這一切，當然還是在隔壁密室中的西琳的監聽下所進行。

盟誓已畢，岳鍾琪攙著張倬的手，到另一間密室坐定，兩人都因喝了大碗血酒而臉色漲紅，岳鍾琪似乎更為激動些，兩人開懷暢談起來。

「我對你實說了吧。我根本就不叫張倬，而叫張熙。我的老師也不叫夏靚，而叫曾靜。我們都是為舉大義、不避湯鑊的忠義之士，再有你岳總督揭竿而起，大事可成，天下可定！」張熙說。

「你的老師曾靜果然是忠義可嘉，令人感佩，但他本人畢竟是一介儒生。此等大事沒兵沒糧、沒有一群英雄豪傑，豈能成之？」岳鍾琪問道。

「實話對你說，不僅是我老師曾靜一人，還有一群志同道合的豪傑義士，如劉之珩、嚴賡臣等，都頗有本領，韜略滿腹，大不可量。如能聘用我師曾靜，大事何愁不濟？」張熙答。

岳鍾琪又細問了曾靜、張熙他們平時往來之人以及祖述師承何人的主張。結盟之後，張熙對岳鍾琪已經徹底「撤防」，知無不言，對岳滔滔不絕地講了起來：「我們最為尊崇的，乃是已故理學大師呂留良的學問、主張。呂留良即呂晚村先生，真可以說是我們的一面旗幟，曾先生對他的思想學說推崇備至，常常教導我們要多讀晚村先生之書。我曾經拜訪過晚村先生家，見到他所著的《備忘錄》和《呂子文集》。這些書上多有反清復明的主張，說得真是鞭辟入裡，我們大家都甚為服膺。只可惜晚村先生子孫不肖，背棄先輩之志，貪慕榮利，已仕宦於清朝，我現在行李中所有抄錄詩冊，就是晚村所作。」

岳鍾琪故意插言道：「都是些抒情寫意的詩詞，沒有什麼反清思想吧！」

張熙說：「如何沒有？詩集中像《錢墓松歌》、《如此江山圖歌》，還有那些空字處都是。」岳鍾琪一一記在心裡。

兩人談至夜深漏盡。一個是虛心假意，處處探訪偵察；一個是毫無戒備，把祕密和盤托出。

岳鍾琪覺得差不多了，主要的線索都已掌握。便覺得有些倦怠了，對張熙說：「不早了，你也累了，早點歇息，舉義大事我們再從容商議，如何？」

張熙已全部進入圈套，而且精神十分亢奮，他真把岳鍾琪想像成叱咤風雲、「驅除韃虜」的岳飛了。他本來還想再談下去，聽岳鍾琪這麼一說，只好打住，意猶未盡地回房去了。

呂留良何許人？在這裡略作補敘。

呂留良，字莊生，又名光綸，字用晦，號晚村，浙江崇德人（康熙年間崇德改為石門，所以又稱石門人，其地在今浙江桐鄉縣西南）。呂留良是晚明的一個儒士，但對八股科舉不以為然。明清鼎革之際，曾參加過抗清鬥爭。順治年間曾經應試為諸生，後來對此懊悔不迭，於是拋棄科舉，隱逸山林，著書立說，康熙時曾以博學宏詞被薦，但這位晚村先生誓死不赴，後來竟薙髮為僧，康熙二十二年（西元一六八三年）卒。呂留良以明朝遺民自居，有濃厚的反清意識。於程朱性理之學最為服膺，對理學中「華夷之辨」大力宣揚，以「華夷之分大於君臣之義」為其理論依據，著述中多有憎恨清朝、思戀明朝的思想感情。他的高臥事蹟以及所著《四書講義》、《語錄》等廣為流傳，影響甚大，士人們尊稱他為「東海夫子」。他的思想和著作，使曾靜等人深受熏陶影響，呂留良也就成為他們的精神導師和思想旗幟。雍正帝之所以「嚴懲」已化為枯骨的呂留良，就是力圖翦滅危險思想的來源。

小憩之後，岳鍾琪伏案揮筆，給皇上又寫了一封很長的密摺，把自己如何根據皇上「當緩緩設法誘之」的指示、設計盟誓，使張熙供出了全部底細的過程原原本本向皇上匯報了一遍，同時又將呂留良的情況著重作了分析，認為呂留良罪大惡極、國法不容；呂留良雖已亡故，而他的子孫卻步其父祖後塵，藏匿呂留良的《備忘錄》和其他書籍，散布反清思想，應該加以族滅之誅！

雍正閱罷這道密摺以後，微微頷首，對岳鍾琪非常滿意，硃批道：「卿此忠誠之心，天祖自然鑑之，朕之嘉悅之懷，筆難宣諭。」然後，雍正馬上安排對此一干罪犯的收捕。他派出了得力幹員副都統覺羅海蘭直奔湖南，負責辦理這件案子。

大路上，身著輕便裝束的覺羅海蘭騎馬飛奔，身後有幾位年輕剽悍的隨從緊隨左右，翻捲的馬蹄，揚起一串灰塵……。

覺羅十月十一日奉聖旨出京，十月二十七日就到了湖南長沙巡撫大臣的公署。湖南巡撫王國棟對於他管轄的地面上出了這麼大的「謀反」案並無所知，吃過晚飯，他穿著便裝，半躺在逍遙椅上養神，並且用牙籤剔著牙齒。一望便知，此人保養極好，雖然五十幾歲了，並無多少面部皺紋，白皙微胖的臉上，泛著一層油光。忽然，手下吏人匆匆忙忙進來跪報，說聖上派來的欽差已到了公署，請巡撫大人馬上去見。

王國棟一聽，慌了手腳，他再沒有了平日的雍容，一邊穿官服，一邊吩咐，趕快備轎，從他的巡撫私宅到公署雖然不遠，但也須一刻鐘的工夫。他知道朝廷的欽差大臣夜間到此，而且徑直到了公署，一定是有急如星火的大事。慌亂之間，他把官帽戴偏了，頂戴花翎不是朝後，而是朝著左邊。他身邊的二姨太一看，「噗哧」一聲笑了出來，連忙給他戴正。

到了公署，海蘭正在客廳等著，見他進來，並無平時的寒暄制式，而是語帶挖苦：「王巡撫，你倒滿自在呀！湖南出了這麼大的逆案，你居然能夠閒得住！」王國棟一聽，油汪汪的白臉上立刻浸出了一層汗水，淌在鼻尖上，馬上就要滴下來。海蘭突然說：「湖南巡撫王國棟接旨！」王國棟一拂袍袖，翻身跪倒，聽候欽差宣旨。聖旨的意思命他火速協助欽差拿捕人犯。奉旨之後，王國棟豈敢怠慢，馬上和海蘭連夜擬訂行動方案。方案很快擬訂出來，同時立刻派員分頭捉拿人犯。午夜時分，各路人馬火速出動了。

海蘭帶來的守備韓祥、中軍游擊鄔錦、郴州知州張明敘這一路，前往永興縣捉拿正犯曾靜；長沙協副將周寶會同永州府知府姜邵湘這一路，前往寧遠縣捉拿劉之珩及其門人陳立安；長沙知府孫元這一路，前往安仁縣捉拿張熙之父張新華以及張熙的哥哥張照、叔叔張堪；岳州知府尹士份這一路，前往華容縣捉拿譙中翼。

分派已定，令各路幹員多帶兵役，星夜兼程，絕不能使犯人走脫一個。

海蘭已是連續多晚沒有好好睡覺了，此刻他的眼裡充滿血絲，他的聲音也因路上感了風寒而更加沙啞，臉上的鬍鬚多日未刮，長得亂蓬蓬的。但他聲色俱厲，在公署裡下達命令：「誰走脫了犯人，就要誰的人頭！」王國棟唯唯連聲：「一切聽欽差大人派遣，速去辦理！」

對於曾靜、張熙這個案子，雍正帝予以極大的關注。這些日子，他的多半精力都用在批閱岳鍾琪、海蘭等人飛報的密摺上，對於密摺上所報告的每個情況、每個人物都反覆推敲，仔細思考。他的思想是非常敏捷的，很善於從一些不太引人注意的情節中找到問題的癥結，他對於臣下密摺所作的硃批即聖諭，往往也是切中要害。今天他又吩咐小太監，無事不要進來打擾，讓他自己好好地思索一下。他靠在龍榻之上，似睡非睡，卻在頭腦裡過濾著這些密摺中報告的案情。

在雍正看來，曾靜、張熙的投書策反，這只是個結果，這些「秀才」要造反，要翦除，要鎮壓，都不是難事。但他感到可怕的是，反清情緒還像傳染病一樣地流行，南方各地都潛藏著這種危險的因素。曾靜他們所謂「六省在我一呼可定」的說法，究竟有多少實質性的意義？即便沒有那麼多的實質性內容，他們也是感覺到了下層百姓中的反清情緒。這種東西蔓延開來可就非同小可了。雍正帝對此越想越怕。看來，除患還要除根，誅賊更要誅心。這「誅心」的任務恐怕是更艱難的。從根本上消滅人們的不滿情緒，方為上策啊！

岳鍾琪的密摺中著重分析的呂留良，可真是個關鍵人物，儘管此人已經亡故，但他的反清思想陰魂不死，曾靜、張熙他們，都把呂留良當作祖師爺，對他的邪說奉為法寶，看來這呂留良便是反清思想的毒根，死了也不能放過他，必須整死人以戒活人。對！雍正帝對自己的想法頗為滿意，他已經有了「誅心」的意向。

對於湖南地面上出的這些「反賊」，不能不引起雍正帝對湖南民風及思想情緒的注意。湖南下層的思想動態如此混亂，以致於差點釀成大亂，這實在是令人憂慮的。他恨恨地想到湖南巡撫王國棟：「你王國棟究竟是幹什麼吃的？朕委你為從二品的巡撫，總管一省的封疆大吏，竟然對自己地面上這些叛逆毫無所知，任其猖狂活動，難道這不是失職嗎？」

雍正越想越氣，越想越不放心，於是又派刑部左侍郎杭奕祿再為欽差，督辦此事，並且讓杭奕祿帶去一份聖旨，對王國棟痛加訓誡，大意是：「你王國棟到湖南任職一兩年了，究竟幹了多少正經事？如果能夠時常宣揚德化，教諭愚民，如何能有這種百姓。從此以後，你必須改過自新，留心地方事務，曉諭愚頑之民，時時注意稽察匪類」云云。杭奕祿趕到長沙，對王國棟宣讀聖旨，王國棟叩頭不止，連說謝陛下龍恩，心中卻暗叫「倒霉」、「冤枉」，馬上給皇上寫了一份密摺，深刻檢討自己的錯誤，並且報告了自己與海蘭共同制定方案，捉拿人犯的經過，雍正覽罷這道密摺，氣消了一半，他拿起硃筆批道：「既為大臣，凡事只務遠大二字，人們多是因小而誤大，望你勉之！」

搜捕工作沒有遇到更大的麻煩，主要的人犯數日內都已帶到長沙巡撫公署。曾靜、張新華、張照、張堪、劉之珩、譙中翼等都分別由各路人馬押解而至。海蘭和王國棟略作商議，就開始審訊這些「逆賊」了。

曾靜是這場逆案中的首犯，他被帶到了公堂之上。這是個五十左右歲的中年男子，個子很高，有些偏瘦，臉上帶著一股斯文之氣，操著很濃的湖南口音。帶他上來的衙吏向海蘭報告，說逮捕他時已將其家搜抄，並將幾本逆書帶來。曾靜的衣衫裡面寫了數聯對句，而且有「蒲潭先生卒於此」的字樣。看來，曾靜已做好了一切準備，下必死的決心。

曾靜不待吩咐，便拉過椅子坐下來，面對著海蘭和王國棟，並無驚慌之色，倒是顯得有些疲倦，很像是想休息一下的樣子。

審訊開始，海蘭劍眉倒豎，一拍驚堂木，喝問曾靜：「你為什麼指使門徒投書策反？同謀篡逆的都是何人？從實招來，否則讓你皮開肉裂。」

「欽差大人無須動怒，我從頭說來就是。我今年五十歲，是永興縣人。我本是縣學諸生，因考了五等被革除學籍。這上書的事我已想過數年，今年與我的弟子張熙商量好了才做的。張熙當了自家的房屋、池塘，籌措了盤纏，五月初七日開始動身。張勘是我叫他隨張熙同去的，但上書的內容他是什麼也不知道的。張勘並不識字，上書內容沒有必要講給他，他也不懂。張熙的父親張新華，只曉得他兒子去川陝上書，但並不知道其中內容，他也做不得主。劉之珩是永興教官，學問盡好，陳立安是其門人。我與劉之珩有一面之交，但上書之事卻因路遠並不曾與他商量。譙中翼根本就不認得，沒見過面，只是讀過他的文章，知道他學問好、有志向，只是慕名，談不到同謀。湖州嚴賡臣、沈在寬們都是呂晚村的一脈相傳，必定是有學問的了，平日多有耳聞，但不曾認識。我只是同張熙說，此事若成，這些平時所知的人，都可舉薦。有關情況，我已全部說完，沒有半點虛妄。我靜候處置即是。」

對張新華、張熙、張勘的審訊亦同時進行，所說情況，與曾靜沒有大的出入。對於譙中翼也審訊一番。譙中翼是個年過古稀的老學究，說他已經七十二歲，入學二十八年，不入公門，不管閒事，只曉得讀書教學，根本不認得什麼曾靜、張熙，昨天忽然被綁到此處，連一生辛苦積聚的幾本書也都抄來了，不知什麼緣故。如若不信，可以找兩個人和我混在一起，讓曾靜等指認。

海蘭、王國棟將審訊口供略加整理，寫成密摺，派心腹幹員撫標把總李吉專送皇上，請聖定奪。

杭奕祿作為欽差，帶來的是雍正「誅心」的意圖。雍正帝的確比一般皇帝高出一籌，他知道應該如何肅清思想上的敵人。他一方面要用屠刀來斬除異己，另一方面，又要從思想上瓦解對手。他致力於進行「誅心」工程，要在精神上將「逆賊」摧垮。而杭奕祿也知道雍正帝的意圖。

與海蘭相比，杭奕祿顯得更為沉穩，面部表情也更柔和一些，很少聲色俱厲。這似乎與他的「刑部左侍郎」的身分、職業都不相符。其實這位刑部的次長是很厲害的角色，他不露聲色，鋒芒內斂，但是反應敏捷，做事果斷，對事情的判斷力很強，在審訊犯人上，他更有「出奇制勝」的招法，他很少靠酷刑來撬開犯人的嘴巴，而是靠「攻心戰」解除犯人的思想武裝。

雍正帝之所以選擇他做欽差，是經過一番慎重的考慮和選擇。在某種意義上說，他的任務和使命，要比海蘭重要得多。雷厲風行地抓人捕人，海蘭是極好的鷹犬，這一點雍正用不著懷疑。海蘭不愧是八旗健兒，兇狠剽悍，做事果斷，從不手軟，對於皇上忠貞不貳，雍正了解他也喜歡他，但也知道他有些頭腦簡單的弱點。用他猛撲上去，撕碎敵人的肉身，海蘭是再合適不過的，但讓他去搞「誅心」戰，顯然是圓鑿方枘，不對路了，而這種功能的發揮，卻是非杭奕祿莫屬。臨行之時，皇上叮囑杭奕祿「要平心靜氣，窮究邪說所由來，開導痴愚所未喻，務使折服認罪」，杭奕祿俯首稱是：「奴才謹記在心，一定不辜負陛下厚望！」

眼下，杭奕祿又一次審問曾靜，確切地說，這不是審訊，而簡直像一對老友在談心。杭奕祿身著正二品的官服，頂戴花翎分外耀眼，曾靜在鄉野多半生，哪裡見過這樣的大官？杭奕祿不是高坐在書案後面手拍驚堂木，也不用他人陪審，而是撤去了案台，拉了把椅子和曾靜對面坐下，這使曾靜反而有些手足無措，坐立不安。上次海蘭、王國棟審訊的時候，曾靜下定必死決心，故意露出玩世不恭的派頭，大有「好漢做事好漢當」的氣概；此時，杭奕祿的和氣溫潤，使曾靜反倒非常侷促。

杭奕祿對曾靜說：「你們想舉旗造反，推翻大清江山，設身處地從你們角度想，也不是沒有道理。皇上知道這件事情後，無意於加害你們，反倒誇你們是有血性、有氣節。不過皇上嘆息過多少次，可惜朕的苦心，天下之士竟不能理解，朕雖出身滿洲，可又何負於天下蒼生呢？皇上的寬宏大量，是你們所不能了解到的。你不是留戀明朝嗎？可是，我朝這些皇帝和晚明那些皇帝相比，如何？即以康熙皇帝而言，蒞位六十年，恩澤深入人心；當今聖上更是孝敬慈惠，勵精求治。他為了操勞天下大事，天天批閱奏疏密摺到深夜，好幾次都累病了。你們惑於邪說妖言，強調什麼『華夷之辨』，其實華夷之辨要靠什麼分辨，難道就看出生在什麼地方嗎？我朝皇上尊崇聖人，提倡儒學，直承孔孟道統；且高才博識、文質彬彬，康熙帝的學問才氣，是明朝哪個皇帝可比的呢？當今聖上的博學高識也是有口皆碑的。你們為什麼一定要反對當今聖上呢？這樣做是親者痛，仇者快的啊！」

曾靜畢竟是個讀書人，杭奕祿這番話一說，他已經深深被打動了，他覺得自己真是犯下了不可饒恕的罪過，於是他汪然涕下，俯首認罪，翻身給杭奕祿跪倒：「靜居於天涯荒遠之處，如井中之蛙，卻妄想成魔，造謠誹謗，果然是罪大惡極。如果不是大人啟悟，幾於至死不悟。既已犯下彌天大罪，甘受朝廷處置，千刀萬剮，雖死無怨！」說著，痛哭流涕，叩頭不已。

杭奕祿見時機已經成熟，俯身將他扶起，勸慰道：「苦海無邊，回頭是岸，放下屠刀，立地成佛。曾君能幡然悔悟，痛改前非，是國家之幸，聖上之幸啊！不過，事情總不能如此草草了結，請曾君將前後事實、同謀黨羽一一寫清，我們也好向聖上交代。」

曾靜拿過紙筆，將上書策反前後經過詳寫一遍，但雲派張熙投書乃是自己一人想法「獨得之祕」，並無同謀黨羽。並非他人所能參贊，也不屑讓人知曉。杭奕祿將此間情況及曾靜供詞寫成密摺，上報雍正。雍正覽罷十分高興，於是又乘勝追擊，委派李衛立即查抄呂家，拘捕呂氏後代。江淮總督李衛，接旨後火速行動，派兵丁衙役直撲崇德。一查，呂留良的門人嚴賡臣、沈在寬已經亡故，呂氏子孫還有若干，於是將呂留良的九子呂毅中、四子呂黃中、長孫呂懿歷等逮捕起來，解赴刑部。將呂家存書統統查抄。雍正又令杭奕祿、海蘭等，將曾靜、張熙等案犯都押解到京。

雍正經過反覆思慮，已經決定把打擊的目標放在已為冢中枯骨的呂留良身上。他覺得清除呂留良的思想影響，方是根本大計。他決定自己親自動筆批判呂留良的罪行和思想。雍正對自己的文筆以及自己的思維能力是很有自信。於是他打算要披掛上陣，親自對死鬼呂留良的罪惡及其流毒「口誅筆伐」了。他連續幾天奮筆疾書，寫了三篇長篇「上諭」，發給內閣九卿。意思是請諸位大臣就此案量刑問題發表意見。怡親王、大學士、九卿、翰詹科道等，跪讀上諭後，群情激奮，一致認為曾靜、張熙大逆不道，古所未有，必須處以極刑，方快人心。奏摺上去之後，雍正覽罷，微微一笑，他的心裡已有成算。對於這樁逆案，來了個「出奇料理」。這種「出奇料理」，大大出乎人們的想像力之外。

對於已死的「思想犯」呂留良及嚴鴻逵等，處以大逆之罪，開棺戮屍，梟示於眾。對其子孫兄弟及叔伯兄弟之子男十六歲以上統統斬立決，一個不赦；男十五以下及嚴鴻逵的妻妾姊妹及其兒子的妻妾都配給功臣家為奴。同時還把對呂留良、嚴鴻逵以大逆治罪的決定，降旨各省學臣，遍行詢問在學諸生，究竟應否以大逆治罪，如果同意，便結狀具奏，如果另有看法則可獨抒己見，自行具呈，學臣為之轉奏，不得阻撓隱匿。

這一招已經奇而又奇。對於呂留良這樣的「思想犯」該不該以「大逆」治罪，表面上是徵求全國士子的意見，實際上是逼著士人表態。恰如孟子所謂「國人皆曰可殺，然後察之，見可殺焉，然後殺之」（《孟子．梁惠王》下），借公眾輿論以證明皇上的正確，同時，又是對天下士子的恫嚇威脅。皇上已有了明確判決：「呂留良、呂葆中，剉屍梟示。伊子呂毅中斬決，其所著文集、詩集、日記，及他書已經刊刻刷印及鈔錄者，盡行燔毀。」然而又冠冕堂皇地說：「然天下至廣，讀書之人至多，或者千萬人中尚有其人謂呂留良不至於極典者，朕慎重刑罰，誅奸鋤叛，必合乎人心之大公。」大家都明白了皇上的意圖，有誰敢「獨抒己見」去逆龍麟呢？當然，也並非完全沒有，齊周華便是一個，他本是浙江台州府天台縣生員。他先隨眾出具甘結，後又反悔，為呂留良說話，寫了一本《獨抒己見奏稿》，懇請釋放呂留良的子孫。這就種下了他日後見殺的禍根（詳見P.411〈「獨抒己見」的後患〉）。徵求公意的結果可想而知，自然是沒有異詞的了。

「出奇料理」之奇，還有《大義覺迷錄》的編輯刊行。對於此案中大量攻擊雍正帝的「反面資料」，如曾靜列舉其十大罪狀：謀父，逼母，弒兄，屠弟，貪財，好殺，酗酒，淫色，誅忠，任佞，又列舉了許多事實以為論證。按常理說應該嚴格保密，防止擴散，但雍正帝卻出人意料地加以公開，加上以後大肆宣傳。他下令將有關此案的《上諭》，附曾靜的口供及其《歸仁錄》，合成《大義覺迷錄》一書，大量「反面資料」都在其中（業經《上諭》批駁）刊刻以後頒發全國的學校，以示自己的光明正大。

更奇的卻在後面。對於其他受株連的人犯，皆按律嚴辦，並無寬貸；而對此案的主犯曾靜、張熙，卻「寬大處理」了。不僅沒有處死，反而放他們回家，讓他們回老家「歸置田產」，這乃是雍正處理「文字獄」最奇特的一筆。他在《上諭》中說：「曾靜等僻處鄉村，為流言所惑，今揑造謗言之人，其實是阿其那、塞思黑門下之奸徒太監心懷怨憤造作惡語一路流傳……聖祖皇考於從逆之人能改過自新者皆施恩宥。今曾靜所犯既非首惡渠魁，亦無同謀叛黨，其畏罪悔過又出實心，此朕所以寬宥其罪，並非博寬大之名也。」雍正帝還另外找了一條甚是通情達理的理由，讓你聽了感動萬分：岳鍾琪為了國家社稷，假意與張熙結盟設誓，方使張熙道出真實底細，使案情得以全部突破。岳鍾琪乃是股肱大臣，殺了張熙，會使岳鍾琪成為負誓小人，所以寬宥曾、張，也是為了岳鍾琪的信義。

這個人情賣給你岳鍾琪，還怕你岳鍾琪不感激涕零，為朕賣死命嗎？

其實赦免曾靜、張熙，對雍正帝的政治權謀有更重要的意義。放比殺更有用，活的比死的更有價值，放也不能白放，雍正讓這兩個刀下餘生的人徹徹底底地感謝皇上的恩德，永世不起叛逆之心，更重要的是讓他倆當「反面教材」，到各地去宣講皇上聖德，現身說法，宣揚聖教德化，「開導愚民」，不是比什麼都有說服力嗎？

曾靜、張熙萬萬沒有想到他們還能活著走出京師的大門，他們簡直覺得是在夢中一樣，摸摸自己的脖頸、腦袋果然安好無損，掐了掐自己的大腿，果然有疼痛的知覺，師徒相視，真不知說什麼好。他們換上了新裝，休沐得容光煥發，口袋裡裝了皇上發給的盤纏，騎上高頭大馬，在官員的陪護下，開始了到各地去「宣揚聖德」的旅途……。

而那些受他們牽連的人們，卻已經人頭落地，家產充公，又寫下了文字獄史上淤著黑血的一章！

雍正十三年（西元一七三五年），皇上駕崩，乾隆帝即位，翻了他皇考定的案：

> 乾隆上諭：曾靜、張熙悖亂凶頑，大逆不道，斷難曲宥，億萬臣民所切骨憤恨，欲速正典刑於今日，曾靜、張熙擬凌遲處死。

此案的兩個主角，依然得到的是千刀萬剮的結局。曾、呂一案的處理，果真是中國文字獄史上的「奇文」，確實出乎人們的預料之外。雍正帝的「出奇料理」，顯示出他對文字獄處理的特點，是大處落墨，具有戰略性的考慮。對「謀逆」的曾靜、張熙不殺，也不關，而是讓他們到處去「現身說法」；而對呂留良這位死去多年的「思想先師」大加誅戮，斫骨揚屍，意在於從根本上消滅反清思想的根源。呂留良的「華夷」之論，是雍正深為痛恨的，所以不惜對死人進行瘋狂的打擊。

雍正帝編印《大義覺迷錄》，把許多不宜公開的資料公之於眾，並派曾、張去宣講，這種反常之舉，顯示出雍正好「以理勝人」的個性。雍正對自己的所為總是十分自信、自負，自以為不是僅憑權勢壓人，而是能在理上使人們徹底信服。對呂留良有了定罪方案，又讓天下士人發表意見。鼓勵「獨抒己見」，好像是很有一點「民主」的氣度，實際上，誰都明白這是極為虛偽的，不過是屠刀之下虛擬的「民主」，頗有滑稽意味！

「獨抒己見」的後患

皇上讓你「獨抒己見」，你就敢「獨抒己見」嗎？

雍正帝對呂留良一案的「出奇料理」，係對呂留良是否應以「大逆」治罪，令各省學政遍行詢問所有生員，生員必須就這一問題表態，向學臣結狀具奏，再由學臣彙總上報。如果有不同意見，可以獨抒己見，學臣必須如實向上稟報，不許阻撓隱匿。

皇上的處理意見是明確的，有誰還敢「獨抒己見」？偏偏出來一個不知深淺的生員，膽大包天地寫了一份《獨抒己見奏稿》，懇請皇上開釋呂留良的子嗣。這份《獨抒己見奏稿》給他的一生帶來了無窮的禍患。這位生員，便是乾隆三十二年（西元一七六七年）被凌遲處死的齊周華。

齊周華，生於康熙四十一年（西元一七〇二年），籍貫是浙江省天台縣。天台縣因天台山而得名，天台山雖然不如泰山、華山、黃山那樣雄奇高峻，但在中華山川中也頗負盛名。天台的山水，也養育了許多才子。

呂留良一案發生時，齊周華當時是天台縣諸生。學政要求每位生員都要就這個案子的處理表態，並且簽字具結。如有不同意見，可以「獨抒己見」。齊周華開始時也和大家一起簽字具結，沒有對皇上以「大逆」治呂留良罪表示異議。但是齊周華是一個不願隨聲附和、有獨立見解的人，從骨子裡說，他對呂留良的思想有同感，而皇上對於這位已經死了將近百年的儒士判以「大逆」之罪深懷不平，尤其是對呂留良的子孫大開殺戒尤為不滿。他回到家裡，對於自己方才與大家一起具結感到不安和慚愧，當天晚上，他又寫了一份《獨抒己見奏稿》，為呂留良說話，大意是：「我反覆細讀了皇上的聖諭，您不是說，完全出於允許別人有過失、也願意改正過失的寬仁之心，赦免了曾靜的罪行，這確實是十分仁慈的。但是，既然能寬宥活的曾靜，為什麼不能赦免死了的呂留良呢？為什麼一定要對他掘墳戮屍，還要殺掉他的子孫後代呢？難道呂留良的幾本書就能斷送我們大清王朝的江山嗎？」這篇《獨抒己見奏稿》寫好之後，齊周華才安然入睡了。

第二天，齊周華把《獨抒己見奏稿》交到學政衙門。學政帥念祖有事外出，由訓導王元洲接辦此事。王元洲與齊周華本來是相熟的，他讓齊周華先坐下，接過《獨抒己見奏稿》，仔細看了兩遍。一讀之下，他的手裡竟像捧了炭火一樣，臉色嚇得蒼白。王元洲雖是一個學官，但也深諳官場的險惡。眼下這份《獨抒己見奏稿》，搞不好就會惹下大禍。

皇上讓人們「獨抒己見」，無非是做做樣子，說不定是「引蛇出洞」，明眼人誰肯觸這個霉頭？明知這是個圈套，是個陷阱，一般人是不會輕易上當的。「獨抒己見」的詞句多麼動聽，表現出皇帝該是何等開明，乍看起來，甚至帶點「民主」的色彩。但是誰要真的「獨抒己見」，恐怕就再沒有好日子可過了。

王元洲深知其中之險，他想拒絕受理這份《奏稿》，但是皇上又有聖諭：「其有獨抒己見者令自行具呈，學臣為之轉奏，不得阻撓隱匿。」萬一上面怪罪下來，自己可吃罪不起。但要如實轉奏，也非惹出麻煩不可。齊周華要是犯了龍麟，第一個受株連的，不就是我嗎？

王元洲頭腦裡緊張地轉動著，手心裡出了許多汗，幾乎把《奏稿》弄濕了。經過快速權衡之後，王元洲已有了主意，他決定說服齊周華自己收回這篇惹禍的東西：

「齊周華，我看你還是自己收回去吧，你真的活膩了嗎？」王元洲厲聲問道。

「王大人，我不明白你的意思！皇上讓大家獨抒己見，我寫這份奏稿，究竟有何違礙？」齊周華反問。

「話是那麼說，真要如此做了，那可就麻煩了。」王元洲勸阻道。

「我不在乎！皇上既然要我們獨抒己見，我就要說真話。」齊周華堅定不移。

「說真話的，有幾個不吃大虧？這年頭兒，說假話的，才能升官發財。齊周華，這不是意氣用事的時候！」王元洲說明利害。

「我不管那套，反正皇上有旨，讓我們獨抒己見，那我就要說真話！」齊周華依然故我。

「我的老兄，你就不想想你的身家性命？」王元洲想再勸勸。

齊周華倔強固執，滿臉通紅，脖子上青筋暴跳：「士可殺而不可辱！違心地說假話，豈不是最大的恥辱嗎？」

王元洲心裡上火：「無論怎麼說，一句話，你還是收回為好！」

齊周華情緒很激動：「不行！絕對不行！你讓我幹什麼都行，就是《獨抒己見奏稿》堅決不收！」

王元洲拿他沒有辦法，但也不敢收轉此稿。

齊周華在學政這裡碰了釘子，卻更加深了把《獨抒己見奏稿》送上去的決心。於是，他自己跑到京師，把《奏稿》送到刑部。刑部不但不予受理，反而把他當成犯人扣押起來，後又派人把他押送回到省城杭州，交給巡撫和學政嚴辦。

浙江巡撫程元章和學政帥念祖，對齊周華上《奏稿》這件事感到非常棘手。棘手的原因和王元洲是一樣的。皇上的聖旨讓大家獨抒己見，學政不許阻撓隱匿；而這種奏稿呈上去，明顯是違迕皇上對呂留良案的意旨的，如果替他轉呈，搞不好連自己的身家性命也搭進去；如果不為轉呈，那也是抗旨不遵，皇上怪罪下來，也是「吃不了兜著走」。於是，對齊周華的這件事，兩位大員商議了好幾次，最後有了妙計：先「勸」後「審」。勸，是勸其自動撤回《奏稿》，能做到這種效果是最好不過的。但他們也知道這樣做，沒什麼大希望，因為齊周華如果能一勸就收回去，那就不至於輾轉至此了。他們準備的下一步棋是「審」。不審他「獨抒己見」，而要抓住他其他「違礙」言論，嚴加審問，重重懲辦。皇上萬一責怪下來，我們也可以應付，是辦他別的罪，與《奏稿》無涉。

策劃已定，開始處理此案。不出所料，「勸」不僅毫無效果，反而惹來齊周華一頓訓斥羞辱，說他們堵塞言路，抗旨不遵。搞得巡撫和學政面面相覷，臉上紅一陣白一陣。

於是，兩位大人惱羞成怒，決心好好收拾一下這個狂生。他們把齊周華打入大牢，不聞不問，而且暗中指使典獄官折磨虐待他。不管齊周華在獄裡如何大喊大叫，就是不予理睬。齊周華不屈不撓，經常在獄中大鬧，嚷著讓皇上知道自己的見解。

其實，齊周華完全不知道皇帝真正的想法。皇上哪裡是真心聽取不同意見，不過是逼迫天下士人附和他的意旨，「獨抒己見」，看起來煞有介事，實際上暗藏殺機。

齊周華太認真，這等於和皇上過不去。

齊周華太狂傲，這等於自取其咎！

在封建專制下，是不許你有任何個性的，也不許人講真話。

雍正十三年（西元一七三五年）八月，皇上駕崩，乾隆皇帝即位。照例要大赦天下，齊周華被不明不白地押了好幾年，這回總算解脫了牢獄之災。

齊周華回到家裡，調養了一陣子，覺得身體已經恢復了。儘管他已是不惑之年，但仍然不改他那種狂放不羈、獨立不倚的個性。他看透了官場的齷齪與虛偽，對於讀書做官這條道路已經徹底鄙棄了。

於是，他開始漫遊各地，走遍了許多名山大川，飽吸自然之靈秀，揮筆寫下許多詩文。

後來，他主要是隱居在武當山中，住在華陽岩裡修身養性，同時也著書立說。在此期間，他還入了道籍，成了一名道士。

在武當山這若干年中，齊周華邊漫遊山川，邊操觚弄翰，竟然寫出了十五本著作，書名如次：《名山莊初集》、《名山莊二集》、《半山學步》、《諸公贈言》、《華陽子詩稿》、《太平話》、《初學集》、《需郊錄》、《老嫗解》、《天台山志補遺》、《樂行草》、《慚稿》、《黔行賦》、《補增志稿》、《課讀日知》等。

齊周華把後半生的心血、信念、情志，都貫注在這些書稿之中。在熒熒燈火之下，他常常撫摩著這些書稿，如同一個慈母撫摸著自己的乳兒，心中充滿了愛戀與欣賞，眼裡放出異樣的光彩。科舉、當官，這條路，他早就絕望了，也根本提不起興趣；但他想使自己成為千古不朽的名賢，那就只有托之於翰墨。他時時念起魏文帝曹丕的名言：「蓋文章，經國之大業，不朽之盛事。年壽有時而盡，榮樂止乎其身，二者必至之常期，未若文章之無究。是以古之作者，寄身於翰墨，見意於篇籍，不假良史之辭，不托飛馳之勢，而聲名自傳於後。」齊周華現在唯一的心願，唯一的企盼，便是身後留名。他沿著山路行走，策著杖藜，山風吹來，烏啼猿嘯，使他一陣陣悵然。停下來在岩下潭水中自照，看到如鏡的水面上映出自己的頭上已爬滿了華髮，風霜剝蝕，額上皺紋如刀刻一般，只好無奈地嘆息再三。

他的著作，只能是「藏之名山，傳之其人」了。他又何嘗不想把這些書刊印出來，遍傳天下，也不枉他半生心血。

他離開家已經二十年了。二十年，世事滄桑，他有妻子兒女，上面還有百歲高齡的祖母，齊周華雖然出了家，但他真的能夠「心如枯井」嗎？漫漫長夜之中，山風呼嘯，樹海夜吼，時而傳來一兩聲野獸的怪叫，不能不使人感到毛骨悚然。孤身一人，形影相弔的齊周華，躺在道觀的木榻上覺得有些冷，他難以入睡，於是他不能不思戀起家庭的溫馨來。如果是在家裡，孫子會爬上他的膝蓋，玩弄他的鬍鬚的，想像著這幅天倫圖，他的眼角不禁爬出了兩行清淚⋯⋯。

他又想到了自己的老祖母。他離家的時候，祖母已是八十高齡了。雖然滿頭白髮，背有些微駝，耳朵很聾，但一點也不糊塗。老人家對齊周華最為疼愛，他小時候總能從祖母那裡得到一些好吃的東西——那是專門給他留的。他離家漫遊，是背著祖母走的，沒敢告訴她老人家。一晃快二十年了，不知她老人家是否還健在？齊周華現在已是花甲之年了，越老越添了思親之情。他以為自己入了道教，心裡就會更加遠離塵緣，誰知這兩年隨著年齡的增長，塵世的親情，卻一次又一次地襲上心頭⋯⋯。

恰在這時，齊周華的長子齊式昕找到了武當山上，他是受太祖母的指派，來接父親回鄉團聚的。父子相見，免不了一番激動。離家的時候，兒子才二十歲，現在也是滿臉風霜的中年人了。兒子告訴他，老祖母太想他了，現在已經整整百歲，說不上哪天便會離開人世，現在唯一的心願就是見上齊周華一面。所以，才讓長重孫齊式昕跑了這麼遠的路來找他。

齊周華一聽，老淚順著面部的皺褶流了下來，他還能說什麼呢？再者，他已經完成的這十五部書稿，也要想辦法刊印出來。於是他便隨兒子一起下了武當山。

闊別二十載，回到家鄉，與親人團聚，尤其是見到百歲高齡的老祖母，祖孫二人的激動就不必細言了。

齊周華在家裡住了下來，親人團聚之後，他的最大心願就是刊刻自己的這十多部書稿。他先去找在家病休的堂弟齊召南寫了一篇序文，但因此使齊召南日後也受到了株連。

齊召南是齊周華的親堂弟，小齊周華六歲。在天台縣這兩個人都是才華出眾、名聞遐邇的才子，被人稱為「天台二齊」。但是因為個性不同，所選擇的道路各異，兄弟倆的否泰榮辱卻有霄壤之別。

齊召南天生聰穎，有「神童」之稱，年紀很小便中了秀才，後來又通過「拔貢」，被直接推薦到全國最高學府——國子監去深造，乾隆元年（西元一七三六年），齊召南又中了博學鴻詞科，被欽定為二第八名。齊召南真是紅運當頭，前程無量，深受乾隆帝的賞識，當過翰林院庶吉士，《大清一統志》撰修官，內閣學士，會試同考官……不到十幾年的光景，他已經爬到了禮部侍郎的高位。

齊召南官場得意，飛黃騰達，卻不曾想發生了意外的災難——從馬上摔下來，受了重傷。乾隆十四年（西元一七四九年），齊召南拜為禮部侍郎，不久又受到皇帝的特殊任命，負責勘定《通禮》的重要工作。四月下旬的一天，春暖花開，鶯歌燕舞，乾隆帝心情很好，命齊召南隨他去游圓明園。齊召南受寵若驚，欣喜萬分，他當然懂得這是皇帝對他的格外恩遇，在他的前面，正展開更加輝煌的前程。他隨同皇上在園中盡情地游了半天，皇上不時地向他問這問那，偶爾還開一兩句玩笑，齊召南畢恭畢敬地回答著，心裡分外激動。到了下午時分，齊召南忽然想起晚上要到上書房值班，於是便向皇上告辭，拜別皇上往城裡趕。齊召南心情振奮，催馬飛奔。誰知突然災難降臨。到澄懷園門前時，馬突然驚了，前蹄直立起來。齊召南正在神馳遐想，根本沒料到這一招，他被掀下馬來，頭正好碰在一塊石頭上，內外一起受傷，鮮血不止，幾乎把命搭上。

皇上得聞齊召南受傷，十分重視，特派御醫為他治腦。精心治療了三個多月，齊召南總算脫離了危險，但要徹底康復，過程恐怕需要很長。

如花似錦的前程，忽然遭到如此沉重的打擊，使齊召南難以承受，竟至有些萬念俱灰。目前的身體狀況已難以繼續適應朝廷裡的工作，當然不好再賴在職位上不肯退下來。於是他向皇上請了長假，回天台老家去養病。皇上深表遺憾，並勸他安心靜養，早日康復，再回朝中供職。並請他放心，病好之後，一定會重用他的。齊召南感激涕零而又有些戀戀不捨，最後終於回到了天台老家。

齊周華得知在朝中任高官的堂弟齊召南也在天台家中，便想請他為自己的書來作序。這一對堂兄弟都極有文名，可以說是天台的驕傲，只是這麼多年來，異路升沉，一個在朝廷中步步高升，一個飽經人生苦難，兩人的距離勢如霄壤，現在卻不約而同地都回到了天台老家，自然在感情上也就近了許多。找齊召南作序，應該說是再合適不過的了。齊召南文名卓著，而且在朝中地位顯赫，又與齊周華是堂兄弟，所以齊周華便來拜訪堂弟齊召南。

契闊多年，兄弟二人免不了一敘別後之情。都是感慨萬千，但齊召南更多的是對昔日榮寵的憶戀；齊周華卻更多的是對世路的不平。回首人生來路，一個是陽光鮮花，一個是荊棘遍地，感受自然大不相同。

敘過別情之後，齊周華說明了來意，要請齊召南為他的《天台山遊記》作序。齊召南對此頗為躊躇。齊周華早年入獄的原因，他是清楚的。而且這個堂兄不同於一般文人，當時的那份《獨抒己見奏稿》也是轟動一時的。他敢於忤逆雍正帝的意旨，為呂留良鳴冤叫屈，而且振振有詞，鋒芒犀利，雖然很多文士心中感到暢快，但也為他捏了一把汗。齊召南當時聽說此事，一方面暗自佩服堂兄，另一方面卻也覺得他性情乖張，固執己見。齊召南是在官場混過多年的人，深知政壇風雲的險惡。而且從康熙時代以來的幾次文字大獄歷歷在目，使人們在文字上多有禁忌，如履薄冰，不敢不慎之又慎。尤其是這位堂兄，從少年時起就愛「獨抒己見」，不顧忌諱，做事不計後果。齊召南對堂兄的請求沉吟了半晌。如果拒絕他的請求吧，未免不近人情；如果貿然應允吧，又怕有什麼差池。於是他便決定把書稿留下來好好讀一下再說，如果沒有什麼「違礙」之處，寫一篇序也是無妨的。

齊周華告辭之後，齊召南把《天台山遊記》大致翻閱一遍，覺得都是山水遊興，無涉時政，放下心來，援筆為此書作了一篇序文。

齊周華晚年回到家鄉，最大的心思便是把自己的這十幾本著作刊刻出來。但是家中生計拮据，只能勉強維持，而齊周華也沒有這份為家計操持的責任感以及能力。他自小讀書，後又因事入獄，出獄後漂淪多年，又在武當山當了道士，因此理財管家的觀念在他這裡幾乎等於零，加上他性格孤僻，我行我素，在家裡時間長了，家裡人又都厭倦了，但齊周華一心只想刻書印書。

為了刻書，他多方託人，找到了一個很好的刻字匠周景文，此人技藝高超，刻字速度又快，要價並不高。齊周華看了此人刻出的書版，甚是滿意。於是把書稿變成一本本油墨散香的書的願望就更為強烈了。他似乎看到了自己的書，在各個書店裡出售，文人學士們爭相購買，爭相收藏，交口稱讚。他暗中笑了，笑過之後又不免十分悲哀，出書要錢，要很多的錢。家裡本來就不寬裕，這麼多錢從何而出？

東挪西湊，湊夠了三本書的錢，於是便先把《名山莊初集》、《諸公贈言》和《半山學步》刊刻出來。其他的書只好暫時擱之一旁，但他豈能就此甘心罷手？

齊周華是個固執不知變通的人，加上多年隻身漂淪，缺少對家庭的義務感，而且老來越加固執。他打算向妻子提出變賣家產來湊錢刻書。妻子當然無法同意：「賣了這些家當，一家人何以為生？難道叫一家老小都沿街乞討嘛！」妻子的話當然在理，但是齊周華聽不進去，他覺得妻子俗不可耐，於是和妻子大吵了一架。妻子氣得又哭又鬧，指責他：「這麼多年，你『死』到哪裡去了？你管過這個家嗎？我們辛辛苦苦熬到現在，把你接回家來，你卻敗壞這個家！好，好！你把家產都賣了，把我們母子也都賣了吧！免得和你一起活受罪。」兒女們也都說他太自私，大家都躲開他，不願意看他那張暴躁的臉。齊周華對這個家庭也覺得難以忍受，於是再次離家出走，自己跑到離縣城幾十里遠的荒僻之處住了下來。

齊周華雖然一氣之下離開了家，但是出書的強烈願望卻一刻也不能釋然。到哪裡去弄錢？他反覆思索著這件事，但沒有著落，沒有門路。

一天，他翻看書稿，看到齊召南寫的序文，想到一個辦法，就是向齊召南去求借。齊召南本來就有很厚的家底，又在朝中為官多年，廣置田產，據說還放了許多高利貸來吃利息。這幾年皇上對他賞賜的錢財也是個不小的數目。他借出這點錢，不過是九牛一毛，卻可以成全我齊周華的大事了。但不知道這個堂弟肯不肯借給我？不管怎麼樣，找他去試試看。齊周華打定主意，去求堂弟齊召南幫忙。

齊召南對於齊周華的行為舉止、他家裡的紛爭，都知道得一清二楚，堂兄想要出書的事，他當然知道。齊周華與家裡人鬧翻的起因，就是為了籌措出書的銀子。但是富有官場經驗的齊召南，對於堂兄這件事是想躲得遠遠的，他給齊周華寫完序言就有些後悔了。《天台山遊記》固然沒有什麼「違礙」，而他另外那些書呢？誰能保證他沒有一點「悖逆」文字？他前些年坐大牢不就是因文字而惹禍嗎？而且，不聽勸阻，一意孤行，不見棺材不落淚。萬一他的書裡有什麼「違法」之處，豈不是要牽連到自己嗎？

再者說，齊召南的身體業已養好，雖然年歲不算小了，但仍有精力。回家前皇上有話：「將來身體好了可以官復原職。」他正在各方面活動，為重返京師、再站朝班而努力。在這個時候，須格外小心，萬一有誰從背後捅一刀子，那可就「永無出頭之日」了。想到此處，他越發害怕。即便是沒有什麼更多的文字瓜葛，單憑堂兄弟這一條，萬一齊周華犯了事，自己也難保不掉腦袋。他覺得有些毛骨悚然。

該怎麼辦？思來想去，他決定與齊周華斷絕一切往來關係，防患於未然。他特意請人做了一塊很高很大的木牌，上書：「僧道不許濫入齊府」八個大字。其實這是讓更多的人都知道，他和當過道士的堂兄之間已經斷絕了一切交往。

齊周華滿懷著希望來找他的堂弟。上次請堂弟作序，堂弟還是很給面子的。「看來他對我刻書的事，還是理解、支持的。只要他肯借錢給我，出書的事情就有了保障。」齊周華一邊走、一邊想，不知不覺已經來到了齊召南的門樓之前，那是什麼東西？已是古稀老人的齊周華看到朱漆大門的左邊不倫不類地豎了一塊牌子，他感到好生奇怪，於是，他揉了揉花了的眼睛仔細地看，他看清了，是「僧道不許濫入齊府」八個大字。這是什麼意思？齊周華愣了片刻，他明白了，原來這不是給我看的嗎？這個齊召南，擺明是要把我這個武當山道士拒之門外。齊周華覺得太突然了，他不敢相信這是真的，於是再定睛觀瞧，的確還是那八個大字，怪模怪樣地看著齊周華，似乎是在嘲笑，在輕蔑，在挖苦，齊周華怒火上湧，恨不得砸開那兩扇朱漆大門。他衝上台階，發瘋似地掄起兩隻青筋暴跳的瘦拳頭，擂著齊府的大門。一會兒，看門的老者，他把門拉開一道縫，露出一個頭來，他認識齊周華，所以態度很和氣。他低聲說：「老哥，你快走吧！我家老爺身體不好，吩咐一律謝客！」

齊周華怒火萬丈，他大聲嚷道：「你去告訴齊召南，他無情，我也無義。他當他的高官，我當我的『僧道』，從此以後一刀兩斷！我再也不想見到他了！」說完，轉身就走，跌跌撞撞跑回自己的住處。

齊周華思前想後，越想越憋氣。連自己的妻子也和自己翻了臉，連自己的兄弟也怕自己連累他。這個世界何等冷漠，何等虛偽！什麼仁義道德，什麼忠孝仁愛，統統他媽鬼扯蛋！這七十年的一生，除了坐牢就是在岩穴之間，到老了還受這份兒氣。他實在難以忍受，他要報復，要和這個世界一起毀滅才痛快淋漓。於是，他決定要報復——報復自己的堂弟，報復自己的妻子，報復一切！

浙江巡撫熊學鵬，接到一封很奇特的告狀信，告狀人就是齊周華。告狀內容是告他的堂弟齊召南，信上列舉齊召南十大罪狀（內容不得而知）還告自己的妻子「老而奇淫」等等。熊學鵬手裡掂量著這封告狀信，心裡有了主意。告狀人齊周華的情況，他是知道的。因為呂留良案「獨抒己見」，被關進牢裡，這是一個狂悖乖張之人。而齊召南雖然隱居家中，但據傳言，近期可能被皇上召回朝廷，委以重任。熊學鵬與齊召南之間本來就有成見，彼此都無好感。據說齊召南還在皇上面前貶低過他熊學鵬，說他「言過其實，不可大用」，因此熊學鵬對他早就耿耿於懷。若干年前，齊召南頭負重傷，歸養於家，熊學鵬心中罵了一百二十個「活該」！後來，熊學鵬恰好調任浙江巡撫，正管著天台地面。齊召南不買他的帳，熊學鵬對這位原侍郎也從來不理不睬，似乎沒有這麼個人。而近來傳聞齊召南將要東山再起，皇上可能還要對他委以重任，熊學鵬對此心裡老大不舒服。這次齊周華狀告自己的堂弟，熊學鵬覺得可以利用這樣一個機會，除掉齊召南。然而，齊周華告他的「十大罪狀」其實都難以構成足夠打倒齊召南的「拳頭」，倒是齊周華本身，有嚴重的問題。他是呂留良的餘黨，一貫乖張狂悖，在他的書中找出「違礙」文字來，簡直易如反掌，只要除掉了齊周華，作為他的親堂弟，自然逃不脫受株連。

主意已定，熊學鵬馬上開始行動。熊學鵬親自帶人到齊周華的住處，也就是天台縣城西面二十餘里的住所去搜查。這個地方只有三間樓屋，四無鄰居。熊學鵬從齊周華的住所中搜檢出他的那十二本未刊書稿。於是，對書稿進行審查，發現書稿還有《獨抒己見奏稿》、《獄中祭呂留良文》等文章，對呂留良倍加推崇，喊冤叫屈。熊學鵬找到了「罪證」，馬上審訊齊周華，齊周華對這些自然供認不諱。熊學鵬又發現了齊召南為齊周華寫的序文，這就更增加了有利的證據，他立即傳訊齊召南。齊召南說：「齊周華是我堂兄，從前我見過他的《天台山游記》一篇，還有數篇時文，他要刊刻，我阻止他，他便恨我。告我的話，純係憑空捏造。」熊學鵬讓他先回去，聽候處理。

熊學鵬覺得時機已經成熟，提筆伏案，給乾隆皇帝寫了一封密摺，詳細匯報了齊周華告狀的情況，並且指摘齊周華書中的「狂悖不法」之言，要求嚴辦齊周華。熊學鵬在密摺中說：「呂留良罪大惡極，為天下臣民所共憤，而齊周華竟然為逆犯請求釋放其子孫。世宗（雍正）皇帝寬仁如天，不即誅戮，僅令監禁；又蒙聖上格外開恩，加以釋放。該犯應該感激悔悟，痛洗前非。但是，齊犯仍然怙罪不悛，又將其《奏稿》與其餘雜作刊刻。尤其是《獄中祭呂留良文》一篇，對於逆賊呂留良極力推崇，比之伯夷、叔齊、孟子這樣一些大賢，企圖煽惑人心，這是存心黨逆，牢不可破。他又自稱為『獨孤損』、『跛仙』、『忍辱居士』、『含元子』、『尚古先生』、『華陽山人』、『岳六子』、『懞懂道士』等等詭異名字，又私擬奏疏進行刊刻，查閱其已刻未刻之書，牢騷狂悖之言連篇累牘，不一而足。對於廟諱御名公然不避。臣以為，按大逆律處理，齊周華應該凌遲處死。他的兄弟妻子雖被該犯視若敵人，久已屏逐，但按刑律應為緣坐之人，不便因此寬貸。……齊召南雖然在齊周華犯事之後不與往來，但他為其《天台山遊記》作過序跋，現有書稿為證。齊召南為齊周華的堂兄弟，他身為大臣，既知該犯素行狂妄，卻不行稽查勸阻，任其刊刻悖謬書籍。臣據實參奏，恭候諭旨。」寫好這封密摺，熊學鵬立刻封好，派專使飛馳入京……。

乾隆帝覽罷此折，不禁勃然動怒，對於齊周華這樣的狂逆之徒定要嚴懲。這也是對以思想言論謀逆的人進行一次警告。於是他決定以最嚴酷的死刑來處置齊周華，並宣諭齊召南「來京候旨」。

乾隆帝的批覆下達了：「齊周華凌遲處死，其子齊式昕、齊式文、其孫齊傳繞、齊傳榮，從寬改為斬監候，秋後處決。」

對於齊召南，皇上有旨：「齊召南曾為侍郎，乃於堂兄齊周華逆案為之隱諱，不即參奏，實難辭咎。念其曾為大員，所有問擬杖流之處著加恩免。」

乾隆三十三年（西元一七八六年）二月三日，齊周華在杭州被凌遲處死。一個七十歲的老知識分子，因為「狂悖文字」，被統治者千刀萬剮了！

這就是「獨抒己見」留下的後患！

在封建專制制度下，豈能容得「獨抒己見」？一個死了將近百年的呂留良尚且被開棺戮屍，無辜的子孫們慘遭屠刀；那麼，活著的齊周華還會有更好的結局嗎？

齊周華的悲劇，始於「獨抒己見」……。

「堅磨生」的血光之災

如此荒謬的「賞析」，何往而不「悖逆」！

乾隆一朝，號稱「盛世」，然文字獄迭興，因詩文而獲罪、而掉頭的士大夫絡繹不絕。據有關著述統計，乾隆時期的文字獄多達一百三十餘起，比起清初幾朝，真是有過之而無不及。這裡敘說的《堅磨生詩鈔》案，乃是頗有代表性意義的一例。

乾隆帝喜歡吟詩，很有些文學造詣，他對文人學士們的詩集也就很感興趣。但他作為一個萬乘之主，具有無上的威權，絕對不允許詩人們的創作中有絲毫的「悖逆」，他乾隆爺眼中容不得沙子。

眼前這部《堅磨生詩鈔》，早就使乾隆帝耿耿於懷了。在皇上眼裡，這部詩集中多有悖逆、詆訕、怨望之句，簡直是大逆不道。詩集的作者也是大清國的大臣，他叫胡中藻，是江西新建人，乾隆元年（西元一七三六年）中了進士，由翰林官擢升為內閣學士，又曾在陝西、廣西兩省任過學政，乾隆十八年前後回鄉辦喪事。胡中藻是滿洲大學士鄂爾泰的得意門生，一向依附於鄂爾泰。在雍正朝，鄂爾泰可是最受皇帝眷顧的大臣，權勢甚大。雍正帝曾在密摺硃批中對鄂爾泰說過「朕今日實以卿為第一也」的話，此後不久，鄂爾泰又實授雲貴總督，加兵部尚書，從此更是扶搖直上，是雍正朝第一寵臣。鄂爾泰與雍正的另一寵臣，被雍正帝戲稱為「朕之股肱」的張廷玉素來不睦，兩位寵臣各植黨羽，彼此門戶之見頗深。胡中藻出於鄂爾泰門下，詩中自稱「記出西林第一門」（「西林」乃是鄂爾泰姓氏「西林覺羅」的簡稱），乾隆看了，十分反感。對於臣下的朋比黨羽，彼此攀援，乾隆是深懷戒心的。鄂爾泰卒於乾隆十年（西元一七四五年），此後胡中藻失去了政治靠山，前程難望顯達，於是便不免牢騷滿腹，字裡行間，頗有狂怪之氣。

乾隆皺起眉頭，心中一陣陣不快湧了上來。不說別的，就看這書名，簡直就是十足的悖逆。什麼叫「堅磨生」？朕豈能不知！《論語．陽貨》中有「不曰堅乎？磨而不磷」的句子，意思是最堅固的東西，磨也磨不薄。你胡中藻自名為「堅磨生」，還不是對盛朝抗憤不平嘛！

這樣一看，乾隆眼裡的《堅磨生詩鈔》，竟有那麼多誹謗本朝之語，是可忍孰不可忍！

「一把心腸論濁清」，加「濁」字於我堂堂大清國號之上，是何肺腑？

「一世無日月」、「又降一世夏秋冬」，更為惡毒！三代以下，享國之久，莫過於漢、唐、宋、明這幾個朝代了，比起我大清朝，卻遠不可及。本朝自從定鼎以來，國泰民安，盛況無前，必將國祚長久，萬世相傳。你胡中藻竟說「一世無日月」，這不是罵我朝黑暗透頂嗎？「又降一世」，難道還想要改朝換代嗎？

「與一世爭在丑夷」、「相見請看都盎背，誰知生色屬裘人」、「南斗送我南，北斗送我北。南北斗中間，不能一黍闊」、「雖然北風好，難用可如何」、「挫雲揭北斗，怒竅生南風」，等等，這些詞語難道不是挑撥南人、北人的關係嗎？詩中那些什麼「蠻」、「夷」、「裘人」的字眼，豈不是在謾罵我們滿洲人為夷狄嘛，著實可恨！

既然發現了這麼多的「悖逆」之詞，乾隆爺豈肯罷手？這些年來，文網較鬆，士大夫們有些得意忘形，舞文弄墨，搖脣鼓舌，私下裡一定有不少誹謗的言語。看來，又得開殺戒了！

乾隆的神經興奮起來，於是躺在龍榻上再次翻閱《堅磨生詩鈔》。有了這樣的「定向思維」，他的嗅覺分外靈敏，果真是「戰果赫赫」。又找到了許多「謗及朕躬」，對他乾隆爺大不敬的詩句，你看：《吾溪照景石》中用「穆王車駕走不停」、「武皇為失傾城色」兩個典故，這不是諷刺朕南巡嗎！「老佛如今無病病，朝門聞說不開開」，這不是誣衊朕裝病不朝嘛！《進呈南巡詩》中「三才生後生今日」，這怪誕之句細一琢磨，豈非語含譏罵！天、地、人為三才，生於三才之後，那又是何物！這種惡毒之語，實在是可殺不可留。詩中又云：「亦天之子亦萊衣」，連用兩個「亦」字，悖慢之極。「一川水已快南巡，周王昇彼因時邁」，這是用周昭王南狩溺死之事咒謗朕南巡，《頌蠲免》詩中又說：「哪是偏災今降雨，況如平日佛燃燈。」這不是諷刺朕賑災不力嘛！朕一聞災歉，立刻加以賑恤，憑什麼說難於佛燈呢？還有，弔孝賢皇后的喪詩中寫：「其夫我父屬，妻皆母道之。女君君一體，焉得漠然為」，用「夫」、「妻」這樣的俗劣字眼稱說帝后，真是狂妄悖謬已極！

乾隆想到這裡，果真是氣得咬牙切齒：這個胡中藻，喪心病狂以至於此，天地間豈能容他！

再往下看，詩中述及胡中藻出為廣西學政時乾隆對他的訓誡，有「下眼訓平夷」的句子。這個「下眼」倒沒有什麼典據，說成是「垂照」亦可，理解為「識力卑下」亦可，這不是巧用雙關語來罵朕嗎？

這還不算，《詩鈔》中還有許多怨悵之語，什麼「得免吾冠是出頭」、「若能自主張，除是脫韁鎖」、「天方省事應閒我」，什麼「直道恐難行」、「世事於今怕捉風」等等，都是滿肚皮怨氣，一股腦的怪話，說來說去，還不是對朕朝政宣洩不滿嗎？

不僅如此，這個胡中藻身為學政，為舉子鄉試所出試題也是悖謬不倫。乾隆的記性真是不錯，他居然記得胡中藻出過的幾個試題。《易經》題：「乾三爻不像龍」；《論語》題：「鳥獸不可與同群」；《孟子》題：「狗彘食人食」，《尚書》題：「牝雞無晨」。現在想來，這些離奇古怪的東西，恐怕也都有所指吧！

這個該殺的胡中藻，朕為什麼不早些處置他，以警天下士風之傚尤呢？

乾隆閉上眼睛，養了一會兒神，心中也在盤算：從自己登基以後，先是斬了皇考寬免的曾靜、張熙，而後嘉納了監察御史曹一士請寬妖言，禁誣告的上疏，多年間未興文字獄了。乾隆十六年（西元一七五一年）處置了王肇基獻詩案、偽孫嘉淦疏稿案，士林又有些緊張。自己也不願意在士大夫中留下朱元璋式的壞印象。諸臣的和韻以及進呈的詩冊何止千萬，其中字句之間偶爾有不知檢點者，一般都置而不論了。可是這個「堅磨生」著實可惡，譭謗大清朝、譏諷皇上，這豈是可以饒恕的？

乾隆又禁不住嘆了口氣。他的意思是期待著臣下有眼明心細、忠君體國之人能出來參奏，但等了多時，卻是枉然。這些傢伙只會阿諛逢迎，說一些不鹹不淡的制式，食君之祿，受君之恩，卻不能為君分憂。無奈，只好自己出面來「起訴」這個以詩悖逆的「堅磨生」了。

三月十三日，在謁陵返京途中的韓村行宮，乾隆帝把大學士、九卿、翰林詹士、科道等重要臣僚召來，發表了長篇上諭，曆數《堅磨生詩鈔》中的幾十條「罪狀」。

乾隆確實是怒氣填膺了。他聲氣俱厲，嚇得跪在地上的大臣們欽欽發抖。他親自布置有關此案的進一步追查緝捕工作。命軍機大臣速速把胡中藻提拿來京審訊。命將胡中藻的門生、為其出資刊刻《詩鈔》的張泰開革職交刑部；將鄂爾泰的侄子鄂昌也抓到京城。因鄂昌與胡中藻關係密切、彼此唱酬、互相標榜——一定要把他和胡中藻一起嚴辦。乾隆要通過此案的嚴肅處理來「申我國法，正爾囂風」，讓那些骨子裡不安分的人知道朕的厲害！

乾隆帝讓他的鷹犬同時出動：命協力陝甘總督劉統勳將甘肅巡撫鄂昌捕解入京問罪，命廣西巡撫衛哲治查明胡中藻在桂所作詩文；派乾清宮侍衛哈清阿等人到江西提解胡中藻到京。而最主要的一路，乃是命新任江西巡撫胡寶瑔捉拿胡中藻家屬到省城待審，繼續追查有關「罪證」，查抄胡家的所有家產。一時間，撒下天羅地網，又一場文字獄的血漬即將浸透乾隆盛世的史冊！

巡撫衙門正在辦理交接手續。江西巡撫范時綬接到聖諭，命他卸任來京陛見，又命胡寶瑔接替他為江西巡撫。范時綬接受皇命，心中倒著實感激皇上的「龍恩」，不禁大大地鬆了一口氣。一年多之前，他在任署理湖南巡撫時，辦理劉震宇《佐理萬世治平新策》案有功，升遷為江西巡撫。他因處理「文字獄」而得福，又焉知不因「文字獄」而得禍？劉案的處理過程，使他深知乾隆帝對文字獄的重視，盯得甚緊，不斷過問，稍有不利，自己的前程就完了。前幾天他剛接手胡中藻的案子，真有「如履薄冰」之感。在官場上歷練多年的范時綬，耳聞目睹許多大官都栽到這「文字獄」上，他又豈能不慎之又慎？恰在此時，聖諭下達，使自己離開這是非之地，豈不是天賜佳音！他把胡中藻案和屬內各處應辦而未完的案子開了個清單，附上卷宗，急急忙忙交代給新任巡撫胡寶瑔，便由陸路赴京陛見去了。

胡寶瑔心情則不同，這次調遷江西巡撫，是與胡中藻一案有直接聯繫的，胡寶瑔尚未到任，乾隆帝已下達聖諭給他，命其對此案「嚴行辦理」，這不正說明皇上對我的信任嗎？皇上對胡案如此重視，三令五申，又讓自己在此時接替范時綬，從某種意義而言，自己就是專辦此案的欽差，哪敢不盡心竭力、傾其所能以報皇上呢？

對胡中藻這個案子絕不能手軟，幹得好，自己能青雲直上；幹得不好，自己的前程就會毀於一旦。皇上對范時綬已經明顯不滿了，就是因為此案先曾告到江西巡撫衙門，范時綬沒有及時向皇上參奏。這次辦案，寧失之於嚴，勿失之於寬，要讓皇上看看我的才幹！

胡寶瑔緊急行動。剛剛到任，風塵未洗，便派人搜查胡府，把其家屬統統抓到南昌，嚴加刑訊，同時，把胡家翻了個底兒朝天。把所有的書稿、文字，統統搜查出來，清理上報。胡中藻家中有老母夏氏，年已八十，胡妻是原副都御史葉一棟之女，現在已經死了。家中還有一個十四歲的女兒，一個三歲的孫子，胡中藻的弟弟胡中藩不與其兄同居一處，但其府第與胡中藻家相距不遠。胡寶瑔未到任時，江西巡撫衙門的官員並未查抄胡中藩家。胡寶瑔馬上派員率兵搜查抄家，沒有發現什麼悖逆文字。胡寶瑔並不甘心，對胡中藩用盡酷刑，又再度派人抄家，結果翻出胡中藻放在其弟家中的田債賬簿、私傳首飾等物。

首戰告捷，胡寶瑔頗為興奮，他在書房裡來回踱步，考慮著給皇上立刻寫一封奏摺，匯報案子的追查進展情況。對了，要好好參劾一下前任江西按察使范廷楷，告他一個包庇之罪。於是胡寶瑔展開紙墨，給皇上寫了一封長長的奏摺，把自己到任以後雷厲風行地查抄胡府的情況大加渲染，為自己表功。同時，又狠狠地給范廷楷參上一本，方顯出自己的忠心耿耿而又精明能幹。奏摺裡說：「我到任之後，馬上詢查，看到胡家雖經搜查，但對家屬僅予看守尚未監禁，家產也未作認真勘查登記，胡氏黨羽也都逍遙法外，於是便責問下屬，為何如此膠柱鼓瑟，必待奉旨，豈不是使罪犯家屬黨羽有了可乘之機？下屬回報云是按察使范廷楷經手辦理。范廷楷則稱未見聖旨，不敢擅專。臣以為範廷楷乃罷斥之員，更應奮勉賣力，戴罪立功，誰知他如此疏忽大意，玩忽職守。後經了解，范廷楷乃逆犯之『同年』（古稱同榜中舉為『同年』，在士大夫圈裡成為一種社會關係——作者注），由此看來，這恐怕並非簡單的疏漏，而是有意回護吧！」

乾隆並不欣賞胡寶瑔對於同僚的這種搆陷，但對他到江西以後辦理胡案的果決還是滿意的。他在密摺上揮筆硃批：「所辦甚是，知道了。」

主子自有主子的聰明之處，無怪乎奴才們誠惶誠恐。乾隆帝的精細可是有名的。此刻，他發現了這樣一個大問題：胡中藻的《堅磨生詩鈔》所刻之詩至壬申年（乾隆十八年，即西元一七五二年）為止。集中所作既然如此肆行訕謗，毫無忌憚，為什麼壬申至今這三年多竟不見其作？按理推度，像胡中藻這樣喜愛作詩之人，斷然不會三年內毫無所作的，可是這些東西為何不見？搜查所得都是一般奏稿、信札。乾隆苦苦思索：是搜查未到？還是罪犯先有所覺巧為藏匿，還是業已銷毀滅跡？必須徹底查清！於是，他又立刻下了一道諭旨，令胡寶瑔親往胡家再行搜覓，毋令遺漏；對其家屬親隨再加嚴訊，務得實情，然後速行奏聞。倘若查辦不力，胡中藻自己要是供出有藏匿銷毀之情弊，一定拿你胡寶瑔是問！

這道聖諭一下，胡寶瑔嚇出了一頭冷汗：皇上想到的這個情況，我怎麼就沒有想到呢？胡寶瑔後悔不迭。他只好再興干戈，無論如何也得向皇上交出新的戰果！

新一輪的搜查與株連，又開始了。

乾隆以萬乘之尊，親自「起訴」胡中藻《堅磨生詩鈔》案，其實還有一個政治目的，就是整肅朝中的朋黨勢力。朋黨之爭，古已有之。朝中大臣，朋比黨羽，援引攀結，以門生故吏、同年同鄉等各種關係各植勢力，形成不同的政治力量，諸如唐朝的「牛李黨爭」，宋朝的「新黨」與「舊黨」等都是。雍正朝的鄂爾泰、張廷玉這兩個權勢煊赫的大臣，也是各植黨羽，彼此對立，形成朝中朋黨。現在，雖然鄂、張已逝，但他們的朋黨餘勢尚在，彼此傾軋，勾心鬥角，於朝政不利，對皇帝的集權專制也有潛在干擾。乾隆親查胡案，一是為了加強思想統治，使那些心懷怨抑、借題發揮的文人聞風喪膽；二是借此打擊朋黨勢力，使臣下不敢妄自援結，以致滅頂之災。在這個目的下，鄂昌、張泰開之輩當然免不了成為「釜中之魚」了。

協力陝甘總督劉統勳，三月二日得到皇上的硃筆諭旨，命劉馬上親往鄂昌所在的甘肅巡撫署中把鄂昌與胡中藻的來往應酬詩文書信嚴行搜查，與別人往來字跡中有涉譏刺者一併搜查，封固後派專人專送乾隆帝那裡；命對鄂昌兼管候旨。並申誡劉統勳一不得「稍存瞻徇」，二不得「預露風聲」。劉統勳得到皇帝的親諭，感到事情重大，馬上寫了一封密摺以表決心、獻忠心，然後三日便晝夜兼程，策馬直奔蘭州。三月十三日，劉統勳抵達蘭州，他一刻也未休息，便徑直到巡府衙門。當時鄂昌正在安西。劉統勳首先拘捕鄂昌之子鄂碩，然後在府署內嚴行搜查。把所有書籍及一切箱籠逐一檢點。在鄂碩案頭搜出詩稿一件，書札一封，又在鄂昌幕賓的空房內搜獲稟帖一封。劉統勳把這些東西檢查一遍，便決定提審鄂碩。

鄂碩是個「正宗」的八旗子弟，平時耀武揚威，如今一看出了事，早嚇得篩了糠，跪在地上，不斷地給劉統勳磕頭。劉統勳瞪起眼睛，大聲喝問：「本官奉旨查辦汝父與胡中藻平日素相勾結、結黨營私的罪行，你快從實交代鄂昌平時的詩文信札有什麼悖逆內容；倘說實話，可保你性命；但有隱瞞，定要誅殺你全家！」鄂碩交代說：「我從去年十月初七到蘭州，此時我父親已去安西。他平日所作的詩文都不在衙中。我曾見過我父親有詩四本，其中有一本還是我抄的，都被父親帶到安西去了。平日收到的書信之類，我都不敢拆閱，而是封好包妥派人送往安西，由父親自己親自拆閱處理。我到衙中並沒見到舊日留存下來的書札。」劉統勳聞言，即指令安西參將武福、游擊明華二人，讓他們向鄂昌當面討要其詩稿信札。不幾天，乾隆聖旨又到，命火速將鄂昌逮捕解京。劉統勳於是命人馬上將鄂昌逮捕歸案，並派瓜洲營參將達興阿沿途押送到闕下。

押走了鄂昌之後，劉統勳親自到府署，將鄂昌的全部資財抄沒封存，然後再將鄂府嚴加搜查。從鄂昌那裡搜繳出日記和填詞各一本，又據鄂碩的供詞，從家人房內查出一個木匣。這可是個重要發現。木匣裡裝著婦女的花樣，還有零星帳本。再細細察看，突然發現裡面夾著三小冊詩還有另詩十一頁，一看，均是鄂昌的詩稿。於是再審鄂昌的家人吉壽和其子鄂碩。鄂碩供稱：「這一本《塞上吟》，是近日所作，我父親叫人抄了，帶到安西，而把原本扔在空房裡了。」劉統勳又搜出了鄂昌幕賓錢日烜的一本雜記，其中有向鄂昌請託的內容，劉統勳把這些詩稿、雜記清理好，附了一份清單，並給乾隆上了一份詳細的密摺，派人飛送進京……。

乾隆看了劉統勳的密摺，不禁微微頷首。在辦理胡中藻、鄂昌的案子中，劉統勳是令皇上滿意的。密摺中奏道：「去年臣到甘省與鄂昌共辦軍需及地方事務，見到他書辭閃爍，好為隱飾，認為他不過遇事多疑，識見鄙瑣而已。現在審查他的信札文稿，覺得問題遠為嚴重。如聞其弟鄂容安將有北路之命，遂有『奈何』之詞，這分明是對陛下有怨望之心。」乾隆覺得劉統勳不僅辦事得力，而且嗅覺也很敏銳。更給乾隆留下好感的是，劉統勳敢於如實參奏史貽直、黃廷桂與鄂昌的聯繫，把史貽直納賄的情況報告給皇上——鄂昌與史、黃的通信，露出他們內外勾結、營私舞弊的跡象。史貽直乃是當朝炙手可熱的權貴，當過的高官有兵部尚書、戶部尚書、吏部尚書、直隸總督，加太子太保銜，在乾隆朝是最有威勢的了。他的門生故吏遍於朝野，一般的官員無人敢開罪於他。這劉統勳敢參史貽直，足見其以忠君體國為念。乾隆感到意外，也感到高興，提筆寫下這樣的硃批：「卿如此不瞻顧，何愁不永受朕恩？勉之！」

張泰開是《堅磨生詩鈔》案的另一個重要人物，因為正是他出資為胡中藻刊刻了這部詩集，從某種意義上說，沒有他張泰開，未必有這個案子。乾隆早就盯上了他。此案一經提出，皇上就命將張泰開革去禮部侍郎之職，逮捕歸案，送交刑部。張泰開是胡中藻的門生，乾隆七年（西元一七四二年）中了進士，後來當了禮部侍郎。出資「贊助」老師印書，誰也不能說是惡事，但卻觸了霉頭。乾隆的諭旨中說他是「重師門而罔顧大義」，認定他是胡中藻一黨。有人舉報張泰開曾以《堅磨生詩鈔》送給他的河北籍同年進士，乾隆頗為重視，一定要嚴加追查，他下達諭旨給直隸總督方觀承，命他馬上查清此案。

方觀承得到諭旨，深感此事非同小可。胡中藻的案子已經沸反盈天，朝野盡知，而直隸總督府近在京畿，焉能不知其中利害？這位方大人並不想沾此案的光，最好能遠離是非，不求有功，但求無過。當到總督，這官兒可不算小了，宦海風波的險惡使他時時謹慎，接到聖旨，他立即行動，查閱檔案，把與張泰開同年同籍的進士一個一個都查了出來。然後一面追查，一面寫奏摺向皇上報告自己的安排布置。方總督火速發出公文，讓這十名河北籍「壬戌科」的進士所在地的地方官查明真相，看他們是否得到過張泰開的贈書。

幾天之內，各州縣的地方官都將調查結果匯報上來，竟然沒有一個人得到《堅磨生詩鈔》。原因是張泰開與這些人雖是會試同榜，但僅僅是一面之緣，並無日後的交流。而現在官位相差懸殊，就更無往來，因而沒有誰得到此書。方大人為了穩妥保險，又將各地方官找來一一詢問細情，直到沒有任何疑點，方才罷手。於是他便請幾位職官一同署名，鄭重給皇上寫了一封奏摺，報告調查結果。

胡寶瑔這裡是「主戰場」。乾隆帝提出的問題，胡巡撫還沒有答卷，急得好似熱鍋上的螞蟻。他在胡中藻、胡中藩家內外再三再四地搜查，真可以說是「掘地三尺」，連耗子洞都掘了一遍，也沒有頭緒。唯一可以指為悖逆的文字，乃是在書房廢紙簍中找到的一張對聯草稿。其中有「兩儀自然偕老」、「十千歲永偕堂上我乾坤」等語，他覺得這就非常「狂縱肆逆」了。於是馬上便把它上報給乾隆。同時胡寶瑔進一步加緊搜查，並且再審胡中藩，以便找到胡中藻這三年的詩作。

胡寶瑔把這一「寶」壓在了胡中藩身上。胡中藻這三年來的詩倘若一星半字也找不到，他胡寶瑔無法向皇上交代，對自己的前程大大不利。胡中藩一帶上來，馬上便「大刑侍候」。本已吃盡苦頭的胡中藩，這回更是體無完膚。胡中藩耐不住老虎凳、辣椒水，於是又吐出來一條新線索：族侄胡論覺。

胡寶瑔立即派人把胡論覺逮來，同樣是「大刑侍候」。胡論覺交代說，他曾在族叔胡中藻家中廳上拾到幾張舊斗方，於是便押著他把這張斗方取來。仔細一看，是原任梧州太守陸綸、蒼梧縣令汪元進以及秀峰掌教中發祥等答和胡中藻的詩一共七張，並非刻本，分明是這三年之間所作。又有《得阿甥江城懷古詩三首》一張，也是未曾刊刻過的。

胡寶瑔眼睛為之一亮，大喜過望。他真想給胡論覺磕個頭，心想：「你可救了我的大駕了，有了這些收穫，就可以給皇上一個很好的答覆了。」於是他又給乾隆帝上了一個密摺，附上這些剛剛查獲的罪證。

案子辦到這裡，胡寶瑔信心大增。他覺得自己的確是個能臣，他還要好好露兩手，給朝中大臣和皇帝老子看看，他胡寶瑔並非等閒之輩！他稟受乾隆的諭旨，拿問石城縣知縣李蘊芳，永寧縣試用知縣申發祥，因為此二人與胡中藻交契甚密，互相標榜，堂堂江西巡撫要整治一二知縣豈不是易事！於是便著手審訊李蘊芳和申發祥。

李蘊芳是胡中藻的門生，胡中藻平時以韓愈自居，李蘊芳時常與他詩文唱和。《堅磨生詩鈔》自然是有的；申發祥也把胡中藻推為師門，多與唱和，而且在詩中也把胡中藻比為韓愈，自己不僅願執弟子之禮，而且甘為奴僕。胡寶瑔對這兩位知縣「老爺」，毫不顧惜，刑訊加逼供，然後向乾隆參奏他們與胡中藻相互標榜，等待皇上的發落。皇上專為李蘊芳一事下了諭旨，意思是：李蘊芳奉胡中藻為師，相互標榜，事發之後還想銷毀滅跡。此人著實可惡，非范廷楷可比尚可寬宥。看來，李蘊芳的性命是難保了。

「瓜蔓抄」非止於此，張紹衡等人也被牽連入獄。

乾隆思忖：胡中藻自從回籍後，為何所作詩稿甚少？而且，觀其詞氣，也與《堅磨生詩鈔》中的怨艾不平迥然有異？細心的乾隆對這個變化反覆思索，尋找其中的疑竇。一定是胡中藻先已知覺！於是乾隆又命刑部對胡中藻嚴加拷問，胡中藻交代說，他的一個親戚張紹衡從京城南歸，到胡家看他，看到書架上有《堅磨生詩集》，便說「此書已達御覽」。於是，乾隆便傳旨給胡寶瑔，馬上將張紹衡拿捕歸案，務期根追此事實在情節，不得稍遲緩或走漏風聲。

胡寶瑔接到諭旨，馬上忙起來了。張紹衡住在廣信府鉛山縣，此處離南昌省城一千二百餘里。胡寶瑔唯恐張紹衡事先逃匿，當即密派贛州太守蘇凌阿、九江同知張衷、南昌通判王湘等，星夜火速趕往鉛山。到了鉛山後，鉛山知縣廖妢稟稱，張紹衡已於兩天前啟程赴京。蘇凌阿微服改裝，詢問船戶，沿途追趕，同時派人火速稟報給胡寶瑔。胡寶瑔想，張紹衡本應該在去年十月便赴京應選，卻久未啟程；為什麼偏巧在此時赴京？是否以赴京的名義逃遁隱匿了呢？一定要把他抓獲歸案。於是，便在水旱各路撒下大網，緝捕張紹衡。到了四月十六日，蘇凌阿稟報說，張紹衡已被他抓獲了，十七日便押到了省城。

胡寶瑔馬上連夜提審，自然免不了對犯人箠楚一番。張紹衡承認了他對胡中藻說過「此書已達御覽」的話，並供出此言是聽他的哥哥、在朝廷為官的張紹渠所說。

胡寶瑔讓張紹衡寫了供單，簽字畫押，他怕夜長夢多，便於當晚派人押送張紹衡起解到京。南昌到北京，迢迢三千里，胡寶瑔唯恐發生意外，於是給張紹衡戴上鐐銬，至於張紹衡路上受鐐銬之苦，步履維艱，胡寶瑔當然是毫無顧惜的了。

到此為止，與胡中藻《堅磨生詩鈔》一案有牽連的人犯全都查清，並抓捕入京，置於刑部大獄，等待最後的處置了。應該如何發落，乾隆自然是「啞巴吃湯圓——心裡有數」，但他並不先作主張，而是交給大學士九卿等來議處。

這些大員們看到皇上對此案如此重視，從一開始親自起訴，到其間各個環節緊追不捨，自然是要大開殺戒了！於是，他們望風承旨，提出了處理意見：胡中藻違天叛道，天地不容，依大逆罪當凌遲處死，其家屬親眷十六歲以上男子皆應斬立決；張泰開明知該犯詩文悖逆，卻助資刊刻，應處斬立決等等。

乾隆皇帝看了大學士九卿的奏摺，微微一笑，他的心中早就有了定算。他要借這場「文字獄」打擊朋黨勢力，警告那些心懷不滿的士大夫，誰也不許亂說亂動，否則就難保自己的頭！乾隆不想背上「暴君」的名聲，還要在一定程度上表現出「寬大為懷」。他提起硃筆批道：

> 朕登基以來，從未嘗以語言文字罪人，在廷諸臣和進詩冊何止數千萬篇，其中字句謬戾亦所時有，朕皆不加指摘！
>
> 而胡中藻以其所刻《堅磨生詩鈔》連篇累牘謗訕詆毀於朕，而且竟敢詆毀國家本朝。不得不申明

憲典以警嚚頑。對胡中藻免其凌遲，即行處斬，以為天下後世炯戒。胡中藻乃鄂爾泰的門生，其文辭險怪，人所共知，惟獨鄂爾泰卻大加讚賞，以致其肆無忌憚。胡又與鄂爾泰之侄鄂昌敘門誼，論杯酒。鄂爾泰從前標榜之私，適以釀成惡逆耳。著將鄂爾泰撤出賢良祠，不准入配享太廟。為大官植黨羽者戒！張泰開本一庸懦無能之人，從寬免其罪，即行釋放，仍在尚書房行走效力。胡中藻之母年已八十，其孫亦在幼稚，對其家屬從寬處置，免其緣坐。

好一個仁慈的皇帝！好一副菩薩心腸！

李蘊芳處以「斬立決」，對鄂昌，格外恩典，賜死令其自盡，可得全屍，其他有涉此案之人大都寬免了。

皇上要借「文字獄」整飭士風，大學士九卿等便上奏摺，請求停止江西會鄉試。乾隆寬宏大量：「但因胡中藻一人而阻通省士子上進之階，朕心實有所不忍，所奏不必實行；以後如再生此等悖逆之案，不但暫停數科，必當大示義正，以挽頹風，該省士民其共知所警。」

懲治鄂昌，也為使滿族八旗不事玩物喪志之事，乾隆專下一諭，從鄂昌為例，教諭八旗務崇淳樸，警告說再有託名讀書，妄作哆口吟詠，自蹈囂凌惡習者，必定從重治罪。

寬免的，死裡逃生，自然感戴皇恩浩蕩；被斬的、賜死的，同樣沐浴龍恩，免受了凌遲之苦。

乾隆爺收縱有術，文字獄一石三鳥！

瘋子逃不脫文字獄的屠刀

有的是魯莽，有的是發瘋……而命運大概很悲慘，不是凌遲，滅族，便是立刻殺頭！——魯迅〈隔膜〉

乾隆一朝，又是文字獄迭起之時。《清代文字獄檔》收錄文字獄六十五案，其中有六十四案發生在乾隆時期；有人統計過，乾隆時期文字獄總數在一百三十起以上。

很有意思的是，乾隆時期有幾樁文字獄案的案主是精神病患者。丁文彬案、王肇基案等皆是如此。這些瘋癲之人，不在正常人範圍之內，即便是有什麼「悖逆文字」，於情於法，都不應按正常人治罪。但是封建專制者並沒有刀下留情，在中國文禍史上也就有了瘋人之血染紅的一頁。

山東曲阜，巍峨而深邃的孔府，象徵著神聖，世世代代都作為人們所仰慕的所在，坐落於此。

乾隆十八年（西元一七五三年）的五月，多時沒有下雨了，雖然還不是盛夏酷暑，但這裡仍是炎陽當頭，沒有一絲涼風。

孔府的朱漆大門緊閉著，門前的兩個石頭獅子瞪著眼，張著大口，似乎因為天氣的乾熱而在喘息……。大門前來了兩個人，一個瘦弱的中年人，衣衫襤褸，腳上的布鞋已張開了嘴，額頭上滴著涔涔的汗水，腦後的辮子也開了。但看他的面容，卻似乎有幾分斯文之氣。跟在他後面的是個挑行李的人。約莫有五十幾歲的光景，衣服更是破爛不堪。到了門前，把擔子放下，扯起破得飛了邊的衣襟，抹著頭上的汗水。

那中年漢子上前去敲孔府的朱漆大門，瘦骨嶙峋的拳頭把門敲得山響。一會兒，大門開了，從裡面出來一個守門的老者，他把門打開了一條縫，一看來人的模樣，以為是叫花子，回身就要把門關上。那中年漢子擠進門中，不讓關門，而且，大聲喊叫：「我是當今衍聖公的親戚，你們因何不讓我進去？」看門人覺得蹊蹺，孔府哪有這樣乞丐一樣的親戚？趕走吧，又怕真是親戚，只好回去向衍聖公孔昭煥報告。

衍聖公孔昭煥正坐在太師椅上閉目養神，看門人進來稟報，說門外有一個人叫門，自稱是老爺的親戚，聽口音好像是浙江人氏。孔昭煥覺得納悶，自己這一支在浙江沒有什麼親戚啊，不管怎麼樣，看看再說，於是，打發管家出去看看是怎麼回事。

一會兒，管家回來了，帶來一張紙片，是敲門人寫的親筆求見信，信是這樣寫的：

> 予小子丁文彬，原是浙江紹興府上虞縣人。予丁父善至，祖公世居務農，有叔祖丁芝田，在北路教習，曾與先岳老聖公為盟。予小子帶府留住數日，後予小子回松荷，蒙岳父面命，今在松修道。於己巳年，曾有《文武記》二本、《太公望傳》一冊，申付松江學政莊有恭，至今五載，未有覆命。今續成《洪範春秋》五本，已終帝命，皆天命之文，性命之學，所以衛聖門之道，敢伸達尊覽，余面談不暨。

孔昭煥一看，如墮五里霧中。此人竟把他的父親稱為岳父，這是從何說起？信裡又提到《文武記》、《洪範》等書，先拿來看看再說。於是吩咐門役家人搜出丁文彬帶來的幾部書，孔昭煥草草一翻，大吃一驚，書裡自稱受上之帝命而為天子，有國號「大明」、「大夏」，還有「天元」、「昭武」等年號，這不是篡逆謀反嗎？孔昭煥驚得渾身都是冷汗，如果真的牽扯到自己，全家的性命都完了，趕快將他抓住報官。於是孔昭煥把丁文彬讓到廳裡穩住，一面派人到縣衙報告。縣衙馬上派人把丁文彬戴上鐐銬押走了。知縣馬上將此情況報告給正在沿河州縣巡查的山東巡撫楊應琚。楊應琚也感到事態嚴重，在自己地面上出了這麼大的謀逆案，處理不好，烏紗帽就難保；乾隆皇帝的精明，使他絲毫不敢造次。楊應琚命曲阜縣迅速將丁文彬押到兗州候審，自己則星馳兗州，就近在兗州對案犯進行審訊。

六月四日的早晨，楊應琚已經坐在了兗州府的大堂之上，身邊還有幾位陪審的官員，對面是衣衫襤褸、說話雲山霧罩的丁文彬。

審訊開始。丁文彬出語驚人，荒誕離奇，他不但沒有害怕的樣子，反而一口一個上帝命他如何如何。他寫書全是上帝的啟迪。問來問去，楊應琚明白了，這原來是一個瘋子，但事關謀逆大案，他不能不百倍審慎。越問越發現這個丁文彬是一個幻想狂。不妨看一下當時的審訊片斷：

問：你既是小家出身，現在看你形如乞丐，當年衍聖公怎麼會與你結親？況且，從來沒有把兩個女兒同許一人之理？又並無媒妁，顯屬妄賴了。你須老實交代，否則皮肉吃苦！

丁：（嘿嘿一笑，故作神祕）小子結親，乃是奉上帝之命，何須媒妁呢？那一夫二婦，乃是堯舜之道。舜娶了堯的兩個女兒，此事班班可考。當年老衍聖公守先王之道，實應稱帝，看到我講道論德，與舜無異，就傳位於我，還把兩個女兒許配給我。這都是蒙上帝的啟迪所成。我聽得衍聖公已歿，於是便繼位，如今已經八年了。

問：你既敢著作逆書，圖謀不軌，一定有主謀之人，還該有羽黨助你的人，還不實說嗎？

丁：（無可奈何地苦笑）我原本不願做這事，實是上帝所命，無奈何，並沒有什麼主謀的人，哪裡還有黨羽呢？現在衣食不充，百分窮苦，哪裡還有人幫助呢？又叫我從何供出來呢？

問：據你說上帝命你的話，到底祂在哪裡？如何命你？敢是另有一人暗地裡挑唆你嗎？

丁：（輕蔑似不屑於答的樣子）上帝就是上天，如何有人？（你們連這個都不明白嗎？）我實是蒙上帝時時啟迪，常在身旁說話，別人是聽不見的。

問：（斷喝一聲）據你所說，純是荒唐之言！明明是不肯把主謀、黨羽之人供出來，任意支吾。來人！把他夾起來！夾！

丁：實在是沒什麼主謀、黨羽，供不出來，實是上帝之命，如今受刑，也是上帝帶累的，供不出來了。

問：你書上妄作冠婚喪祭禮樂制度，必非一己之見，一定同人商酌，還不實說嗎？

丁：我所定的禮樂制度都是按照堯舜之道纂輯的，並非杜撰。我不過遵上帝之命，恪守聖道而行，並不是痴子。可恨在家時人人道我是痴子，哪裡還有人來同我商酌呢？實是沒有的。

問：你還有偽造的時憲書陸本，怎敢擅寫欽定字樣？你既妄稱在位八年，為何又是每樣兩本，只有六、七、八這三年的，以前的為何又藏匿呢？那「大夏」、「天元」都是誰的國號？「天元八年」這本偽書面頁上為何又旁註「昭武元年」？必定另有一人了。那幾本逆書上，為何又寫大夏大明的字呢？

丁：我只有一個人著書抄寫，因上帝命我趕修這《洪範春秋》，故此不能再有工夫造這新書了。直到即位六年上，才造起的，只造得三年，並沒隱藏別處。那「大夏」是我的國號，「天元」是年號。我因做得一無好處，去年請命了上帝，把天元改作昭武，傳位於小聖公的。既有年號，就寫「欽定」了。至於書面上寫「大夏」、「大明」，那是取明德的意思，「大夏」是取行夏之時的意思。

楊巡撫又命取過紙筆，讓丁文彬把「逆書」裡的字句當堂默寫，丁文彬拿過紙筆，趴在桌上很認真地默寫了數條。字畫與書中相同，文義無訛，確實是該犯本人所著無疑。

審訊到此，楊應琚心裡已經完全清楚，這是個幻想當皇帝的瘋子，但是丁文彬著作逆書，建號稱王，而且供證確鑿，必須慎重對待，照律辦理。六月七日，楊應琚結束審訊，立刻具寫兩份奏摺，向乾隆帝匯報此案。

第一折，詳細敘述了案發與拿獲案犯以及審辦逆犯的經過，同時又為此案初步定罪，「查該犯所作悖逆諸事，已據一一供認，而所著逆書，又經令其當堂默寫核對無訛，是其罪案已為明確。查丁文彬建號稱王，擅加封贈，偽造憲書、錢式，又敢肆為逆語，目無國法，誠屬罪大惡極，難容稍緩刑誅。查律載謀反大逆，不分首從，皆凌遲處死，丁文彬應照謀反大逆律即行凌遲處死。」

第二折，楊應琚表白了自己如何多方審查偵訊，使案情落實確鑿，並進一步分析了丁文彬謀反大逆的動機，實際上說明了案犯乃是一個精神病患者，一個幻想狂。折中奏道：「惟查丁文彬供詞，狂逆怪誕，恐繫心存揑飾，希圖開脫同謀，或別有謀逆情事，詐為支吾，亦未可定，是以臣悉心研究，有時嚴加刑訊，有時用言語開導，並又設法遣人誘探，及數日以來，終無異詞。臣揆察其情，丁文彬乃一至貧極賤之人，一旦稍習陳言；遂自詡為奇才異能，無出其右，而妄想富貴女色，痴心日熾，結為幻影，牢不可破，輒肆其梟獍之心，狼嘷狗吠，無所不至。臣看其人猥賤不堪，伶仃弱小，聽其所言，不論何人俱知其妄。但該犯氣體瘦弱，亟宜早正典刑，仰請皇上速賜乾斷，以懲奸慝，以快人心。」

兩封奏摺繕具之後，馬上派人飛報京城，請求皇上直接批示。

楊應琚的分析是有道理的。我們不妨看看丁文彬的身世經歷。

丁文彬已經三十八歲了，原籍是浙江上虞人，他自己生長在杭州。父親很早就去世了，他和母親孤苦無依，一度投靠叔祖丁芝田。丁芝田是個塾師，曾教過丁文彬幾年「子曰詩云」，丁文彬有了一些文化，自己也就能讀《四書》、《五經》之類的書。這期間，丁芝田還曾帶他到過曲阜，所以他對衍聖公府是很有印象的。

到十幾歲上，丁文彬和母親又投靠到哥哥丁文耀家。丁文耀比丁文彬大十一歲，也是沒有正經職業，靠給人家打零工為生。先前在松江一帶賣燒餅，後來又在別人的麵館裡幫工，日子也過得很苦。

丁文彬從小就性格孤僻，而且多疑，耽於幻想。到乾隆十二年（西元一七四七年），母親病死，丁文彬在精神上受到了很大創傷，他終日無語，面壁而坐，身體羸弱，又不願幹活。哥哥不喜歡他，嫂子也嫌棄他，連侄子們都開始叫他「痴子」。他變得更為抑鬱寡歡。他頭腦清楚的時候，還有人請他去教教書。之後他的精神越來越不正常，周圍的人又都叫他「痴子」，坐館（指在私塾教書或在官府當幕客）的生路也就斷了。誰又肯把自己的子弟交給一個「痴子」去培養呢？沒有謀生之路，只好在路邊給人測字算命，給人舂米，幫人燒火拉風箱，做一些雜役。

雖然過著最卑賤、最寒苦的生活，但丁文彬卻越來越耽於幻想。他渴望得到異性之愛，但那些窈窕淑女們有誰正眼看他一下？他只好按照才子佳人故事的模式給自己編織著溫柔的情夢。他在本縣董恆山的茶館里拉過半年風箱，董老闆的女兒芳齡二八，荳蔻年華，而且容貌姣美，丁文彬對這位董小姐心醉神迷，夢寐以求，但像他這樣寒酸破落的人，董小姐自然是睬都不睬的。

丁文彬一邊拉風箱，一邊痴想：憑什麼這世間的人都對自己白眼？憑什麼那些富貴人家妻妾成群，而自己連一個也沾不上邊？想來想去，他終於明白了，是因為自己一沒有錢、二沒有權。最有權、最有錢的是誰？就是皇帝，如果當了皇帝，天下的享受，天下的女人，不都可以任自己占有嗎？冥冥中似乎自己已經當了皇帝似的。

丁文彬似乎聽到身後有人對他說話，回頭後卻又空無一人。這種聲音越來越多在他耳邊響起。這是誰的聲音呢？對，是上帝，是上帝的啟示。丁文彬覺得自己是上帝的寵兒，上帝時時關注他，發指令給他，於是他就一心一意地按上帝的指令來做。

乾隆十三年（西元一七四八年），丁文彬受上帝的啟示，埋頭著書，寫成了《文武記》兩本，《太公望傳》

一本。著作完成了，交給誰呢？丁文彬帶著書滿街亂轉。忽然，聽到前面有鳴鑼開道的聲音有大官的轎子，湊上去一看，原來是江蘇學政莊有恭到松江來按試。丁文彬一想，就把這兩本書獻給學政大人吧，他突然闖出來，跪在轎前，雙手把書呈上。莊有恭看到轎外有個蓬頭垢面的人攔轎獻書，便問左右獻書的是什麼人？左右答道：「這是個瘋子。」莊有恭拿過書來看了一眼，書面汙垢滿紙，他信手翻閱一下，見裡面稱「丁子曰」，莊有恭覺得非常好笑：「真是個狂人！竟然如此高自稱許。」於是便擲棄一旁了。

丁文彬攔轎獻書，以為能很快得到學政大人的回音，不意卻是「泥牛入海無消息」。他的心態更加焦躁，幻覺出現得更為頻繁。上帝的啟示又出現了，這次是命他寫《洪範春秋》。這次寫書，他把「丁子曰」都改成了「天子曰」。丁文彬開始以「天子」自居了，這也是受上帝的啟示。他曾隨叔祖丁芝田到過曲阜，聽到了衍聖公孔廣棨講堯舜之道。孔廣棨於乾隆十六年（西元一七五一年）去世，丁文彬聞之心想：「老衍聖公能守堯舜之道，自然能居天子之位。」他又聽得上帝對他說：「老聖公見你講道論學，如同堯舜，準備傳位與你，還把他的兩個女兒一齊許配給你。」丁文彬樂得手舞足蹈，當下叩謝上帝，開始制定國號、年號，把新一代的衍聖公孔昭煥封為平虜將軍，死去的父母封王封后，還有那日夜思念的董小姐，先封為董妃吧。其他如制錢式樣、朝儀大典、冠婚喪祭等一套制度，丁文彬都從各種書上蒐羅來，拼湊在一起，寫進《洪範春秋》之中。

這部書裡還記下了他的冤家對頭，哥、嫂、侄子對自己不好，他記下了「兄頑嫂嚚侄傲」。還有松江的張七，是丁文彬最大的仇家。張七名叫張應田，是前刑部尚書張照之子，他娶了衍聖公孔廣棨的大女兒。丁文彬氣炸了肺，上帝讓自己繼衍聖公之位，衍聖公把女兒許了自己，不料卻被張七奪娶，此乃奪妻之仇，不共戴天。那年，張七娶親豪華已極，整個松江府從未有過這樣排場的婚禮，好像是專門氣惱丁文彬的。故此，丁文彬在書中把張七叫做「張不賡」。

《洪範春秋》完成之後，丁文彬好不得意。他把書送給周圍幾個有文化的人來看，那幾位先生草草一翻，就擲還給他，什麼話都沒講，丁文彬感到一種莫大的失落。

乾隆十八年（西元一七五三年）的暮春時節，哥哥丁文耀與別人合夥到杭州去販鱔魚，把丁文彬扔在家裡，無人照料，丁文彬是個生活能力極差之人，哥哥不在家，他有時連飯都吃不上。他忽然想起了衍聖公府。他想衍聖公是我的親屬，我又貴為天子，孔府肯定會熱情接待的。丁文彬湊了一兩多銀子作為盤纏，到山東曲阜去，準備把所著的書交給衍聖公。

丁文彬走到江蘇宿遷，在中興集搭船，認識了後來給他挑行李的田應隆。到台兒莊一起下了船，丁文彬說：「你幫我擔著行李吧，到曲阜後我給你二百錢。」田應隆就替他挑行李，一路往曲阜步行趕路，兩個人都破衣爛衫，一路無話，到了曲阜，丁文彬就被拿住，田應隆也被扣住，一道審問。

乾隆帝接到了孔昭煥的密摺後，又很快接到了楊應琚的先後兩封奏摺，他對這樁逆書案頗為重視。案犯丁文彬竟敢自稱天子，私定國號、年號，簡直是大逆不道，必須殺一儆百。從楊應琚的奏摺所報告的情況看，丁文彬的確是個瘋子，但乾隆自有乾隆的邏輯，這種狂徒病廢之時尚且如此行為，那平時不安分守己，作姦犯科，不更是可想而知了嗎？豈可容於光天化日之下！無論是瘋與不瘋，都必須處以極刑，以儆傚尤。

看罷第一折，乾隆馬上硃筆批示：「三法司核擬速奏。」再看第二折，楊應琚提供了案犯的身體情況，引起了乾隆的關注。丁文彬氣體瘦弱，如果等不及刑部的審判公文就瘐死獄中，那可就不好了，難以收到殺一儆百的效果。從正常的程序來看，三法司即使以最快的速度處理，刑部公文到山東也需半個多月，必須讓這個瘋子活著吃刀！於是，乾隆帝馬上密諭楊應琚，酌看該犯光景。如果等不及刑部批文，可先行凌遲示眾。

楊應琚得到皇上密諭後，一刻也不敢怠慢。他馬上親臨獄中察看，丁文彬躺在亂乾草鋪上，面帶死色，氣息奄奄，看樣子是朝不保夕，不便久留，說不上什麼時候就死在獄中了。楊應琚當機立斷，決定馬上將丁文彬凌遲處死。於是，委派濟南城守營參將萬德、濟南府的知府趙之采，布置刑場，然後將丁文彬提出來遊街示眾，又將他押赴刑場。楊應琚親臨現場監刑。刑場四周圍了許多看熱鬧的人，丁文彬口中喃喃自語，頭上沾著亂草，被拖到刑場之上，吃了千刀萬剮！

丁文彬的哥哥丁文耀、侄子丁士賢、丁士麟、丁士良、丁士信等都被株連逮捕，按照當時的法律，要將丁文耀和兩個大一些的兒子丁士賢、丁士麟判為「斬立決」，另外兩個十五歲以下的兒子沒入官家為奴。皇上格外開恩，把丁文耀等應斬者改判了「斬監候」，到秋後再處決。

瘋子丁文彬，「享受」了文字獄最重的刑罰！

同樣是「瘋子」罹文字之禍的，並不僅是丁文彬，還有王肇基一案。

王肇基能不能算是「瘋子」，很值得推敲。不過，他被乾隆帝認定為「瘋子」。他想「頌聖」，討清朝統治者的好，沒想到皇上並不領情，卻把他打死在亂棍之下。

王肇基本是河北人，一個窮愁潦倒的破落書生，他流寓到山西介休縣。讀書人想做官，做了官方有榮華富貴，王肇基比別人更想當官，誰知他科場偃蹇，連考不第，弄得潦倒不堪。他很想找個能一舉為官的機會。

乾隆十六年（西元一七五一年）的八月，正值「萬壽節」之際（萬壽節，即皇太后的生辰），汾州府的同知圖桑阿的衙門前，來了一個似癲非癲的半瘋之人，大熱天還穿了一件長衫，長衫上還有兩塊補丁，他嘴裡「之乎者也」，振振有詞，見了守門的衙役，他一躬到底，說要敬獻詩聯，為太后祝壽。當時朝廷正在追查偽孫嘉淦奏稿案（另一件文字獄案），弄得各地都緊張兮兮。乾隆下旨，對奏稿案的作案者「密加緝訪，無致漏洩」。各處的地方官的神經都繃得緊緊的，圖桑阿馬上將獻詩者扣留，和知府李果緊急商量一下，決定立刻報告給山西巡撫阿思哈。阿思哈命立刻將獻詩人王肇基押到巡撫衙門，並將所獻詩聯送來研審。

人犯帶到之後，阿思哈馬上進行審訊。審訊前阿思哈已將詩聯閱過，覺得詩、聯雖然字句鄙俗，然尚有頌聖之意。而附在後面的「敘後」卻錯雜無倫，且有譭謗聖賢，狂妄悖逆之處。阿思哈對王肇基嚴加刑訊，要他供出獻詩聯的動機何在！

王肇基沒想到獻詩聯觸了大霉頭，他結結巴巴地說：「我獻詩恭祝皇太后萬壽，不過盡我小民之心，欲求皇上喜歡的意思，絕無他意。」阿思哈高聲呵斥他道：「你的詩聯後敘，竟敢妄議國家事務，指斥文武大臣，譭謗聖賢，肆其狂吠，悖謬已極！」

王肇基辯解道：「如今是堯舜之世，我何敢有一字訕謗，實是我一腔忠心，要求皇上用我。故此將心裡想著的事，寫成一篇來呈獻。至於論那孔、孟、程、朱的話，不過是要顯我才學的意思。」

阿思哈又問：「你文章裡所指內外文武大臣那些事，又從何處得來？」

王肇基回答說：「有從京報上看來的，有說閒話聽來的。只求代我進了此書，我就有官做了！」王肇基死到臨頭，還是沒忘了做官的事。

阿思哈認為，王肇基是個瘋子。滿口胡言，妄想做官，詩內字句也多錯亂無文，語多荒誕，似屬病患瘋癲之人。他結束了對王肇基的審問，直接給乾隆皇帝上了一份密摺，稟報了王肇基的案情以及審訊過程，並且初步認定案犯是個瘋子，同時認為王肇基案與偽孫嘉淦奏稿案沒有關係。因為據王肇基供稱，他寫完詩聯及後敘後即行呈獻，根本沒讓別人看過。經過阿思哈再三盤詰，仍然矢口不移。可見與別人沒有什麼關係。

乾隆帝看了阿思哈的密摺，他同意阿思哈的分析，也認為王肇基乃是瘋人。但乾隆並不覺得瘋人可以原宥寬恕，反而認為這種人病廢之時尚且如此，平素就會更加作姦犯科了。於是皇上傳下諭旨給阿思哈，讓代把王肇基「立斃杖下」，也就是亂棍打死，而使愚眾有所炯戒。對其母親、妻子也要嚴加訊問，看她們是否知情；如果不知情的話，把她們押解直隸原籍，交給地方官來安插。

阿思哈接到乾隆帝的諭旨，對於皇上的意圖心領神會，立即執行。他派人將王肇基從獄中提出，再次嚴加刑訊，逼問口供。王肇基的供詞更顯得悖謬荒唐。有了皇上的硃批手諭，阿思哈用不著再猶豫了。九月三日，在阿思哈的部署監督之下，將王肇基押到了省城中心的通衢大道，圍觀的人裡三層外三層，這也正是阿思哈所追求的效果。阿思哈又派人貼出布告，使百姓們共知炯戒，達到殺一儆百的目的。就在這人來人往的通衢大道上，幾條大棍上下齊飛，王肇基發出悽慘的叫聲，渾身血肉模糊，一會兒便命歸西天了。

丁文彬案和王肇基案，在文禍史上都有較特殊的價值。特殊在哪裡？案主都是精神病患者，尤其是丁文彬，更是典型的幻想狂。從起碼的人道來說，精神病患者即便是有「悖謬狂妄的言論，也不應用對正常人的刑律去量刑判罪。但是乾隆帝在處理這兩個案子時，表現出極度的殘酷，如對丁文彬這樣一個體氣微弱、將要瘐死獄中的人，一定要趕在斃命之前凌遲處死。對於文字獄，清朝統治者的處理，表現出很強的野蠻性，動輒就是凌遲處死，同時株連很多親友。而乾隆朝對於丁文彬、王肇基的處置，就更是非人道。乾隆一朝，瘋漢文字獄竟有二十多起，統治者對於這些精神病患者毫不容情，並且像對待正常人犯罪一樣，一本正經地進行審理，而後判以重罪，既是荒唐可笑的，又是慘無人道的。統治者的意圖極為明確，就是殺一儆百，不許任何一點不利於專制統治的思想苗頭存在。要達到的效果是：使人們惴惴懼慄，倘有一點「悖逆」之詞，瘋子尚且如此，正常人更難逃脫刑誅了。

沉睡的帝國：
忠奸的對決與當權者的白色恐怖

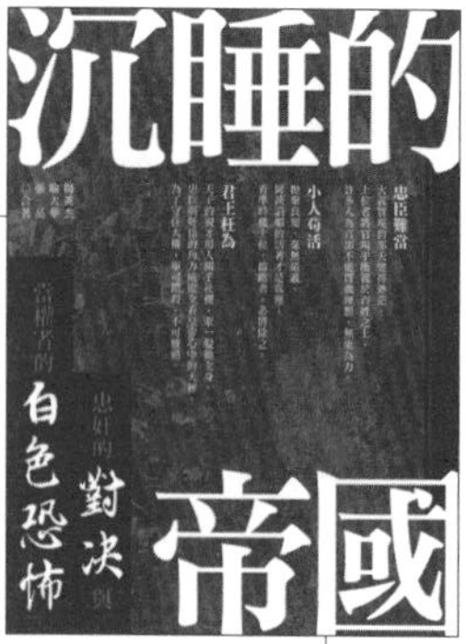

作　　者　楊英杰、喻大華、張晶

發 行 人　林敬彬
主　　編　楊安瑜
編　　輯　王艾維、李睿薇
封面設計　蔡致傑
編輯協力　陳于雯

出　　版　大旗出版社
發　　行　大都會文化事業有限公司
11051 台北市信義區基隆路一段 432 號 4 樓之 9
讀者服務專線：（02）27235216
讀者服務傳真：（02）27235220
電子郵件信箱：metro@ms21.hinet.net
網　　　址：www.metrobook.com.tw

郵政劃撥　14050529 大都會文化事業有限公司
出版日期　2020 年 12 月初版一刷
定　　價　420 元
ISBN　978-986-99045-9-9
書　　號　History-131

Metropolitan Culture Enterprise Co., Ltd.
4F-9, Double Hero Bldg., 432, Keelung Rd., Sec. 1,
Taipei 11051, Taiwan
Tel:+886-2-2723-5216　Fax:+886-2-2723-5220
E-mail:metro@ms21.hinet.net
Web-site:www.metrobook.com.tw

◎本書由遼寧人民出版社授權繁體字版之出版發行。

國家圖書館出版品預行編目（CIP）資料

沉睡的帝國：忠奸的對決與當權者的白色恐怖 / 楊英杰、喻大華、張晶著 . -- 初版 -- 臺北市：大旗出版：大都會文化發行，2020.12；448 面；17×23 公分 . --（History-131）
ISBN 978-986-99045-9-9（平裝）

1. 中國史

610　　109011584

大都會文化　讀者服務卡

書名：沉睡的帝國：忠奸的對決與當權者的白色恐怖

謝謝您選擇了這本書！期待您的支持與建議，讓我們能有更多聯繫與互動的機會。

A. 您在何時購得本書：　　年　　月　　日

B. 您在何處購得本書：　　書店，位於　　（市、縣）

C. 您從哪裡得知本書的消息：

1. □書店　2. □報章雜誌　3. □電臺活動　4. □網路資訊
5. □書籤宣傳品等　6. □親友介紹　7. □書評　8. □其他

D. 您購買本書的動機：（可複選）

1. □對主題或內容感興趣　2. □工作需要　3. □生活需要
4. □自我進修　5. □內容為流行熱門話題　6. □其他

E. 您最喜歡本書的：（可複選）

1. □內容題材　2. □字體大小　3. □翻譯文筆　4. □封面　5. □編排方式　6. □其他

F. 您認為本書的封面：1. □非常出色　2. □普通　3. □毫不起眼　4. □其他

G. 您認為本書的編排：1. □非常出色　2. □普通　3. □毫不起眼　4. □其他

H. 您通常以哪些方式購書：（可複選）

1. □逛書店　2. □書展　3. □劃撥郵購　4. □團體訂購　5. □網路購書　6. □其他

I. 您希望我們出版哪類書籍：（可複選）

1. □旅遊　2. □流行文化　3. □生活休閒　4. □美容保養　5. □散文小品
6. □科學新知　7. □藝術音樂　8. □致富理財　9. □工商企管　10. □科幻推理
11. □史地類　12. □勵志傳記　13. □電影小說　14. □語言學習（_____ 語）
15. □幽默諧趣　16. □其他

J. 您對本書（系）的建議：

____

K. 您對本出版社的建議：

____

讀者小檔案

姓名：______________ 性別：□男　□女　生日：____年____月____日

年齡：□20歲以下 □21～30歲 □31～40歲 □41～50歲 □51歲以上

職業：1.□學生 2.□軍公教 3.□大眾傳播 4.□服務業 5.□金融業 6.□製造業
7.□資訊業 8.□自由業 9.□家管 10.□退休 11.□其他

學歷：□國小或以下 □國中 □高中／高職 □大學／大專 □研究所以上

通訊地址：______________________________

電話：（H）______________（O）______________ 傳真：______________

行動電話：______________ E-Mail：______________

◎謝謝您購買本書，歡迎您上大都會文化網站（www.metrobook.com.tw）登錄會員，或至Facebook（www.facebook.com/metrobook2）為我們按個讚，您將不定期收到最新的圖書訊息與電子報。

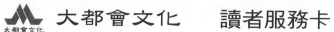

沉睡的帝國

楊英杰、喻大華、張晶◎合著

忠奸的對決與當權者的白色恐怖

. 區郵政管理局
登記證北臺字第9125號
免 貼 郵 票

大都會文化事業有限公司
讀　者　服　務　部　　　收
11051臺北市信義區基隆路一段432號4樓之9

寄回這張服務卡〔免貼郵票〕
您可以：
◎不定期收到最新出版訊息
◎參加各項回饋優惠活動